영남대학교 독도연구소
독 도 연 구 총 서 **33**

울릉도 수토관 장한상의
생애와 업적

영남대학교 독도연구소 엮음

박문사

이 책은 2022년 대한민국 교육부와 한국연구재단의 지원을 받아 수행된 연구임
(NRF-2022S1A5C2A03090355)

머리말

　조선후기 수토제도의 확립과 삼척영장(첨사) 장한상의 울릉도 수토에 관한 연구는 1978년 '울릉도 · 독도 학술조사단'에 의해 울릉도에서 〈蔚陵島事蹟〉이 발견되면서 본격화되었다. 한편으로 수토제도의 확립과 울릉도 · 독도에 대한 조선정부의 영토정책 실시에 관한 연구, 다른 한편으로는 조선후기 수토제도의 시발점이 되는 수토관 장한상의 생애와 활동, 그리고 그의 역할을 재조명하는 연구가 진행되어 왔다. 이들의 개략을 보면 다음과 같다.

> ① 한국문화원연합회 경북도지회, 『독도지킴이 수토제도에 대한 재조명』 제1회 한국문화원연합회 경상북도지회 학술대회 자료집, 경상북도, 2008.11.28.
> ② 의성문화원, 『우리 땅 독도지킴이 장한상』, 우리 땅 독도지킴이 장한상 학술대회 자료집, 의성군, 2018.8.17.
> ③ 독도학회, 『장한상의 생애와 업적 재조명』 2024년 의성조문국박물관 학술대회 자료집, 의성군(조문국박물관), 2024.10.29.

　①과 ②는 수토제도와 수토관 장한상의 업적을 중심으로, ③은 장한상의 가계 및 관력, 조선통신사 군관으로서의 참여, 북한산성 축조 및 백두산 정계 조사에서의 활동, 조선 수토제도와 일본 순검사 제도의 비교 등으로 연구의 외연을 확장하고 있다. 한국문화원연합회 경북도지회 학술대회의 경우, 김

호동(영남대), 김종우(의성문화원), 심현용(울진군), 이상인(울진문화원), 유미림(KMI) 등이, 의성문화원 학술대회에는 배재홍(강원대), 송휘영(영남대), 곽진오(동북아역사재단), 이원택(동북아역사재단) 등이, 독도학회 학술대회에는 고민정(강원대), 송휘영(영남대), 서인원(독도학회), 이원택(동북아역사재단) 등이 발제자로 참가하였다. 이러한 학술발표를 통해 울릉도 수토관 장한상의 생애와 관력 및 강역 방비의 업적은 그 개략적 전모가 드러났다고 할 수 있다.

장한상은 1656년(효종7) 경상도 비안현(현재 의성군 서부지역) 외서면 비산리에서 무관 장시규의 차남으로 출생하였다. 1676년(숙종2) 21세의 나이로 무과 급제한 2년 뒤 서반(西班)의 '청요직(淸要職)'이라 할 수 있는 선전관(宣傳官) 발탁을 시작으로 훈련첨정·훈련부정·도총부 부총관·부호군 등의 중앙관직, 경기수사·삼척첨사·전라병사·경상좌수사, 회령부사·칠곡군수·옥천군수 등의 지방관직을 두루 지냈다. 전형적인 무관으로서의 관력을 거치면서 그가 남긴 행적은 다음과 같다.

첫째, 전라병사로 부임하여 도적을 척결하고 백성을 진휼하는 공을 세웠고(현재 강진군 병영면에 당시 지역민이 동으로 만들어 세운 영세불망비가 있음), 회령부사 등 지방관으로 재직 시에는 백성들을 구휼하는데 진력하였다. 둘째, 울릉도 수토관으로서의 공적이다. 1693년 안용복 납치사건으로 촉발된 울릉도쟁계(鬱陵島爭界)가 발생하자, 숙종은 1694년 장한상을 삼척영장(첨사)으로 임명하여 울릉도를 수토(搜討)하도록 하였다. 그는 6척의 배와 150명의 선단을 이끌고 울릉도를 심찰하며 지세(地勢)를 살펴 설읍(設邑) 가능성을 조사하였는데, 멀리 동남방 쪽에 독도를 육안으로 관측하고 기록(「울릉도사적(鬱陵島事蹟)」)으로 남겼다. 셋째, 장한상은 조선통신사 임술사행(壬戌使行, 1682년)에 통신사의 좌막(佐幕)에 발탁되어 통신사를 수행하였다. 임술사행에서 부사 이언강의 군관으로 참여하였는데, 일본 측 인사들과의 만남에서 기예와 용맹함으로 일본인들을 떨게 하였다고 한다. 이 통신사행 참여 경력은 후일 장한상이 울릉도 수토관으로 발탁되는데 중요한 하나의 요인으로 작용하였다. 넷째, 18세기 초반 1710년 요동지역에 이양선이 출몰한다는 소식으로 북한산성 축조 주장이 대두되자 1711년 북한산성 축조를 시작하였다. 어영별장으로 임명된 장한상은 북한산성 축조에 도청(都廳)의 직함으로 참여하였고, 1712년 청과의 백두산 지계(地界) 획정 문제가 대두되었을 때, 장한상은 북병사로서 백두산 정계조사에 참여하는 등의 공적을 남겼다. 즉 강역 방비에 관련되는 중요한 역할을 수행한 것으로 알려져 있다.

그동안 장한상의 업적은 독도문제와 관련하여 울릉도 수토 활동 위주로 연구되어 왔다. 본서는 울릉도 수토관 장한상의 생애와 업적 등 지금까지 학계에서 논의되어 온 논고들을 모아 한 권의 책자로 엮은 것이다. 여기에는 한국문화원연합회 경북도지회 학술대회, 의성문화원 학술대회, 의성조문국박물관 학술대회 등에서 발표된 논문들이 중심을 이루고 있다. 이렇듯 장한상 관련 연구는 울릉도 수토 활동 이외에도 가계와 관력, 통신사 참여, 북한상성 축조, 백두산 정계조사 등 강역 방비와 관련되는 중요한 업적들에 관한 검토 등 연구의 외연이 확장되어 가고 있다.

본서는 〈제1부: 조선시대 수토제도와『울릉도사적』〉과 〈제2부: 운암 장한상의 생애와 업적〉으로 구성하였다. 제1부는 수토제도 및『울릉도사적』등 관련 사료에 관계하는 논고들로, 제2부는 장한상의 생애와 활동과 관련하는 논고들로 구성하였고,『울릉도사적』의 원본 및 번역문은 〈부록〉으로 실었다. 이들 논문을 본서에서 단행본으로 엮는데 기꺼이 허락해주신 의성문화원, 의성조문국박물관 관계자 여러분께 감사의 말씀을 드린다. 그리고 수토관 장한상 관련 추가 고문헌 발굴을 위해 적극 협력해주신 순천장씨 대종회 등 문중 어르신들께도 감사를 드린다. 이 책을 계기로 향후 조선시대 수토제도 연구와 강역방비의 상징적 인물인 수토관 장한상 관련 연구가 더욱 확산되고 심화되는 전기가 되기를 바라마지 않는다.

2025년 3월 1일
집필자를 대표하여
송휘영 적음

차례

제2부 운암 장한상의 생애와 업적

제1부

조선시대 수토제도와
『울릉도사적』

제1장
조선시대 島嶼地域 搜討에 대한 연구[*]

신 태 훈^{**}

1. 서론

조선은 건국 이래로 도서 지역을 관리하기 위해 搜討制를 시행하였다. 搜討¹라는 것은 수색을 하여 무엇을 알아내거나 찾기 위하여 조사하거나 엿본다는 의미를 가진 단어이다. 즉 수토제라는 것은 국가에서 관리를 도서 지역에 파견하여 그 형편을 조사하고 몰래 들어가 있는 백성이나 혹은 왜구 또는 황당선이 있는지 수색하여 토벌한다는 것이다.² 따라서 수토제의 시행은 도

---

* 본고는 2017년 8월에『한일관계사연구』57호집에 실린 논문을 수정·보완하여 작성하였다.
** 이사부독도기념관 학예연구사
1 본고에서 搜討의 범위를 1694년 이후 시행된 울릉도 搜討制이후가 아닌 조선시대 전 도서지역에서 실시된 수토로 그 범위를 정하여 논지를 진행하고자 한다.
2 손승철,「조선후기 수토기록의 문헌사적 연구ㅡ 울릉도 수토 연구의 회고와 전망」,『한일관계사연구』51, 2015, p.99; 김호동,「독도 영유권 공고화를 위한 조선시대 수

서 지역의 백성들을 보호하고 倭寇 · 荒唐船 · 水賊 등의 침입을 차단하는 데
에 그 목적이 있다.

조선에서 수토제가 확립된 시기는 1694년(숙종 20) 三陟僉使 張漢相이 울
릉도를 수토하러 간 것을 기점으로 보는 것이 일반적인 견해이다. 또한 장한
상을 파견한 이후로는 2년 간격으로 三陟營將과 越松萬戶가 輪回入送하였으
나 정조 말년에 이르러서는 1년 간격으로 파견하는 것이 정례화된 것으로 보
고 있다.[3] 수토제에 관한 기존 연구는 크게 세 가지 부분에서 집중적으로 이루
어졌다. 첫째는 울릉도 수토관의 파견과 그 실상에 관한 연구이고 둘째는 조
선과 일본, 조선과 중국의 해양 경계에서의 어업분쟁에 관한 연구이며 셋째
는 도서 지역 인구의 유입으로 인한 도서 관리 정책의 변화에 관한 연구이다.

첫째, 울릉도 수토관의 파견과 그 실상에 관한 연구는 송병기를 비롯하여,
손승철 · 김호동 · 한문종 · 김수희 · 백인기 · 유미림 · 심현용 등에 의해서
이루어졌다.[4]

　　토제도의 연구방향 모색」, 『독도연구』, 2008, p.153.
3　『승정원일기』 권 84, 정조 9년 1월 10일 경신.
4　宋炳基, 「朝鮮後期의 鬱陵島 經營 − 搜討制度의 확립 −」, 『震檀學報』 제86호, 震檀
　　學會, 1998; 李根澤, 「朝鮮 肅宗代 鬱陵島紛爭과 搜討制의 確立」, 國民大學校 大學院,
　　1999; 金晧東, 「조선시대 울릉도 수토정책의 역사적 의미」, 『韓國中世史論叢』, 李樹
　　健教授停年紀念, 2000; 김호동, 『독도 · 울릉도의 역사』, 경인문화사, 2007; 심현용,
　　「조선시대 울릉도 · 독도 수토관련 울진 대풍헌 고찰」, 『강원문화사연구』 13, 2008;
　　유미림, 「장한상의 울릉도 수토와 수토제 추이에 관한 고찰」, 『정치외교사논총』
　　31-1, 2009; 손승철, 「조선시대 '空島政策'의 허구성과 '搜討制분석'」, 『이사부와 동해』
　　창간호, 2010; 배재홍, 「조선후기 울릉도 수토제 운용의 실상」, 『대구사학』 103, 2011;
　　김기혁, 「조선후기 울릉도 수토기록에 나타난 부속도서의 표상연구」, 『역사와 지리
　　로 본 울릉도 · 독도』, 동북아역사재단, 2011; 손승철, 「울릉도 수토와 삼척영장 장한
　　상」, 『이사부와 동해』 5, 2013; 백인기, 「조선후기 울릉도 수토제도의 주기성과 그 의
　　의 1」, 『이사부와 동해』 6, 2013; 심현용, 「조선시대 울릉도 수토정책에 대한 고고학
　　적 시 · 공간 검토」, 『영토해양연구』 6, 2013; 김호동, 「월송포진의 역사」, 『사학연구』
　　115, 2014; 이원택, 「조선후기 강원감영 울릉도 수토사료 해제 및 번역」, 『영토해양연
　　구』 8, 2014.

둘째, 조선과 일본, 조선과 중국의 해양 경계에서의 어업분쟁에 관한 연구는 서인범·민덕기·한문종 등에 의해 이루어졌다.[5] 이에 관해서 서인범은 중국인과 조선인이 중국영토인 海浪島와 조선 영토인 薪島에 뒤섞이면서 생기는 문제에 대해서 조선의 수토 양상과 쇄환처리에 대해서 서술하였다. 민덕기는 명나라와 청나라의 해금정책변화와 조선의 수토정책과 연관성에 주목하여 연구하였다. 한문종의 경우 고초도에서의 어업분쟁에 대하여 그 처리 방법과 해양경계 인식에 대해서 연구하였다.

세 번째 김경옥은 수토제도는 16세기 이후 이주민이 도서지역으로의 유입이 증가되면서 도서정책이 변화하여 수군진이 늘게 되었고 이로 인해 도서관리 측면에서 수토가 이루어졌다고 보고 있다.

그러나 이러한 연구는 지역적으로 울릉도에 한정되어 있고 시기적으로 17세기 이후로 국한되어 있다. 따라서 조선의 전 시기와 전 지역의 수토정책을 파악할 수 없다는 한계점을 노정하고 있다. 셋째, 도서 지역 인구의 유입으로 인한 도서 관리 정책의 변화에 관한 연구는 김경옥 등에 이루어졌다.[6] 이 연구는 도서 지역에 백성이 유입되는 과정과 거주실태 등을 주로 연구하였기 때문에 해당 지역의 수토제 운영의 실제적인 모습을 간과한 측면이 있다.

이처럼 수토제에 대한 기존의 연구는 특정 시기, 특정 지역을 중심으로 그 연구가 한정된 모습을 보여준다. 특히 수토제가 확립된 것은 숙종 때 울릉도 수토이지만 그 이전부터 다른 도서 지역의 수토와 관련된 기사가 존재하므로 이를 포함한 논의가 이루어져야 한다. 즉 조선시대의 수토제 논의를 17세기 이후로 한정짓는다면 국가차원에서 이루어진 도서 지역 관리에 관한 연속성

---

5 서인범, 「조선시대 서해 북단 해역의 경계와 島嶼문제 - 海浪島와 薪島를 중심으로」, 『명청사연구』 36, 2011; 민덕기, 「동아시아 해금정책의 변화와 해양 경계에서의 분쟁」, 『한일관계사연구』 42, 2012.

6 김경옥, 「朝鮮後期 西南海 島嶼의 社會經濟的 變化와 島嶼政策 硏究」, 전남대학교박사학위논문, 2000.

이 부각되지 않는다고 생각한다.

따라서 본 논문에서는 우선 기존의 연구 성과를 토대로 조선 백성들이 도서 지역으로 유입되는 과정을 살펴보고 이에 따른 조선이 도서 지역 정책에 대해 설명하고자 한다.

2. 搜討制의 실시배경

조선초기 도서지역은 관리가 되지 않은 지역이었다. 도서지역은 조선 초기 극성하던 왜구가 조선을 약탈하기 위한 전진기지로써의 역할을 하였다. 왜구는 섬에 들어가 휴식과 약탈을 자행하였으며, 이를 통해서 한반도 내로 침입할 수 있는 힘을 마련했던 것이다.

또한 조선시대 도서지역에서는 세금 및 군역을지지 않았기에 수적 및 백성들이 생계를 위해 이주하기도 하였다. 이에 조선정부는 더 이상 섬을 방치할 수 없게 된 것이다. 따라서 2장에서는 조선이 왜 도서지역을 관리할 수 밖에 없었는지에 대해서 서술하고자 한다.

1) 明·淸祖의 荒唐船과 倭寇의 침략

조선 초기에는 쇄환정책으로 인해 백성들을 섬에 가지 못하게 했기 때문에 당시 조선의 도서지역은 제대로 된 관리가 이루어지지 않았다. 더구나 명나라의 해금정책이 영락제 사후에 완화되면서 다수의 荒唐船이 서해안에 나타나 분쟁을 일으켰고, 왜구는 계속해서 약탈을 자행하였다.

이러한 상황에 대해 『조선왕조실록』에서는 아래의 〈표 1〉과 같이 기록하고 있다. 다만, 본 장에서는 황당선과 왜구가 침탈한 사실에 대해서 서술하고 그 대응에 대해서는 3장에서 서술하고자 한다.

<표 1> 황당선과 왜구 침략

연번	연도	지역	피해내용	출처
1	1494년 (성종 25)	추자도	추자도에 웅거하여 겁탈한 배가 10척에 이르고 사람들을 상하게 함.	『성종실록』 권289, 성종 25년 4월 18일.
2	1510년 (중종 5)	영등포	적선 1천 여척이 영등포에서 싸웠음.	『중종실록』 권11, 중종 5년 4월 11일.
3	1510년 (중종 5)	웅천·제포	웅천 제포 창고의 물건을 가덕도와 절영도에 둠.	『중종실록』 권11, 중종 5년 4월 22일.
4	1516년 (중종 11)	선산도	제주에서 나온 배를 두 번 겁탈.	『중종실록』 권25, 중종 11년 7월 3일.
5	1528년 (중종 23)	군산도	마량 앞에서 중국 사람으로 보이는 붉은 수건을 싸매고 비단 옷을 입은 사람 100여 명이 4명을 약탈하고 섬에 버려두고 옴.	『중종실록』 권62, 중종 23년 8월 24일.
6	1529년 (중종 24)	미상	4월 2일 왜선 한 척이 조선인을 공격함.	『중종실록』 권65, 중종 24년 4월 10일.
7	1541년 (중종 36)	미상	왜노가 영등포 만호 宋琚가 제포에 갔다가 돌아올 때 공격하여 率人 2명만 살아남음.	『중종실록』 권95, 중종 36년 7월 4일.
8	1544년 (중종 39)	미상	중국황당선이 화포를 가지고 일본에 표류하여 가르칠까 두려워 잡게 함.	『중종실록』 권104, 중종 39년 7월 14일.
9	1612년 (광해군 4)	미상	황당선을 계획을 세워 포획한 적이 없으니 상선으로 위장하여 포획하고자 주장.	『광해군일기』 중초본 권20, 광해 4년 9월 12일.

　특히나 명나라와 해양경계인 薪島와 海良島의 경우에는 침입이 빈번하게 일어나고 있었다.

　　표류된 명나라 사람들의 船隻을 搜捕하는 일로 이 달 16일 薪島에 들어갔었는데, 중국 사람들이 표류해 온 배는 없고 이 섬의 서쪽에 명나라 사람들이 48가구나 와서 살고 있었습니다.[7]

---

7 『중종실록』 권62, 중종 23년 8월 24일 계해.

위 사료는 명나라 사람들이 신도에 많은 사람이 살고 있다는 것을 보여주는 사례이다. 이는 이 당시 최소 100여명 이상의 명나라 인구가 신도에 거주한 것으로 보인다.

이러한 황당선의 규모는 단순히 한 두 척이 아니라 수백 척의 선단으로 떼를 지어 출몰하였다. 황당선은 고기잡이뿐만 아니라 약탈까지 자행하였고, 이를 나포하려는 관리를 구타하거나 칼로 찌르고 도망가기까지 하였다.[8] 황당선은 단순한 어선이 아니라는 사실은 판중추부사 宋欽의 상소를 통해 알 수 있다. 상소에는 황당선은 표류한 것이 아니라 도둑질을 하려 한 것으로 걸핏하면 조선인을 해치는데 배가 견고하고 100여 명을 태울 만큼의 대형선이고 화포를 비롯한 병장기를 적재하고 있어 도저히 싸울 수가 없다고 평가하고 있다.[9] 단순 어선이라면 100명이 탈 만큼의 크기도 필요 없을 뿐더러 화포를 포함한 병장기를 적재하고 있다는 내용을 볼 때 이는 약탈을 목적으로 한 해적으로 볼 수밖에 없다.

이처럼 명나라의 해금정책 완화는 중국 어민들이 조선 서해안으로 출몰하는 결과를 초래하였다. 이에 대해서 이익은 『星湖僿說』 권25, 「經史 田霖」에서 "바다의 선박이 兩西, 즉 황해도·평안도 지방으로 몰려들고 있었는데, 이는 明朝에서 산동지방의 海禁을 풀어 놓은 이후부터의 일이었다."고 말하고 있다.[10]

황당선의 약탈은 청나라가 들어온 이후에도 계속해서 출몰하였다. 그들의 목적은 주로 서해안의 어채활동이었지만 어채활동 이외에 민가를 침탈하고 조선의 관군에 저항하여 무기를 탈취 및 상해를 입히기도 하였다. 심지어 연

---

8 민덕기, 「동아시아 해금정책의 변화와 해양 경계에서의 분쟁」, 『한일관계사연구』 42, 2012, p.190.
9 『중종실록』 권104, 중종 39년 9월 8일 갑진; 민덕기, 위의 논문, 2012, p.207.
10 서인범, 「조선시대 서해 북단 해역의 경계와 도서 문제 - 해랑도와 신도를 중심으로 - 」, 『명청사연구』 36, 2011, p.367.

해안의 백성들과 밀무역을 하였다.[11]

왜구의 경우 특정지역을 침범한 것이 아니라 조선 전역을 침범하였는데 그 내용은 다음과 같다.

> 충청도 · 강원도 · 황해도 · 제주에 下書하였는데, 대략 倭奴의 침구가 무상하니 변방의 방비를 戒飭하라는 뜻이었다.[12]

위의 내용과 같이 왜구는 특정 구역만을 침략한 것이 아니라 조선 전역을 거쳐서 노략질을 일삼았기 때문에 충청도 · 강원도 · 황해도 · 제주지역의 방비를 확실히 하라고 下書 하고 있다. 충청 강원, 제주라고 하면 조선의 3면 바다를 모두 왜구가 노략했다는 것을 알 수 있다.

또한 왜구는 인명사살도 자행하였는데 이러한 사실은 아래의 1553년(명종 8) 기사에서 확인할 수 있다.

> 해산물을 채취하는 사람들이 멀리 黑山島에 들어갔다가 왜적을 만나 배가 불태워지고 피살되었다.[13]

위 내용과 같이 왜구는 특정 구역만을 침략한 것이 아니라 조선 전역을 거쳐서 노략질을 일삼았기 때문에 충청도 · 강원도 · 황해도 · 제주지역의 방비를 확실히 하라고 下書 하고 있다. 충청 강원, 제주라고 하면 조선의 3면 바다를 모두 왜구가 노략했다는 것을 알 수 있다.

또한 왜구는 인명사살도 자행하였는데 이러한 사실은 아래의 1553년(명종 8) 기사에서 확인할 수 있다.

---

11 민덕기, 위의 논문, 2012, p.214.
12 『중종실록』 권14, 중종 6년 12월 17일 계사.
13 『명종실록』 권15, 명종 8년 7월 22일 병인.

해산물을 채취하는 사람들이 멀리 黑山島에 들어갔다가 왜적을 만나 배가 불태워지고 피살되었다.[14]

이처럼 왜구는 조선 전역을 돌아다니며 인명살상 및 노략질을 일삼았다. 이 사건으로 인해서 조정에서는 연해에 사는 사람들은 외딴섬에 들어가지 못하도록 조치하였다.

2) 水賊의 근거지 방지

신이 듣기로는 영광·함평·무안·나주 등지에서는 水賊이 왕성하게 일어나는데 그 무리가 지극히 많아 바닷길에 내왕하는 배가 살육과 약탈을 많이 당하였는데, 군관으로 하여금 단속하여 잡고자 하면 도적이 도망쳐서 외딴 섬으로 들어간다. 섬에 사는 사람이 우연히 수적을 만나게 되면 앞 다퉈 술과 음식으로 그들을 위로하고 맞이함으로써 수적의 침략을 면하기를 바라니, 이로 말미암아 수적이 날마다 번성함이 더해지고 아무 꺼릴 바가 없으므로 연해안 마을들이 어찌할 수가 없는 것입니다. 신이 국문한 바 남포의 수적은 두 달 동안에 20여 인을 죽였다고 하니, 다른 마을에서 도적이 해친 사람의 수를 어찌 헤아릴 수 있겠습니까?[15]

위의 내용을 보면 水賊이 군관이 와서 잡으려 하면 絶島, 즉 외딴 섬으로 들어간다고 하였다. 그리고 섬에 있는 사람들은 자신들이 피해를 입지 않게 술과 음식을 다투어 내놓는다고 하고 있다. 도서지역은 수적에게 보급창고의 역할을 한 셈이다. 그렇기 때문에 조정에서는 수적의 번성을 막고자 도서지역 주민들을 搜討하는 것이 더욱더 필요로 하게 되었다.

조정에서는 수적에 대해서 단호하게 대처하였다. 1490년(성종 21) 기사를

---

14 『명종실록』 권15, 명종 8년 7월 22일 병인.
15 『성종실록』 권226, 성종 20년 3월 15일 계유.

보면 이러한 조정의 의지를 알 수 있다.

> 연해에 사는 백성이 徭役을 피하기 위하여 諸島에 잠입하여 魚鹽으로 생활을 하고 배로 집을 삼아 해상에 출몰하면서 기회를 타고 도적질을 하므로, 선왕조 때부터 모두 刷還시켜 거주할 수 없게 하였다. 그러나 그 곳의 守令들이 그것을 조사하여 검거하지 아니하므로, 차츰차츰 도망하여 돌아가고 있으니, 이는 매우 옳지 못하다. 水賊을 모조리 잡은 뒤에 끝까지 수색하여 쇄환시키도록 하고, 만약 그전처럼 함부로 거주하는 자는 죄를 주도록 하라.[16]

이미 先代에 쇄환하여 나오게 하였는데 이후 해당 수령들이 지속적으로 검거하지 못하였으므로 수적들이 늘어난 것이고 이러한 수적은 요역을 피하기 위해서 섬으로 잠입한 자들이라고 규정하였다. 그리고 함부로 거주한 자들에 대해서 처벌하도록 하여 세종 대의 처벌 정책을 계속해서 이어가는 것을 확인할 수 있다.

하지만 이러한 이주민 쇄환정책은 되도록 충돌을 자재하는 입장을 취하였다. 이러한 충돌로 인해 무고한 사람들이 다치는 것을 염려했기 때문이다.

> 해랑도 사람들을 찾아서 데려올 때 만일 엄격한 병사를 데리고 임한다면 저들은 반드시 자신을 해치는 것을 두려워하여 적대하여 대항할 것이니, 이는 무고하게 많은 사람이 죽게 될 것이다. 내 생각으로는, 수수한 차림으로 입고 가 그 초무의 뜻으로 타이르다가 저들이 만일 따르지 않으면 위엄으로 보이는 것이 어떠한가. 이를 병조 및 정승들에게 의논하라.[17]

병졸로서 가게 되면 겁을 먹은 이주민 및 수적들이 대항한다면 무고한 피해가 생기는 것은 불가피하다고 본 것이다. 때문에 우선 설득을 우선으로 하고, 만약 설득이 통하지 않으면 그때 무력을 써 진압하고자 하였다.

---

16 『성종실록』 권247, 성종 21년 11월 25일 계묘.
17 『연산군일기』 권37, 연산군 6년 3월 20일 갑술.

3) 이주민의 경제력 증가

쇄출정책에도 불구하고 백성들은 계속해서 도서지역으로 이주하였다. 그 주된 도서지역은 풍부한 해산물과 어염으로 인해 경제력이 보장받기 때문이다. 특히 이들은 어염업에 종사하였다. 어염은 노동력과 자본을 적게 들이고도 많은 생산량을 소출하여 이익을 거둘 수 있다는 생각이 팽배했다.[18] 다음의 기사는 이러한 주장에 대한 근거이다.

> 어염은 농사일의 다음이라고 하지만 농사일은 한해를 마칠 동안 수고로움이 있고, 부역으로 인해 많이 괴로움이 있다. 어염은 세월을 허비하지 않고 재력을 소비하지 않고 공력이 적어 이익이 많습니다. 적은 세금을 내는 것 이외에는 다른 부역을 하지 않기 때문에 게으르게 노는 무리들이 다투어 그 이익을 구합니다.[19]

또한 염세는 司宰監에 상납하는 것 외에는 軍資와 救荒에 쓰였기 때문에 조선전기에는 경상경비가 아닌 예비비적 성격의 세금이었다. 조선의 국가재정 운영의 비중은 어염세보다는 전세 수취에 중점을 두고 있던 것이다.[20] 소금을 생산하기 위해서는 잡목이 필요하였는데 서·남해안에는 잡목이 무성하여 다른 지역보다 소금생산에 용의하였다. 그렇기 때문에 이들은 주로 서·남해 도서지역으로 이주하였다. 이러한 상황을 1447년(세종 29) 예조참의 李先齊는 아래와 같이 설명하고 있다.

> 대저 소금은 인민의 일상생활에서 하루라도 없을 수 없는 것이 아니어서 천지간에 없는 곳이 없습니다. (중략) 가마솥으로 달여 하루 밤낮을 지내서 하얗게 나오는 것은 東海의 소금이고, 진흙으로 솥을 만들어 하루에 두 번 달여 짜게 만

---

18 김경옥, 위의 논문, 2000, p.10.
19 『세종실록』 권77, 세종 19년 5월 1일 경인.
20 이욱, 『朝鮮後期 魚鹽政策 硏究』, 고려대학교 박사학위논문, 2002, p.19.

든 것이 西南의 소금입니다. 서남에서는 노역이 조금 헐하면서 수익은 東海의 갑절이나 됩니다.[21]

위 내용에서 볼 수 있듯이 소금은 서·남해에서 생산된 소금은 들이는 노동력은 적은 반면 그 수익은 동해의 갑절이나 되니, 이는 도서지역으로 이주하기 위한 충분한 요건이었다.

또 다른 도서지역으로의 유입 원인은 고기잡이와 미역채취에 있었다. 서남해안의 도서지역은 그 중에서도 잡는 양이 많았다.[22]

호조에서 이르기를,"해산물로 이익을 취하는 것이 많아 오늘날 백성들이 농사를 버리고 바다에서 이익을 취하는 자가 날마다 늘어나니 만약 금하고 억제하지 않으면 장차 눈앞에 보이는 이익을 쫓는 자는 많고 근본에 힘쓰는 자가 적을 것입니다."하였다.[23]

위의 두 사료에서 볼 수 있듯이 미역을 비롯한 해산물에서의 이익이 농사보다 많기 때문에 백성들이 생업기반을 어업으로 바꾸지 않을까 하는 우려가 나올 만큼 어업은 부를 축적할 수 있는 가장 좋은 요인이었다.

3. 서·남해안 도서지역의 搜討

본 장에서는 서·남해 도서지역에 대한 수토는 어떻게 이루어졌는지에 대해서 알아보도록 하겠다. 서해안은 일본어민 뿐만 아니라 중국의 황당선을 상대로 수토를 하였고 남해안은 일본어민을 상대로 수토를 시행하였기 때문

---

21 『세종실록』 권117, 세종 29년 9월 23일 임자.
22 위의 사료.
23 『세종실록』 권77, 세종 19년 5월 1일 경인.

에 절을 구분하여 서술하도록 하겠다. 본고에서는 서·남해안의 諸島 중『조선왕조실록』과『승정원일기』,『비변사등록』등 사료에서 지역명이 기재된 섬들을 중심으로 서술하고자 한다.

1) 서해안 도서지역의 搜討

(1) 수토의 대상과 대응
① 對 황당선 대응정책

조선 연해에 침범한 荒唐船에 대해서 조선 측은 소극적인 대처를 하였다. 이는 수토로 발생하는 혹시 모를 인명피해로 인해 사대관계에 균열이 생길까 하는 우려 때문이다. 심지어 唐人에게 피해가 생길까봐 수토를 취소하기도 하였다.[24]

이는 명나라의 황당선에 대한 수토정책의 방향을 나타내주는 대목이기도 하다. 이후의 對明 관련 수토는 이른바 우호적 태도로 일관되어 있다.

명에 대한 태도를 알 수 있는 또 하나의 대목은『중종실록』중종 35년 1월 19일 기사에서에서도 볼 수 있다. 이 기사에 따르면 豊川府 沈方浦에 황당선 1척이 바람 때문에 정박하게 되어 조사를 하게 되는데 이들에 대한 처분은 대단히 우호적이었다. 특히 수토 원칙을 통해서도 알 수 있는데 수색원칙은 첫째, 대화를 하는 것을 우선으로 한다고 하고, 둘째, 중국인을 호송할 때는 잘 구호해서 오라고 하였기 때문이다.[25]

이러한 조선 측의 소극적인 대처는 황당선이 더욱 자주 출몰하게 되는 상황을 만들었고 심지어 조선인이 목숨을 잃는 상황까지 발생하게 되었다.[26] 나아가 황당선은 조선 측을 모욕하기도 하였다.[27]

---

24 『연산군일기』권31, 연산군 4년 12월 12일 계묘.
25 『중종실록』권92, 중종 35년 1월 19일 임자.
26 『중종실록』권104, 중종 39년 9월 27일 갑자.

사실 황당선과 대치하였을 때의 온건한 대처는 조선 정부의 입장에서도 곤란한 부분을 초래하였다. 중국인들을 나포하여 육지로 송환시킨다면 조선의 人馬가 상당수가 동원되었기 때문에 조선의 입장에서도 부담이 되었다. 그렇기 때문에 황당선에 대한 대처는 주로 육지로의 상륙은 막고 식량을 주어서 스스로 떠나게 하는 것이었다. 이는 수시로 상륙하여 영내의 식량과 식수를 요청하는 것을 예방하기 위함이었다. 이에 명종은 절박한 상황이라면 그들의 요구를 들어주어 그들에게 식수와 식량을 공급해주라고 하였지만 비변사는 다음과 같이 식수만을 공급하도록 건의하기도 하였다.[28]

하지만 이러한 대중국 정책은 관리의 오인 공격으로 인해서 위반되기도 하였다.[29] 중국인을 倭人으로 오인하여 108급을 물리치는 사건이 벌어지게 되는데, 이에 명종은 선대 왕대의 정책을 말하며 다시 한 번 강조하고 있다.[30]

② 對 왜구 정책

한편 왜구에 대한 수토는 다른 양상을 보이고 있다. 왜인에 대해서는 주로 전투를 하여 중국에 비해 강경책을 펼치는 것처럼 보이지만 자세히 살펴보면 적극적인 수토는 아니었다. 그 이유는 왜인을 수토를 하다가 패전하여 목숨을 잃는 자가 많았기 때문이다. 이러한 보고에 대해 중종은 불만을 토로하기도 하였다.[31] 중종은 왜인이 배를 잘 부리는 것이 왜인의 장기이기 때문에 수토하는 것을 반대한 것이다.

이후 6년 뒤에 다시 왜선 15척이 쳐들어 왔는데 중종은 수토를 해서 내쫓기

---

27 『중종실록』 권104, 중종 39년 9월 28일 갑자.
28 민덕기, 「동아시아 해금정책의 변화와 해양 경계에서의 분쟁」, 『한일관계사연구』 42 집, pp.208-209.
29 『명종실록』 권1, 명종 즉위년 7월 26일 병술.
30 위와 같음.
31 『중종실록』 권26, 중종 11년 8월 7일 병진.

는 하되 멀리 도망가면 쫓아가지 말라고 한다.[32] 이는 이전의 전투에서 피해를 입은 기억 때문인 듯하다.

왜인과의 접촉이 되었을 때 이렇게 패전한 경우만 있는 것은 아니었다. 서해제도 수토대장 김응국이 1605년 8월 8일 흑산도를 수토할 때 하륙하는 왜인 5명을 만나 3명을 베고 2명을 생포하여 압송하였다.[33]는 기록도 나타난다.

(2) 수토현황과 구성인원

도서지역의 수토에 관한 기록 중 정확한 서해안 지역의 도서명이 명시되거나 혹은 수토담당자가 명시된 경우를 살펴보면 24건이 이에 해당한다. 아래의 〈표 2〉은 이러한 서해안 수토현황에 대해서 정리해 놓은 표이다.

〈표 2〉 서해안 도서지역 수토현황

연번	연도	수토관	수토내용	출처
1	1406년	全羅道水軍團撫使 金文發	김문발이 安釜島를 수색하여 적선 한 척을 나포.	『태종실록』 권11, 태종 6년 3월 24일
2	1407년	水軍僉節制使 盧仲濟 都萬戶 宋瑛	충청도병선 11척 군산도에서 왜구를 수색함.	『태종실록』 권14, 태종 7년 7월 30일
3	1497년	미상	倭船4척이 鹿島로 침입해 28여 명을 죽임.	『연산군일기』 권22, 연산 3년 3월 1일
4	1498년	미상	해랑도를 수토하려 했으나 당(唐)인에게 피해갈까 염려하여 취소.	『연산군일기』, 권31, 연산군 4년 12월 12일
5	1523년	미상	왜선이 향해 가는 길목에 선전관을 보내 수토하게 함.	『중종실록』 권48, 중종 18년 6월 13일
6	1523년	沈義孫	심의손이 병선 및 포작선 12척, 효용군 1백여 명으로 수토하여 왜적의 나장 1인과 진무 1인을 피살.	『중종실록』 권48, 중종 18년 6월 26일,

---

32 『중종실록』 권45, 중종 17년 6월 22일 정유.
33 『선조실록』 권190, 선조 38년 8월 28일 경오.

연번	연도	수토관	수토내용	출처
7	1523년	虞候 趙世幹	虞候 趙世幹가 猬島를 搜討함.	『중종실록』 권48, 중종 18년 7월 6일
8	1540년	黃海道觀察使 孔瑞麟	한학 통사(漢學通事) 2명을 보낼 것. 첫째, 수색할 때는 대화로 설득, 싸우지 말 것. 둘째, 중국인을 호송해 올 때에는 잘 구호(救護)할 것.	『중종실록』 권92, 중종 35년 1월 19일
9	1544년	미상	군산도를 수색하여 4명을 추포함.	『중종실록』 권104, 중종 39년 7월 5일
10	1544년	미상	중국 태안 마근포에 정박했던 배가 21일 홍주 어청대도로 향해 후망 수토를 명하여 중국인 38명을 돌려보냄.	『중종실록』 권104, 중종 39년 7월 24일
12	1545년	呂島萬戶 馮繼淳	呂島萬戶 馮繼淳이 諸鎭을 수토하여 벤 수급이 108급이였으나 살펴보니 중국인이었다.	『명종실록』 권1, 명종 즉위년 7월 26일
13	1590년	吾叉浦萬戶 元景全	大淸島 포작간들이 약탈당해 원경전이 책임자로 추고당함.	『선조실록』 권24, 선조 23년 12월 23일
14	1605년	西海諸島搜討代將 前主簿 金雄國	김웅국이 흑산도를 수토하여 왜인 3명을 사살하고, 2명을 생포 함.	『선조실록』 권190, 선조 38년 8월 28일
15	1607년	兵使 權俊, 龍媒搜討代將 安賢	海浪島에서 도적에게 병선을 빼앗김	『선조실록』 권209, 선조 40년 3월 13일
16	1655년	安興僉使	안흥검사가 수토하러 갔으나 소식이 없음.	『승정원일기』 권7, 효종 6년 6월 6일
17	1669년	延安搜討軍 趙忠元	조충원외 10명이 익사함.	『승정원일기』 권11, 현종 10년 11월 10일
18	1682년	搜討監官 朴成一	박성일이 보름이후 수토차례이므로 가야 하나 계속해서 가지 않음.	『승정원일기』 권14, 숙종 8년 6월 6일
19	1785년	平安監事 鄭一祥	薪島를 수토하여 126명을 보내옴.	『승정원일기』 정조 9년 10월 2일
20	1786년	李潤彬	薪島에 들어온 자가 588명이 40개 초막을 짓고 어채를 함.	『정조실록』 권21, 정조 10년 3월 6일

연번	연도	수토관	수토내용	출처
21	1792년	龍川府使 柳光國	薪島를 수토하였는데 외국사람 21명이 중선 2척과 소선 1척을 거느리고 3곳에 막사를 지었다.	『승정원일기』 권90, 정조 16년 5월 12일
22	1803년		龍川府使와 彌串僉使로 하여금 장교와 군졸 및 譯學, 小通事와 청국과 합동작전을 벌임.	『순조실록』 권5, 순조 3년 9월 2일
23	1804년	平安都事 金璞	평안도사 金璞이 장계에 薪島의 무탈을 올림.	『승정원일기』 권100, 순조 4년 10월 22일
24	1805년	宣川防禦使 李宅永	이택영이 薪島 수토한 일을 장계에 올림.	『승정원일기』 권100, 순조 5년 윤 6월 19일 경자

서해안 수토는 주로 府使, 兵使, 僉節制使 등 수군통솔권자에 의해서 진행
되었다. 하지만 西海諸島搜討代將과 搜討監官 등 수토에 관련한 직책도 표
기되어 있는 것을 확인할 수 있다. 수토관의 규모는 대해서는 정확한 규모는
기재되지 않고 수토선의 규모에 대해 사료에 나타나지 않아 단편적인 측면에
서 전체를 유추할 수밖에 없다.

임진왜란 이전의 수토 거행에 나타난 선척의 규모를 살펴보면 兵船 11
척~12척의 규모임을 알 수 있다. 병선의 승선인원이 영조 대까지 17명이 탑승
한 것으로 보아 승선인원은 대략 180명가량에서 200명의 규모로 추정된다.

임진왜란 이후인 1608년 기사를 보면 각 진의 수토선의 수는 2, 3척에 불과
하고 선격과 사부는 10명이 채 안되었다고 한다.[34] 1608년은 조선이 전란을
극복하는데 역량을 총동원했던 시기라 적게 표현될 수 있지만 그 이후의 수토
의 규모도 이와 다르지 않았다. 이후의 수토선의 규모는 1척 내지 2척 정도의
규모에서 보내졌을 것으로 추측된다. 『忠淸水營所在各樣船隻及改造株數區
別數爻成冊』,『備邊司印方眼地圖』「保寧縣」,『海東地圖』「忠淸道」 등의 기

---

34 『광해군일기』 권8, 광해군 즉위년 9월 13일 정유.

록에 따르면 '搜討船 2隻'과 海外 搜討船 1隻이라 기재되어 있다. 이를 통해 조선 후기에 오면 수토의 규모는 60명 내외로 ⅔가량 감소한 것으로 보인다. 이러한 변화는 이후 서술되는 울릉도 수토의 변화양상과 비슷한 유형을 보인다.

18세기 말에서 19세기 초반까지의 수토현황은 이전의 수토현황과는 다른 모습을 보이게 된다. 이전의 수토는 왜선과 만나서 패배를 하거나 사살을 한 전과가 중심이었다면 이 시기부터는 장소도 薪島에 대한 기사가 주를 이루고, 내용면에서도 신도에 거주하는 인구파악이 주된 목적이었다.

수토구성원에서 특이한 점은 수토구성원 중 관리와 군인이 아닌 포작인을 수토에 포함시켰다는 점이다. 이러한 사실은 도내의 방어사목을 적은 同義事目의 목록 중에는 수토에 관한 항목도 있는데 포작인을 뽑아 병선에 나눠서 태울 것을 권장하고 있다.[35]

이러한 수토방침에 따라 심의손은 수토거행 때, 병선 및 포작선 12척을 동원하였다.[36] 사실 포작선은 이미 1497년에 왜군이 녹도를 침략했을 때 대맹선이 아닌 포작선을 사용된 적이 있다.[37] 이는 포작선은 가볍고 빠르기 때문에 서해안은 섬이 많고 조수간만의 차가 큰 지형에서는 크기가 큰 대맹선보다는 작고 빠른 포작선을 사용한 것으로 보인다.

(3) 수토의 시기

서·남해안의 수토의 경우에는 원칙적으로는 월 3회 수토를 하는 것으로 되어 있다. 『승정원일기』 1786년 2월 기사에 李命植이 말하는 것을 보면 서·남해안의 수토의 횟수가 정례화 되어 있었다는 사실을 보여주고 있다.

---

35 『중종실록』 권48, 중종 18년 5월 28일 정유.
36 『중종실록』 권48, 중종 18년 6월 2일 신축.
37 위와 같음.

壬戌·癸亥이후 월3회로써 수토라고 하였는데 수로에 출입하는 것이 고생스러워 그 법을 폐한지 오래였는데 지금부터 시작하여 한 번 몰아낸 다음에 월3번 수토하는 법을 별도로 거행하는 것이 좋을 듯하다.[38]

하지만 이러한 월3회 수토는 지켜지지 않았고 비정기적인 수토가 이어졌다. 하지만 수토를 언제 거행하는 것에 관한 것은 각 지역 사료를 통해서 알 수 있다. 1635년(인조 13)에 작성된 『泰安郡日記成冊』에 수토에 관해서 기술하고 있는데 그 내용은 이씨 성인 태안군수가 6월에 태안 인근에 있는 諸島를 수토했다는 내용이다.

1738년에 편찬된 『江華府誌』에는 수토에 대해서 설명을 하고 있는데 그 구분을 內洋과 外洋으로 구분에서 설명하고 있다. 강화부지에는 수토에 참여하는 관리의 규모를 명시하고 있다는 점에서 큰 의의가 있다. 강화부지에 따르면 "내양은 감관, 색리, 사수, 포수, 사공 각 1인과 격군 4인이요. 외양은 그 수의 배로 하고 그 시기는 2월~9월이며 영종, 화양, 주문, 덕종, 장봉 등 6진에 윤회하는 것을 정하여 보내어 수토하되 매 내양 1진 외양 2진이다."[39]라고 기재되어 있다.

1866년에 1월 9일 작성된 『京畿水營關報牒謄錄』에는 '本島內外洋諸島搜討 自 今年 2月 至 9月 每朔 內洋 1진, 外樣 2진'이라고 기재되어 있는데 이를 통해 2월에서 9월 매 초하루에 수토를 한 것을 알 수 있다.

2) 남해안 도서지역 搜討

(1) 수토의 대상과 대응

남해안의 경우에는 거의 대부분 일본과의 마찰내용을 서술하고 있다. 남

---

38 『승정원일기』 권85, 정조 10년 2월 29일 계묘.
39 『강화부지』 「軍制」.

해안 도서지역은 동해안과 서해안 도서 지역보다 일본과 가깝기 때문에 필연적으로 왜구 및 일본인과의 마찰이 많이 수록되어 있다. 아래의 표는 남해안 도서지역 수토 현황을 표로 정리한 것이다.

〈표 3〉 남해안 도서지역 수토 현황

연번	연도	수토관		수토내용	출처
1	1419년	미상		포로로 잡은 자가 본도에 3백 55명, 충청도에 2백 3명, 강원도에 33명으로 모두 5백 91명, 물에 몸을 던져 자살한 자가 1백 36명이요, 포로 된 중국인이 6명.	『세종실록』 권4, 세종 1년 6월 4일
2	1419년	濟州都按撫使 鄭乙賢 判官 河澹		군사 103명, 삼판선 17척을 추자도로 보내 포로 3명을 구하고 3명을 베었음.	『세종실록』 권6, 세종 1년 11월 15일
3	1424년	萬戶 李貴生		1423년 9월에 萬戶 李貴生이 전라도 孤草島에서 세운 공으로 상을 줌.	『세종실록』 권23, 세종 6년 3월 20일
		水軍都安撫處置使 尹得洪		왜선 12척이 서여서도에 와서 2척을 잡고, 18급을 베고 물에 빠져 죽은자 16명.	『세종실록』 권 25, 세종 6년 9월 20일.
4	1447년	미상		孤草島 수토를 명년 3, 4월 쯤으로 하기로 함.	『세종실록』 권116, 세종 29년 5월 26일
5	1473년	미상		왜선 8척이 孤草島 사이에 머물고 있다고 하니 적왜 여부를 가려서 함부로 살상하지 말도록 하라고 함.	『성종실록』 권46, 성종 5년 8월 27일
6	1478년	미상		왜선이 孤草島를 지나지 않기로 했는데 고초도를 넘어 도둑질을 하였으니 잡아야 한다고 병조에서 주장함.	『성종실록』 권91, 성종 9년 4월 15일
7	1497년	李季仝 李良		병선2척, 복작선 29척.	『연산군일기』 권22, 연산군 3년 3월 17일.
		突山浦萬戶	林春孫	작은배 6척.	
		光陽 順天		군사 184명, 수군 112명, 복작간 142명.	

연번	연도	수토관		수토내용	출처
8	1510년	左右道 防禦使	미상	좌·우도 방어사를 보내어 加德島를 수색하였으나, 賊倭는 보지 못하고 기명·활·솥만을 얻어 가지고 돌아옴.	『중종실록』 권11, 중종 5년 5월 4일
9	1511년	慶尙道 兵馬節度使	柳聃年	가덕도에서 싸워 생포 40명, 부상 12, 20명을 죽임.	『중종실록』 권14, 중종 6년12월 16일
10	1516년	倭船搜 討軍官	李崇仁	왜적에 패해 죽은 자가 10명에 이르렀다.	『중종실록』 권26, 중종 11년 8월 7일
11	1521년	미상	미상	우수영에서 楸子島 수토에 관할을 맡게 됨.	『중종실록』 권42, 중종 16년 7월 6일
12	1521년	特進官	李自堅	이자견이 추자도 주면에 섬에 포작인을 쇄환하고 수토할 것을 청함.	『중종실록』 권44, 중종 17년 5월 28일
13	1529년	全羅左 道水使	權彭年	鵲島를 수토해서 왜인 6명 사살.	『중종실록』 권65, 중종 24년 4월 12일
14	1541년	永登浦 萬戶	宋琚	수토의 열을 받는 일로 갔다가 薺浦로 돌아오던 중에 倭船 1척과 서로 만났는데 미리 겁을 먹고 달아나 印信과 軍器 및 助防將 曹世英과 군인 29명이 간 곳이 없고 송거만이 겨우 죽음을 면했습니다.	『중종실록』 권95, 중종 36년 6월 27일
15	1545년	미상	미상	전라도는 왜인을 접대하는 곳이 아닌데 왜선이 보이면 수토하여 금절해야하는데 그렇지 않았으므로 관리자를 파면 추고함.	『인종실록』 권1, 인종 1년 3월 16일
16	1545년	呂島萬 戶	馮繼淳	諸鎭의 賊路 중 의심 가는 곳을 搜討하여 추격한바 전후 참획한 것이 모두 1백 8급이지만 중국인을 왜인으로 오인한 것임.	『명종실록』 권1, 명종 즉위년 7월 26일
17	1554년	全羅水 使	金景錫	흑산도를 수색하다가 12척이 표실하여 4~500여명이 사망.	『명종실록』 권16, 명종 9년 2월 3일.
18	1605년	미상	미상	요충지에 搜討將을 보내서 철저히 수토하라고 상소를 올림.	『선조실록』 권190, 선조 38년 8월 14일
19	1614년	미상	미상	제주에서 왜인 6명을 잡아 조사함.	『광해군일기』 권29, 광해군 6년 7월 2일
20	1640년	馬梁僉使	金克謙	수토하지 못해 양곡선이 흥원곶에서 8명 부상 및 군량미 약탈당함.	『인조실록』 권40, 인조 18년 윤1월 20일

위 표를 보면 남해안의 경우에는 왜적과 충돌한 내용을 다른 도서지역보다 상세하게 적고 있는 것을 알 수 있다.

남해안 지역 수토의 첫 기록은 1419년에 제주 상선 1척이 추자도에서 왜적에게 잡히자 제주도안무사 정을현과 판관 하담이 군사 103명과 삼판선 17척을 거느리고 왜선 3척을 만나 2척을 공격하여 왜적이 물에 빠져 많이 죽었고, 적 3급을 베고, 정을현 사람 3명을 구출한 기사가 있다.

이 당시 도서지역 수토관의 이름을 안무사라고 하였기 때문에 제주도안무사가 수토를 거행한 것으로 보인다. 동해안의 울릉도 수토의 경우도 1438년까지 무릉등처안무사라는 용어를 사용하였고 이후에 순심경차관이라는 용어를 사용한 점을 볼 때 이 경우도 이 시기의 용어 사용으로 봐도 무방하다.

이후 성종 대까지는 孤草島 관련 수토기사가 많이 등장하게 된다. 1424~1478년까지 고초도에 대한 수토기록만 나오는데 고초도는 조선과 일본 간의 조어금약을 맺은 곳이다.

1424년 기사에는 계묘 9월에 이귀생이 전라도 고초도에서 왜를 잡은 것을 기록하고 있다. 이때의 계묘는 조선왕조 건국연도인 1392년과 1424년 사이의 계묘년인 1423년임을 알 수 있다.

하지만 고초도 조업금지조약은 대부분 지켜지지 않았고 이에 조선에서는 1447년(세종 29) 3월에 경차관 조휘를 대마도주에 보내어 조어 금약 위반자에 대한 처벌과 도주의 세견선이 50척이 넘지 않도록 할 것을 요청하였고 이를 어기는 자에 대해서 군사를 수색하고 체포하겠다는 뜻을 전달하였다.[40]

규칙 위반사항에 대한 조선 측의 대응은 주로 대마도주에게 죄인을 처벌할 것을 요구하는 것에 그쳤을 뿐[41] 군사적 충돌이 일어나지는 않았다.

---

40 한문종, 「조선전기 조일간 어업분쟁과 해양권의 강화」, 『한일관계사연구』 42, 2012, p.129.
41 한문종, 위의 논문, 2012, p.136.

이후 1529년 全羅左道水使 권팽년이 鵲島를 수색하러 갔다가 왜선 두 척 중 1척을 추격하여 왜인 6명을 벤 사건[42]이 일어나게 되는데 하지만 이 결과에 중종의 반응은 냉담했다.[43] 그 이유인 즉, 사로잡은 왜인을 추문하여 그 죄를 알게 해야 하기 때문이었다.

수토 책임자들은 자신들이 패퇴한 경우에는 상부에 보고하지 않은 것으로 보인다. 아래는 수토에 패퇴한 사실이 계본에 기록된 기사이다.

> "어제 경상우도 兵使 方好義의 계본을 보니 '永登浦 萬戶가 후원 없이 孤單하게 바다를 왕래하다가 왜적을 만나서 致敗 하여 그 印信을 분실하였고, 그가 거느렸던 군인들도 행방불명이 되었다.'고 하였다. 보통 때에는 邊將들이 비록 이와 같은 일이 있었을지라도 모두 사실을 숨기고 보고하지 않았는데 이번에는 마침 그 사실이 드러났다.(후략)"[44]

실제로 관리들은 수토에 대해서 대부분 호의적이지 않았다. 수토관들은 식량의 부족, 날씨의 악화 등을 핑계로 수토 거행을 미뤘다. 이들이 이렇게 적극적으로 수토에 나서지 않은 것은 다도해인 남해안 지역을 수토하는데 있어서 많은 어려움이 있었던 것이다. 실제로 수토에 관한 기사를 살펴보면 수토를 갔다가 익사한 경우도 다반사로 일어남을 알 수 있다.

> 이번 12월 15일에 가덕도를 搜討한 배가 본포에 돌아왔기에 점검해 보니 鎭撫 金有石이 탄 배 한 척이 오지 않았는데 이어 날이 저물었다. 16일 五更에 兵船을 정돈시켜 나뉘어 護衛하도록 하고서 의아스러운 으슥하고 깊은 모든 섬을 수색해 보니, 永登浦의 지경인 저도에 水軍 丁義文과 吳彦京이 육지를 만나 살아 있기에 구호하여 데리고 왔고 나머지 사람 및 배는 온데 간 데가 없다고 했습니다. 영등포 만호 정운은 가덕도 伏兵의 都將帥로서 각 포의 병선을 거느리고 들어갔

---

42 『중종실록』 권65, 중종 24년 4월 12일 정축.
43 위와 같음.
44 『중종실록』 권95, 중종 36년 6월 27일 임오.

었으니, 비록 교대한 뒤라 하더라도 큰 바다의 한가운데서는 반드시 바람이 순한지 거슬리는지를 살펴보고 날이 밝기를 기다렸다 나왔어야 하는데 밤중에 나오다가 바람을 만나 배가 뒤집히게 되어 11명이 익사하여 온데 간 데가 없게 되었으니 지극히 놀라운 일입니다[45]

이 기사를 살펴보면 11명이 익사하는 사건이 벌어졌음을 알 수 있다. 이러한 익사사건은 비단 남해안 뿐만 아니라 동해안과 서해안에서도 나타나고 있다. 때문에 대체로 수토관들은 멀리 나가기를 꺼려하고 나가더라도 적극적인 수토가 아닌 회피하거나 형식적인 수토를 한 것이다.

(2) 수토군의 구성 인원

남해안 수토의 규모와 구성은 서해안과 마찬가지로 자세하게 나온 기사가 얼마 되지 않아 규모를 파악하는 데는 어려움이 있다. 1497년 기사[46]는 남해안 수토 인원을 가장 자세하게 보여주고 있다. 이 기사에 따르면 군사와 수군 약 300명가량이 수토에 투입되었고 여기에 鰒作干 142명이 추가적으로 투입됐다. 남해안의 수토에서도 서해안에서와 마찬가지로 복작간, 혹은 포작간이 언급되고 있다.

이 포작간들은 도서지역 수토에 중요한 역할을 했던 것으로 보이는데 그 역할은 다음 기사에서 파악할 수 있다.

> 全羅左道水使 方好義가 장계하기를 "이달 16일에 倭人들의 배 4척이 世尊巖으로 해서 나오기에, 신이 즉각 각 鎭將들로 하여금 兵船을 거느리고 모든 섬에 나뉘어 있게 하고, 신도 병선 20척을 거느리고 損竹島에 정박하고 있는데, 17일에 鮑作干이 고하기를 '倭船 4척이 平斗島에 왔다.'고 하였습니다."[47]

---

45 『중종실록』 권97, 중종 36년 12월 29일 경진.
46 『연산군일기』 권22, 연산군 3년 3월 28일 경오.
47 『중종실록』 권55, 중종 20년 9월 22일 무인.

위의 기사에서 포작인은 수토에 있어서 정탐 역할을 하였다. 일반 병선은 크기가 크기 때문에 눈에 띄고 움직임도 자유롭지 못하다. 그에 반해 포작인 늘은 어선으로 이동하기 때문에 움직임이 자유롭고 의심을 받지도 않는다. 또한 이들은 지형지물을 잘 알고 있기 때문에 전략상 정탐의 역할에 제격이었던 것이다.

4. 결론

기존 수토제에 대한 기존연구는 울릉도 쟁계 이후 확립된 울릉도 수토제에 대해서만 연구가 진행되었다. 하지만 본 논고에서 살펴본 것과 같이 17세기 이전에도 수토는 이루어졌고, 수토의 범위는 울릉도 뿐만 아니라 조선의 전 도서지역을 그 대상으로 하였음을 알 수 있었다.

조선시대 도서지역 수토의 배경으로는 크게 2가지가 있다. 첫째, 조선정부가 도서지역에 주민들을 나오게 하면서 공시적으로 무인도가 된 도서지역에 주민들이 세금과 군역을 피하기 위해 들어가 생활하면서 경제적으로 안정화되면서 정부가 이들에 대해서 세금을 부과시키기 위한 정책으로써의 배경이고 둘째는 일본과 중국의 어선들이 조선 도서지역에 와서 불법어업을 하다가 충돌하는 것을 방지하여 자국민을 보호하기 위한 국방정책으로써의 배경이다.

이러한 배경에서 실시된 서·남해안 수토는 원칙적으로는 월 3회 수토가 그 정식이었지만 지켜지지 않았다. 수토대상에 따라 수토에 대한 방식도 달랐다. 먼저 중국의 황당선에 대해서는 대화를 우선적으로 하고 식수를 보내 스스로 물러가게 하는 방침이었다. 이는 중국과의 사대관계에 따른 대응이라고 생각된다. 수토로 인해 중국과 갈등 빚는 일을 염려했기 때문이다.

왜구에 대해서는 전투적 양상을 띠는 경우가 많이 보이고 있다. 그러나 왜구와의 전투양상도 적극적인 수토보다는 조선 해역에서 쫓아내는 정도에서 그치고 있다. 이는 굳이 쫓아가서 전투를 하다가는 조선 측의 피해도 크기 때문이다.

수토의 규모는 초기에는 11척에서 12척 사이의 병선을 운영하였고 그에 따른 인원은 200명가량이었지만 조선후기에 이르면 搜討船의 숫자가 2~3척과 80명으로 줄게 되는 것을 볼 수 있다.

본 논문에서 알아본 바와 같이 조선시대의 수토는 15세기 초부터 19세기 말까지 꾸준히 조선의 島嶼地域에서 이루어졌다. 동해안과 서·남해안의 수토의 경우 간년과 월 3회라는 형식상의 차이를 보이고 있지만 백성보호라는 공통된 목적을 가지고 있었다. 조선시대 수토제는 한반도 전 島嶼地域을 아우르는 도서관리 정책의 일환으로 더 나아가 조선의 영토수호 의지를 보여주고 있다.

다만 서·남해안 도서지역 수토의 지역적 특색을 드러내지 못한 것은 추후 연구과제로 남겨두고자 한다.

[참고문헌]

〈사료〉
『太宗實錄』『世宗實錄』『成宗實錄』『燕山君日記』『中宗實錄』『明宗實錄』『宣祖實錄』『光海君日記』『仁宗實錄』『肅宗實錄』『英祖實錄』『正祖實錄』『純祖實錄』『承政院日記』『備邊司謄錄』『各司謄錄』『江華府誌』『泰安郡日記成冊』『備邊司印方眼地圖』『海東地圖』.

〈저서〉
김병렬·니이토 세이츄, 『한일 전문가가 본 독도』, 다다미디어, 2006.
김재원, 『韓國西海島嶼』, 국립박물관, 1957.

김원룡 · 임효재, 『西海島嶼考古學』, 서울대 동아문화연구소, 1968.

김호동, 『독도 · 울릉도의 역사』, 경인문화사, 2007.

민덕기, 『조선시대 일본의 대외교섭』, 경인문화사, 2010.

손승철, 『독도의 진실을 말하다: 2012 이사부 독도 복속 1500주년 기념』, 한국이사부학회, 2012.

영남대학교 독도연구소, 『울진대풍헌과 조선시대 울릉도 · 독도의 수토사』, 선인, 2015.

유미림, 『울릉도와 울릉도 사적 역주 및 관련 기록의 비교연구』, 한국해양수산개발원, 2007.

최소자, 『淸과 조선』, 혜안, 2005.

〈논문〉

김경옥, 「朝鮮後期 西南海 島嶼의 社會經濟的 變化와 島嶼政策 硏究」, 전남대학교 박사학위논문, 2000.

김기혁, 「조선후기 울릉도 수토기록에 나타난 부속도서의 표상연구」, 『역사와 지리로 본 울릉도 · 독도』, 동북아역사재단, 2011.

_____, 「고지도에 표현된 울진~울릉도의 묘사와 이규원의 검찰 경로」, 『울진대풍헌과 조선시대 울릉도 · 독도의 수토사』, 영남대학교 독도연구소, 2015.

김도현, 「울진과 울릉도지역 마을신앙의 관계성 검토」, 『울진대풍헌과 조선시대 울릉도 · 독도의 수토사』, 영남대학교 독도연구소, 2015.

김수희, 「개척령기 울릉도와 독도로 건너간 거문도 사람들」, 『한일관계사연구』 38, 2011.

_____, 「수토제하에서 울릉도 · 독도로 건너간 사람들」, 『울진대풍헌과 조선시대 울릉도 · 독도의 수토사』, 영남대학교 독도연구소, 2015.

김호동, 「조선시대 울릉도 수토정책의 역사적 의미」, 『韓國中世史論叢』, 李樹健教授停年紀念, 2000.

_____, 「월송포진의 역사」, 『사학연구』 115, 2014.

_____, 「울진과 울릉도 · 독도의 역사적 상관성」, 『울진대풍헌과 조선시대 울릉도 · 독도의 수토사』 영남대학교 독도연구소 독도연구총서 14, 2015.

김호종, 「조선후기 제염에 있어서 연료문제」, 『대구사학』 26, 1984.

_____, 「조선후기 어염의 유통실태」, 『대구사학』 31, 1986.

민덕기, 「동아시아 해금정책의 변화와 해양 경계에서의 분쟁」, 『한일관계사연구』 42, 2012.

_____, 「중 · 근세 동아시아 해금정책과 경계인식-동양삼국의 해금정책을 중심으로-」, 『한일관계사연구』 39, 2011.

배재홍, 「조선후기 울릉도 수토제 운용의 실상」, 『대구사학』 103, 2011.

백인기, 「조선후기 울릉도 수토제도의 주기성과 그 의의 1」, 『이사부와 동해』 6, 2013.

서인범, 「압록강 하구 연안 도서를 둘러싼 조 · 명 영토분쟁」, 『명청사연구』 26, 2006.

_____, 「조선시대 서해 북단 해역의 경계와 島嶼 문제-海浪島와 薪島를 중심으로-」, 『명청사연구』 36, 2011.

손승철, 「조선시대 '空島政策'의 허구성과 '搜討制분석'」, 『이사부와 동해』 창간호, 2010.

_____, 「울릉도 수토와 삼척영장 장한상」, 『이사부와 동해』 5, 2013.

_____, 「조선후기 수토기록의 문헌사적 연구 – 울릉도 수토 연구의 회고와 전망 – 」, 『울진대풍헌과 조선시대 울릉도·독도의 수토사』, 영남대학교 독도연구소, 2015.

송병기, 「朝鮮後期의 鬱陵島 經營 – 搜討制度의 확립 – 」, 『震檀學報』 제86호, 震檀學會, 1998.

송휘영, 「울진 수토문화와 관광자원화의 방향」, 『울진대풍헌과 조선시대 울릉도·독도의 수토사』, 영남대학교 독도연구소, 2015.

杉原 隆, 「大谷家, 村川家關係文書再考」, 『竹島問題に關する調査研究最終報告書』, 竹島問題研究會, 2007.

심현용, 「조선시대 울릉도·독도 수토관련 울진 대풍헌 고찰」, 『강원문화사연구』 13, 2008.

_____, 「조선시대 울릉도 수토정책에 대한 고고학적 시·공간 검토」, 『영토해양연구』 6, 2013.

_____, 「울진 대풍헌 울릉도·독도 수토 자료와 그 역사적 의미 – 조선시대 울릉도·독도 수토정책과 관련하여」, 『울진대풍헌과 조선시대 울릉도·독도의 수토사』, 영남대학교 독도연구소, 2015.

유미림, 「장한상의 울릉도 수토와 수토제 추이에 관한 고찰」, 『정치외교사논총』 31-1, 2009.

유재춘, 「중·근세 韓·中間 국경완충지대의 형성과 경계인식」, 『한일관계사연구』 39, 2011.

_____, 「평해 월송포진성과 삼척포진성의 연혁과 구조」, 『울진대풍헌과 조선시대 울릉도·독도의 수토사』, 영남대학교 독도연구소, 2015.

유하영, 「수토정책의 국제법적 해석」, 『울진대풍헌과 조선시대 울릉도·독도의 수토사』, 영남대학교 독도연구소, 2015.

윤명철, 「울진의 뱃길과 동해의 해류 및 바람」, 『울진대풍헌과 조선시대 울릉도·독도의 수토사』, 영남대학교 독도연구소, 2015.

이근택, 「朝鮮 肅宗代 鬱陵島紛爭과 搜討制의 確立」, 國民大學校 大學院, 1999.

이욱, 『朝鮮後期 魚鹽政策 研究』, 고려대학교 박사학위논문, 2002.

이원택, 「조선후기 강원감영 울릉도 수토사료 해제 및 번역」, 『영토해양연구』 8, 2014.

이현종, 「조선시대 울릉도·독도 경영」, 『독도연구』, 민족문화사, 1985.

임영정, 「조선시대 遠海島嶼에 대한 인식」, 『소헌 남도영 고희기념역사학논총』, 민족문화사, 1993.

최근락, 「朝鮮初期 倭寇의 侵入樣相에 관한 연구」, 강원대학교 석사논문, 2009.

한문종, 「조선의 남방지역과 일본에 대한 경계인식」, 『한일관계사연구』 39, 2011.

_____, 「조선전기 조일간 어업분쟁과 해양권의 강화」, 『한일관계사연구』 42, 2012.

제2장

조선시대 울릉도·독도 수토정책에 대한 時·空間 검토*

심 현 용**

1. 머리말

최근 들어 우리나라 대한민국 고유의 영토 '독도(獨島)'에 대해 일본은 중앙 정부차원에서 영유권 주장을 더욱 거세게 하고 있다. 독도가 우리나라 고유 의 영토라는 논리를 설명하기 위해서는 역사적 정당성과 객관적인 논리가 절 대적으로 필요한 시기이다. 이와 관련하여 조선시대 울릉도¹를 우리 영토로

---

* 이 논문은 필자가 「조선시대 울릉도 수토정책(搜討政策)에 대한 고고학적 시·공간 검토」라는 제목으로 2013년 12월 동북아역사재단의 『영토해양연구』8에 발표한 것을 수정·보완한 것임을 밝힌다.
** 울진봉평신라비전시관 관장
1 필자는 이 글에서 일일이 '독도'라는 단어를 별개로 표시하지 않겠다. 그 이유는 독도 는 울릉도의 부속도서로 울릉도라는 범위 안에 독도가 포함되어 있기 때문이다. 이는 조선시대의 대부분의 고지도에서도 확인(양보경, 「울릉도, 독도의 역사지리학적 고 찰-한국 고지도로 본 울릉도와 독도-」, 『북방사논총』7, 고구려연구재단, 2005; 이

관리하였던 수토정책(搜討政策)은 중요한 연구과제다. 조선시대 사용된 '수토'의 의미는 바다를 중심으로 해안이나 해상 또는 해도에서 왜적·도적·변란 등을 다스리는 군사 용어로 자국민보다는 우리 영토를 침범한 타국인 또는 적군을 수색하여 토벌한다는 뜻으로 사용되었으며, 이러한 수토정책은 조선의 군사적 국방정책의 하나였다.

그동안 학계에서는 조선시대 울릉도 수토정책에 대해 개설서적으로 연구되다가 최근 들어 깊이 있는 연구가 시작되었다.[2] 그 이유는 울진에 위치한

상태, 「고지도에 나타난 삼척과 우산국」, 『이사부와 동해』 3, 한국이사부학회, 2011) 되는데, 울릉도 부근에 독도가 그려져 있어 울릉도의 영역 안에 부속도서로 독도가 존재했음을 보여주는 것이며, 크게는 한반도와 그 부속도서, 즉 조선의 영토에 포함 되었음을 표시한 것이다. 그리고 조선시대 군인(水軍)이었던 수토관 일행들은 울릉도 수토 시 군인의 필수 지참물인 지도를 가지고 출발했음은 지금의 군인에 비추어보아 도 충분히 짐작할 수 있다. 그러므로 수토관 일행들은 울릉도뿐만 아니라 주변의 부 속도서인 독도도 함께 수토하였을 것임은 쉽게 추정해 볼 수 있다. 이는 첫 울릉도 수 토관으로 파견된 장한상이 남긴 「울릉도 사적」이라는 기록에서도 동쪽 300리 거리 바다 한가운데에 섬이 있다고 하여 독도를 언급하고 있는데, 이로 보아도 충분히 짐 작되는 것이다. 다만 울릉도 수토 시 이러한 세세한 사항이 문헌사료에 잘 기록되지 않았을 뿐이므로 이 글에서의 울릉도 수토라고 한 수토대상의 공간적 범위는 '울릉도' 뿐만 아니라 '독도'를 함께 포함한 것이 되겠다. 즉 '울릉도'라는 용어 안에 '독도'가 포 함되어 있음을 미리 밝혀둔다.

2 송병기, 「조선후기 울릉도 경영 – 수토제도의 확립」, 『진단학보』 86, 진단학회, 1998; 이근택, 「조선 숙종대 울릉도분쟁과 수토제의 확립」, 국민대학교 석사학위논문, 2000; 김호동, 「조선시대 울릉도 수토정책의 역사적 의미」, 『한국중세사논총』 이수건교수 정년기념, 한국중세사논총간행위원회, 2000; 유미림, 「장한상의 울릉도 수토와 수토 제의 추이에 관한 고찰」, 『한국정치외교사논총』 31-1, 한국정치외교사학회, 2009; 손 승철, 「조선시대 '공도정책'의 허구성과 '수토제' 분석」, 『이사부와 동해』 창간호, 한 국이사부학회, 2010; 배재홍, 「조선후기 울릉도 수토제 운용의 실상」, 『대구사학』 103, 대구사학회, 2011; 이승진, 「조선시대 울릉도 수토 사료 검토」, 『제3회 울릉도포 럼』 2012년 울릉군 국제학술대회, 울릉군·울릉문화원, 2012; 손승철, 「울릉도 수토 와 삼척영장 장한상」, 『이사부와 동해』 5, 한국이사부학회, 2013; 백인기, 「조선후기 울릉도 수토제도의 주기성과 그 의의 I – 숙종부터 영조까지를 중심으로」, 『이사부 와 동해』 6, 한국이사부학회, 2013; 이원택, 「조선후기 강원감영 울릉도 수토 사료 해 제 및 번역」, 『영토해양연구』 8, 동북아역사재단, 2014; 영남대학교 독도연구소, 『울

대풍헌(待風軒)[3]이라는 역사적 자료에 의한 것 같다. 즉 필자에 의해 울진 대풍헌에서 울릉도 수토에 관한 다수의 현판과 고문서가 조사·소개되어 문헌사료에서 잘 확인되지 않는 사실들이 밝혀져 선행연구를 더욱 보완 및 진일보하게 되었던 것이다.[4] 하지만 대부분의 선행연구가 문헌사 중심으로 진행되었고, 사료의 빈약함으로 몇몇 부분에서는 세밀하지 못한 아쉬움이 있었다. 그리고 이를 입증해 줄 수 있는 유물·유적의 고고학적 접근 연구는 전무한 실정이었다. 그래서 필자는 울릉도 수토에 대한 연구를 고고학적 관점에서

진 대풍헌과 조선시대 울릉도·독도의 수토사』 영남대학교 독도연구소 독도연구총서 14, 도서출판 선인; 2015 이원택, 「19세기 울릉도 수토 연도에 관한 연구」, 『독도연구』 23, 영남대학교 독도연구소, 2017; 한국영토학회, 『울릉도·독도 수토관(搜討官) 파견과 독도 영유권 수호』 2018년도 한국영토학회 춘계 학술대회, 2018; 의성문화원, 『우리 땅 독도지킴이 장한상 학술대회』, 2018; 한국이사부학회, 『수토사, 독도를 지키다』 2018 삼척 동해왕 이사부 독도축제 학술대회, 2018; 이원택, 「19세기 울릉도 수토 사료해제 및 번역」, 『영토해양연구』 15, 동북아역사재단, 2018.

3 '울진 대풍헌'은 경상북도 문화재자료 제493호로 지정(2005.9.20.)되었다가 2008년 11월 7일~2010년 1월 8일까지 해체복원이 이루어진 후 경상북도 유형문화재 제165호로 승격 지정(2010.3.11.)되었으며, 이곳에 소장된 「수토절목」과 「완문」의 고문서는 '울진 대풍헌 소장 문서'라는 명칭으로 경상북도 문화재자료 제511호로 지정(2006.6.29.)되었다. 또한 대풍헌에 게판된 17점의 현판 중 12점은 '울진 대풍헌 현판 일괄'이라는 명칭으로 경상북도 유형문화재 제441호로 지정(2012.5.14.)되었다.

4 심현용, 「조선시대 울릉도·독도 수토관련 '울진 대풍헌' 소장 자료 소개」, 『독도지킴이 수토제도에 대한 재조명』 제1회 한국문화원연합회 경상북도지회 학술대회, 한국문화원연합회 경상북도지회, 2008; 심현용, 「조선시대 울릉도·독도 수토관련 '울진 대풍헌' 소장자료 고찰」, 『강원문화사연구』 13, 강원향토문화연구회, 2008; 심현용, 「울진 대풍헌 현판 소개 - 조선시대 울릉도·독도 수토제와 관련하여 - 」, 『132회 대구사학회 정기학술대회 자료집』, 대구사학회, 2009; 심현용, 「울진 대풍헌 현판」, 『대구사학』 98, 대구사학회, 2010; 심현용, 「Ⅱ. 연혁」, 『대풍헌 해체수리공사보고서』, 울진군, 2010; 심현용, 「조선시대 울릉도 수토정책(搜討政策)에 대한 고고학적 시·공간 검토」, 『영토해양연구』 8, 동북아역사재단, 2013; 심현용, 「울진 대풍헌의 울릉도·독도 수토 자료와 그 역사적 의미 - 조선시대 울릉도·독도 수토정책과 관련하여 - 」, 『울진 대풍헌과 조선시대 울릉도·독도의 수토사』, 영남대학교 독도연구소, 2015; 심현용, 「월송포진성과 울릉도·독도 수토 관련 유적·유물」, 『수토사, 독도를 지키다』 2018 삼척 동해왕 이사부 독도축제 학술대회, 한국이사부학회, 2018.

진행해 본다면 문헌사 분야를 더욱 세밀히 수정·보완할 수 있을 것으로 판단하였다. 왜냐하면 개별 사실(史實)에 관한 부분을 입증할 수 있는 근거자료가 바로 유물·유적인 고고자료이기 때문이다. 그래서 수토 관련 자료가 있을 것으로 판단되는 울릉도·울진·삼척지역을 중심으로 수토 관련 유물·유적을 찾기 시작하였다.

이 글은 이러한 의미에서 연구된 것으로, 제2장에서 향후 연구자들의 다양한 해석에 도움이 되고자 필자가 찾아내거나 또는 있더라도 학계에 잘 알려지지 않은 포진성, 산수화, 석비, 각석문, 현판, 고문서 등의 울릉도·독도 수토 관련 역사적 자료를 자세히 소개·분석하고, 제3장에서는 이러한 고고·문자 자료를 바탕으로 문헌사료와 비교하여 조선시대 울릉도·독도 수토에 대한 몇 가지 시간적 및 공간적 검토를 해보고자 한다.

2. 울릉도·독도 수토 관련 고고자료와 문자자료

1) 고고자료

(1) 울진 포진성

① 발굴 후 전경

② 발굴 유구 배치도

[그림 1] 울진 포진성

최근에 울진 포진성과 월송 포진성의 두 유적이 일부분이나마 발굴조사되어 고고학적으로 문헌기록을 확인해주는 큰 성과를 이루었다. 즉, 울진 포진성의 발굴조사는 2011년 9월 14일~12월 13일까지 실시되었으며, 경북 울진군 근남면 수산리 247-2번지 일원으로 조사면적은 1,461㎡이다. 이곳은 울진 포진성의 남쪽 일대로 조선시대 구 2기, 석군 5기, 집석유구 2기, 수혈유구 3기 등이 확인되었으며, 이는 남쪽 성벽 바깥에 있던 해자로 추정된다. 그 내부에서 석교시설, 목익과 자기, 기와 등이 출토되었다.[5]([그림 1])

울진 포진성은 원래 울진군 울진읍 현내동 고현포에 토성을 쌓아 설치되었는데, 1512년(중종 7) 울진군 근남면 수산리 비래봉에 석성을 쌓아 이축되었다. 수군만호 1명과 수군 400명이 주둔했으며, 1627년(인조 5)에 폐지되었다.[6]

(2) 월송 포진성

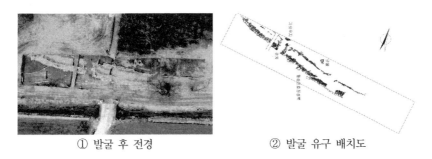

① 발굴 후 전경 　　　　　　② 발굴 유구 배치도

[그림 2] 월송 포진성

월송 포진성은 2011년 8월 2일~2012년 4월 12일까지 발굴조사가 실시되었

5　한국문화재보호재단, 「울진군 근남면 수산리 247-2번지 동물 및 식물관련시설 신축부지내 국비지원 발굴조사 약보고서」, 2011.
6　심현용·김성준, 「울진포진(포영)에 관한 연구」, 『울진문화』 13, 울진문화원, 1999.

으며, 경북 울진군 평해읍 월송리 303-17번지 일원으로 조사면적은 1,520㎡이다. 이곳은 월송 포진성의 남쪽 일대로 성벽·문지·우물·기와무지 등이 확인되었으며, 분청자·백자·기와·가락지 등이 출토되었다.[7]([그림 2]) 특히 일부 기와는 대풍헌 기와[8]와 같은 형식이 확인되어 월송 포진성과 대풍헌의 관계를 유추해볼 수 있는 자료가 되었다.([그림 3]) 또 정밀지표조사에서 성곽의 규모는 둘레 약 322m, 동-서 107m, 남-북 73m이며, 평면형태는 말각장방형으로 전체면적은 약 7,544㎡로 추정되었다.[9] 이 월송 포진성은 1397년(태조 6) 평해 읍성에서 동북쪽으로 7리 떨어진 곳에 처음 설치되었고, 1555년(명종 10) 석성을 쌓았으며, 만호 1명과 진졸이 적을 때는 70명, 많을 때는 400명까지 주둔하였으며, 늦어도 19세기 후반까지 유지되었다.[10]

---

7 삼한문화재연구원,『울진 망양— 직산간 도로확포장공사부지 내 울진 월송포진성』, 2014. 이후 두 차례 더 이곳에서 시굴조사가 진행되었는데, 2017년 3월 13일~4월 21일까지 남쪽 문지 안쪽에서 1,261㎡ 면적이 시굴조사되어 남서쪽 성벽 일부, 건물지 2기, 수혈, 주혈 등이 확인되고 조선시대 기와편과 자기편이 출토(삼한문화재연구원, 2017, 『울진 월송리(302-8번지) 월송포진성 정비복원 사업부지 내 유적 발굴(시굴)조사 결과보고서』)되었다. 또 2018년 6월 15일~10월 22일까지 동쪽편의 남쪽 성벽 안쪽 1,565㎡ 면적이 시굴조사 되었는데, 훼손으로 인해 유구는 확인되지 않았다. 그러나 동쪽 가장자리는 선적사로 들어가는 진입로가 있어 조사하지 못하였는데, 2012년 조사된 성벽과 연결된 부분이라 남동쪽 성벽이 잔존할 것(삼한문화재연구원, 2018, 『울진 월송포진성 정비복원 사업부지 내 유적 발굴(시굴)조사(2차) 결과보고서』)으로 판단된다.
8 울진군,『대풍헌 해체수리공사보고서』, 2010, p.99.
울진 대풍헌 해체 복원 시 지붕에서 여러 기와가 수습되었으며, 이 기와의 등면 하단부에 손으로 눌러 3~4줄의 음각선이 돌려져 있는 특징이 있다. 이 기와는 1851년 대풍헌 중수 시의 것으로 추정된다. 또 같은 양식의 기와편이 필자에 의해 울진군 기성면 사동리 433번지의 '울진 평해황씨 해월종택'(경상북도 민속문화재 제156호, 2012년 10월 22일 지정)에서 채집되었다. 이로 보아 당시 조선후기 평해군지역에서 생산되는 기와로 추정된다.
9 성림문화재연구원,『울진 월송포진성 정밀지표조사 보고서』, 2013.
10 대구대학교박물관,『울진군 성지유적 지표조사보고서』, 1998, pp.190-198; 김호동, 「월송포진의 역사」,『사학연구』115, 한국사학회, 2014; 유재춘, 「평해 월송포진성과 삼척포진성의 연혁과 구조」,『울진 대풍헌과 조선시대 울릉도·독도의 수토사』, 영

① 월송 포진성 출토 기와   ② 대풍헌 출토 기와

[그림 3] 월송 포진성과 대풍헌의 기와

(3) 월송 포진성의 산수화와 고지도

전술한 월송 포진성에 대하여 그 현황을 살펴볼 수 있는 그림이 몇 점 남아있다.[11]([그림 4]) 대부분 조선시대 후기의 겸재 정선을 필두로 정충엽, 김홍도 등이 그린 그림으로 관동팔경이라는 아름다운 경치를 표현하기 위해 그려진 진경산수화인데, 관동팔경 중의 한 곳인 월송정을 그리면서 월송 포진성이 함께 그려져 있어 월송 포진성의 구조와 규모를 파악하는데 큰 도움이 된다.

남대학교 독도연구소, 2015; 심현용, 「월송포진성과 울릉도·독도 수토 관련 유적·유물」, 『수토사, 독도를 지키다』 2018 삼척 동해왕 이사부 독도축제 학술대회, 한국이사부학회, 2018, pp.86-87.

11 심현용, 「월송정 조사보고」, 『울진문학』 12, 울진문학회, 2006, pp.162-168.
위의 글에서 필자는 1788년 강세황이 그린 산수화(국립중앙박물관 소장)를 박은순(『금강산도 연구』, 일지사, 1997, pp.251-253)의 견해를 따라 '월송정(越松亭)'의 경치를 그린 '월송정도'로 보았으나, 여기서는 국립춘천박물관(『우리 땅 우리의 진경』 조선시대 진경산수화 특별전, 통천문화사, 2002, p.167)의 견해에 따라 월송정이 아니라 '가학정(駕鶴亭)'을 그린 '가학정도'로 수정하므로 이 글에서는 강세황의 그림을 제외하였다.

① 정선의 월송정도

② 정충엽의 월송정도

③ 김홍도의 월송정도

④ 허필의 월송정도

⑤ 미상의 월송정도

⑥ 미상의 월송정도

[그림 4] 조선시대 월송 포진성이 그려진 산수화

정선(1676~1759)의 월송정도([그림 4-①])는 1738년 〈관동명승첩〉의 11폭 중 1폭으로 간송미술관에 소장되어 있다.[12] 이 그림에는 관동팔경의 하나인 월송정과 성벽이 그려져 있어 월송 포진성을 잘 파악할 수 있다. 즉 북쪽에는 석축으로 쌓은 돈대 위에 정면 3칸, 측면 2칸의 팔작와가가 있는 누각인 월송정이 있고, 서쪽에는 성벽이 돌아가는데 성벽 상단에 요철식의 평여장이 보인다. 남쪽과 동쪽에는 월송만호가 살던 관사인 듯한 기와집들이 들어서 있으며, 그 앞으로는 하천이 있어 해자 역할을 한 듯하다. 그리고 정충엽(1725~1800 이후)의 월송정도([그림 4-②])는 개인소장으로 북쪽의 정면 3칸, 측면 2칸의 팔작와가를 올린 누각(월송정)과 주위의 성벽, 그리고 관사로 보이는 기와집과 초가마을 등이 겸재의 그림을 거의 빼닮았다. 또 김홍도(1745~1806경) 필로 전하는 월송정도([그림 4-③])는 관동팔경 그림을 그린 〈해산도첩〉의 하나로 개인소장이다. 김홍도의 금강산도들은 1788년 관동지방으로의 봉명사경을 계기로 그려졌는데, 월송정도도 이때 그려진 것으로 추정된다.[13] 이 그림에는 북쪽에 정면 3칸, 측면 2칸의 팔작기와집을 올린 누각인 월송정이 있으며, 월송정 양옆으로 성벽이 이어졌고, 남쪽에는 관사로 보이는 기와집들이 들어서 있다. 그리고 허필(1709~1761)의 월송정도([그림 4-④])는 〈관동팔경도병〉 중의 하나로 선문대학교 박물관에 소장되어 있다. 이 그림은 북서쪽 또는 서쪽에서 구도를 잡은 것으로 성벽의 북서쪽 모서리 안쪽에 월송정과 건물이 있으며, 건물 앞에 성문이 있고 양옆으로 성벽이 돌아가고 있다. 성벽의 위쪽은 평여장에 타구와 총안이 보이는데, 이는 정선, 정충엽, 김홍도 등이 그린 월송정도와 거의 동일함을 알 수 있다.

그러나 작자 미상의 월송정도인 [그림 4-⑤ · ⑥]은 앞의 그림들과 사뭇 다

---

12 최완수, 『겸재를 따라가는 금강산 여행』, 대원사, 1999, pp.268-273.

13 이동주, 「김단원이라는 화원」, 『우리나라의 옛그림』, 박영사, 1975, pp.57-114; 박은순, 『금강산도 연구』, 일지사, 1997, p.258.

르다. 미상의 월송정도([그림 4-⑤])는 〈관동팔경도병〉 중의 하나로 국립중앙
박물관에 소장되어 있다. 이 그림은 평면 타원형의 성벽이 돌아가는데, 남쪽
에서 북쪽으로 구릉을 따라 점점 올라가며 축조하였다. 성벽은 내·외면을
석축한 협축식이며, 성벽 상단에는 요철여장이 있다. 남쪽 성문은 개거형의
누문형 구조이며, 북쪽 성문은 홍예식의 문루로 그 위에 월송정이 있다. 내부
에는 동쪽과 서쪽에 나뉘어 건물이 배치되어 있으나 동쪽에 많다.[14] 특히 남
쪽 성문은 2012년 발굴조사된 남쪽 일대의 유적상황과 거의 유사하다. 이러
한 전경은[그림 4-①~④]의 월송 포진성 규모보다 축소되어 있으므로 앞의 그
림들보다 좀 더 늦은 시기의 작품으로 추정된다. 또 다른 미상의 월송정도([그
림 4-⑥])는 〈담채관동십경도〉 중의 하나로 경기대학교 박물관에 소장되어 있
다. 월송정과 관청으로 보이는 기와집들이 들어서 있으나 성문과 성벽은 보
이지 않는다. 이로보아 월송 포진성이 그 역할을 잃어버린 후인 19세기 말~20
세기 초의 경치를 그린 그림으로 추정된다.

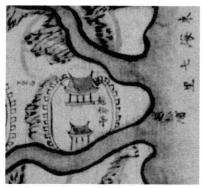 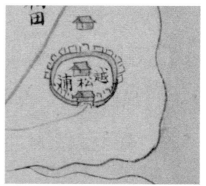

① 1872년 군현진지도(평해군) 세부   ② 해동지도(평해군) 세부

[그림 5] 월송 포진성이 그려진 고지도

---

14 성림문화재연구원, 『울진 월송포진성 정밀지표조사 보고서』, 2013, pp.109-110.

또한 그림뿐만 아니라 조선시대 고지도에서도 월송 포진성의 현황을 어느 정도 파악할 수 있다. 〈1872년 지방지도〉를 비롯하여 〈여지도서〉(1757~1765), 〈광여도〉(1767~1776), 〈해동지도〉(1776), 〈비변사인방안지도〉(18C 중엽), 〈여지도〉(18C 중엽), 『관동지』(1829~1831), 『관동읍지』(1871), 〈대동여지도〉(1861) 등에서 평해군지역을 그린 고지도 안에 월송 포진성이 그려져 있어 참고가 된다.([그림 5])

(4) 월송 만호 이유신의 묘

① 이유신 묘(서→동)　　② 이유신 묘비(앞)　③ 이유신 묘비(뒤)

[그림 6] 월송 만호 이유신의 묘와 묘비

월송 만호 이유신의 묘는 경북 울진군 평해읍 직산리 산98-1번지 남산동 도치곡에 있다. 묘는 장축방향이 동→서향하여 있으며, 비는 화강암으로 만들었고, 크기는 현 높이 93×윗 너비 40.5×아래 너비 34×두께 9㎝이며, 비대는 묻혀 있어 알 수 없다.([그림 6]) 비문[15]은 해서체로 음각되어 있으며, 두 번 기

15　"宣略將軍行三陟鎭管越松浦/ 水軍萬戶慶州李公裕信之墓/ 檀紀四二八〇年旧九月
　　八日甲坐合窆/ 淑夫人丹陽張氏[전면(방향은 유물을 중심으로 하였으며, 이하 동일

록되었는데, 1947년 부인의 묘를 합장하면서 추가되었다.

명문의 내용을 요약하면, 이유신은 1857년(철종 8) 12월 12일 태어나 1878년(고종 15)에 무과에 급제하고, 1883년(고종 20)에 월송 진장에 제수되었으며, 1886년(고종 23) 6월 8일 30세의 나이로 죽는다. 묘는 1886년에 조성되고 묘비는 1888년(고종 25) 9월 15일 세웠다.

이유신이 월송 만호를 지낸 사실이 『승정원일기』[16]와 『경주이씨의정공파세보』[17]에 기록되어 있어 묘비의 내용을 입증한다.[18]

함)] 崇禎紀元後五戊子九月十五日立[좌측면] 公諱裕信字允中其先慶州人新羅佐命功臣諱謁平/ 公之後也自慶州移居平海高祖諱完範妣晉州姜氏/ 曾祖諱聖郁妣金海金氏祖折衝將軍行龍驤衛副護/ 軍諱世春妣淑夫人延安車氏父幼學啓宇配晉州河/ 氏公戊寅武科癸未十二月 除拜越松鎭將配淑人/ 丹陽張氏无子以從兄龍之次子喜榮爲嗣公生于/ 上之丁巳十二月十二日卒于丙戌六月八日享年三十/ 葬丁郡南楮谷酉坐原女幼不盡錄[후면]"

16 『승정원일기』고종 20년 계미(1883) 12월 29일(을해). "… 李裕信爲越松萬戶 …"

17 경주이씨의정공파종친회, 『慶州李氏毅靖公派世譜』, 1991, p.114.
위 파보 114쪽에 三十四世칸의 '裕信'조에 "字 允中이니 辛巳에 武科요 甲申에 行三陟鎭官月松浦水軍萬戶시다. 哲宗 丁巳 十二月 十二日生하사 六月 八日에 別世하시니 墓는 平海邑 南山 道治谷 酉坐시다. 配는 丹陽張氏시니 癸丑 七月 十九日生하시니 墓는 平海邑 南山 道治谷 合窆하시다."(필자 주: 띄워 쓰기함)라고 기록되어 있는데, 묘비의 내용과 일부 다른 것이 있다.

18 월송만호 이유신의 아버지인 이계우의 묘비(1940)에도 이유신이 월송 만호를 지냈다는 내용이 기록되어 있다(심현용, 「월송포진성과 울릉도·독도 수토 관련 유적·유물」, 『수토사, 독도를 지키다』 2018 삼척 동해항 이사부 독도축제 학술대회, 한국이사부학회, 2018, pp.110-112).

2) 문자자료

(1) 평해 군수 겸 울도 첨사 심의완 영세불망비

① 외선미리 비석군 전경(북→남)　② 심의완 비(앞)　③ 심의완 비(뒤)

[그림 7] 평해 군수 심의완 불망비

심의완 영세불망비는 경북 울진군 온정면 외선미2리 90번지 비석거리에 있는 3기의 송덕비 중 우측에 있는 1기이다. 이 불망비는 원래 온정면 외선미2리 96-4번지에 파손되어 있던 것을 2009년 11월 서쪽으로 약 30m 떨어진 지금의 위치로 옮겨 정비하였다. 이 비는 청색 화강암으로 만들었고, 비신의 크기는 현 높이 97(전체 높이 100) × 너비 33.5 × 두께 10.5cm로 세장방형을 하고 있으며, 비대는 최근에 만들어 넣었다.([그림 7]) 비문[19]은 해서체로 음각되어 있으며, 각자된 기록으로 보아 이 비는 심의완의 평해 군수 재임기간(1885.3. 28.~1886.1.14.)[20] 중 1885년(고종 22) 10월에 세워졌다.

---

19 "郡守兼鬱島僉使 沈公宜琬 永世不忘(중)/ 兩代一郡 恩同馮驪 頌登四方(좌)/ 孰不錄 仰 德頻鄒衍 汗傳千秋(우)[전면] (光緒十)一年乙酉十月日/ 內外仙味/ 搭邱三洞/ 謹 竪[후면]"
20 『강원도 평해군 읍지』(1899) 군선생 군수 심의완.

(2) 울릉도 태하리 광서명 각석문

① 각석문 바위 전경(남→북)   ② 각석문 세부

[그림 8] 울릉도 태하리 광서명 각석문

이 각석문은 이미 잘 알려진 것으로 경북 울릉군 서면 태하리 465번지에 위치하며,「울릉도 태하리 광서명 각석문」이라는 명칭으로 경상북도 문화재자료 제411호로 지정(2001.11.1.)되어 있다. 명문은 자연바위 앞면에 세로 7줄로 해서체로 음각되어 있다.([그림 8])

그러나 그동안 원문 판독에 일부 오류[21]가 있어 필자가 재 판독[22]하였다. 명문이 각자된 시기는 광서 16년(1890) 4월과 광서 19년(1893) 5월의 기록이 보이고, 또 관직의 시기가 다른 여러 사람의 이름이 보이므로 최소한 세 번 이상의 시기에 각자된 것으로 판단된다.

---

21 김원룡,『울릉도』국립박물관고적조사보고 제4책, 1963, p.65; 경상북도문화재연구원,『문화유적분포지도－울릉군－』, 2002, p.77; 영남대학교 민족문화연구소,『울릉군지』, 울릉군청, 2007, p.990.
22 "光緒十九年癸巳五月日/ 聖化東漸我使西來 誠切祝華惠深求蕩/ 行平海郡守兼鬱陵島僉使趙公鍾成永世不忘碑/ 參判前撿察使行開拓使李公奎遠/ 領議政沈公舜澤恤賑永世不忘臺/ 主事行越松萬戶兼島長撿察官徐敬秀/ 光緒十六年庚寅四月日前五衛將孫周瑩誌"

(3) 울진 운암서원 쌍절기 현판

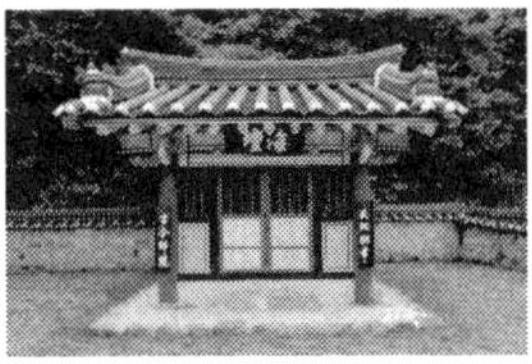

① 해단각 전경(동→서)

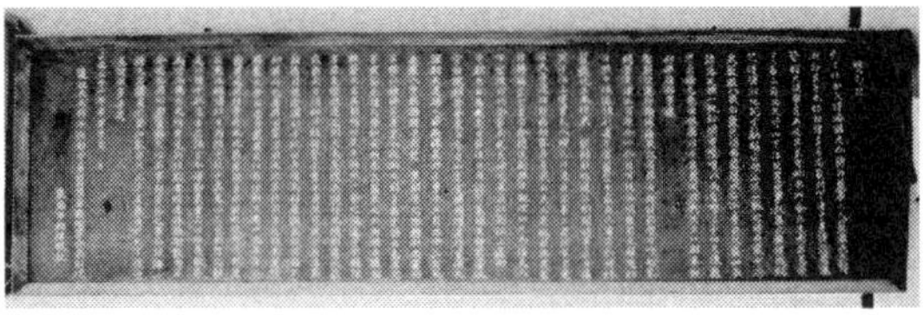

② 쌍절기 현판

[그림 9] 해단각과 쌍절기 현판

이 「쌍절기(雙節記)」 현판은 경북 울진군 기성면 구산리 381번지에 위치한 운암서원(雲巖書院) 경내 해단각(海壇閣) 안에 게판되어 있다. 현판은 나무로 만들었으며, 크기는 내부 너비 127×높이 34.5㎝이고 전체 크기는 너비 130.3×높이 38㎝로 세장방형을 하고 있다. 현판은 바탕널과 테두리에 검은색을 칠하였으며, 명문은 해서체로 음각하고 흰색을 칠하였다.([그림 9]) 이 쌍절기의 내용[23]은 고려 충신인 백암(白巖) 김제(金濟)의 절의를 칭송한 것으

23 "雙節記/ 先生姓金氏 諱濟 謚忠介 號白巖善山人 籠巖先生諱/ 澍 卽其弟也 始祖諱宣弓 高麗門下侍中 有諱元老 進/ 賢舘大提學 是爲先生皇考 妣水州金氏 生先生兄弟/ 于善山府北九竹山下 注兒里 姿稟旣異 文章亦夙就/ 兒時携浙玩花于鸕鶿赤壁上 成一聯句 時白巖十二/ 歲 籠巖八歲 白巖先唱云 巖磨水府千層白 籠巖和云/ 錦落天機一段紅 聞者驚嘆 以爲有壁立千仞之像 超/ 世出倫之氣云 俱長仕于高麗末 白巖先生 以朝奉郎/ 知平海郡事 逮/ 聖朝開運 卽臨海痛哭 改名齊海 題詩郡壁曰 呼船東/ 問魯連津 五百年今一介臣 可使孤魂能不死 願隨紅/ 日照中垠 遂訣別妻子 著蘆笠子 乘舟入海 不知所終/ 籠巖先生 奉使天朝 歸到鴨綠江 始聞時事 三日痛/ 哭于江上 寄書夫人柳氏曰 忠臣不事二君 烈女不更/ 二夫 吾渡江卽無所容其身 我知夫人有娠 若生男名/ 曰楊燧 生女名曰命德 送朝服及靴 但以此爲信 夫人/ 下世後以此合葬 爲我夫婦之墓 且以到江上還向/ 中朝之日爲我忌日 葬後勿用誌文墓碣 又詩別書狀/ 官曰 隴樹蒼蒼塞日昏 白山雲雪照離樽 君行莫恨天/ 涯別 我是歸人亦斷魂 是乃壬申十二月二十二日也/ 遂還入中國遯跡于荊楚 皇朝奇之 除禮部尙書而/ 不就以祿終其身 至今沅湘之間 多其子孫云 先生兄/ 弟秉節之蹟 大槩如是 而各在萬里之外 所樹立適與/ 相符 又

로 신상규(1838~?)가 평해 군수 재임기간(1884.8.13.~1885.3.17.)[24]에 작성한
것이다. 이 현판 우측 맨 끝에 '… 上之二十一年甲申十月 日/ 通政大夫行平海
郡守兼鬱陵島鎭水軍僉節制使/ 東陽申相珪敬記'라고 적혀있어 1884년(고종
21) 10월에 기록한 것임을 알 수 있다.

(4) 울진 거일리 고문서

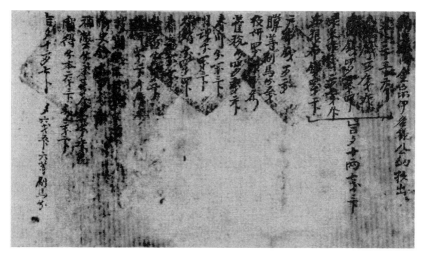

[그림 10] 울진 구암동 김종이 각양공납초출 고문서

不異歟 嗚呼 先生時以一命之微 遠守下縣 旣/ 不在支傾扶危之列 又未有擾兵就俘之
境 則退伏巖/ 穴 永矢自靖 如冶耘諸賢 亦豈不卓然可敬乎 而乃高/ 蹈遠引視滄溟如
平地 以舟楫爲衽席 飄然出世 而不/ 知其所之 是其心 豈不曰尺地莫非周上也 粒米莫
非/ 周粟也 吾不忍身載異天異 苟活則只有一死在耳 而/ 與其死而埋骨於此地 曷若從
吾所好於域外天地 使/ 不死孤魂 隨紅日而照中垠乎 其秉心之苦 制行之難/ 足以隕千
秋志上之淚 古今稱節義者 必以伯夷叔齊/ 爲首 而後世之所考見而欽歎者 惟是採薇
歌數句耳/ 今先生心 卽夷齊之心 其事 卽夷齊之事 而蹈海一/ 詩 又不讓美於登山數
曲 則此亦足暴白於天下後世/ 又何必多乎哉/ 上之二十一年甲申十月 日/ 通政大夫行
平海郡守兼鬱陵島鎭水軍僉節制使/ 東陽 申相珪 敬記"

24 『강원도 평해군 읍지』(1899) 군선생 군수 신상규.

울진 거일리 고문서는 경북 울진군 기성면 구산리 남쪽에 위치한 평해읍 거일1리 구암마을에 소장되어 있던 것으로 구암마을은 울진 대풍헌 소장「완문」에 나오는 구암동이다.[25]

이 고문서는 김택규가 1984년 조사하였으며, 그 자료가 2000년에 책으로 발간되었다.[26] 이 책에는 울릉도 수토 및 대풍헌과 관련된 3개의 고문서가 수록되어 있는데,「狗巖洞金宗伊各樣公納抄出(1893)」은 이 책의 675쪽에 흑백사진으로만 소개([그림 10])되었으며,「公納成冊 開國伍百肆年乙未十一月二十八日(1895.11.28.)」은 49~57쪽에 사진 없이 원문만 소개되어 있다. 그리고「各洞求乞標 乙巳十月初八日(1905.10.8.)」도 689~690쪽에서 사진 없이 원문만 소개되었는데, 옮겨 기록하는 과정에서 '乞標'를 '公標'로, '乙匕'를 '己匕'로, '待風所'를 '待尼所'로 잘못 기록(誤記)하는 등 일부 오류를 범하기도 하였다. 안타깝게도 현재 이 고문서의 행방을 찾을 수 없다.

특히「구암동 김종이 각양공납초출(1893)」은 김종이가 울릉도 수토 경비로 사용하는 '搜討錢' 등의 여러 종류 세금을 납부한 금액이 적혀있으며,「공납성책 개국 오백사년 을미 십일월 이십팔일(1895.11.28.)」에서는 '邱山 搜討殖利錢'과 '官 搜討殖利錢' 등의 내용이 나오며, 다수의 주민들이 수토 시 드는 비용을 보충하기 위하여 '搜討錢' 등의 세금을 납부한 금액이, 또「각동구걸표 을사 시월 초팔일(1905.10.8.)」은 구산동 대풍헌과 주변마을의 동사·고사 등을 중수하면서 각 마을에서 받은 찬조금의 금액이 적혀 있다.

---

25 심현용,「울진 대풍헌의 울릉도·독도 수토 자료와 그 역사적 의미 ─ 조선시대 울릉도·독도 수토정책과 관련하여 ─」,『울진 대풍헌과 조선시대 울릉도·독도의 수토사』, 영남대학교 독도연구소, 2015, pp.204-205.

26 김택규,『동해안어촌민속지 자료집』영남대학교민족문화연구소 민족문화연구총서 23, 영남대학교출판부, 2000. 이 글에서는 분량이 많아 이 고문서들의 원문을 생략하겠으며, 자세한 원문은 이 책을 참조하기 바란다.

3. 울릉도 · 독도 수토정책의 시 · 공간적 검토

1) 울릉도 · 독도 수토정책의 시간적 범위

(1) 울릉도 · 독도 수토정책의 시작과 끝

조선시대 울릉도에 대한 관리 정책은 크게 두 가지로 구분되는데, 전기의 쇄환정책과 후기의 수토정책이 그것이다.[27]

조선 전기에는 울릉도에 거주하는 백성을 보호하기 위하여 육지로 데려오는 '쇄환정책(순심정책 · 쇄출정책)'을 실시하였다.[28] 즉 1403년(태종 3) 8월 "강원도 무릉도 거주민들에게 육지로 나오도록 명령하였는데, 이것은 감사의 품계에 따른 것이다"라는 기사[29]에서 울릉도에 있던 사람을 본토로 옮겨오는 쇄환정책이 처음 실시되었던 것이다. 그리고 1417년(태종 17) 울릉도민 이주정책을 확정하고 1438년(세종 20)까지 모든 섬의 주민을 육지로 이주시키게 된다.

그러나 조선 후기 17세기 말 들어와 울릉도의 관리에 커다란 변화가 생기는데, 이것이 바로 '수토정책'이다. '수토(搜討)'란 '수색하여 토벌한다'는 뜻의 군사용어로 조선시대 수토라는 단어가 집중적으로 사용되는 것은 울릉도로 인해서다. 이는 1693년(숙종 19) 안용복의 일본 도해 사건을 계기로 조선이 일본으로부터 울릉도에 대한 영유권을 공고히 하고자 수토를 본격적으로 논의

---

27 일반적으로 울릉도에 정책을 조선 전기의 쇄환정책과 후기의 수토정책으로 나누는데, 신태훈(「조선시대 도서지역 수토에 대한 연구」, 『한일관계사연구』 57, 한일관계사학회, 2017)은 쇄환정책을 광의의 개념에서 수토정책으로 보아 조선 전 · 후기를 구분하지 않고 모두 수토정책으로 지칭하기도 한다.
28 김호동, 「조선초기 울릉도 · 독도에 대한 '공도정책' 재검토」, 『민족문화논총』 32, 영남대학교 민족문화연구소, 2005; 김호동, 「독도 영유권 공고화와 관련된 용어 사용에 대한 검토」, 『대구사학』 98, 대구사학회, 2010.
29 『태종실록』 태종 3년(1403) 8월 11일(병진).

하게 되었으며, 그 결과 지속해서 울릉도를 관리하기 위하여 수군(水軍)으로 이 섬들에 대해 수토를 실시하게 되었던 것이다.

조선시대 울릉도를 수토한 기록을 살펴보면 후술하는 〈표 1〉과 같은데, 이 표에서 보듯이 1694년(숙종 20) 무신 장한상을 처음으로 울릉도에 보내어 수토케 하였다.[30] 후술하겠지만, 울릉도 수토의 시작에 대해서는 학계에서도 큰 이견이 없다. 하지만 그 폐지 시점에 대해서는 아직까지 이견이 분분하다.

그렇다면, 조선시대 울릉도 수토제도는 언제 폐지되는가?

조선 말 19세기에 들어서면서 『조선왕조실록』·『승정원일기』·『비변사등록』등 사료에는 울릉도에 수토사(搜討使)[31]를 파견했다는 기사가 별로 보이지 않는다. 이로 인해 조선이 늦은 시기까지 울릉도에 대해 수토정책을 시행하였는지에 대한 논란이 야기되었다.

하지만, 최근 울진 대풍헌에서 다수의 현판(1851.6. 이전~1906.5.)과 「완문(1811.7.)」·「수토절목(1823.10.)」이라는 고문서[32], 그리고 삼척의 『항길고택 일기』[33]에서 19세기 말까지 국가에서 수군으로 이루어진 수토사, 즉 군대

---

30 삼척영장 장한상이 울릉도를 수토 한 여러 문헌기록 중 『척주지』하 울릉도에는 '강희 11년 임자', 즉 1672년(현종 13)으로 되어 있으나 이는 '강희 33년 갑술', 즉 1694년(숙종 20)의 오류다.

31 지금까지 확인된 사료에서는 '수토사(搜討使)'라는 용어가 보이지 않고 '수토관(搜討官)'이라는 용어가 보인다. 그러나 이 수토관은 수토를 하러 가는 무리의 수장을 말하는 것으로 월송 만호와 삼척 영장 두 개인만을 지칭하는 것이다. 하지만 수토를 하는 것은 수토관 개인 혼자가 아니라 40~160여명으로 이루어진 단체이므로 이 글에서는 수토관을 포함한 일행들 전체를 지칭하는 용어로 '수토사'라는 단어를 사용하고자 한다.

32 이원택, 「19세기 울릉도 수토 실태와 그 의의」, 『울릉도·독도 수토관 파견과 독도 영유권 수호』 2018년도 한국영토학회 춘계 학술대회, 한국영토학회, 2018, pp16-18.

33 배재홍, 「조선후기 울릉도 수토제 운용의 실상」, 『대구사학』 103, 대구사학회, 2011. 위 글에서 배재홍은 삼척에서 조선시대 울릉도 수토와 관련한 여러 권의 고문서를 강릉 김씨 감찰공파 종가에서 발견하고 이를 최초로 소개하였는데, 그는 이 고문서를 『한길댁 생활일기』로 명명하였다. 이 고문서는 당시 삼척에서 울릉도로 수토하러 가

를 파견하고 있었던 것이 확인되어 빈약한 문헌사료를 보완하게 되었다. 그러나 이러한 자료를 통해서도 울릉도 수토제의 폐지 시점은 분명하지 않다. 이를 위해 먼저 울릉도의 행정적 변천을 살펴볼 필요가 있다.

울릉도는 1694년(숙종 20)부터 수토정책이 실시되어 오던 것이 1894년(고종 31) 갑오개혁이 단행되자 개화파 정부는 그해 12월 27일 울릉도 수토 시 격군을 조달하고 필요한 물품을 바치는 것을 폐지하였으며,[34] 이듬해 1월 29일에는 울릉도를 수토하는 규례가 지금 이미 영구히 혁파되었으니 월송 만호가 겸하고 있는 도장을 폐지하고 별도로 전임 도장을 두며, 해마다 배를 수차례 보내 도민의 질고를 물어보게 하였고,[35] 그해 8월 16일에는 도장의 명칭을 도감으로 고쳤다.[36] 그리고 1900(고종 광무 4) 10월 25일 칙령 제41호로 울릉도(鬱陵島)를 울도(鬱島)로 개칭하고 도감을 군수(郡守)로 개정하여 울도군(鬱島郡)으로 승격시킴으로써 강원도 27개 군현 중의 하나가 되어 처음으로 군제(郡制)가 실시되었다.

는 날짜라든가 이를 도왔던 지역민의 동향을 수십 년간 대를 이어가면서 간략히 기록한 것이다. 이 고문서는 현재까지 울릉도 수토와 관련된 가장 늦은 시기의 민간자료로서 귀중한 정보를 제공해 준다. 하지만 필자가 이원택(동북아역사재단 독도연구소 연구위원)·백인기(한국해양수산개발원 독도연구센터 전문연구원)와 함께 2018년 7월 24일(화) 이 고문서를 소장하고 있는 후손인 김상래(女, 강원도 동해시 송정중앙로 5-1[송정동 354번지])를 만나 조사한 바에 의하면, '한길댁'이 아니라 '항길댁(恒吉宅)'이었다. 즉 이 집은 원래 '항길댁'인데, 마을사람들이 '한길댁'으로 잘못 부르고 있다는 것이다. 그러므로 마을주민들의 와전된 발음에 기인하여 『한길댁 생활일기』로 명명한 것 같다. 이는 그 댁의 바깥에 걸어둔 현판의 문구가 '恒吉'이며, 또 집 안에 걸어둔 2폭 병풍에 '恒吉古宅 世傳忠孝'라고 적혀있는 것에서도 확인할 수 있다. 그러므로 기존에 『한길댁 생활일기』라고 명명한 것을 『항길고택 일기』로 고쳐 부르고자 한다. 또 이 『항길고택 일기』는 2018년 10월 25일(목) 동북아역사재단에 기증되었다.

34 『고종실록』고종 31년(1894) 12월 27일(기사).
35 『고종실록』고종 32년(1895) 1월 29일(신축); 『승정원일기』고종 32년(1895) 1월 29일(신축); 『일성록』고종 32년(1895) 1월 29일(신축); 『구한국관보』개국 504년(1895) 정월 29일.
36 『고종실록』고종 32년(1895) 8월 16일(갑신).

여기서 1895년 1월 29일 조선의 울릉도 수토제는 폐지되었음을 알 수 있는데, 그동안 이 폐지 시점에 대해 여러 가지 견해가 제기되었던 것이다.

이욱[37]은 1883년(고종 20) 7월에 조인된 조일통상장정에서 조선이 경상도 해안에서 일본 어선의 어업활동을 인정하였기 때문에 1883년 7월 이후에는 울릉도에 수토사를 파견할 이유가 없었으므로 이때쯤에 폐지된 것으로 보았다. 그러나 후술하는 〈표 1〉과 대풍헌의 「구산동사기(1888.4.)」 현판을 통해 1883년 7월 이후에도 계속해서 울릉도 수토가 실시되었음이 확인되어 이를 따를 수 없다. 다음 사료를 통해 좀 더 자세히 살펴보자.

> A) 내무대신 박영효가 아뢰기를, … "울릉도를 수토하는 규례를 지금 이미 영구히 혁파(今旣永革)하였으니 월송 만호가 겸하고 있는 도장을 별도로 감당할 만한 1인을 택하여 도장으로 차정해 섬 백성의 사무를 맡아 다스리게 하고 해마다 배를 수차례 보내 어 섬 백성의 고통을 물어보는 것이 어떻겠습니까?' 하니, 윤허하였다.[38]

위 사료 A에서 확인되듯이 울릉도 수토제는 혁파되었는데, 영구히 혁파(永革) 앞에 '지금 이미[今旣]'라는 수식어가 붙어있다. 이는 『승정원일기』와 『일성록』도 마찬가지다. 이 수식어로 보아 울릉도 수토는 이 당시 혁파된 것이 아니라 1895년 1월 29일보다 이전에 이미 혁파되었음을 보여준다.

그렇다면 이보다 그리 멀지 않은 앞 시기에 폐지되었을 것으로 추정되는데, 다음의 사료에서 그 시점을 찾을 수 있다.

> B) 총리대신, 내무대신, 탁지대신이 아뢰기를, " … 울릉도를 수토하는 선격(船格)과 집물(什物)을 바치는 것을 영영 없애는 문제입니다. 그 섬은 지

---

37 이욱, 「〈완문 신미 칠월 일〉, 〈수토절목 공개변통 계미시월 일 구산동〉」, 『일본의 역
    사왜곡과 대응방안』 광복 60주년 기념학술대회, 한국국학진흥원, 2005, p.148.
38 『고종실록』 고종 32년(1895) 1월 29일(신축).

금 이미 개척되었는데 좌수 영에서 동쪽 바닷가 각 고을에 배정하여 삼척
진·월송진에 이속하는 것은 심히 무의미 한 일입니다. 수토하는 선격과
집물을 이제부터 영영 없애라고 경상도와 강원도에 분 부하는 것이 좋겠
습니다. … 윤허하였다.[39]

사료 B는 경상좌수영에서 동해안 각 고을에다 삼척진과 월송진의 울릉도
수토를 위해 배군과 집물을 바치도록 배정하는 것을 폐지하여 울릉도 수토제
가 폐지되고 있음을 보여준다. 이에 따라 이듬해에 사료 A의 내용이 결정되었
음을 알 수 있다.

앞에 소개한 「구암동 김종이 각양공납초출(1893)」([그림 10])을 보아도
1893년 울릉도 수토가 시행되고 있으므로 울릉도 수토제의 폐지 시점은 1883
년 7월쯤이 아니라 1894년(고종 31) 12월 27일로 보아야 할 것 같다. 송병기[40]
와 이근택[41]을 비롯한 김호동[42], 유미림[43], 손승철[44]과 배재홍[45]도 사료 B를
근거로 1894년 12월 울릉도 수토제가 공식적으로 폐지되었다고 보았다.

그런데 1894년 울릉도 수토를 공식 폐지한 후에도 울진지역(조선시대에는
평해군지역)에서는 수토세를 납부한 고문서가 발견되었다. 전술한 「공납성
책 개국 오백사년 을미 십일월 이십팔일(1895.11.28.)」이 바로 그것이다. 이

---

39 『고종실록』 고종 31년(1894) 12월 27일(기사).

40 송병기, 「조선후기 울릉도 경영 – 수토제도의 확립」, 『진단학보』 86, 진단학회, 1998,
    p.174.

41 이근택, 『조선 숙종대 울릉도분쟁과 수토제의 확립』, 국민대학교 석사학위논문, 2000,
    p.48.

42 김호동, 「조선시대 울릉도 수토정책의 역사적 의미」, 『한국중세사논총』 이수건교수
    정년기념, 한국중세사논총간행위원회, 2000, p.855.

43 유미림, 「장한상의 울릉도 수토와 수토제의 추이에 관한 고찰」, 『한국정치외교사논
    총』 31-1, 한국정치외교사학회, 2009, p.170.

44 손승철, 「조선시대 '공도정책'의 허구성과 '수토제' 분석」, 『이사부와 동해』 창간호,
    한국이사부학회, 2010, pp.302-303.

45 배재홍, 「조선후기 울릉도 수토제 운용의 실상」, 『대구사학』 103, 대구사학회, 2011,
    p.121.

로 인해 사료에 기록된 울릉도 수토 폐지 시점에 대해 새로운 시각에서 접근해야한다.

이 울진 거일리 고문서들은 울릉도를 연구하는데 귀중한 사료인데도 지금까지 주목받지 못하여 선행연구에서 전혀 활용되지 못하였다. 이중 「구암동 김종이 각양공납초출(1893)」에서는 주민 김종이가 수토 경비로 사용하는 '수토전(搜討錢)' 등의 세금을 납부하고 있으며, 「공납성책 개국 오백사년 을미 십일월 이십팔일(1895.11.28.)」에서도 주민들이 수토 시 드는 비용을 부담하는 '수토전' 등의 세금을 납부하고 있다.

만약 사료 B처럼 1894년 12월 울릉도 수토가 혁파되었다면, 이보다 늦은 시기(1895. 11.)에 백성들이 수토 관련 세금을 납부할 필요가 있을까 하는 의문이 든다. 기존 사료와 달리 이 고문서는 울릉도 수토 폐지가 곧바로 시행되지 않고 다음 해 11월 28일까지 계속해서 실시되고 있었음을 보여주는 자료가 아닐까 생각된다.

물론 국가에서 정책상 울릉도 수토정책을 이미 폐지하였지만, 지방에 있는 울진까지 그 행정력이 시달되기에는 시일이 걸릴 수 있을 것이다. 하지만 울진 대풍헌 소장 고문서와 다수의 현판에서 보듯이 당시 이 지역 백성의 고충과 어려움이 심하여 여러 차례 관(官, 평해군 관아)에 이를 해결해 주기를 요청한 민원을 생각해 본다면 그 효력(행정력)이 11개월 이상이나 늦게 하달·시행된다는 것은 쉽게 납득하기 어렵다. 이러한 정황으로 보아 울릉도 수토정책은 1894년 12월 27일 폐지하였지만, 일선 현장에서는 그 효력이 바로 시행되지 않고 이후 일정기간 유지되었을 가능성이 높다. 이 부분에 대해서는 더욱 정밀한 검토가 필요하므로 앞으로 추가 자료가 나타나기를 기대하면서 여기서는 그 가능성만을 열어놓고자 한다.

(2) 울릉도·독도 수토의 간격

먼저 조선시대 울릉도를 수토한 현황을 사료에서 찾아보면 〈표 1〉과 같다.[46]

〈표 1〉조선시대 울릉도 수토 현황

번호	수토 시기	수토관		출 처	비고
		직위	이름		
1	1694	삼척첨사/ 삼척영장/ 삼척영장/ 삼척영장	장한상	『숙종실록』숙종 20년 8월 14일(기유)·숙종 24년(1698) 4월 20일(갑자)/「울릉도사적」/ 『척주선생안』진주부선생안 부사 박상형/『서계잡록』「울릉도」	군관 최세철 사전 순찰, 수토기
2	1699	월송만호	전회일	『숙종실록』숙종 25년 7월 15일(임오)/ 『비변사등록』숙종 25년 7월 15일	
3	1702	삼척영장	이준명	『숙종실록』숙종 28년 5월 28일(기유)	
4	1705	월송만호	?	『숙종실록』숙종 31년 6월 13일(을사)	평해 등지 군관 16명 익사
5	1711	절충장군 삼척영장 겸 첨절제사	박석창	울릉도 도동리 신묘명 각석문	
6	1719	삼척영장	?	『승정원일기』숙종 45년 5월 26일(무술)	

---

46 이 〈표 1〉은 다음의 글에서 정리하여 수정하였다.
김호동, 『독도·울릉도의 역사』, 경인문화사, 2007, pp.116-118; 손승철, 「조선시대 '공도정책'의 허구성과 '수토제' 분석」, 『이사부와 동해』창간호, 한국이사부학회, 2010; 배재홍, 「조선후기 울릉도 수토제 운용의 실상」, 『대구사학』103, 대구사학회, 2011; 심현용, 「조선시대 울릉도 수토정책에 대한 고고학적 시·공간 검토」, 『영토해양연구』6, 동북아역사재단, 2013; 백인기, 「조선후기 울릉도 수토제도의 주기성과 그 의의 I — 숙종부터 영조까지를 중심으로」, 『이사부와 동해』6, 한국이사부학회, 2013; 이원택, 「19세기 울릉도 수토 연도에 관한 연구」, 『독도연구』23, 영남대학교 독도연구소, 2017; 이원택, 「19세기 울릉도 수토 실태와 그 의의」, 『울릉도·독도 수토관 파견과 독도 영유권 수호』, 한국영토학회, 2018; 이원택, 「울진 월송포만호와 수토사 — 19세기 수토 연도 고증을 중심으로—」, 『수토사, 독도를 지키다』, 한국이사부학회, 2018.

번호	수토 시기	수토관		출 처	비고
		직위	이름		
7	1727	삼척영장	이만협	황상기, 『동아일보』제10557호(1957년 2월 28일) 2면「독도영유권①」	원문이 전하지 않음
8	1735	? / 삼척영장	구억	『영조실록』영조 11년 1월 13일(갑신)/ 울릉도 도동리 옹정 13년명 각석문	
9	1745	월송만호	박후기	『승정원일기』영조 22년(1746) 4월 24일(기축)	
10	1751	삼척첨사	심의희	『승정원일기』영조 45년(1769) 10월 15일(계해)	삼척영장 때
11	1760	삼척영장	이유천	『승정원일기』영조 36년 4월 10일(갑신)	
12	1765	삼척첨사	조한기	『승정원일기』영조 41년 2월 18일(갑오)/『와유록』「울릉도 수토기」	수토기
13	1770	삼척영장	김숙	『승정원일기』영조 46년 윤5월 5일(경술)	원래 전년임
14	1772	월송만호	배찬봉	『승정원일기』영조 48년 5월 6일(경자)	
15	1776	월송만호	?	『승정원일기』정조 즉위년 5월 22일(갑오)	
16	1783	?	?	『승정원일기』정조 9년(1785) 1월 10일(경신)	
17	1786	월송만호	김창윤	『일성록』정조 10년 6월 4일(병자)	수토기
18	1787	?	?	『항길고택 일기』정조 11년 8월 12일	
19	1794	월송만호	한창국	『정조실록』정조 18년 6월 3일(무오)	수토기
20	1795	삼척영장	이동헌	『승정원일기』정조 19년 8월 21일(기해)	
21	1797	삼척영장	이홍덕	『승정원일기』정조 20년(1796) 6월 24일(무술)	
22	1799	월송만호	노인소	『정조실록』정조 23년 3월 18일(병자)/ 『승정원일기』정조 23년 3월 18일(병자)·10월 2일(정해)	
23	1801	삼척영장	김최환	『항길고택 일기』순조 1년 3월 30일/ 울릉도 태하리 해안 태하항 남쪽 암벽 각석문/	

번호	수토시기	수토관 직위	수토관 이름	출 처	비고
24	1803	월송만호	박수빈	『승정원일기』순조 3년 5월 22일(을묘)/『비변사등록』순조 3년 5월 22일/『일성록』순조 3년 5월 22일/ 울릉도 태하리 해안 태하항 남쪽 암벽 각석문	
25	1805	삼척영장	이보국	울릉도 태하리 해안 태하항 남쪽 암벽 각석문	
26	1807	월송만호	이태근	『일성록』순조 7년 5월 12일·8월 3일/ 『항길고택 일기』순조 7년 2월 7일	
27	1809	삼척영장	이재홍	『항길고택 일기』순조 9년 3월 1일	
28	1811	월송만호	김원중	『항길고택 일기』순조 11년 3월 1일	
29	1813	삼척영장	한대호	『항길고택 일기』순조 13년 2월 21일	
30	1819	삼척첨사	오재신	『항길고택 일기』순조 19년 윤4월 9일	
31	1823	삼척영장	남희	『항길고택 일기』순조 23년 3월 1일/ 「수토절목」	
32	1827	삼척영장	하시명	『일성록』순조 27년 5월 19일 (『대청시일록』순조 27년 5월 19일)	
33	1829	월송만호	?	『항길고택 일기』순조 29년 4월 3일	
34	1831	삼척영장	이경정	『일성록』순조 31년 5월 14일/ 울릉도 태하리 해안 태하항 남쪽 암벽 각석	
35	1841	월송만호	오인현	『비변사등록』헌종 7년 6월 10일/ 『일성록』헌종 7년 6월 10일/ 『각사등록』13, 564하(1841.6.22.)	
36	1843	삼척영장	박종무	『항길고택 일기』헌종 9년 4월 3일	
37	1845	월송만호	오신범	『항길고택 일기』헌종 11년 3월 17일	
38	1847	삼척영장	정재천	『일성록』헌종 13년 5월 4일/ 울릉도 태하리 해안 태하항 남쪽 암벽 각석문	
39	1849	월송만호	이규상	『일성록』헌종 15년 5월 4일/ 『각사등록』11, 592상~594하(1849.8.9.)	
40	1853	월송만호	석충선	『각사등록』27, 79상하(1857.윤5.15.)	지희상의 첩정
41	1855	삼척영장	이원명	『각사등록』27, 79상하(1857.윤5.15.)	지희상의 첩정

번호	수토 시기	수토관 직위	수토관 이름	출 처	비고
42	1857	월송만호	지희상	『각사등록』27, 79상하(1857.윤5.15.)	황토굴 병풍석에 수토관 삼척영장 이원명, 월송만호 석충선 등의 이름 각자
43	1859	삼척첨사	강재의	『항길고택 일기』철종 10년 4월 9일·18일·25일·26일	
44	1867	월송만호	장원익	『각사등록』27, 275하(1866.12.8.)·284상하(1867.4.20.)/「월송영장 장원익 영세불망지판」/「평해군수 심능무·이윤흡 영세불망지판」	
45	1873	월송만호	?	『각사등록』27, 346상(1872.11.5.)·350하(1873.3.21.)	원래 삼척영장 차례
46	1879	월송만호	박삼수	『각사등록』27, 419상(1878.11.13.)	
47	1881	삼척영장	남준희	『승정원일기』고종 18년 5월 22일(계미)	
48	1883	월송만호	안영식	『승정원일기』고종 20년 12월 29일(을해)	
49	1887	평해군수 겸 울릉도첨사	박태원	『한성주보』제73호(1887년 7월 25일[음 6월 5일])「동백장계」	
50	1889	월송만호 겸 울릉도장	서경수	『각사등록』27, 483하(1889.7.17.)~484상(1889.7.26.)/울릉 태하리 광서명 각석문	
51	1891	월송만호 겸 울릉도장	이종인	『각사등록』27, 485하(1890.8.7.)·487하(1891.8.16.)	
52	1892	월송만호 겸 울릉도장	박지영	『각사등록』27, 488상하(1892.2.16.)·489상(1892.7.14.)	
53	1893	평해군수	조종성	『각사등록』27, 490하(1892.12.9.)·491하(1893.3.10.)·493하(1893.9.20.)/「구암동 김종이 각양공납초출」(1893)	
54	1894	평해군수	조종성	『각사등록』27, 493하(1893.11.8.)·419상(1894.1.21.)/『각사등록』13, 540하(1894.1.13.)·542하~543상(1894.1.21.~2.13.)	수토제 폐지(1894.12.27.)

위 〈표 1〉에서 보듯이 조선은 1694년(숙종 20) 무신 장한상을 울릉도에 보내어 수토케 하였다. 이후 울릉도 수토가 정책으로 채택되어 제도화된다.

> C) … 상운이 말하기를, "울릉도 일은 이제 이미 명백하게 귀일(歸一)되어 왜인은 본국인 의 어채(魚採)를 금한다 말했고, 우리나라는 때때로 사람을 보내어 수토(搜討)하겠다는 뜻을 서계 중에 대답해 보냈습니다. … 이는 무인도여서 불가불 간간히 사람을 보내어 순검(巡檢)하여 오도록 해야 하는 까닭에 감히 이같이 앙달합니다"라고 하였다. 임금 께서 말씀하시기를, "우리나라의 지방을 영구히 버릴 수 없으며, 매년 입송하는 것 또 한 많은 폐단이 있으므로 2년을 간격으로 입송함이 가하다"라고 하였다. 상운이 말하 기를 "3년에 한번 보내는 것을 정식으로 삼는다면, 상상년(上上年)에 이미 가보고 왔으 므로 다음 해[明年]에 마땅히 입송해야 하는데, 듣건데 본도는 반드시 5월 사이 바람이 고를 때 왕래할 수 있다고 하니 다음 해 5월 사이에 입송하는 것이 마땅할 듯하며, 차송(差送)하는 사람은 입송할 때마다 품지(稟旨)하여 차송함이 어떠하겠습니까"라고 하니, 임금께서 "그리하라"고 하였다.[47]

사료 C는 영의정 유상운이 울릉도 수토를 건의하자 숙종은 이를 받아 들여 2년 걸러 3년에 한 번씩 수토하도록 제도화하고 다음 해(1698)에 수토하라고 지시한다. 이렇게 3년에 한 번씩 수토하는 것이 정식이라면, 유상운이 건의한 해가 1697년이므로 상상년은 1695년이 되며, 명년은 1698년이 된다. 하지만 〈표 1〉에서 상상년(1695)에 수토한 기록이 보이지 않으므로 유상운은 장한상이 수토한 해, 즉 1694년을 상상년으로 착각한 것 같다.

그리고 사료 D에서 보듯이 1698년에는 흉년으로 인해 지시대로 수토가 이루어지지 못하고 〈표 1〉에서 보듯이 1699년 시행된다. 이렇듯 장한상이 1694년 울릉도를 첫 수토한 이후 1697년 지속적인 울릉도 수토가 제도화되며, 제도

---

47 『승정원일기』숙종 23년(1697) 4월 13일(임술).

화된 이후의 첫 수토는 1699년에 시행되었던 것이다. 결국 장한상의 첫 수토이후 다시 시행되는 것은 5년 후의 일이다. 이렇게 울릉도 수토정책은 숙종이 1697년 2년 간격 3년에 한 번씩 하는 것(3년설)으로 정식 결정하였다.

그러나 문헌기록마다 수토 시기의 주기, 즉 간격이 다양하게 나타나 혼동을 주고 있다. 이에 대해 송병기[48]는 1694년(숙종 20) 울릉도 수토방침이 확정되고 1697년(숙종 23) 2년 걸러 3년에 1차씩 정식화되었다고 보았으며, 이근택[49]은 1690년대 말 숙종 연간에 2년 걸러 3년에 한 번씩 시행하는 것이 정식이라고 하였다. 유미림[50]도 1697년 수토제가 확립되어 2년 간격 3년설이 정식이라 하였고, 손승철[51]도 이를 지지하였다. 그러나 김호동[52]은 2년 마다 한 번씩 하는 것으로 파악하였다. 배재홍[53]은 2년 간격 3년마다 한 차례씩 하는 것이 정식이지만, 정조대 말인 18세기 말경부터는 2년마다로 바뀌었다고 하였으며, 심현용[54]은 2년 간격 3년마다 한 차례씩 하는 것이 정식이지만, 1797년 이후부터 2년설로 변경되었다고 보았다. 백인기[55]는 숙종 · 경종을 거쳐 영조초까지는 2년 걸러 3년이 원칙이었으나, 1745년(영조 21) 이후부터는 2년으로

48 송병기,「조선후기 울릉도 경영 – 수토제도의 확립」,『진단학보』86, 진단학회, 1998, pp.161-166.

49 이근택,『조선 숙종대 울릉도분쟁과 수토제의 확립』, 국민대학교 석사학위논문, 2000, p.47.

50 유미림,「장한상의 울릉도 수토와 수토제의 추이에 관한 고찰」,『한국정치외교사논총』31-1, 한국정치외교사학회, 2009, pp.157-160.

51 손승철,「조선시대 '공도정책'의 허구성과 '수토제' 분석」,『이사부와 동해』창간호, 한국이사부학회, 2010, pp.296-299.

52 김호동,「조선시대 울릉도 수토정책의 역사적 의미」,『한국중세사논총』이수건교수정년기념, 한국중세사논총간행위원회, 2000, p.845.

53 배재홍,「조선후기 울릉도 수토제 운용의 실상」,『대구사학』103, 대구사학회, 2011, pp.117-119.

54 심현용,「조선시대 울릉도 수토정책(搜討政策)에 대한 고고학적 시 · 공간 검토」,『영토해양연구』8, 동북아역사재단, 2013, p.183.

55 백인기,「조선후기 울릉도 수토제도의 주기성과 그 의의Ⅰ – 숙종부터 영조까지를 중심으로」,『이사부와 동해』6, 한국이사부학회, 2013, pp.166-168 · 174-179.

변경되었다고 하였다. 또 이원택[56]은 19세기를 살펴보면서 1801년~1883년 (혹은 1885년)까지 2년 수토가 비교적 잘 준수되었으나, 1880년대 울릉도 개척기에 울릉도가 지방 관제에 편입되고 또 잦은 관제 개편으로 월송 만호와 삼척 영장의 교대 수토가 변동되고, 2년 수토 원칙도 흔들리다가 1892년~1894년까지는 매년 수토가 시행되었다고 하였다. 여기에 대해 좀 더 다양한 자료로 검토해 보자.

〈표 2〉기록으로 본 울릉도 수토 간격

번호	출처	시기	내용
1	『숙종실록』숙종 20년 8월 14일(기유)	1694	1·2년 간격 [間一二年搜討爲宜]
2	『숙종실록』숙종 23년 4월13일(임술)	1697	2년 간격 [間二年入送]
3	『승정원일기』숙종 23년 4월 13일(임술)	1697	2년 간녁…3년에 1번 [間二年入送…三年一次定送爲式]
4	『승정원일기』숙종 24년 3월 20일(을미)	1698	2년 간격 [間二年送人搜討事… 其時定以間二年入送]
5	『승정원일기』숙종 24년 4월 20일(갑자)/	1698	2년 간격 [間二年看審定奪]
6	『숙종실록』숙종 24년 4월 20일(갑자)	1698	2년 간격 [定以間二年送邊將搜討之]
7	『숙종실록』숙종 28년 5월 28일(기유)	1702	2년 간격 [間二年使邊將輪回搜討已有定式]
8	『영조실록』영조 11년 1월 13일(갑신)	1735	3년 마다 [定以三年一往]

56 이원택, 「19세기 울릉도 수토 실태와 그 의의」, 『울릉도·독도 수토관 파견과 독도 영유권 수호』 2018년도 한국영토학회 춘계 학술대회, 한국영토학회, 2018, pp.15-16; 이원택, 「울진 월송포만호와 수토사 – 19세기의 수토 연도 고증을 중심으로 – 」, 『수토사, 독도를 지키다』 2018 삼척 동해왕 이사부 독도축제 학술대회, 한국이사부학회, 2018, pp.69-70.

번호	출처	시기	내용
9	『승정원일기』영조 11년 1월 17일(무자)/	1735	3년 마다 [定式以三年一往]
10	『국조보감』권61 영조조 5 을미 11년	1735	1·2년 마다 [每一二年一搜討]
11	『강계고』울릉도	1756	3년 마다 [每三年一送]
12	『동국문헌비고』권18 여지고13 관방3 해방 동해 울진	1770	3년 마다 [定爲法每三年一送]
13	『승정원일기』정조 2년 12월 20일(병자)	1778	3년에 1번 [搜討乃是三年一次擧行之事]
14	『춘관지』울릉도쟁계 (『연려실기술』별집 권17 변어전고 제도)	1744 ~1781 (1736 ~1806)	5년 마다 [每五年輪回一往]
15	『승정원일기』정조 9년 1월 10일(경신)	1785	1년 간격 [間一年擧行 自是定式]
16	『승정원일기』정조 10년 3월 10일(갑인)	1786	1년 간격 [搜討言之此是間年一行者]
17	『정조실록』정조 18년 6월 3일(무오)	1794	2년 간격 [搜討間二年使邊將 輪回擧行已有定式]
18	『승정원일기』정조 19년 6월 4일(계미)	1795	1년 간격 [間年搜討旣是應行之例]
19	『승정원일기』정조 20년 6월 24일(무술)	1796	1년 간격 [搜討間年爲之]
20	「수토절목」	1823	3년 간격 [間三年行之者乃是定式]
21	『대청시일록』순조 27년(1827) 5월 19일	1827	2년 간격 [間二年擧行]
22	『척주지』하 울릉도	1848	3년 간격 [間三年交互往來]
23	『일성록』헌종 15년(1849) 5월 4일	1849	2년 간격 [間二年擧行]
24	『각사등록』27, 79상~하 (1857.윤5.15.)	1857	2년 간격 [間二年擧行]
25	평해군수 심능무·이윤흡 영세불망지판	1870	3년 간격 [間三年搜討]
26	월송만호 장원익 영세불망지판	1870	3년 [式年]
27	평해군수 이용익 영세불망지판	1871	1년 간격 [間年行之]

번호	출처	시기	내용
28	이방 황지해 영세불망지판	1872	1년 간격 [間年搜討]
29	『각사등록』27, 350하(1873.3.21.)	1873	1년 간격 [間年搜討]
30	전임 손주형 · 손종간 · 손수백 영세불망지판	1878	1년 간견 [間一年搜討]
31	『울릉도 검찰일기』	1882	1년 간격 [間年搜討]
32	『각사등록』27, 490하(1892.12.9.)	1892	3년에 1번 [三年一次搜驗]
33	『각사등록』27, 491하~492상 (1893.3.12.)	1893	3년 [式年搜驗]
34	『울진군지』해원 평해기사	1939	3년 마다 [每三年一次搜討之行]

위 〈표 2〉를 살펴보면, 수토 주기가 1년 간격(간년=간1년=매2년=2년 마다, 2년설), 2년 간격(간2년=3년 마다=매3년, 3년설), 3년 간격(간3년=4년 마다, 4년설) 또는 1 · 2년 간격(2년 · 3년 마다), 매1 · 2년 마다(매년 · 1년 간격), 5년 마다(매5년, 5년설) 등 다양하게 나타난다. 이와 같이 기록마다 수토 주기가 1~5년설 등 제각각 달라 수토시기의 간격에 대해 혼동을 야기한다.

그러나 34건의 기록 중에 2년 간격(19건) 〉 1년 간격(9건) 〉 3년 간격(3건) 〉 1 · 2년 간격(1건), 1 · 2년 마다(1건), 5년 마다(1건) 순으로 3년설이 가장 많고 2년설이 그 다음이다.

하지만 실제 확인되는 〈표 1〉의 수토현황과 비교하여 살펴보면, 수토 초기에는 숙종(1697)이 정한 것처럼 1699년, 1702년, 1705년으로 2년 간격 3년에 1번 시행되는 '3년설'로 확인되며, 이후 3년 간격으로 살펴보면, 1708년(숙종 34, 기록 없음), 1711년(숙종 37), 1714년(숙종 40, 기록 없음), 1717년(숙종 43, 흉년으로 정지)[57] 등으로 이후 계속 유지되었을 것으로 추정된다. 그러나 기록의 부재로 인해 간격의 부정기적인 상황은 3년설과 2년설을 대입해 보면, 늦어도 1747년(영조 23)부터는 1년 간격의 2년설로 변경되었다고 추정하는 백

---

57 『숙종실록』숙종 43년(1717) 3월 17일(임신).

인기의 설이 타당한 것 같다. 여기에 2년설을 대입해 그 시기를 좀 더 좁혀보면, 1719년(숙종 45)까지 올라갈 가능성도 있다. 이는 숙종 말~영조 중엽부터는, 울릉도 수토정책의 간격이 1년 단축되어 도서(島嶼)에 대한 국방정책이 더욱 강화되었음을 보여주는 것이라 하겠다. 처음의 3년설이 1719년 또는 1747년에 2년설로 변경되어 유지되던 수토정책은 1892년 들어와 1894년 폐지될 때 까지 다시 매년 수토로 변경되어 시행된다. 이는 1880년대 들어와 울릉도에 대한 적극적인 개척의지가 반영된 것이라 하겠다.

그렇다면 〈표 2〉에 보이는 주기의 차이는 왜 발생하였을까?

먼저 '간격'과 '마다'라는 용어의 혼돈으로 계산의 착오로 인한 것으로 생각된다. 즉 간년이나 1~3년 간격은 그 숫자만큼의 해를 건너뛰는 것이다. 그러므로 간년(간1년) 또는 1년 간격은 수토 후 1년을 걸러 다음 해, 즉 2년째·2년후·2년 마다와 같은 뜻이며, 간2년(2년 간격)은 2년 걸러 3년째로 3년 후·3년 마다와 동일하며, 간3년(3년 간격)은 3년 걸러 4년째로 4년 후·4년 마다와 같은 의미다. 그러나 1~5년 마다에서, 1년 마다는 간격 없이 매년을, 2년 마다는 1년 간격 2년째를, 3년 마다는 2년을 걸러 3년째, 4년 마다는 3년을 걸러 4년째, 5년 마다는 4년 간격 5년째 실시되는 것을 말한다.

그러므로 〈표 2〉의 기록자들이 이러한 '마다'와 '간격'의 뜻에 혼동을 하여 잘못 계산하는 오류를 범하였을 가능성이 있으며, 또한 선행 자료를 찾아보았더라도 〈표 1〉처럼 다양한 간격이 확인됨으로 인해 〈표 2〉처럼 그 간격이 다양하게 기록되었을 것으로 판단된다. 그러나 전술하였듯이 〈표 2〉에서 34건 기록 중 3년설이 19건으로 가장 많은 것으로 보아 대부분의 기록자들이, 울릉도 수토정책이 처음 제도화되는 숙종 때의 3년설 정식, 즉 1697년의 기록을 무비판적으로 계속 사용했을 가능성이 가장 높다.

한편, 〈표 1〉에서 보듯이 수토는 제대로 지켜지지 않았는데, 그 이유는 다음의 사료에서 찾을 수 있을 것 같다.

D) … 당초 갑술년(1694)에 무신 장한상을 파견하여 울릉도의 지세(地勢)를 살펴보게 하고, 왜인으로 하여금 그 곳이 우리나라의 땅임을 알도록 하였다. 그리고 이내 2년 간격으로 변장(邊將)을 보내어 수토(搜討)하기로 했는데, … "금년이 마땅히 가야 하는 해이기는 하지만, 영동지방에 흉년이 들어 행장(行裝)을 차려 보내기 어려운 형편이니, 내년 봄에 가서 살펴보게 하는 것이 좋겠습니다." 하니, 임금이 그대로 따랐다.[58]

E) 강원도 감사 조최수가 아뢰기를, "울릉도의 수토를 금년에 마땅히 해야 하지만 흉년에 폐단이 있으니, 청컨대 이를 정지하도록 하소서."하였는데, … "지난 정축년(1697)에 왜 인들이 이 섬을 달라고 청하자, 조정에서 엄하게 배척하고 장한상을 보내어 그 섬의 모양을 그려서 왔으며, 3년에 한 번씩 가 보기로 정하였으니 이를 정지할 수 가 없습 니다."하니, 임금이 이를 옳게 여겼다.[59]

위 사료D · E에서 흉년이 발생하자 수토를 연기하자는 논의가 이루어지고 있다. 실제로 사료D의 수토는 이루어지지 않고 다음 해에 시행되었으나, 사료E의 수토는 흉년이지만 결국 시행되었음을 〈표1〉에서 볼 수 있다. 이렇게 수토할 그 해에 흉년[60] 등으로 민폐 발생의 우려와 경제적 어려움 등 당시 사회상황을 고려하여 수토시기를 늦추었기 때문에 그 간격이 사료마다 다양하게 기록되는 원인을 제공하였을 것이다.

58 『숙종실록』숙종 24년(1698) 4월 20일(갑자). 그리고『승정원일기』숙종 24년(1698) 4월 20일(갑자)에도 비슷한 내용이 있다.
59 『영조실록』영조 11년(1735) 1월 13일(갑신).
60 『숙종실록』숙종 24년(1698) 4월 20일(갑자);『숙종실록』숙종 43년(1717) 3월 17일(임신);『숙종실록』숙종 44년(1718) 2월 30일(기유);『승정원일기』영조 10년(1734) 1월 14일(신묘);『영조실록』영조 11년(1735) 1월 13일(갑신);『국조보감』권61 영조조 5을미 11년(1735);『승정원일기』영조 40년(1764) 1월 16일(무진):『승정원일기』영조 45년(1769) 1월 4일(무자);『승정원일기』정조 2년(1778) 1월 10일(신미);『승정원일기』정조 9년(1785) 1월 10일(경신);『일성록』정조 10년(1786) 6월 4일(병자);『척주선생안』진주부선생안 부사 서노수.

2) 울릉도 · 독도 수토정책의 공간적 범위

(1) 동해안 방어선상의 삼척 포영과 월송 포진

울릉도 수토 시 수토관은 사료 C(1697)처럼 파견할 때마다 품지(稟旨)하여 임명하도록 하였다.[61] 그러나 1698년(숙종 24) 3월 좌의정 윤지선의 건의로 수토관은 강원도 변장(邊將) 중에서 임명하는 것으로 결정되고[62], 1702년에는 변장이 번갈아 가며 윤회수토(輪回搜討)하는 것이 정식이라 하였다. 이는 다음의 기사에서 살펴볼 수 있다.

> F) 삼척 영장 이준명과 왜역 최재홍이 울릉도에서 돌아와 … 바쳤다. 울릉도는 2년을 걸러 변장을 보내어 번갈아 가며 수토[輪回搜討]하는 것이 이미 정식으로 되어 있어 올 해에는 삼척이 그 차례에 해당되기 때문에 준명이 울진 죽변진에서 배를 타고 이틀낮 밤 만에 돌아왔는데, 제주보다 배나 멀다고 한다.[63]

사료 F에서 '이미' 변장의 윤회수토가 정식으로 되었다는 것으로 보아 1698년 부터 강원도 삼척 영장과 월송 만호가 번갈아 수토하도록 확정된 것 같다.[64] 이는 〈표 1〉에서도 쉽게 확인되며, 수토관을 품지하는 것은 시행도 못 해보고 변경되었던 것이다. 이로 인해 각종 사료에서 울릉도 수토는 삼척부의 삼척 영장과 평해군의 월송 만호가 교대로 파견되는 것으로 적히게 된 것이다.

---

61 『승정원일기』숙종 23년(1697) 4월 13일(임술).

62 『승정원일기』숙종 24년(1698) 3월 20일(을미). 이후 『숙종실록』숙종 24년(1698) 4월 20일(갑자)인 사료 D와 『승정원일기』숙종 24년(1698) 4월 20일(갑자)에 영의정 유상운도 변장을 보내어 울릉도 수토를 하도록 정해져 있다고 하였다.

63 『숙종실록』숙종 28년(1702) 5월 28일(기유).

64 배재홍, 「조선후기 울릉도 수토제 운용의 실상」, 『대구사학』 103, 대구사학회, 2011, p.116.

그렇다면 왜 이 두 수군부대가 선정되었을까? 이는 동해안 방어의 연혁에서 추론해볼 수 있을 것 같다.

조선시대 강원도의 울진현과 평해군은 1413년(태종 13) 지방제도의 개편 시 삼척도호부의 관할 하에 놓이게 된다. 그리고 세종 때 양계와 각 도(道) 연변의 군사적 요지를 상·중·하긴(上·中·下緊)으로 구분하는데, 이때 하긴에 속하게 된다.[65] 특히 조선은 각 도에 몇 개의 진(鎭)을 두고 부근의 여러 고을을 중(中)·좌(左)·우(右)의 삼익(三翼)으로 구분하여 수비하였는데, 강원도는 인조 때부터 원주에 중영(中營), 철원에 좌영(左營), 삼척에 우영(右營)을 설치하였으며, 울진현의 울진 포진과 평해군의 월송 포진은 우영이 설치된 삼척부의 삼척 포진(三陟浦鎭) 관할 하에 두었다.

삼척 포진은 지금의 강원도 삼척시 정상동 77-12번지 일원에 위치하는데, 1520년(중종 15) 석성이 완공되며, 1898년(고종 광무 2) 건물이 불타 없어지고 대한제국기에 군사 개편으로 폐지되었다.[66] 하지만 고지도에서 그 현황을 어느 정도 살펴볼 수 있으며, 지금은 1916년 삼척항(정라항) 개발로 인해 그 흔적을 전혀 찾을 수 없다.([그림 11]) 최근에 삼척 포진성의 동문인 진동루를 복원하기 위해 이 일대에 표본조사를 실시하였는데, 성벽으로 추정되는 석렬이 확인되었다.[67]

65 이존희, 『조선시대 지방행정제도연구』, 일지사, 1990, p.140.
66 배재홍, 「제2장 삼척 오화리산성에 대한 역사적 고찰」, 『조선시대 삼척지방사 연구』, 도서출판 우물이 있는 집, 2007, pp.48-59; 유재춘, 「동해안의 수군 유적 연구 - 강원도 지역을 중심으로-」, 『이사부와 동해』 창간호, 한국이사부학회, 2010, p.31·pp.42-43; 유재춘, 「삼척 지역 일대 성곽 및 수군 유적 연구」, 『이사부 삼척 출항과 동해 비전』, 한국이사부학회, 2010, pp.150-152.
67 강원고고문화연구원, 「진동루 복원정비 기본계획에 따른 삼척포진성 문화재 표본조사 약식보고서」, 2013.

① 삼척진영지도 세부(18세기 후반) ② 삼척 포영이 있었던 현 위치(남→북)

[그림 11] 삼척 포영의 고지도와 현 위치

울진에서도 전술하였듯이 울진 포진성과 월송 포진성의 일부가 발굴조사되었다. 그런데 북쪽지역(당시 강원도 울진현)에 위치한 울진 포진성은 그 이유를 알 수 없지만 일찍 폐지(1627)되었다. 하지만 남쪽지역(당시 강원도 평해군)에 있는 월송 포진성은 앞에서 소개한 조선시대 산수화와 고지도에서 보듯이 늦은 시기까지 운영되었다.

즉 월송 포진성은 『대동지지』[68]와 『관동읍지』[69]에 기록되고 『승정원일기』[70]·『일성록』[71]·『강원도관초』[72]·『고종실록』[73] 등에서 계속해서 월송만호가 임명되는 것으로 보아 19세기 말까지 존속했음을 확인할 수 있다. 하지만 1882년(고종 19) 4월 27일 이규원이 월송진을 방문하였는데, 이미 건물은 거의 무너져 제 모습을 잃었고 성루는 그 형체만 남아있을 뿐이며, 월송정은 오래전에 무너져 그 터만 남았다[74]라는 상황과 1904년에는 건물이 거의 다

---

68 『대동지지』(1864) 권16 강원도 평해 진보.
69 『관동읍지』(1871) 평해군 진보.
70 『승정원일기』고종 11년(1874) 12월 17일(병술).
71 『일성록』고종 25년(1888) 6월 15일(을미).
72 『강원도관초』경인(1890) 8월 7일.
73 『고종실록』고종 32년(1895) 1월 29일(신축).
74 이규원, 『울릉도 검찰일기』.

없어지고 관아 건물 12칸과 창고 4칸만 남았다[75]고 하는 것으로 보아 늦어도 1882년 이전에 그 기능을 대부분 상실한 것 같다.

이렇게 강원도 영동의 동해안을 포괄하여 다스린 중심 부대는 삼척 포영이었으며, 그 하부조직으로 울진 포진과 월송 포진이 있었다. 울릉도를 속도(屬島)로 갖고 있는 울진 현령(1882년 와서 울릉도는 평해군 소속으로 바뀜)을 수토 시 파견하지 않고 삼척 영장과 월송 만호를 파견하게 된 까닭은 당시 동해안의 경비를 수군(水軍)이 맡아 하였기 때문이며, 울릉도를 수토할 시점 (1694)에는 울진 포진이 이미 폐지(1627)되었기 때문에 삼척 포영과 월송 포진이 수토를 담당하게 되었던 것이다. 또 울릉도 수토 시 원거리와 난류(亂流)로 인해 많은 인력과 경비, 시간 등이 소모되므로 그 피해를 줄이고자 두 수군 부대를 교대로, 즉 윤회수토 시킨 것으로 판단된다.

(2) 수토사의 출발지 변천

한편, 조선시대 울릉도로 가는 동해안의 출항지가 당시 삼척부의 장오리진, 울진현의 죽변진과 울진포, 그리고 평해군의 구산포 등 여러 곳이 사료에서 확인된다.

먼저 수토정책의 일환은 아니지만, 조선 초 1472년(성종 3) 삼봉도(독도)[76]를 찾아 나선 박종원 일행이 울진포(蔚珍浦)에서 출발하여 간성군의 청간진과 강릉 우계현의 오이진으로 돌아왔다.[77] 이로 보아 울릉도로 갈 때는 당시 울진현의 울진포에서 출발한 것을 알 수 있으며, 이곳은 지금의 경북 울진군 왕피천 하구([그림 12-④])이다. 이후 1512년(중종 7) 울진포에는 고현포에 있

75 『평해교지』 권2 평해군월송진보수호장정.
76 신용하, 『독도의 민족영토사 연구』, 지식산업사, 1997, pp.81-87; 김호동, 『독도·울릉도의 역사』, 경인문화사, 2007, pp.78-79.
77 『성종실록』 성종 3년(1472) 6월 12일(정축).

던 울진 포진을 이축하였는데, 그 포진성터가 경북 울진군 근남면 수산리 비래봉([그림 12-④])에 남아있다.

① 삼척 삼척항 원경(남→북)

② 삼척 장호항 원경(북→남)

③ 울진 죽변항 원경(남→북)

④ 울진 왕피천 하구와 비래봉(남→북)

⑤ 울진 구산항 원경(남→북)

⑥ 복원 후 울진 대풍헌 전경(남→북)

[그림 12] 울릉도 출발지인 현재 항구의 전경

그리고 수토정책의 일환으로 최초로 울릉도 수토관으로 파견된 삼척 영장 장한상이 1694년(숙종 20) 삼척부의 남면 장오리진(莊五里津) 대풍소(待風所)에서 출발하고 있는데,[78] 지금의 강원도 삼척시 장호리에 있는 장호항([그림 12-②])[79]이 바로 그곳이다.

또 월송 만호 전회일이 1699년(숙종 25) 울릉도를 수토하고 돌아온 곳이 대풍소로[80] 이는 바로 대풍헌([그림 12-⑥])이 있는 경북 울진군 기성면 구산리의 구산포(구미포=구미진, 지금의 구산항)를 말한다. 이는 수토를 담당했던 월송 포진이라는 수군 부대가 바로 인접해 있었기 때문으로 출항지도 이 구산항([그림 12-⑤])이었을 것이며, 1786년(정조 10) 월송 만호 김창윤이 평해 구미진에서 출항하는 것[81]에서도 유추할 수 있다. 그리고 1819년(순조 19) 삼척 영장 오재신이 울릉도로 가기 위해 평해로 떠났다[82]고 한 것으로 보아 구산포에서 출항하기 위한 것일 것이며, 수토사는 아니지만 울릉도 검찰사 이규원이 1882년 4월 구산포에서 출발하기도[83] 한다. 또 월송 만호 지희상도 1857년(철종 8) 평해군 구산진 후풍소[84]에서 출발, 월송 만호 장원익도 1867년(고종 4) 구산진 대풍소[85]에서 출발하였다.

한편 울진현 죽변진(竹邊津)에서도 출발하는 것이 확인된다. 즉 1702년(숙종 28) 삼척 영장 이준명이 죽변진에서 출항하고[86] 1765년(영조 41) 삼척 영장 조한기가 죽변진에서 출발하며,[87] 1787년(정조 11) 삼척에서 임시 수토할 때

---

78 장한상, 『울릉도 사적』; 박세당, 『서계잡록』 울릉도.
79 한글학회, 『한국지명총람』 2(강원편), 1967, p.153.
80 『숙종실록』 숙종 25년(1699) 7월 15일(임오).
81 『일성록』 정조 10년(1786) 6월 4일(병자).
82 『항길고택 일기』 순조 19년(1819) 윤4월 9일.
83 이규원, 『울릉도 검찰일기』.
84 『각사등록』 27, 79상~하(1857. 윤5.15.).
85 『각사등록』 27, 284상~하(1867.4.20.).
86 『숙종실록』 숙종 28년(1702) 5월 28일(기유).
87 『와유록』 「울릉도 수토기」에 삼척영장 조한기의 출항지가 나오는데, 1765년 4월 4일

에도 죽변진에서 출발하고[88] 있다. 죽변진은 지금의 경북 울진군 죽변면 죽변리의 죽변항([그림 12-③])으로 삼척시와 가장 가까운 항구다.

이와 같이 수토 시 울릉도로 출발하는 동해안의 출항지가 삼척부의 장오리진, 울진현의 죽변진과 평해군의 구산포 등 일정하지 않다. 물론 삼척 포영이 있던 삼척포도 그 출발지가 되었을 것이다. 삼척포는 지금의 강원도 삼척시 삼척항(정라항)([그림 12-①])이다.

또 수토사의 출항지가 주로 울진지역(평해군 · 울진현)[89]인 것은 다음의 사료가 주목된다.

> G) 강원도 어사 조석명이 영동지방의 해방(海防)의 허술한 상황을 논하였는데, 대략 이르 기를 "물가 사람(浦人)의 말을 상세히 듣건대, '평해 · 울진은 울릉도와 거리가 가장 가 까워서 뱃길에 조금도 장애가 없고, 울릉도 동쪽에 섬이 서로 보이는데, 왜경(倭境)에 접해 있다'고 하였습니다. … 왜선(倭船)의 왕래가 빈번함을 알 수 있는 … 후일의 변 란이 반드시 영남에서 말미암지 않고 영동으로 말미암을지 어떻게 알겠습니까? 방어의 대책을 조금도 늦출 수 없습니다." 하니, 묘당(廟堂)에서 그 말에 따라 강원도에 신칙하여 군보(軍保)를 단속할 것을 청하였다.[90]

삼척을 출발하여 4월 5일 '울진현'에 이르니 4척의 배가 미리 와서 기다리고 있었으며, 날씨로 인해 출항하지 못하고 계속 머무르다가 4월 15일 새벽에 서남풍을 타고 출발하였고, 울릉도에서 육지 쪽으로 다시 온 것은 4월 24일로 '월송'을 보았으며, 4월 26일에 본진(삼척포영)으로 돌아왔다고 한다. 여기서 울릉도에서 돌아온 방향인 '월송'은 당시 평해군에 속해 있었고 이미 여러 척의 배가 울진현 항구에서 기다리고 있었으므로 울진현에서 출항한 것은 분명하다. 만약 평해군 월송(구산항)에서 출항했다면, 북쪽인 울진현까지 와서 기다릴 필요가 없으므로 울진현의 항구는 '죽변진'으로 추정된다.

88 『항길고택 일기』정조 11년(1787) 8월 12일.
89 이 글에서 사용한 '울진지역'은 지금의 울진군 영역을 말하는 것으로 이하 동일하게 사용하였다. 지금의 울진군은 조선시대 북쪽의 강원도 울진현과 남쪽의 강원도 평해군이 1914년에 통합된 것이다(심현용, 「고고자료와 문헌기록으로 본 울진의 연혁」, 『울진군의 역사와 문화』, 삼한문화재연구원 · 성림문화재연구원, 2016).
90 『숙종실록 보궐정오』숙종 40(1714) 7월 22일(신유).

이 사료 G는 1714년(숙종 40)에 이미 울진지역이 울릉도와 가장 가까운 곳이고, 또 이 지역의 뱃길이 가장 안전하여 순탄하다는 것을 사람들이 알고 있음을 보여준다. 이로 인해 그 출항지가 주로 울진지역이 되었던 것이다.

그런데 월송 만호는 전술하였듯이 처음부터 구산포에서 출항하였지만, 삼척 영장은 초기에는 삼척에서 출발하다가 18세기 들어와 남쪽인 울진 죽변진으로 내려오며, 19세기에는 이보다 더 남쪽인 평해 구산포에서 출항하는 변화를 보인다.

그럼 언제부터 삼척 영장이 '구산포'를 그 출항 기점으로 삼았을까?

19세기 초부터는 삼척 영장이 구산포에서 출항한다. 그리고 대풍헌 소장 현판과 「수토절목」·「완문」 및 거일리 고문서, 그리고 『울진군지』 수토전설 등의 자료로 보아 19세기 말까지 계속해서 월송 만호와 삼척 영장 모두 구산포에서 출발하고 있다.

이에 대해 배재홍[91]은 그 시기를 19세기 이후로 보았다. 하지만 1787년까지 삼척 영장이 죽변진에서 출항하다 1819년에 들어와 갑자기 구산포로 그 출항지를 바꾸는 것과 후술하는 사료 I(1799)에 진두(津頭)에서 바람을 기다릴[待風] 때 민간에서 양식 값을 거둔다는 기록[92]으로 보아 늦어도 1787~1799년 사이, 즉 18세기 말에 그 기점이 구산포로 정해져 삼척 영장이 이곳에서 출항한 것으로 보는 것이 더 타당하다.

이렇게 삼척 영장과 월송 만호가 모두 구산포에 와서 대풍헌에서 순풍(順風)을 기다리며 머물렀다가 울릉도로 출발하게 된 것은 수토 초기에는 단순히 두 포진(浦鎭)이 있는 가까운 항구에서 출발하다가 이후 사료 G와 같이 동해의 항로에 대한 지식이 축적되어 울진지역이 거리상으로 울릉도와 가장 가깝고, 또 구산포에서 출발하는 것이 해로(海路)상 가장 안전하고 순탄한 것을

---

91 배재홍, 「조선후기 울릉도 수토제 운용의 실상」, 『대구사학』 103, 대구사학회, 2011, p.126.
92 이러한 사실을 입증하는 것이 울진 대풍헌 소장 고문서와 현판들인데, 이로보아 사료 I의 '진두(津頭)'는 '평해 구산포'로 볼 수 있다. 그러므로 1799년에는 모두 구산포에서 출발한 것으로 보아야 한다.

터득했기 때문으로 판단된다.([그림 13~15])

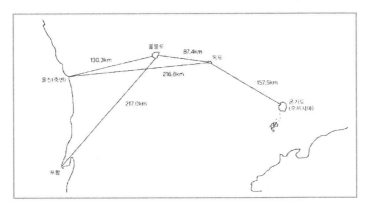

[그림 13] 한반도와 울릉도 · 독도의 거리[93]

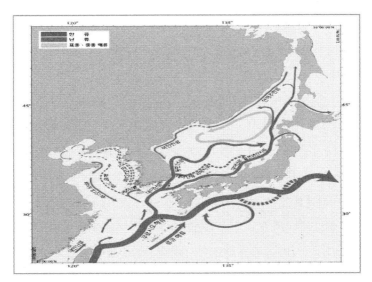

[그림 14] 우리나라 주변해역 해류모식도(출처: 국립해양조사원)

93 문화재청,『한국의 자연유산 독도』, 2009, p.49의 '〈그림〉 독도와 주변 지역 사이의 거리'.

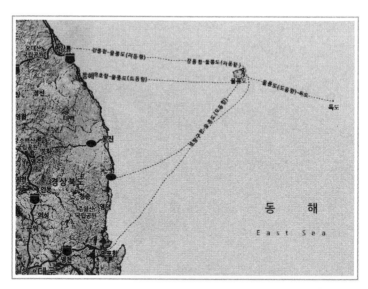

[그림 15] 육지에서 울릉도 · 독도로 가는 항해노선도(출처: 네이버 지도)

조선시대에 축적된 거리와 해로에 대한 정보는 현대의 과학적 조사에서도 확인되었다.

즉 우리나라 한반도 육지와 울릉도 · 독도와의 거리는 우리나라 영해기점 조사측량([그림 13])에서 사실로 밝혀졌는데, 육지에서 울릉도와 가장 가까운 곳이 울진군의 죽변으로 그 거리는 130.3㎞(70.4 해리)며, 죽변에서 독도까지의 거리 216.8㎞(117.1 해리), 울릉도와 독도간 거리 87.4㎞(47.2 해리)다.[94] 이는 간조 시 해안선 기준 최단거리이다.

그리고 해로에 대해서는 지금 동해안의 해류([그림 14])를 살펴보아도 짐작할 수 있는데, 현재의 동해안 해류는 북쪽의 북한 한류와 남쪽의 동한 난류가

---

94 동북아의 평화를 위한 바른 역사정립 기획단장 · 행정자치부 장관 · 건설교통부 장관 · 해양수산부 장관 공동으로 독도현황을 2015년 6월 28일에 고시(동북아의 평화를 위한 바른역사정립 기획단 고시 제2005-2호 · 행정자치부 고시 제2005-7호 · 건설교통부 고시 제2005-164호 · 해양수산부 고시 제2005-30호)하였다.

울진 앞바다에서 만나 울릉도·독도 쪽으로 흐르고 있다.

그러므로 이러한 해류의 흐름에 대해 조선시대 수토사들은 여러 번 울릉도로 항해하면서 파악하였던 것이다. 그리고 현재 운행되고 있는 울진(후포항)·강릉(강릉항) ↔ 울릉도(저동항), 포항(포항구항)·동해(묵호항) ↔ 울릉도(도동항) 간 선박의 항해노선과 울릉도(도동항) ↔ 독도 간 선박의 항해노선도([그림 15])에서 유추해보면 조선시대의 울릉도 수토사들의 항해 노선도도 충분히 짐작할 수 있다.

3) 수토 시 울릉도의 행정체계와 지역민의 역할

(1) 울릉도·독도의 행정체계 변화

지금의 울진과 울릉도의 역사적 첫 만남은 현존 문헌기록으로는 『고려사』[95]가 최초의 자료이다. 여기에 울릉도·독도가 강원도 울진현에 속한 것으로 기록되어 있는데, 이 두 섬은 고려시대부터 울진의 관할 행정구역으로 포괄되어 있었음[96]을 알려준다. 그리고 울릉도는 고려 전기 '1032~1141년' 사이에

---

95 『고려사』 권58 지리3 동계 울진현. 그러나 『고려사』(1451) 완성 이전의 『세종실록지리지』권153 강원도 삼척도호부 울진현에 이미 나와 있으므로 현존 문헌상 『세종실록지리지』(1432)가 가장 빠르다. 하지만 『고려사』는 고려 왕조의 실록을 참고하여 만든 것이며, 이 『고려사』에 이미 고려시대에는 울진현에 소속된 것으로 기록되므로 필자는 여기서 『고려사』가 최초의 것이라 하였다.

96 당시의 울릉도·독도는 고려시대 5도·양계 체제 하에서 일반적인 군현과 같은 행정체계에 있었던 것이 아니라 군사조직체로서 동계 감창사의 관할 하에 있었던 것으로 보인다. 즉 울릉도는 삼척·울진·평해 등지의 방어전선의 일원으로 묶여 있었던 전략적 요충지였으며, 그 조직체계는 동계의 명주도에 울진현을 경유하여 도달하게 되는 하부의 조직단위─군려집단으로 동해안 방위체계의 일원에 편재되어 있었던 것이다(김윤곤, 「우산국과 신라·고려의 관계」, 『울릉도·독도의 종합적 연구』, 영남대학교 민족문화연구소, 1998, p.40; 김호동, 「군현제의 시각에서 바라다 본 울릉도·독도」, 『울릉도·독도의 종합적 연구』, 영남대학교 민족문화연구소, 1998, p.56). 이에 대해 이병휴(「울진지역과 울릉도·독도와의 역사적 관련성」, 『역사교육론집』28, 역사교육학회, 2002, p.164)는 울릉도(독도)가 고려시대의 군현 행정체계상 주읍─

울진현의 행정체제에 들어온 것 같다.[97]

조선시대 들어와 고려의 5도 양계체제가 8도 체제로 바뀌면서 울릉도에 대한 관할권이 동계에서 강원도로 이관된다.[98] 그렇다면 조선시대 군현체계상 강원도에 속한 울릉도의 통치권이 구체적으로 어떻게 행사되었는지 살펴보자. 이는『세종실록지리지』울진현에서 최초 확인된다.

> H … 우산과 무릉 두 섬이 현의 정동쪽 바다 가운데에 있다. [두 섬이 서로 거리가 멀 지 아니하여, 날씨가 맑으면 가히 바라볼 수 있다. 신라 때에 우산국, 또는 울릉도라 하였는데, 지방(地方)이 1백 리이며, …].[99]

사료 H에서 우산과 무릉 두 섬이 울진현의 정동쪽 바다 가운데에 있다. 신라 때 우산국 또는 울릉도라 한다는 내용으로 울릉도 · 독도가 울진현 관할이었음을 말해준다. 그리고 조선시대 대표적인 관찬사료인『신증동국여지승람』[100]에서 이 기록을 그대로 잇고 있다.

이것은 1694년(숙종 20) 일본에 보낸 외교문서[101]에서도 재확인되며, 이후 다수의 사료에서 확인된다. 그러므로 울릉도 · 독도는 강원도 울진현의 속도로서 군현제의 틀 속에 엄연히 자리 잡고 있었다. 그러나 일반 속읍과 달리 1403년(태종 3) 3월의 조처 이후 쇄환정책으로 인해 사람이 거주할 수 없도록 되어 있었기 때문에 설읍(設邑)이 이루어지지 않았다. 이후 19세기 후반~20세기 초반에 울릉도의 행정체제가 정립되기 시작한다.

속읍의 관계는 아니더라도 울진현의 종속적 도서나 진성으로 편성된 것으로 보았다.

97 심현용, 「고고자료와 문헌기록으로 본 울진의 연혁」,『울진군의 역사와 문화』, 삼한문화재연구원 · 성림문화재연구원, 2016, pp.268-270.

98 『태종실록』태종 3년(1403) 8월 11일(병진).

99 『세종실록지리지』(1432) 강원도 삼척도호부 울진현.

100 『신증동국여지승람』(1530) 권45 강원도 울진현 산천.

101 『숙종실록』숙종 20년(1694) 8월 14일(기유).

즉 울릉도는 임오군란이 수습된 직후인 1882년(고종 19) 8월 20일 영의정 홍순목이 울릉도 개척방안을 제안하여[102] 도장에 전석규가 임명되고[103] 울릉도가 울진현에서 평해군으로 관할 소속이 바뀐다.[104] 1884년 3월에는 삼척 영장이 울릉도 첨사를 겸직하게 되며,[105] 그해 6월에는 평해 군수가 울릉도 첨사를 겸직하고[106] 1888년 2월에는 월송 만호가 울릉 도장을 겸임하는[107] 변화를 겪는다. 다시 1895년 1월에는 월송 만호가 겸하고 있는 도장을 폐지하고 별도로 전임 도장을 두었으며,[108] 그해 8월에는 도장의 명칭을 도감으로 고쳤다.[109] 그리고 1900년(고종 광무 4) 10월 25일 도감을 군수로 개정하여 울도군으로 승격시켜 행정체제상 완전한 설읍이 이루어졌다. 1907년에는 그동안 강원도에 속해 있던 것을 울릉군으로 명칭을 변경하여 경상남도로 이속시킨다.

그리고 1914년 3월 10일 조선총독부령 제111호로 경상남도 울릉군은 경상북도 울릉군으로 이속되어 지금까지 경상북도 관할구역으로 존재해 오고 있다. 그러나 1915년 5월 1일 관제개정으로 부군도제(府郡島制)가 실시됨에 따라 군을 폐지하는 대신 도제로 개편할 때 울릉군을 제주도와 더불어 울릉도(鬱陵島)로 개편하였다. 광복 후 정부가 수립된 이후 1949년 7월 4일 법률 제32호 제145조에 의해 울릉도는 울릉군으로 환원되는 등 행정적으로 여러 번 변화를 겪었다.

이렇게 짧은 기간 안에 울릉도는 많은 변화를 겪는데, 사료 상에 나타나는 이러한 행정체제의 변천이 사실인지 유물로 입증해보자.

---

102 『승정원일기』고종 19년(1882) 8월 20일(계유).
103 『강원감영관첩』제6책 임오(1882) 9월 초9일 도부.
104 『강원감영관첩』제6책 임오(1882) 10월 도부.
105 『고종실록』고종 21년(1884) 3월 15일(경인).
106 『고종실록』고종 21년(1884) 6월 30일(임인).
107 『고종실록』고종 25년(1888) 2월 6일(무자).
108 『고종실록』고종 32년(1895) 1월 29일(신축).
109 『고종실록』고종 32년(1895) 8월 16일(갑신).

먼저 「울릉도 태하리 광서명 각석문」을 살펴보겠다.

여기에 '行平海郡守兼鬱陵島僉使 趙公鍾成 永世不忘碑'와 '行越松萬戶兼
島長撫察官徐敬秀'라는 두 인물이 보이는데, 사료의 내용을 입증한다. 조종
성은 1890년(고종 27) 8월 평해 군수로 임명[110]되어 1890년 9월 22일~1894년 7월
7일까지 재임[111]하였으며, 1892년 12월[112] 울릉도 특별 수검을 맡고 1893년
3월[113]과 1894년 1월[114]에 수토한다. 또 조종성은 울릉도 사검관(鬱陵島査檢
官)에 차정[115]되며, 1894년 7월 내금장에 제수[116]된다.

그러므로 조종성의 암각 시기는, 평해 군수가 울릉도 첨사를 겸직하는 1884년
6월~1888년 2월 사이에는 조종성이 평해 군수가 아니었기 때문에 해당되지
않을 것이며, 그가 평해 군수를 재임하는 1890~1894년 기간 중 1893년과 1894년
수토하면서 베푼 은혜에 감사하고자 울릉주민이 마애비를 조성하였을 것으
로 추정된다.

그리고 서경수도 월송 만호가 울릉 도장을 겸직한 기간인 1888년 2월~1895
년 1월 사이에 월송 만호와 도장을 겸임하면서 울릉도를 수토하였던 것으로
추정해볼 수 있다. 그러나 서경수는 『고종실록』과 달리 1887년(고종 24)
7월[117]에 이미 도장의 직분을 가지고 있었으며, 1888년(고종 25) 3월 21일 울릉

---

110 『일성록』 고종 27년(1890) 8월 8일(을사).
111 『강원도 평해군 읍지』(1899) 군선생 군수 조종성.
112 『강원도관초』 임진(1892) 12월 19일.
113 『강원도관초』 계사(1893) 3월 10일 · 12일; 『강원도관초』 계사(1893) 9월 20일.
114 『각사등록』 27, 493하(1893.11.8.) · 419상(1894.1.21.); 『각사등록』 13, 540하(1894.1.
     13.) · 542하~543상(1894.1.21.~2.13.).
115 『강원도관초』 계사(1893) 11월 8일; 『일성록』 고종 30년(1893) 11월 9일(정해).
116 『일성록』 고종 31년(1894) 7월 5일(기해).
117 『강원도관초』 정해(1887) 7월 26일.
     서경수는 1888년 6월(『일성록』 고종 25년(1888) 6월 15일) 월송 만호의 직분이 보이
     고, 1889년 7월(『강원도관초』 기축(1889) 7월 17일) 월송 만호 겸 울릉도 도장의 직분
     을 가지고 있었다. 그리고 1889년 7월(『강원도관초』 기축(1889) 7월 25일)에는 울릉
     도 내 일본인의 작폐에 대해 보고를 소홀히 했다는 이유로 파직되나, 1890년 8월(『강

도에 들어가서 6월 19일 돌아오며[118], 1889년에도 3월 6일 들어가 수검(搜檢)하고 6월 11일 평해 후리진(지금의 울진 후포항)으로 돌아오는 것으로 보아 서경수의 암각 시기는 1888~1889년으로 볼 수 있다.

또 「울진 운암서원 쌍절기 현판」이 있다. 이 현판은 맨 끝에 '… 上之二十一年甲申十月 日/ 通政大夫行平海郡守兼鬱陵島鎭水軍僉節制使/ 東陽申相珪敬記'라고 적혀있어 1884년(고종 21) 10월에 기록한 것을 알 수 있다. 이는 신상규(1838~?)가 평해 군수 재임기간인 1884년 8월 13일~1885년 3월 17일[119] 사이에 작성되었으며, 이는 평해 군수가 울릉도 첨사를 겸직하였다는 행정 체제를 입증하는 유물이다.

그리고 「평해 군수 겸 울도 첨사 심의완 영세불망비」를 살펴보자.

이 불망비는 1885년(고종 22) 10월에 세워졌는데, 전술한 평해 군수가 울릉도 첨사를 겸직한 사료의 내용을 입증하는 금석문이다. 심의완은 1885년(고종 22) 3월 28일~1886년 1월 14일 평해 군수를 역임하였다.[120] 그리고 심의완은 『울릉도 검찰일기』에서 1882년 4월 29일 이규원과 함께 평해 구산포를 떠나는데, 이는 「울릉도 태하리 임오명 각석문」(1882.5.)에서도 그의 이름이 확인되며, 당시 그는 중추도사였다. 이러한 역사적 상황에 따라 그가 평해 군수로 부임하게 되었을 것이다.

또 『울진군지』에 기록된 수토 관련 전설[121]에서도 울진지역과 울릉도의 체

원도관초』경인(1890) 8월 7일)에는 서경수의 직분인 월송 만호 겸 울릉도 도장의 임기가 현재 다 되었다는 기록이 확인된다.
118 『강원도관초』무자(1888) 7월 10일.
119 『강원도 평해군 읍지』(1899) 군선생 군수 신상균.
120 『강원도 평해군 읍지』(1899) 군선생 군수 심의완.
121 남석화 외, 1939, 『울진군지』해원 평해기사.
   "鬱島僉事[필자 주 : 事는 使의 오류]은 郡守或萬戶例兼而每三年一次搜討之行에 盛陳威儀하야 俟風於邱山洞舍하야 發向東北間하니 遇順風則二日後可泊이라 古有一郡守이 帶知印同去竣事하고 回船之際에 錯留烟管於舘所하고 使知印으로 還推而久

제를 파악할 수 있다. 이 수토 전설에 평해 군수나 월송 만호가 울도 첨사를 겸임한다고 하였는데, 이로 보아 이 전설의 시기는 평해 군수가 겸임하는 1884년 6월 30일 이후와 월송 만호가 겸임하는 1888년 2월 6일 이후로 좁혀 볼 수 있다. 하지만 평해 군수가 겸임하는 것보다 늦은 시기의 월송 만호가 겸직하는 것이 포함되어 있으므로 월송 만호가 울릉도장을 겸직하는 시기인 1888년 2월 6일~1895년 1월 29일 사이의 전설로 보는 것이 타당할 것 같다.

이와 같이 전술한 울릉도 행정체제의 변화에서도 울릉도 수토정책이 울진 지역과 긴밀하게 연결되어 있었음을 알 수 있다.

(2) 울진 지역민의 역할

그렇다면 이렇게 울릉도 수토정책이 실시되면서 밀접히 연결된 울진 지역민(民)의 역할은 어떠했는지 살펴보자.

울진지역과 삼척의 두 포구는 적이 통과하는 요충지인데, 조선시대 사변이 생기면 그 형세가 매우 어려워 전술하였듯이 울진지역과 삼척에 수군을 전담하는 포진을 설치하여 방어에 충실을 기하고자 했다. 특히 울진지역을 지키지 못하면 영동·영서지방 모두가 적의 공격을 받기 쉬웠다. 그러므로 조선시대 울진지역은 국방상으로 중요한 요충지의 역할을 담당하였으며, 그 일환으로 이곳 지역민들은 울릉도의 수토에 기여하게 되었다.

19세기의 「완문(1811)」·「수토절목(1823)」·「구암동 김종이 각양공납초출(1893)」·「공납성책 개국 오백사년 을미 십일월 이십팔일(1895)」 등의 고

久不返일새 卽使隷卒로 四下尋覓 호되 竟無形迹故로 留待幾日에 落莫而歸矢러니 三年後에 復往搜討則昔日知印이 忽地迎謁이어늘 且驚且喜하야 詰問其由則推還烟管하고 路經古祠러니 適有一少女緊抱腰脊하야 不許放過어늘 不得已落在島下하야 與女同居이 今至三年云而盛稱水國이 便於大陸이라하고 因返還烟管하니 忽又不見이라 郡守怳惚警訝하야 護不知是人是鬼而無從詗得일새 嘆咄歸還云이라.(出東文雜誌)"

문서와「구산동사 중수기(1851)」·「평해 군수 심능무·이윤흡 영세불망지
판(1870)」·「월송 영장 장원익 영세불망지판(1870)」·「평해 군수 이용익 영
세불망지판(1871)」·「이방 황지해 영세불망지판(1872)」·「전임 손주형·손
종간·손수백 영세불망지판(1878)」·「구산동사기(1888)」등의 현판 내용[122]
을 살펴보면, 울릉도 수토 시 구산동을 포함한 대풍헌 주변 9개 마을, 즉 울진
지역민이 막중한 경비를 부담하고 일정부분 업무도 맡는 역할을 담당한 것으
로 나온다. 이는 이미 18세기 말의 사료에서도 그런 역할을 담당하고 있었음
을 살펴볼 수 있다.

1) 강원 감사 윤필병이 비변사에 공문을 보내기를, "금년에 울릉도를 수토하
   는 것은 월송 만호가 할 차례인데, 채삼절목(採蔘節目) 가운데에는 단지
   '영장이 갈 때에 채삼군(採蔘軍)을 들여 보낸다'는 말만 있고, 만호가 갈 경
   우에 대해서는 거론하지 않았는데, … 강릉은 5명, 양양 8명, 삼척 10명, 평
   해 4명, 울진 3명씩 나누어 정해 보내는데, 이들은 모두 풍파에 익숙하지
   않다는 핑계를 대고 간간히 빠지려고 하는 자가 많다. 그러므로 채삼군을
   가려 뽑는 담당관이 중간에서 조종하며 뇌물을 요구하고 있다. 그리고 진
   두(津頭)에서 바람을 기다릴 때에는 양식값이라고 하면서 민간에서 거두
   어들인다. … 좌 의정 이병모가 아뢰기를, "지금의 삼정(蔘政)은 … 백성
   들에게 폐단을 끼치는 것이 이 와 같으니, 수토하는 것은 전과 같이 영장과
   만호를 차례대로 보내 거행하게 하고 … "하니, 따랐다.[123]

사료 I에서 보듯이 울릉도 수토는 지방민에게 경비부담과 부역을 제공하
게 하는 등 상당한 피해를 가져다주었다. 이는 전술한 울진 거일리 고문서,

---

122 심현용,「울진 대풍헌의 울릉도·독도 수토 자료와 그 역사적 의미 − 조선시대 울릉
     도·독도 수토정책과 관련하여 − 」,「울진 대풍헌과 조선시대 울릉도·독도의 수토
     사」, 영남대학교 독도연구소, 2015; 심현용,「월송포진성과 울릉도·독도 수토 관련
     유적·유물」,「수토사, 독도를 지키다」, 한국이사부학회, 2018.
123 『정조실록』정조 23년(1799) 3월 18일(병자).

대풍헌 소장 고문서와 현판에 그 실상이 자세하다.

그중 가장 힘든 것이 수토관 일행들이 순풍(順風)을 기다리며 구산항의 대풍헌에 머물 때의 경비부담이었다. 수토사가 유숙하는 기간이 길어지면 주민이 접대하는 비용이 양일에 100금이나 지출될 때도 있어 주민들은 이러한 폐단을 해결하기 위해 평해 관아에 진정하는 등 대풍헌 주변 주민의 고충과 불편은 대풍헌 소장「수토절목」과「완문」에서 파악되듯이 실로 상당하였던 것이다.[124]

그리고 평해군 관아에서도 이를 해결하기 위해 돈을 구산동과 그 주변 8개 마을에 풀되 이율도 정해주고 또 발생한 이자를 경비로 충당하게 하였다. 또 9동이 담당하는 경비를 줄여주기 위해 항구에 정박하는 선박에 세금을 거두어 울릉도 수토 시 보충하게 하는 절목도 만들어 주는 방책을 내놓기도 하였다.

이뿐만 아니라 이러한 민(民)의 어려움을 파악한 평해 군수 심능무·이윤흡·이용익과 월송 영장 장원익 등의 현관들도 있어 울릉도 수토 시 부담하는 경비에 보태도록 돈 등을 지급하여 그 폐단을 줄이는 등 백성들을 돌보았으며, 특히 이방 황지해도 그들의 고충을 줄이려고 노력하였다. 그리고 관(官)뿐만 아니라 민에서도 도움이 이어졌다. 즉 구산동 주민 중 전임 손주형·손종간·손수백과 도감 박억이 등은 스스로 돈과 논을 내어 주민들의 고통을 분담하고자 노력하였다. 이는 지방의 유지로서 모범적인 행위를 보여줌으로써 울릉도 수토의 업무가 일반 백성들에게 까지 깊이 스며들어 지속적으로 지원할 수 있게 하는 동력이 되었을 것이다.

이렇게 군(軍)·관(官)·민(民)이 단합하여 수토의 역할을 담당하였는데,

---

124 삼척지역에서도 마찬가지로 주민들이 울릉도 수토 시 쌀·좁쌀 등 곡물로 수토료를 납부하는 등 주민들의 역할이『항길고택 일기』에서 확인되고 있다(배재홍,「조선후기 울릉도 수토제 운용의 실상」,『대구사학』103, 대구사학회, 2011).

특히 울진 지역민의 협조는 동해안 해상의 전초 지역인 울릉도에 대한 국가의 수토정책이 원활히 유지 및 지속될 수 있게 일조하였던 것이다. 그 결과 오늘날 울릉도와 독도가 우리나라 '대한민국의 영토'로 공고히 유지될 수 있었던 이유 중의 하나가 되지 않았을까 여겨진다.

이와 같이 울릉도 수토 시 울진 지역민이 경비의 부담과 부역 등 수토사를 접대하는 고충과 불편을 무릅쓴 가장 큰 이유는 국가의 영토를 지키고자 한 백성의 도리를 행하는 데 주체적으로 나서고자 했기 때문일 것이다. 그래서 인지 지금도 구산항 주변 마을사람들은 대풍헌을 제당(사당) 격으로 모시며 자발적으로 관리해 오고 있으며, 조선시대 울릉도 수토 시에 마을주민들이 관·군을 도운 것에 대하여 상당한 자부심을 가지고 있다.

최근에는 울진군청에서 대풍헌을 해체복원(2008.11.7.~2010.1.8.)하자 구산동민들은 스스로 사비를 들어 「대풍헌 중건 복원기」 현판을 제작(2010.1.13.)하여 대풍헌 안에 게판함으로서 지금까지의 역사적 전통을 계속 이어오고 있다.

4. 맺음말

조선시대 울릉도·독도 수토정책은 조선 후기 안용복의 활동 이후 제도화되어 약 200년간 동해안의 삼척 진장과 월송 만호에 의해 지속되어 왔다. 이는 조선시대에 울릉도·독도를 우리 영토로 관리하고 있었음을 단적으로 보여주는 국토방위의 군사정책이다.

그동안 이 울릉도 수토제도에 대한 연구는 문헌중심으로 진행되었다. 그래서 필자는 문헌기록의 사실 증명을 위해 고고학적 자료인 포진성 유적과 석비, 각석문, 현판, 산수화 등의 유물을 가지고 문헌사료와 비교해가며 몇 가지 문제를 시·공간적으로 검토해 보았다.

특히 이번에 소개한 고고자료와 문자자료는 필자가 직접 찾아내었거나 개별적으로 알려져 있어서 학계에 잘 알려져 있지 않은 것들이며, 또한 일부 오류로 인해 잘못 알려져 있어서 연구에 제대로 활용되지 못하였다. 앞으로 이를 활용한 연구와 좀 더 많은 자료가 조사되어 수토 연구에 진전이 있기를 기대하면서 맺음말을 대신하여 검토 결과를 정리해 보겠다.

첫째, 울릉도에 대한 조선의 수토정책은 1694년 시작되었으나, 이 제도의 폐지시점은 1894년 12월 27일이다. 그러나 바로 폐지되지 않고 1895년 11월 28일까지 계속해서 실시되었을 가능성을 제시하였다. 그 이유는 울진 거일리에서 발견된 「공납성책 개국 오백사년 을미 십일월 이십팔일(1985.11.28.)」고문서를 그 근거로 들었다.

둘째, 울릉도 수토의 간격은 문헌에 그 주기가 다양하게 기록되어 있다. 이는 흉년 등 당시의 사회적 상황이 반영되어 일정하지 않은 것이며, 실제 확인된 수토 현황과 고문서·현판·문헌기록 등 다양한 자료를 근거로 초기에는 3년설이 정식이었으나, 1719~1747년 사이에 1년을 걸러 2년 후에 가는 2년설로 변경되었고 1892년부터는 1894년 폐지 때 까지 매년 시행되었음을 살펴보았다.

셋째, 울릉도 수토 담당 부대로 수군인 삼척 포영과 월송 포진이 선정되었는데, 그 이유에 대해서는 당시 두 포진이 동해안의 방어선상에서 경비를 담당하였던 군인(수군)이었기 때문으로 보았다. 특히 월송 포진의 존속과 모습에 대해서는 정선과 정충엽 등 당시 화가들이 그린 산수화로 좀 더 세밀하게 살펴보았다.

넷째, 울릉도 수토 출항지는 삼척의 삼척포·장오리진, 울진의 죽변진, 그리고 평해의 구산포로 다양하나, 18세기 말인 1787~1799년부터는 삼척 영장과 월송 만호 모두 구산포에서 출항한 것으로 추정하였다. 이는 수토사들이 여러 번 수토해오면서 획득한 경험을 통해 이때쯤 동해 해류에 대한 지식이 확보되어 가장 안전한 뱃길을 선택하였기 때문으로 파악하였다.

다섯째, 19세기 후반~20세기 초의 울릉도 행정체제 중 평해 군수나 월송 만호가 울릉 도장을 겸직하는 문헌기록에 대해 울릉도의 「태하리 광서명 각석문」과 울진의 「운암서원 쌍절기 현판」·「평해 군수 겸 울도 첨사 심의완 영세불망비」 등의 유물과 울진에 전해오는 「수토 전설」을 근거로 이를 입증해 보았다.

마지막으로 울릉도·독도 수토 시 출항지 주변 울진 지역민의 역할에 대해 살펴보았다. 당시 대풍헌 주변 백성들은 울릉도 수토관 일행의 경비를 부담하고 부역을 담당하는 고충을 겪었다. 뿐만 아니라 평해 군수와 월송 영장 등의 현관과 지역 유지들도 주민들의 고충을 덜기 위해 동참하였다. 이러한 지역민의 역할은 국가가 울릉도 수토정책을 원활히 유지하는데 일조하여 국토방위라는 백성의 의무를 다하고자 노력한 것을 살펴볼 수 있었다.

[참고문헌]

『각사등록』, 『강원감영관첩』, 『강원도관초』, 『강원도 평해군 읍지』, 『경주이씨의정공파 세보』, 『관동지』, 『관동읍지』, 『고려사』, 『구한국관보』, 『국조보감』, 『대동지지』, 『대청시일록』, 『동국문헌비고』, 『동아일보』, 『비변사등록』, 『서계잡록』, 『세종실록지리지』, 『승정원일기』, 『신증동국여지승람』, 『여지도서』, 『연려실기술』, 『와유록』, 『울릉도 검찰일기』, 『울릉도 사적』, 『일성록』, 『조선왕조실록』, 『척주선생안』, 『척주지』, 『평해교지』, 『한성주보』, 『항길고택 일기』.

강원고고문화연구원, 「진동루 복원정비 기본계획에 따른 삼척포진성 문화재 표본조사 약식보고서」, 2013.
경상북도문화재연구원, 『문화유적분포지도 - 울릉군 - 』, 2002.
국립춘천박물관, 『우리 땅 우리의 진경』 조선시대 진경산수화 특별전, 통천문화사, 2002.
김원룡, 『울릉도』 국립박물관고적조사보고 제4책, 1963.
김택규, 『동해안어촌민속지 자료집』, 영남대학교 민족문화연구소, 2000.

김호동,『독도 · 울릉도의 역사』, 경인문화사, 2007.

남석화 외,『울진군지』, 1939.

대구대학교박물관,『울진군 성지유적 지표조사보고서』, 울진군, 1998.

문화재청,『한국의 자연유산 독도』, 2009.

박은순,『금강산도 연구』, 일지사, 1997.

배재홍,『조선시대 삼척지방사 연구』, 도서출판 우물이 있는 집, 2007.

삼한문화재연구원,『울진 망양－ 직산간 도로확포장공사부지 내 울진 월송포진성』, 2014.

＿＿＿＿＿＿＿,「울진 월송리(302-8번지) 월송포진성 정비복원 사업부지 내 유적 발굴
(시굴)조사 결과보고서」, 2017.

＿＿＿＿＿＿＿,「울진 월송포진성 정비복원 사업부지 내 유적 발굴(시굴)조사(2차) 결
과보고서」, 2018.

성림문화재연구원,『울진 월송포진성 정밀지표조사 보고서』, 2013.

신용하,『독도의 민족영토사 연구』, 지식산업사, 1997.

영남대학교 독도연구소,『울진 대풍헌과 조선시대 울릉도 · 독도의 수토사』영남대학교
독도연구소 독도연구총서 14, 도서출판 선인, 2015.

영남대학교 민족문화연구소,『울릉군지』, 울릉군, 2007.

의성문화원,『우리 땅 독도지킴이 장한상 학술대회』, 의성군, 2018.

이근택,「조선 숙종대 울릉도분쟁과 수토제의 확립」, 국민대학교 석사학위논문, 2000.

이동주,『우리나라의 옛그림』, 박영사, 1975.

이존희,『조선시대 지방행정제도연구』, 일지사, 1990.

최완수,『겸재를 따라가는 금강산 여행』, 대원사, 1999.

평해향교,『평해향교지』, 2005.

한국문화재보호재단,「울진군 근남면 수산리 247-2번지 동물 및 식물관련시설 신축부 지
내 국비지원 발굴조사 약보고서」, 2011.

한국영토학회,『울릉도 · 독도 수토관(搜討官) 파견과 독도 영유권 수호』2018년도 한국영
토학회 춘계 학술대회, 2018.

한국이사부학회,『수토사, 독도를 지키다』2018 삼척 동해왕 이사부 독도축제 학술대회,
삼척시, 2018,

한글학회,『한국지명총람』2(강원편), 1967.

김윤곤,「우산국과 신라 · 고려의 관계」,『울릉도 · 독도의 종합적 연구』, 영남대학교 민족
문화연구소, 1998.

김호동,「군현제의 시각에서 바라다 본 울릉도 · 독도」,『울릉도 · 독도의 종합적 연구』, 영
남대학교 민족문화연구소, 1998.

＿＿＿＿,「조선시대 울릉도 수토정책의 역사적 의미」,『한국중세사논총』이수건교수 정년
기념, 한국중세사논총간행위원회, 2000.

_____, 「조선초기 울릉도 · 독도에 대한 '공도정책' 재검토」, 『민족문화논총』 32, 영남대학교 민족문화연구소, 2005.

_____, 「독도 영유권 공고화와 관련된 용어 사용에 대한 검토」, 『대구사학』 98, 대구사학회, 2010.

_____, 「월송포진의 역사」, 『사학연구』 115, 한국사학회, 2014.

배재홍, 「제2장 삼척 오화리산성에 대한 역사적 고찰」, 『조선시대 삼척지방사 연구』, 도서출판 우물이 있는 집, 2007.

_____, 「조선후기 울릉도 수토제 운용의 실상」, 『대구사학』 103, 대구사학회, 2011.

백인기, 「조선후기 울릉도 수토제도의 주기성과 그 의의 I - 숙종부터 영조까지를 중심으로」, 『이사부와 동해』 6, 한국이사부학회, 2013.

손승철, 「조선시대 '공도정책'의 허구성과 '수토제' 분석」, 『이사부와 동해』 창간호, 한국이사부학회, 2010.

_____, 「울릉도 수토와 삼척영장 장한상」, 『이사부와 동해』 5, 한국이사부학회, 2013.

송병기, 「조선후기 울릉도 경영 - 수토제도의 확립」, 『진단학보』 86, 진단학회, 1998.

신태훈, 「조선시대 도서지역 수토에 대한 연구」, 『한일관계사연구』 57, 한일관계사학회, 2017.

심현용, 「월송정 조사보고」, 『울진문학』 12, 울진문학회, 2006.

_____, 「조선시대 울릉도 · 독도 수토관련 '울진 대풍헌' 소장 자료 소개」, 『독도지킴이 수토제도에 대한 재조명』 제1회 한국문화원연합회 경상북도지회 학술대회, 한국문화원연합회 경상북도지회, 2008.

_____, 「조선시대 울릉도 · 독도 수토관련 '울진 대풍헌' 소장자료 고찰」, 『강원문화사연구』 13, 강원향토문화연구회, 2008.

_____, 「울진 대풍헌 현판 소개 - 조선시대 울릉도 · 독도 수토제와 관련하여 - 」, 『132회 대구사학회 정기학술대회 자료집』, 대구사학회, 2009.

_____, 「울진 대풍헌 현판」, 『대구사학』 98, 대구사학회, 2010.

_____, 「II. 연혁」, 『대풍헌 해체수리공사보고서』, 울진군, 2010.

_____, 「울진 대풍헌의 울릉도 · 독도 수토 자료와 그 역사적 의미 - 조선시대 울릉도 · 독도 수토정책과 관련하여 - 」, 『울진 대풍헌과 조선시대 울릉도 · 독도의 수토사』, 영남대학교 독도연구소, 2015.

_____, 「고고자료와 문헌기록으로 본 울진의 연혁」, 『울진군의 역사와 문화』, 삼한문화재연구원 · 성림문화재연구원, 2016.

_____, 「월송포진성과 울릉도 · 독도 수토 관련 유적 · 유물」, 『수토사, 독도를 지키다』 2018 삼척 동해왕 이사부 독도축제 학술대회, 한국이사부학회, 2018.

_____ · 김성준, 「울진포진(포영)에 관한 연구」, 『울진문화』 13, 울진문화원, 1999.

양보경, 「울릉도, 독도의 역사지리학적 고찰 - 한국 고지도로 본 울릉도와 독도 - 」, 『북방사논총』 7, 고구려연구재단, 2005.

유미림, 「장한상의 울릉도 수토와 수토제의 추이에 관한 고찰」, 『한국정치외교사논총』

31-1, 한국정치외교사학회, 2009.

유재춘, 「동해안의 수군 유적 연구― 강원도 지역을 중심으로― 」, 『이사부와 동해』 창간
　　　호, 한국이사부학회, 2010.

＿＿＿, 「삼척 지역 일대 성곽 및 수군 유적 연구」, 『이사부 삼척 출항과 동해 비전』, 한국이
　　　사부학회, 2010.

＿＿＿, 「평해 월송포진성과 삼척포진성의 연혁과 구조」, 『울진 대풍헌과 조선시대 울릉
　　　도 · 독도의 수토사』, 영남대학교 독도연구소, 2015.

이병휴, 「울진지역과 울릉도 · 독도와의 역사적 관련성」, 『역사교육론집』 28, 역사교육학
　　　회, 2002.

이상태, 「고지도에 나타난 삼척과 우산국」, 『이사부와 동해』 3, 한국이사부학회, 2011.

이승진, 「조선시대 울릉도 수토 사료 검토」, 『제3회 울릉도 포럼』 2012년 울릉군 국제학술
　　　대회, 울릉군 · 울릉문화원, 2012.

이욱, 「〈완문 신미 칠월 일〉, 〈수토절목 공개변통 계미시월 일 구산동〉」, 『일본의 역사왜
　　　곡과 대응방안』 광복 60주년 기념학술대회, 한국국학진흥원, 2005.

이원택, 「조선후기 강원감영 울릉도 수토 사료 해제 및 번역」, 『영토해양연구』 8, 동북아역
　　　사재단, 2014.

＿＿＿, 「19세기 울릉도 수토 연도에 관한 연구」, 『독도연구』 23, 영남대학교 독도연구소,
　　　2017.

＿＿＿, 「19세기 울릉도 수토 사료해제 및 번역」, 『영토해양연구』 15, 동북아역사재단,
　　　2018.

＿＿＿, 「울진 월송포만호와 수토사― 19세기의 수토 연도 고증을 중심으로― 」, 『수토사,
　　　독도를 지키다』 2018 삼척 동해왕 이사부 독도축제 학술대회, 한국이사부학회,
　　　2018.

황상기, 「독도영유권①」, 『동아일보』 제10557호(1957년 2월 28일), 1957.

제3장

「울릉도사적(蔚陵島事蹟)」의 문헌학적 검토

이 원 택[*]

1. 머리말

　1978년 장한상(張漢相, 1656~1724)의 울릉도 수토 내용을 담고 있는 「울릉도사적」(蔚陵島事蹟)의 발견은 울릉도 · 독도 연구를 한 단계 더 진전시킨 중요한 계기가 되었다. 「울릉도사적」은 장한상의 울릉도 수토의 구체적 실상을 보여줌으로써 조선 정부의 울릉도 · 독도 통치를 입증해 주는 사료다. 특히 울릉도에서 독도를 직접 목격하고, 목측(目測)을 통해 실측(實測)에 근사한 거리와 크기를 서술한 장면은 읽는 이로 하여금 찬탄을 자아내게 하였다.

　「울릉도사적」 및 장한상에 대한 연구는 관련 자료가 많지 않아 폭넓은 연

＊ 전 동북아역사재단 연구위원

구가 이루어지지 못한 감이 없지 않다. 특히 「울릉도사적」의 경우, 독도 영유권과 관련한 높은 성가에도 불구하고 문헌의 구성, 성립 연대, 다른 자료와의 상호 관계 등 문헌학적 고찰은 상대적으로 소홀했던 감이 없지 않다. 마침 근래에 「울릉도사적」이 들어 있는 책자 『절도공양세비명』(節度公兩世碑銘)이 널리 알려지고, 또 다른 필적의 「울릉도사적」이 실려 있는 『절도공양세실록』(節度公兩世實錄) 및 『교동수사공만제록』(喬桐水使公輓祭錄)이 공개됨과 동시에 순천장씨(順天張氏) 가문의 『승평문헌록』(昇平文獻錄) 등의 자료가 알려지면서 연구의 활로가 열리고 있다. 이러한 자료들을 바탕으로 이 논문은 다음 몇 가지를 검토하려고 한다.

첫째, 『절도공양세비명』의 「울릉도사적」 발견 경위를 소개하고, 그와 관련하여 이 자료가 필사된 연도를 재검토 하고, 연도 추정 단서를 바탕으로 향후 연구 방향을 제시할 것이다.

둘째, 또 다른 필적의 「울릉도사적」이 들어 있는 책자 『절도공양세실록』과 『절도공양세비명』을 비교하여 검토하고, 이들 책자의 주요 내용이 순천장씨 가문의 문적인 『승평문헌록』에 수록되었음을 밝힐 것이다.

셋째, 아주 최근에 공개된 『교동수사공만제록』을 소개할 것이다. 특히 이 책자에 들어있는 또 다른 필적의 「울릉도사적」이 나머지 2종의 「울릉도사적」보다 먼저 필사된 것임을 밝힐 것이다.

넷째, 「울릉도사적」은 이른바 『서계잡록(西溪雜錄)』의 「울릉도(蔚陵島)」와 연결되어 연구되어 왔다. 그래서 『서계잡록』의 「울릉도」와 『와유록』(臥遊錄)의 「울릉도(蔚陵島)」를 문헌학적인 측면에서 검토하여 양자의 관계를 추론해 보려고 한다.

다섯째, 『서계잡록』의 「울릉도」 중 『와유록』의 「울릉도」와 겹치는 부분에 나타난 우산도(독도)와 장한상의 「울릉도사적」에 나타난 '멀리 동남쪽에 보이는 섬(독도)'의 관련성에 대한 기존 해석의 문제점을 지적하고, 『와유록』

의 「울릉도」는 『동국여지승람』의 우산도 · 울릉도 인식과 다름이 없다는 해석을 제시할 것이다.

2. 『절도공양세비명』의 「울릉도사적」 발견 경위와 필사 연도

「울릉도사적」은 「울릉도 · 독도학술조사단」이 1978년 울릉도에서 처음 발견한 것으로 보인다. 이 사실은 한국근대사자료연구협의회의 『독도연구』(獨島硏究)에 다음과 같이 기록되어 있다.

> 9월 20일 도달한 이후 10월 3일까지 장한상(張漢相)은 섬의 이곳저곳을 두루 살피었다. 그리고 이 심찰(審察) 결과를 부도(附圖)와 함께 정부(政府)에 보고하였다. 그의 보고(報告) 등사본(謄寫本)이 현재 남아 있는데 표제(表題)가 「울릉도사적」(蔚陵島事蹟)으로 되어 있다.[1]

나아가 저자는 이 문단의 각주에서 「울릉도사적」의 입수 경위를 다음과 같이 자세히 밝히고 있다.

> 삼척첨사(三陟僉使) 장한상(張漢相)은 울릉도(蔚陵島)를 심찰(審察)한 후 그 결과를 부도(附圖)와 함께 정부(政府)에 보고하였다. 그의 보고서(報告書) 별단(別單)을 찾을 수 없던 중 1978년(年) 「울릉도 · 독도학술조사단」(蔚陵島 · 獨島學術調査團)이 울릉도(蔚陵島)에서 입수한 『절도공양세비명』(節度公兩世碑銘)이란 표제(表題)로 된 소책자(小冊子) 속에서 발견되었다. (후략)[2]

---

1 한국근대사자료연구협의회, 『獨島硏究』, 한국근대사자료연구협의회, 1985. pp. 175-176.
2 한국근대사자료연구협의회, 앞의 책, p. 176 각주.

송병기 교수도 울릉도·독도 연구에 「울릉도사적」의 도움이 컸다고 말하고 있다.

> 울릉도 수토제도를 정리하는 데는 1978년 울릉도·독도학술조사단이 울릉도에서 입수한 「울릉도사적(蔚陵島事蹟)」(국사편찬위원회 소장)이 큰 도움이 되었다. 이 자료는 삼척첨사 장한상이 울릉도를 자세히 살피고 조사한 기록으로 그의 외후손 신광박(申光璞)이 정리한 것이다.[3]

유미림 박사 역시 「울릉도사적」의 발견 경위에 대하여 다음과 같이 언급하고 있다. 다만, 발견된 곳이 울릉도가 아니라 장한상 후손가이며, 1978년이 아니라 1977년이라고 적고 있다.

> 조선시대 울릉도 관련 기록은 관찬 지지(地志)나 사서(史書)를 제외하면 개인 기록으로는 장한상의 「울릉도사적」이 대표적인 것으로 알려져 있었다. 그런데 「울릉도사적」도 알려진 지 그리 오래된 것은 아니다. 이 사료는 1977년 11월 국사편찬위원회가 주관한 울릉도·독도학술조사사업의 일환으로 장한상 후손가에서 발굴되었다.[4]

필자는 「울릉도사적」을 조사하기 위하여 국사편찬위원회를 방문, 국사편찬위원회에서 동 자료를 수집하였던 당시의 상황에 대해 문의하였으나 너무 오래된 일이라서 잘 알지 못하였다. 아마도 「울릉도·독도학술조사단」이 1977~8년 무렵 장시규(張是奎, 1627~1708)·장한상(張漢相, 1656~1724) 부자의 사당인 경덕사(景德祠)에서 『절도공양세비명』을 가져다가 마이크로필름에 사진을 찍은 다음 되돌려준 것이 아닐까 생각된다.

그런데 국사편찬위원회 홈페이지에서 「울릉도사적」과 『절도공양세비명』

---

3 송병기, 『울릉도와 독도, 그 역사적 검증』, 역사공간, 2010, p.121 각주.
4 유미림, 『우리 사료속의 독도와 울릉도』, 지식산업사, 2013, p.54.

을 검색할 수 있는데, 사료관에 소장된 마이크로필름에서는 「울릉도사적」만 찾아 출력할 수 있었고 『절도공양세비명』은 찾을 수 없었다. 자세한 이유는 알 수 없지만, 아마도 사료 수집 당시에 『절도공양세비명』 전체를 마이크로 필름으로 만들지 않고, 「울릉도사적」만 마이크로필름으로 만든 것 같다. 이러한 사정 때문에 연구자들이 『절도공양세비명』 전체를 보지 못하고 「울릉도사적」만 보면서 연구를 진행한 것이 아닌가 짐작된다. 이 문제는 후술할 이 문건의 작성연대 추정에 큰 영향을 미친 것으로 보인다.

필자는 「울릉도사적」의 필사 경위를 파악하기 위해서는 경북 의성의 경덕사에 소장되었던 『절도공양세비명』을 직접 검토할 필요가 있다고 생각했다. 그리하여 경북 의성군 소재 의성조문국박물관에 전시되어 있는 『절도공양세비명』을 관람했다. 이 책은 원래 경덕사에 소장되어 있다가 의성조문국박물관에 기탁되었다고 한다. 그런데 그곳에 수장된 『절도공양세실록』에도 서체가 다른 「울릉도사적」 필사본이 실려 있는 것을 보고, 매우 놀라고 반가웠다.[5] 박물관측의 배려로 사진을 제공받아 분석을 진행할 수 있었다.

그러면 『절도공양세비명』「울릉도사적」의 필사 연도를 살펴보자. 『절도공양세비명』의 끝에 필사자 신광박의 이름이 기록되어 있는데,[6] 서체로 보아 「울릉도사적」만이 아니라 『절도공양세비명』이라는 책 전체를 신광박이 필사한 것으로 여겨진다. 『절도공양세비명』이라는 책 전체를 보지 못하였을 때는 「울릉도사적」에 바짝 붙여 필사자의 이름이 기록되어 있기 때문에 신광박이 「울릉도사적」만 쓴 것으로 생각하였다. 필사 연도와 이름을 쓴 줄이 앞 줄에 바짝 붙여 쓰여 있기는 하지만, 그것이 「울릉도사적」만을 필사했다는

---

5 의성조문국박물관 특별기획전의 도록 『독도와 장한상』(2014)에 『절도공양세실록』의 「울릉도사적」이 도판으로 이미 공개되어 있었으나, 연구자들에게 잘 알려지지 않았던 것으로 보인다.
6 "壬寅春外後裔永陽申光璞書(임인년 봄에 외후손 영양 신광박이 쓰다)"라고 기록되어 있다.

표시는 아니라고 생각된다.『절도공양세비명』의 필사 연대를 추정할 수 있는 단서는 첫째, 임인년, 둘째 외후예, 셋째 영양 신광박 등 세 가지이다.

우선 셋째부터 살펴보면, 영양(永陽) 신씨는 네이버 검색에도 나오지 않으며, 영양군문화원에 문의하여도 잘 알지 못하였다. 그리고 신광박에 대하여 조선시대와 일제시대의 인명 검색에서도 찾지 못하였다. 뒤늦게 영양(永陽)이 영양(英陽)이 아니고 영천(永川)의 옛 이름이라는 것을 알게 되어 영천문화원에 문의해 보았으나 영천 신씨에 대해서 역시 알지 못했다. 그렇다면 본관이 영천이 아니면서 거주지가 영천이라는 뜻으로 사용했을 가능성이 있다. 추가 조사가 필요하다.

다음으로 임인년인데, 1722년으로 비정한 유미림 박사의 견해[7]를 따라 대부분의 연구자들이 1722년을 답습하고 있는 것으로 보인다. 임인년은 1662, 1722, 1782, 1842, 1902, 1962년 등에 해당된다. 유미림 박사는 아마도 1694년 수토가 있었고 그 해에 장한상의 보고서가 작성되었기 때문에 가장 빠른 임인년인 1722년에 신광박이 필사했을 것으로 비정하지 않았나 추측된다. 그런데 「울릉도사적」이 포함되어 있는『절도공양세비명』을 보면 장한상에게 내린 경종 임금의「사제문(賜祭文)」과 채헌징(蔡獻徵)이 쓴「비명(碑銘)」이 함께 실려 있다. 즉 장한상이 죽은 다음에 필사된 것이다. 장한상은 1724년(경종4)에 사망하였으므로, 신광박이 장한상의「비명」을 1722년에 필사할 수는 없다. 따라서 임인년은 1782, 1842, 1902, 1962년 중의 하나에 해당된다고 추정할 수 있다.

끝으로 신광박이 외후예라고 했으므로, 장시규·장한상 가문의 사위의 후손이어야 하는데,「비명」에 있는 자료만으로는 알기 어렵다. 1977년 간행된『순천장씨족보』에서도 신광박은 나오지 않는다. 추가적인 연구가 요청된다.

---

7 유미림, 앞의책, p.366.

3.『절도공양세비명』과 『절도공양세실록』 그리고 『승평문헌록』

1)『절도공양세비명』과 『절도공양세실록』의 비교

『절도공양세실록』과 『절도공양세비명』을 비교하여 보자.

〈표 1〉『절도공양세실록』과 『절도공양세비명』의 편집 비교표

『절도공양세실록』	『절도공양세비명』	비고
節度公兩世實錄	節度公兩世碑銘	
	兩代碑銘	
喬桐公 賜祭文	節度公 賜祭文	喬桐公→節度公 肅宗
輓詞		143首
碑銘		息山 李萬敷 撰, 外曾孫 成爾泂 書
北兵使公 賜祭文	北兵使公 賜祭文	景宗
碑銘		護軍 蔡獻徵 撰, 崇禎後再周乙巳八月日立
蔚陵島事蹟	蔚陵島事蹟	
	壬寅春外後裔永陽申光璞書	

『절도공양세실록』은 별도의 목록 없이 교동공(喬桐公) 장시규와 북병사공(北兵使公) 장한상 파트로 나뉘었는데, 교동공 파트에는 「사제문」, 「만사」, 「비명」이 실려 있고, 북병사공 파트에는 「사제문」, 「비명」, 「울릉도사적」이 실려 있다. 사제문은 국왕이 내린 것이기 때문에 각각 가장 앞부분에 실었는데, 전통시대의 일반적 형식으로 보인다. 교동공에 대한 「만사」가 책의 대부분을 차지하고 있다. 서문이나 발문이 없어 책의 편찬자와 필사자도 알 수 없다. 그러나 본문 가장 앞에 '절도공양세실록'이라는 내용 제목이 있고, 책의 마

지막에 '절도공양세실록종'(節度公兩世實錄終)이라는 기록이 있다. 전형적 양식에 따른 편집본이라고 할 수 있다.

[사진 1] 『절도공양세실록』 첫면

[사진 2] 『절도공양세실록』 끝면
(의성조문국박물관제공)

『절도공양세비명』은 장시규와 장한상의 비명을 가장 앞으로 끌어내 배치하면서 별도의 내용 제목도 없이 「양대비명」이란 소제목을 붙이고 바로 장시규와 장한상의 비명(碑銘)을 연속하여 실었다. 그리고 나서 교동공을 절도공이라고 바꾸어 소제목을 붙이고 사제문만 싣고 『절도공양세실록』에 있는 만사 전체를 싣지 않았다. 이어서 북병사공의 소제목 하에 사제문과 「울릉도사적」을 실었다. 책의 마지막에 '임인춘외후예영양신광박서'(壬寅春外後裔永陽申光璞書)라고 하여 필사자의 이름을 기록하였다. 이와 같은 편집방식을 택한 이유를 알 수 없다. 왕조시대에는 임금이 하사한 사제문을 앞에 편집하는 것이 일반적인데, 두 사람의 비명(碑銘)을 앞으로 끌어내는 특이한 체제를 취하고 있다.

 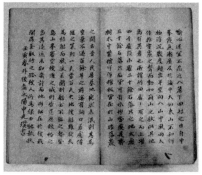

[사진 3] 『절도공양세비명』 첫면　　　　　[사진 4] 『절도공양세비명』 끝면
　　　　　　　　　　　　　　　　　　　　　　(의성조문국박물관제공)

　그런데 두 책에 공히 실린 「울릉도사적」을 비교하여 보면, 『절도공양세실록』의 「울릉도사적」에 교정할 곳을 표시해 놓은 부분이 있는데, 『절도공양세비명』의 「울릉도사적」에서 그 교정을 따르고 있다는 점이다. 『절도공양세비명』의 「울릉도사적」은 『절도공양세실록』의 「울릉도사적」을 필사한 것이 틀림없다. 『절도공양세실록』의 편찬 연대는 장한상 사후라는 것만 추정할 수 있을 뿐, 현재로서는 정확한 연대를 추정하기 어렵다. 『절도공양세비명』은 아마도 가문의 문헌을 종합 정리하여 간행하기 위한 준비 단계로 임시로 필사한 것이거나, 필사자 신광박이 개인적으로 열람하기 위해 필사한 것일 수도 있다. 『절도공양세비명』이라는 표제도 내용을 포괄하지 못해 어색하다. 후대에 누군가 임의로 제목을 붙인 것일 수도 있다.

2) 『절도공양세실록』과 『승평문헌록』

　『승평문헌록』(昇平文獻錄)의 표제는 『문헌록』(文獻錄)으로 되어 있으나, 내용 제목과 판심 제목은 공히 『승평문헌록』으로 되어있다. 『승평문헌록』은 의성 비안의 순천장씨가에 전승되던 선대의 문헌들을 후손 장규섭(張奎燮)이 임술년(1922)에 편집 간행한 것으로 보인다. 초간본에 장규섭의 발문이 실려있는데, "성상천조후삼십칠년임술유화월후손규섭경지"(聖上踐阼後三十七年壬戌流火月后孫奎燮敬誌)라고 하였다. 그런데 무슨 까닭인지 복간본의 동일한 발문에서는 간지 "임술"이 빠져있다. 장서각 아카이브에서 복간본을 볼 수 있다.

여기서 주목할 부분은 『승평문헌록』의 '절도공실록'(節度公實錄)과 '소절도공실록'(少節度公實錄)이다. 절도공은 장시규를 가리키고, 소절도공은 장한상을 가리킨다. '절도공실록'과 '소절도공실록'은 앞에서 살펴본 『절도공양세실록』의 체계와 내용을 이어받고 있는 것을 알 수 있다. 결코 『절도공양세비명』의 체계가 아니다. 다만, 아쉬운 것은 「울릉도사적」이 누락된 점이다. 왜 누락되었는지 이유를 알 수 없지만, 아마도 일제강점기라는 시대적 상황 때문에 누락되지 않았을까 추측할 뿐이다.

〈표 2〉 승평문헌록 목록[8] 비교표

초간본 목록	복간본 목록	비고
達山先生實紀集略	達山先生實紀集略	
遺事	遺事	
麗史	麗史	
昇平誌	昇平誌	遺事後敍→遺事後敍三
永慕錄	永慕錄	(갯수 차이는 없음)
實紀序	實紀序	
遺事後敍	遺事後敍三	白川書院奉安文→奉安文
白川書院奉安文	奉安文	
祝文	祝文	
實紀跋	實紀跋	
白川書院奉安圖	白川書院奉安圖	

8　이 표의 작성이 가능했던 것은 의성 비안에 거주하고 계신 절도공의 방예(傍裔) 장자진(張子鎭) 옹께서 『승평문헌록』 초간본과 복간본, 그리고 『순천장씨족보』(1.2) 등 4책을 동북아역사재단에 기증하여 주셔서 가능했음을 밝힌다. 옹께서는 손수 경덕사와 절도공의 묘소에까지 안내를 해주셨다. 옹께 지면을 빌어 감사드린다.

초간본 목록	복간본 목록	비고
二隱公事蹟 　墓碑文	二隱公事蹟	초간본의 墓碑文이 복간본에서는 삭제됨
三隱公事蹟 　行狀略	三隱公事蹟 　行狀	行狀略→行狀
文巖公行蹟 　墓誌 　序 　白川精舍奉安文 　祝文 　附四賢祝文 　附四賢復享文 　行蹟跋 　孝閣重修記	文巖公行蹟 　墓誌 　序 　奉安文 　祝文 　附四賢祝文 　附四賢復享文 　行蹟跋 　孝閣重修記	白川精舍奉安文→奉安文
星南公遺蹟 　詩 　書 　附禮判答書 　附右相答書 　南州日錄序 　墓表 　寓哀碑辭 　進士公墓表	星南公遺蹟 　詩 　書 　附禮判答書 　附右相答書 　南州日錄序 　墓表 　寓哀碑辭 　進士公墓表	
節度公實錄 　賜祭文 　輓 　墓碣銘	節度公實錄 　賜祭文 　輓 　墓碣銘	
少節度公實錄 　賜祭文 　祭文 　墓碣銘 　影閣重修文	少節度公實錄 　賜祭文 　祭文 　墓碣銘 　影閣重修文	
文獻錄跋	文獻錄跋	목록에는 없음

　복간본은 아마도 1977년 『순천장씨족보』(전2권)를 편찬 간행하면서 『승평문헌록』 초간본의 잘못된 곳을 수정하여 복간한 것으로 보인다. 목록에서 보듯 초간본의 몇 글자를 삭제하였고, 또 이은공사적(二隱公事蹟)에 수록된

묘비문을 삭제한 것이 눈에 띈다. 이 삭제된 묘비문 시작 부분에 장규섭의 이름이 보인다.

4. 『교동수사공만제록』의 「울릉도사적」 추가 발견

최근에 경덕사 관련 자료를 검토하다가 우연히 『교동수사공만제록』(喬桐水使公輓祭錄)에 또 다른 필사본 「울릉도사적」이 수록되어 있음을 알고, 의성조문국박물관에 부탁하여 사진자료를 제공받아 내용을 살펴볼 수 있었다. 『교동수사공만사』(喬桐水使公輓辭)도 함께 받아 검토하였는데, 『교동수사공만사』는 『교동수사공만제록』에서 만사만을 뽑아내어 만사를 지은 저자들의 인물 비중을 고려하여 재편집한 것으로 보인다.

그러면 『교동수사공만제록』을 살펴보자. 『교동수사공만제록』은 책 표지가 떨어져 나가고 없는데, 아마도 자료 관리자가 책의 앞부분에 교동수사를 지낸 장시규의 만사와 치제문이 실려 있어서 『교동수사공만제록』이라고 이름을 붙인 것으로 보인다. 장한상도 교동수사를 지냈으나, 장시규의 만사만을 별도로 묶어 『교동수사공만사』라고 제목을 붙이고 있으므로, 『교동수사공만제록』의 교동수사공은 장시규를 가리킨 것을 볼 수 있다. 이 책의 첫 부분은 장시규에 대한 만사(輓辭)들이 실려 있고, 이어서 숙종 임금이 장시규에게 내린 사제문이 치제문(致祭文)이라는 이름으로 실려있고, 그다음 장시규의 묘갈명이 있으며, 이어서 '장상공삼경첩(장상공삼경첩)'이 서문과 함께 실려 있다. 그 다음에 장한상의 사제문, 행장이 들어가 있다. 이어서 다시 장시규의 '무자방목급사환년조(무자방목급사환년조)', '정묘갑계헌(정묘갑계헌)' 및 좌목(좌목)이 실려 있다. 그 다음에 다시 장한상의 「울릉도사적」과 장한상에 대한 상당량의 제문들이 실려 있다.

[사진 5]『교동수사공만제록』「울릉도사적」 첫면　[사진 6] 교동수사공만제록』「울릉도사적」 끝면
(의성조문국박물관 제공)

　『교동수사공만제록』의 중요성은 다른 책에서 볼 수 없는 장한상의 행장과 상당량의 제문들이 실려 있다는 점이다. 장한상에 관한 기초 자료가 부족한 실정에서 매우 귀중한 자료를 찾은 것이다. 그리고 또 따른 필적의「울릉도사적」도 실려 있는데, 다음의 표3에서 볼 수 있듯이 이 필사본이『절도공양세비명』과『절도공양세실록』에 들어있는「울릉도사적」보다 먼저 필사된 것으로 추정된다.「울릉도사적」 3종에서 상호간 글자 출입이 어떠한지 몇 가지 예를 표로 만들어 보았다.『교동수사공만제록』의「울릉도사적」에는 다른 2종에 누락되어 있는 상당량의 글자 수를 확인할 수 있어서, 기존에 문맥이 통하지 않던 상당 부분을 해결할 수 있게 되었다.

<표 3>「울릉도사적」 3종 글자출입표

『교동수사공만제록』「울릉도사적」		『절도공양세실록』「울릉도사적」		『절도공양세비명』「울릉도사적」	
張某	1면1행	張漢相	1면1행	張漢相	1면1행
搜事	1면1행	被討事	1면2행	被討事	1면2행
領率	1면3행	領來	2면2행	領來	1면5행
水汲船	1면4행	汲水船	2면3행	汲水船	1면6행

『교동수사공만제록』 「울릉도사적」		『절도공양세실록』 「울릉도사적」		『절도공양세비명』 「울릉도사적」	
自北蔽天	1면8행	自此蔽天	2면7행	自此蔽天	2면4행
東西北三處, 亦有篁竹田十一處	3면2행	누락	4면2행	누락	4면7행
四望遠近	3면6행	西望遠近	4면7행	西望遠近	5면6행
又有石葬十五所, 北方長谷	3면7행	누락	4면8행	누락	5면7행
西南大谷有人居 基址七所	3면9행	누락	4면9행	누락	5면8행
猫鼠	5면1행	猫兒	6면1행	猫兒	8면2행
十四處	8면5행	四五處	10면3행	四千處	14면6행
馳報事	9면2행	馳報狀	10면10행	馳報狀	15면7행

* 세 책 모두 면수가 표시되지 않았으므로, 「울릉도사적」이란 제목이 있는 면을 1면으로 삼아 면수를 표시하고 제목은 행수에서 넣지 않고 행수를 표시하였다.

5. 『와유록』의 「울릉도」와 『사계잡록』의 「울릉도」

「울릉도」가 실려 있는 『와유록』(臥遊錄)은 12권 12책의 한문필사본으로 한국학중앙연구원 장서각에 소장된 도서이다. 한국학중앙연구원에서 표점 영인하여 출판하였다. 이 책의 편자는 알려지지 않았으나, 근자의 연구에 따르면[9] 숙종 때 영의정을 지낸 남구만(南九萬, 1629~1711)의 아들 남학명(南鶴鳴, 1654~1722)이 편찬한 것으로 알려지고 있다. 남학명은 문집『회은집』(晦隱集)과 『명산기영』(名山記詠), 『와유록』을 남겼다. 남학명이 『와유록』을 편찬한 사실은 박세당(朴世堂, 1629~1703)의『서계집』제8권에 실린 「와유록 서」(臥遊錄序)를 통해 알 수 있다.

9 김영진, 「조선후기 '臥遊錄' 이본 연구」, 『고전문학연구』 제48집, 한국고전문학회, 2015, pp.238-239.

남생 학명(南生鶴鳴)은 기이한 것을 좋아하는 성벽(性癖)이 있다. 그중에 산수의 유람을 특히 좋아하여 그 발길이 닿은 곳과 눈길이 미친 곳이 이 땅의 반이나 될 정도이니, 그야말로 세속을 초탈하여 고금(古今)의 비루한 자취를 씻어내었을 것이다. 게다가 또 옛사람들의 산수에 대한 기문(記文)을 많이 수집하여 이를 '『와유록(臥遊錄)』'이라 이름하였으니, 아침저녁으로 펼쳐 보며 이를 통해 직접 유람하는 수고를 대신하고, 그 힘으로 다 볼 수 없는 것을 다 구경하였을 것이다.[10]

『명산기영』은 국립중앙도서관에 소장된 3권3책의 필사본인데, 의춘세가(宜春世家), 남학명인(南鶴鳴印), 자문장서(子聞藏書) 등의 인기(印記)로 미루어 남학명이 편찬한 것이며, 내용 상 장서각 도서『와유록』의 저본으로 여겨지고 있다.[11]

한편, 독도와 관련하여 안용복 사건, 울릉도 쟁계, 장한상의 울릉도 수토는 남구만과 밀접한 관계가 있는 사건들이다. 그런데 박세당은 남학명의 고모부로서 남구만과는 처남매부 사이다. 박세당은 중년 이후 관직을 포기하고 은거에 들어갔다. 그러나 두 집안은 소론의 핵심 가문이었다. 남학명은 박세당의 아들 박태보(朴泰輔, 1654~1689)와도 고종사촌 간으로 친밀하게 교유하였다. 박태보의 여행기가 『와유록』에 실려 있다.

다음으로 『서계잡록』의 「울릉도」에 대해 살펴보자. 유미림 박사의 연구에 따르면, "2001년에" "서계 박세당의 11대손 박찬호씨가 장서각에 '서계 종택 고문서'를 기탁하면서 알려졌다. 이때 공개된 문서를 통해 〈울릉도〉가 실려 있다는 사실과 그에 대한 대체적인 내용이 소개[12]되었다"고 한다.[13]

10 번역문은 한국고전번역원 한국고전DB에서 검색 인용.
11 이종묵, 「조선시대 臥遊 文化 硏究」, 『진단학보』 제98집, 진단학회, 2004. pp.99-100.
12 김기혁·윤용출, 『울릉도·독도 역사지리 사료연구』, 한국해양수산개발원, 2006, p.124. 유미림, 앞의 책, p.54에서 재인용.
13 유미림, 앞의 책, p.54.

『서계잡록』의 「울릉도」는 크게 세 가지로 구성되어 있다고 할 수 있다. 첫째, 남학명의『와유록』에서 필사한 부분, 둘째 군관 최세철이 본진의 수토 전에 울릉도를 정탐하고 온 사실에 대한 장한상의 보고, 셋째 장한상 자신이 울릉도를 수토하고 와서 비변사에 올린 보고이다. 『서계잡록』「울릉도」의 앞부분과『와유록』의 「울릉도」가 같은 내용이다. 그렇다면『서계잡록』의 「울릉도」에서『와유록』의 「울릉도」와 겹치는 부분을 어떻게 보아야 할 것인가? 유미림 박사의 설명을 들어보자.

> (『와유록』의) 〈울릉도〉는 '지지'(地誌)가 그 출전인 것으로 되어 있다. 내용으로 보건대 여기서 말한 '지지'란《동국여지승람》을 가리키는 듯하다. 그러나 '지지' 내용은 앞부분까지이고 뒷부분 즉 승려의 언급 부분은 '지지'에는 없다. 박세당의 글을 일부 추출하여《와유록》에 실으면서 편자가 출전을 '지지'라고 밝힌 듯하다. 승려로부터의 전문(傳聞) 부분은 박세당의 글에 처음 보이기 때문이다.[14]

유미림 박사는『와유록』「울릉도」의 편자가 박세당의『서계잡록』「울릉도」에서 '승려로부터의 전문(傳聞) 부분'을 가져온 것으로 본다. 이에 대하여 필자는 좀 다르게 생각한다. 『와유록』의 「울릉도」는 저자가 박세당이건 무명씨이건 한 사람이 작성한 완결성을 갖춘 글이라고 생각한다. 만약『와유록』의 편자 남학명이 고모부 박세당의 글에서 일부를 가져다가 「울릉도」를 작성했다면, 그것은 남학명이 찬(撰)한 것이지 편(編)한 것이 아니다. 만약 그러했을 경우일지라도 인용처를 밝히면서 자찬(自撰)이라고 밝혔을 것이다. 만약『와유록』의 「울릉도」가 박세당의 글이라면, 편자 남학명은 박세당에게 서문을 부탁하여 받은 처지에 고모부 박세당이 찬하였다고 밝혔지, 출처를 '지지'라고 하지는 않았을 것이다.

---

14 유미림, 앞의 책, pp.55-56.

유미림 박사의 말을 달리 해석하여『와유록』의 편자가 박세당의「울릉도」에서 일부 가지고 온 것이『와유록』의「울릉도」라면, 이 또한 편자 남학명은 찬자를 '박세당'이라고 기록했을 것이며,『서계잡록』의「울릉도」에 계속되는 장한상의 수토 기록도 함께 수록했을 것이다. 왜냐하면 승려가 전해준 이야기보다 장한상의 수토가 훨씬 값어치 있는 기록이기 때문이다. 남학명의『와유록』보다 늦게 편찬된 규장각 도서『와유록』(7책)에 실려 있는 조한기의「울릉도수토기」의 예를 보더라도, 남학명이 장한상의 수토기를 뺄 이유가 없다.[15]

따라서 필자는『서계잡록』의「울릉도」가『와유록』의「울릉도」를 필사한 것일 가능성이 크다고 생각한다. 그리고 뒤에 장한상의 수토 기록을 입수하자, 이미 필사해 놓은「울릉도」에 붙여서 기록한 것이 아닌가 생각된다. 왜냐하면 박세당은 남학명의『와유록』에 서문을 써주었는데, 이 때『와유록』을 보았을 것이고 흥미있는 내용을 필사해 놓았을 가능성이 있기 때문이다. 근래의 연구에 따르면 박세당이 남학명의『와유록』에 서문을 써준 시기를 1692년에서 1694년으로 비정한 연구가 있다.[16] 서문이 1692~94년 사이에 씌여졌다면, 장한상의 울릉도 수토 보고는 1694년 9월과 10월에 행하여졌기 때문에 시간상으로 보아 남학명의『와유록』에 장한상의 수토 보고를 수록하는 것이 불가능했을 수도 있다. 앞으로 더 정밀한 검토를 해야 할 사항으로 남겨둔다.

다음으로『서계잡록』「울릉도」에 실린 군관 최세철의 울릉도 사전 정탐에 대한 장한상의 보고는 다른 관찬 사료에도 없고, 장한상의「울릉도사적」에도 없는 자료로서 사료적 가치가 매우 크다고 할 수 있다.

끝으로『서계잡록』「울릉도」와「울릉도사적」의 공통 부분, 바로 장한상

---

15 물론 장한상의 수토 기록이 군국의 기밀에 해당하여 일부러 취하지 않았을 가능성도 전혀 없지는 않다.
16 김영진, 앞의 논문, pp.238-239.

자신의 울릉도 수토 보고 부분이다. 그런데 이 두 글의 마지막 부분의 내용이 서로 다르다. 왜 달라졌을까? 보고서의 내용을 비교해 보면, 「울릉도사적」에는 울릉도에서 육지로 귀환하는 과정에 대한 기록이 없다. 반면 『서계잡록』「울릉도」에는 귀환하는 과정과 치보(보고서)[17]가 지체된 연유까지 세세하게 기록되어 있다. 이와 관련하여 「울릉도사적」이라는 제목에 대한 연구가 요청된다. 「울릉도사적」 작성의 토대가 되었던 기록은 장한상이 강원감영(혹은 비변사)에 보고한 치보(馳報)였을 것이다.[18] 그 치보는 관찬 사료에 현재 전하지 않고, 등사본이 「울릉도사적」의 형태로 지금까지 전해왔다. 이 제목은 장한상이 붙인 제목은 아닐 것이다. '사적'이라는 말은 '실기'(實記) 또는 '실록', '유사'(遺事)라는 용어와 같이 후손들이 붙인 것으로 생각된다.

6. 「울릉도」와 「울릉도사적」 그리고 독도

독도 연구자들 사이에 『와유록』과 『서계잡록』의 「울릉도」에 공히 보이는 아래 인용문과 「울릉도사적」의 독도 목격 부분을 연관시켜 논의하는 경우가 있다. 문제가 되고 있는 부분은 다음 문장이다. 두 본 사이에 글자의 출입이 있으므로 『와유록』의 「울릉도」에서 인용한다.

---

17 유미림 박사는 "그의 집안이 소장해 오던 〈울릉도사적〉이 치보 형태인 것으로 보아 비변사에 보냈다는 보고서도 〈울릉도사적〉과 동일한 내용일 것으로 보인다"고 하였다. 유미림, 앞의 책, p.68.

18 배재홍 교수는 장한상이 비변사에 보고하고, 비변사가 승정원을 통하여 왕에게 보고한 보고서에서 「울릉도사적」을 등사하였을 것이라고 한다. 그러나 필자는 삼척영장 및 삼척첨사는 강원감영에 속한 관리이기 때문에 강원감영에 치보를 하고, 강원감사는 이 치보를 첨부하여 비변사에 장계(狀啓)를 하는 것이 일반적인 문서행정의 방식이었다. 치보라는 용어는 지방관이 감사에게 올리는 문서 양식을 일컫고 감사가 비변사에 올리는 문서 양식을 장계라고 일컫는 것으로 보인다.

盖二島去此不甚遠, 一飄風可至, 于山島勢卑, 不因海氣極淸朗, 不登最高頂,
則不可見. 鬱陵稍峻, 風浪息, 則尋常可見. 麋鹿熊獐, 往往越海出來, 朝日纔高三
丈, 則島中黃雀, 群飛來投竹邊串.

먼저 최장근 교수는 다음과 같이 번역하였다.

대개 두 섬은 거리가 멀지 않아 한번 바람을 타면 도착할 수 있다. 우산도는 지
세가 낮아 날씨가 아주 맑지 않거나 (울릉도에서) 최고 정상에 오르지 않으면, 보
이지 않는다. 울릉도가 조금 더 높다. 풍랑이 잦아들면, 대수롭지 않게 볼 수 있
다. 미록웅장(麋鹿熊獐)이 이따금 바다를 건너 나온다. 아침 해의 높이가 겨우 3
장일 때에 섬 안의 황작(참새나 꾀꼬리) 무리가 죽변곳(串)에 날아와 앉는다.[19]

이렇게 번역하고 나서 최 교수는 다음과 같이 의미를 해설하고 있다.

여기에서 '우산도는 지세가 낮아 날씨가 아주 맑지 않거나 (울릉도의) 최고 정
상에 오르지 않으면, 보이지 않는다'라는 대목으로 보아 울릉도와 우산도임에
분명하다. 동해에 있는 섬 중에 울릉도에서 날씨가 아주 맑아야 보이는 섬은 지
금의 '우산도'(독도)뿐이다. 그리고 울릉도에서도 높은 곳에 올라야만 보이는 곳
은 지금의 '우산도'(독도)뿐이다.[20]

최 교수는 위 인용문의 '去此'를 번역하지 않았다. '이곳으로부터'는 '육지로
부터'라는 의미인데, 이것을 누락하고 울릉도와 우산도(독도) 두 섬 사이의 거
리가 멀지 않다고 해석한 것은 글의 원 뜻을 크게 오독한 것이라고 하겠다.
다음으로 유미림 박사의 번역을 살펴보자.

---

19 최장근, 「독도명칭: '우산도'가 '석도'로 전환하는 과정의 고찰」, 『한국의 독도수호정
   책과 일본의 독도침탈정책 실상』(독도연구보존협회 2013년 학술대토론회 자료집),
   사단법인 독도연구보존협회, 2031, p.48.
20 최장근, 앞의 글, p.48.

두 섬(울릉도와 우산도)이 여기(영해 일대)에서 그다지 멀지 않아 한번 큰 바람이 불면 이를 수 있는 정도이다. 우산도(于山島)는 지세가 낮아 날씨가 매우 맑지 않거나 정상에 오르지 않으면 보이지 않는다. 울릉이 (우산도보다) 조금 더 높아 풍랑이 잦아지면 (육지에서) 이따금 사슴과 노루들이 바다건너 오는 것을 예사로 볼 수 있다.[21]

이 번역문을 근거로 유미림 박사는 다음과 같이 주장한다.

장한상이 '동쪽으로 바다를 바라보니 동남쪽에 섬 하나가 희미하게 있는데…' 라고 한 것이 '우산도'를 가리킨 것이라고 본다면, 박세당의 언급은 장한상의 언급과 서로 부합된다는 점이다. 장한상이 말한 섬은 '희미하게' 보이는 섬이고, 박세당이 말한 '우산도' 역시 맑은 날 울릉도의 높은 곳에서만 보이는 섬이므로 둘 다 울릉도에서 멀리 떨어진 '어떤' 섬을 의미한다. 그러므로 박세당이 말한 '우산도'와 장한상이 말한 '희미하게 보이는 섬'은 같은 섬을 가리킨다는 것을 알 수 있다. (중략) 박세당에 따르면, 우산도는 날씨가 매우 맑지 않거나 높이 올라가지 않으면 울릉도에서 보이지 않는 섬이다.[22]

두 사람 모두 울릉도에서 우산도(독도)가 보인다는 것을 읽어 내리려고 하고, 또 그것을 장한상이 울릉도에서 독도를 목격한 것과 연관시켰다. 그러나 필자는 위 인용문이 육지에서 우산도와 울릉도 두 섬이 보인다는 것을 말하고 있지, 울릉도에서 우산도가 보인다고 한 것은 아니라는 것이다. 필자의 번역은 다음과 같다.

대개 두 섬(우산도와 울릉도)은 여기서(영해, 즉 육지)부터 그 거리가 멀지 않아 한번 바람을 타면 도착할 수 있다. 우산도는 지세가 낮아 바다 공기가 아주 맑지 않거나 (육지의) 최고 정상에 오르지 않으면, (영해, 즉 육지에서) 보이지 않는다. 울릉도는 조금 더 높아 풍랑이 잦아들면, (영해, 즉 육지에서) 늘상 볼 수 있

21 유미림, 앞의 책, p.60 및 p.372.
22 유미림, 앞의 책, p.61.

다. (울릉도의, 또는 두 섬의) 사슴, 곰, 노루 등이 간간이 바다를 건너 (육지로) 나오고, 아침에 해가 겨우 세 길쯤 떠오르면 섬 안의 꾀꼬리들이 무리지어 날아와 죽변곶에 내려와 앉는다.

필자는 이 부분이 『동국여지승람』의 우산도 · 울릉도 조의 첫머리 언급[23]을 그대로 이어받은 것이라고 생각한다. 즉 우산도와 울릉도가 육지(평해, 죽변 등)에서 멀지 않아 순풍을 타면 이틀이면 도착할 수 있다는 것으로, 육지에서 두 섬(우산도와 울릉도)까지의 거리를 말해 주고 있는 것이지, 울릉도와 우산도 사이의 거리를 말하고 있는 것은 아니라는 것이다. 『와유록』에는 이산해의 「울릉도설」(蔚陵島說)도 「울릉도」와 함께 실려 있는데, 이산해 역시 『동국여지승람』의 내용을 그대로 계승하고 있다. 따라서 이 부분을 장한상의 「울릉도사적」과 연결시켜 해석하는 것은 문리(文理)를 무시한 번역의 결과라고 생각한다.

7. 맺음말

장한상의 「울릉도사적」은 조선 정부가 울릉도에 관리를 파견하여 자국의 영토를 어떻게 통치하였는가를 가장 잘 보여주는 문서라고 할 수 있다. 장한상의 울릉도 수토를 계기로 울릉도 수토제도가 법제로 확립되어 1894년까지 200년간 이 제도에 의거하여 주기적으로 울릉도를 수토하여 왔던 것이다. 특히 「울릉도사적」에는 울릉도에서 독도를 육안으로 관측하고 그 거리와 크기까지 묘사되어 있어서 조선의 울릉도 · 독도에 대한 지리적 인식을 제고시켰다.

---

23 『東國輿地勝覽』卷45, 蔚珍縣, “于山島 · 鬱陵島 … 風便則二日可到.”

이 글은 「울릉도사적」의 필사본 2종 추가 공개를 계기로 새로운 자료들에 대한 개략적 소개를 목적으로 작성되었으며, 향후 더욱 심화된 연구를 기대한다. 이 글에서 필자가 주장하는 것은 다음 몇 가지로 요약할 수 있다.

첫째, 『절도공양세비명』(節度公兩世碑銘)의 「울릉도사적」 발견 경위를 소개하고, 그와 관련하여 이 자료가 필사된 연도를 재검토하였다. 1722년에 필사된 것으로 알려진 기존의 설에 대해 문제점을 지적하고 적어도 1782년 이후에 필사되었을 것으로 추정하였다. 물론 필사 시기가 늦추어진다고 하여 장한상이 울릉도를 수토한 연도가 늦추어지는 것은 아니다. 즉 필사 시기가 늦추어진다고 해도 독도영유권과 관련해서는 전혀 관련이 없다.

둘째, 또 다른 필적의 「울릉도사적」이 들어 있는 책자 『절도공양세실록』(節度公兩世實錄)과 『절도공양세비명』을 비교하여 검토하고, 이들 책자의 주요 내용이 순천장씨(順天張氏) 가문의 문적인 『승평문헌록』(昇平文獻錄)에 수록되었음을 밝혔다.

셋째, 최근에 공개된 『교동수사공만제록』(喬桐水使公輓祭錄)을 소개하였다. 이 책자에 들어있는 또 다른 필적의 「울릉도사적」이 나머지 2종의 「울릉도사적」보다 먼저 필사된 것으로 추정하였다.

넷째, 「울릉도사적」은 이른바 『사계잡록』의 「울릉도」와 연결되어 연구되어 왔는데, 『사계잡록』의 「울릉도」와 『와유록』(臥遊錄)의 「울릉도」를 문헌학적인 측면에서 검토하여 양자의 관계를 검토하였다.

다섯째, 『와유록』의 「울릉도」, 『서계잡록』의 「울릉도」 중 『와유록』의 「울릉도」와 겹치는 부분에 나타난 우산도(독도)와 장한상의 「울릉도사적」에 나타난 우산도(독도)의 관련성에 대한 기존 해석의 문제점을 지적하고, 『와유록』의 「울릉도」는 『동국여지승람』의 우산도·울릉도 인식과 다름이 없으며, 「울릉도사적」은 『동국여지승람』의 우산도·울릉도 인식을 넘어선 것이라고 보았다.

[참고문헌]

『節度公兩世實錄』,『節度公兩世碑銘』,『喬桐水使公輓辭』,『喬桐水使公輓祭錄』,『昇平文獻錄』,『臥遊錄』,『西溪雜錄』,『東國輿地勝覽』.

김기혁·윤용출,『울릉도·독도 역사지리 사료연구』, 한국해양수산개발원, 2006.
송병기,『울릉도와 독도, 그 역사적 검증』, 역사공간, 2010.
유미림,『우리 사료속의 독도와 울릉도』, 지식산업사, 2013.
한국근대사자료연구협의회,『獨島硏究』, 한국근대사자료연구협의회, 1985.

김영진,「조선후기 '臥遊錄' 이본 연구」,『고전문학연구』제48집, 한국고전문학회, 2015.
이종묵,「조선시대 臥遊 文化 硏究」,『진단학보』제98집, 진단학회, 2004.
최장근,「독도명칭: '우산도'가 '석도'로 전환하는 과정의 고찰」,『한국의 독도수호정책과 일본의 독도침탈정책 실상』(독도연구보존협회 2013년 학술대토론회 자료집), 사단법인 독도연구보존협회, 2031.

문화재청 국가문화유산포털_의성 경덕사 소장 고문서 및 유물
        http://www.heritage.go.kr/heri/cul/culSelectDetail.do?VdkVgwKey=21,04430000,37&pageNo=5_2_1_0
한국고전번역원, 한국고전종합DB 검색서비스

순천장씨 학서주손가(鶴棲胄孫家)의 『충효문무록』과 『절도공양세실록』 소개, 그리고 장한상의 「울릉도사적」 재론(再論)

이 원 택*

1. 머리말

이 글은 그동안 울릉도·독도 연구자들에게 잘 알려지지 않았던 안동의 한 국국학진흥원에 소장되어 있는 순천장씨(順天張氏) 학서주손가(鶴棲胄孫 家) 기탁 문헌들 가운데서 1694년 울릉도 수토를 하였던 장한상(張漢相) 관련 자료를 소개하면서, 필자가 기왕의 연구[1]에서 잘못 추정하여 기술한 사항들 을 수정하고, 또 필자의 기왕의 연구를 축조(逐條) 논박한 유미림 박사의 비 판[2]에 대해 필자의 관견(管見)을 재정리하여 제시하는 것이다.

---

* 전 동북아역사재단 연구위원
1 이원택, 「「울릉도사적(蔚陵島事蹟)」의 문헌학적 검토」, 『영토해양연구』 16집, 동북 아역사재단 독도연구소, 2018, pp. 13-15 참고.
2 유미림, 「「울릉도사적」의 필사 연도와 「울릉도」의 '우산도' 해석을 둘러싼 논란에 대 한 변석」, 『동북아역사논총』 64호, 동북아역사재단, 2019.

순천장씨 학서주손가는 경상북도 의성군 비안면에 세거하고 있는 순천장씨 남산문중 학서(鶴棲) 장규섭(張奎燮, 1863~1940)의 종손가를 말한다. 학서주손가 소장 문헌은 고서류 108종 226책과 고문서류 221점으로, 전체가 2003년 후손 장건식씨에 의해 안동 한국국학진흥원에 기탁되었다.[3] 학서주손가 문헌에는 순천장씨 족보 및 선조들의 행적을 기록한 실기류(實記類)의 문헌들이 온전히 보존되어 있다. 특히 1900년에 편찬된 경자보(庚子譜), 1922년에 편찬된 임술보(壬戌譜), 1955년에 편찬된 을미보(乙未譜)가 모두 보존되어 있다. 그리고 족보를 편찬할 때마다 동시에 가문의 문헌록도 편찬되었다. 경자보를 편찬할 때『충효문무록(忠孝文武錄)』이 편찬되었으며, 임술보를 편찬할 때는 이름을 바꾸어『승평문헌록(昇平文獻錄)』(초간본)이 편찬되었고, 을미보를 편찬할 때도『승평문헌록』(복간본)이 편찬되었다. 이와 같이 족보와 문헌록이 동시에 주기적으로 편찬 간행되어 시계열적인 자료가 한 곳에 보관되어 있고, 편찬을 주도 했던 학서 장규섭과 그의 손자 장세호(張世鎬, 1903~1985)에 관한 자료가 온전히 남아 있어서 사료적 가치가 한층 높다고 할 수 있다.

필자는 작년에 순천장씨 가문에서 족보를 편찬할 때 가문의 문헌록을 동시에 편찬하였음을 보고하였다.[4] 다만, 작년에는『순천장씨족보』정사보(丁巳譜, 1977)와『승평문헌록』초간본(초간본) 및 복간본(복간본)만을 열람하였고, 이 세 가지 자료만을 근거로 추론하였기 때문에 보고 내용에 오류가 있게 되었다. 즉 경자보를 편찬할 때『승평문헌록』초간본이 나왔고, 임술보를 간행할 때 복간본이 나온 것으로 추론한 것이다. 그런데 이번에 한국국학진흥원의 학서주손가 자료를 통해 경자보(1900), 임술보(1922), 을미보(1955) 등을

---

3 자세한 목록은 한국국학진흥원 편,『2003년 한국국학진흥원 수탁 국학자료 목록집』, 한국국학진흥원, 2004, pp.130-140 참고.

4 이원택, 앞의 논문.

열람할 수 있었다. 무엇보다도 한국국학진흥원에서 찾아낸『충효문무록』을 통해 많은 의문을 해소할 수 있었다.『충효문무록』은 경자보(1900)를 편찬할 때 함께 편찬된 첫 번째 문헌록이었고, 그에 따라『승평문헌록』초간본은 1922년 임술보 편찬시, 복간본은 1955년 을미보 편찬시 각각 편찬되었던 것을 확인할 수 있었다.

『충효문무록』의 중요성은 첫 번째 간행된 문헌록이라는 점과 그 안에 편목으로 실려 있는「절도공양세실록(節度公兩世實錄)」때문이다.「절도공양세실록」은「절도공실록(節度公實錄)」과「소절도공실록(少節度公實錄)」으로 편목이 나뉘어, 계속 간행된『승평문헌록』에 실린다. 그런데 필자는 이번에 학서주손가 문헌 속에서『충효문무록』을 찾았으며, 또 단행본으로 엮어진『절도공양세실록(節度公兩世實錄)』도 함께 찾게 되었다.『충효문무록』에 선별되어 편집된「절도공양세실록」의 모본『절도공양세실록』을 함께 발견한 셈이다. 그리고 이번에 발견한『절도공양세실록』에도「울릉도사적(蔚陵島事蹟)」이 실려 있다. 다만, 아쉽게도「울릉도사적」은 뒷부분 몇 장이 결락된 상태이다. 물론『절도공양세실록』은 작년에 의성조문국박물관에 소장된 경덕사 기탁 문헌 가운데서 찾아내 이미 소개한 적이 있다.[5] 그러나 금번 학서주손가본『절도공양세실록』의 발견은 경덕사본『절도공양세실록』외에도 또 다른 필사본이 존재한다는 것과 그것이『충효문무록』편찬에 활용되었을 가능성이 크다는 점에서 매우 중요한 사료라고 생각된다.

이처럼 순천장씨 가문의 족보가 편찬될 때마다 아울러 가문의 문헌록이 편찬되었는데, 우선 양자의 관계에 관한 전체적 흐름을 파악하는 것이 선결 과제라고 생각된다. 그래서 이 글에서는 그 둘의 관계를 먼저 살펴보고, 이어서 금번 발견된『충효문무록』과『절도공양세실록』을 소개할 것이다. 그리고

---

5 이원택, 앞의 논문.

마지막으로 「울릉도사적」과 관련하여 필자가 기왕의 연구에서 주장한 몇 가지 논점에 대해 축조 비판한 유미림 박사의 반론에 대하여 필자의 천견(淺見)을 제시하여 다시 한 번 필자의 의견을 제시하려고 한다.

2. 순천장씨 족보 편찬과 문헌록 편찬의 관계

1) 경자보와 『충효문무록』 편찬

순천장씨 족보 편찬 내력을 살펴보면, 순조 5년의 을축보(乙丑譜, 1805)가 맨 처음 편찬된 족보라고 추정된다. 아쉽게도 필자는 아직 을축보를 열람하지 못하였다. 다행히 서애(西厓) 유성룡(柳成龍)의 6대손 柳규(氵+奎)의 서문, 장태은(張泰殷)의 지(識), 장광한(張光漢) · 장동익(張東翼)의 발문(跋文)이 을축보 이후에 편찬된 족보들에 남아 있어, 을축보가 1805년에 편찬된 사실은 확실하다.

을축보 이후 근 100여 년 만에 경자보(庚子譜, 전4권)가 고종 37년(庚子, 1900)에 편찬되었다. 경자보에는 「순천장씨족보서(順天張氏族譜序)」가 실려있다. 이 서문은 장성환(張星煥)이 썼는데, "상지삼십칠년경자유화월후손성환근서(上之三十七年庚子流火月後孫星煥謹書: 성상 37년 경자년 7월 후손 장성환 삼가 씀)"라고 기록되어 있다. 그리고 이어서 「시조태사포음선생사적(始祖太師圃蔭先生事蹟)」 및 구보(舊譜: 乙丑譜)의 서문과 발문이 실려있다. 그리고 끝에 장규섭(張奎燮, 1863~1940)의 발문이 있으며, 발문 말미에 "숭정오경자칠월상한후손규섭근서(崇禎五庚子七月上澣後孫奎燮謹書: 숭정 후 다섯 번째 경자년 7월 상순 후손 장규섭 삼가 씀)"라고 기록되어 있다. 숭정 후 다섯 번째 경자년은 고종37년(1900)이다. 이 당시 족보편찬을 장규섭이 주도한 것으로 보인다.

경자보와 보갑(譜匣, 족보케이스)

『충효문무록』

그리고 경자보의 편찬과 함께 문헌록인『충효문무록』(1900)이 편찬되었다.『충효문무록』의 목록을 보면,「달산선생실기집략(達山先生實紀集署)」,「이은공삼은공사적(二隱公三隱公事蹟)」,「문암공행적(文巖公行蹟)」,「성남공유적(星南公遺蹟)」,「절도공양세실록(節度公兩世實錄)」으로 구성되어 있다. 이와 같은 편목 구성은 이후『승평문헌록』편찬에서도 계속된다.

『충효문무록』의 끝부분에「선세사적발(先世事蹟跋)」이라는 제목으로 장규섭(張奎燮)의 발문이 실려 있다. 발문의 말미에 "상지삼십칠년경자유화월후손규섭경지(上之三十七年庚子流火月後孫奎燮敬識: 성상 37년 경자년 7월 후손 장규섭 삼가 기록함)"라고 기록되어 있다. 여기서 우리는『승평문헌록』에 계속되는 장규섭의 발문이『충효문무록』에서 유래하고 있음을 알 수 있다.『충효문무록』의 발문은 상당 부분 윤문 수정되어, 1922년 및 그 이후에 간행된『승평문헌록』에 계속하여 실린다.

경자보와『충효문무록』편찬을 주도한 장규섭은『학서집(鶴棲集)』(乾·坤)

4권 2책을 남겼다. 『학서집』에는 장한상과 관련하여 참고할 주요 내용으로 경자보 발문과 임술보 발문, 문헌록 발문, 절도공사우중수통문(節度公祠宇重修通文), 절도사공길제고유문(節度使公吉祭告由文), 소절도공길제고유문(少節度公吉祭告由文), 절도사공상향축문(節度使公常享祝文) 등이 실려 있다.

2) 임술보와 『승평문헌록』(초간본)

임술보(壬戌譜, 전5권: 仁義禮智信)는 1922년(壬戌)에 편찬되었다. 맨 앞에 홍재겸(洪在謙)의 서문이 있다. 이어서 을축보의 서문과 발문, 경자보의 서문과 발문이 있다. 그리고 임술보 본문이 이어지며 맨 마지막에 장규섭의 발문이 있다. 임술보 편찬 역시 장규섭이 주도한 것으로 보인다.

한편, 임술보를 편찬하면서 『충효문무록』을 증보하여 『승평문헌록』(초간본)을 편찬 간행한 것으로 보인다. 『충효문무록』에서 달라진 점은 1912년(壬子)의 「영각중수문(影閣重修文)」이 장한상의 「비명(碑銘)」 다음에 추가된 점이다. 「영각중수문」은 울릉도 수토(搜討) 등 장한상의 업적을 기려, 1912년 사포유회(蛇浦儒會)에서 퇴락한 사당의 중수(重修)를 발의(發議)한 통문이다.

임술보와 보갑

『승평문헌록』(초간본)

그리고 『승평문헌록』(초간본)의 말미에 장규섭의 「문헌록발(文獻錄跋)」이 있는데, 『충효문무록』의 발문 「선세사적발(先世事蹟跋)」을 다듬어 「문헌록발」을 만들고, 「선세사적발」 말미의 "상지삼십칠년경자유화월후손규섭경지(上之三十七年庚子流火月後孫奎燮敬識)"를 「문헌록발」의 말미에서는 "성상천조후삼십칠년임술유화월후손규섭경지(聖上踐阼後三十七年壬戌流火月後孫奎燮敬識)"라고 고쳤다. 문제는 성상 등극 37년은 경자년(1900)인데, 임술년(1922)이라고 하면 맞지 않는다는 점이다. 왜 이런 오류가 생겼는지는 여전히 의문이다.

3) 을미보와 『승평문헌록』(복간본)

을미보(乙未譜, 전7권)는 1955년(乙未)에 편찬되었다. 김형칠(金衡七)의 서문과 장세호(張世鎬)의 발문이 있다. 장세호는 학서 장규섭의 손자이고, 학서주손가 문헌을 한국국학진흥원에 기탁한 장건식의 조부다.

을미보와 보갑

『승평문헌록』(복간본)

을미보를 편찬하면서 『승평문헌록』(초간본)을 약간 수정하여 복간본을 간행한 것으로 보인다. 목록에서 보듯 초간본의 몇 글자를 삭제하였고, 또 이은공사적(二隱公事蹟)에 수록된 묘비문을 삭제한 것이 눈에 띈다. 그런데 본 간본에도 장규섭의 「문헌록발」을 실었는데, 말미에는 "성상천조후삼십칠년 유화월후손규섭경지(聖上踐阼後三十七年流火月後孫奎燮敬識)"라고 기록 하여, 초간본에서의 '임술(壬戌)' 두 자가 삭제되어 있다. 경자년의 『충효문무 록』의 발문 「선세사적발」을 윤문하여 임술년(1922) 『승평문헌록』(초간본) 에 사용하였고, 임술년의 발문을 을미년(1955) 『승평문헌록』(복간본)에 다시 사용하는 것이므로 '임술' 두 자를 삭제한 것으로 보인다. 그러나 여전히 고종 37년이라고 하였으므로 경자년(1900)이라고 하는 셈이 된다. 굳이 앞 시대에 간행된 발문을 그대로 가져다 쓴다면, '성상천조후 37년'을 삭제하고 '임술' 두 자를 그대로 두어 '임술유화월후손규섭경지(壬戌流火月後孫奎燮敬識)'라고 표기하고, 범례(凡例) 혹은 서문 등 적절한 곳에서 그 사실을 밝혔어야 한다고 생각된다.

4) 정사보와 『승평문헌록』(증보판)

정사보(丁巳譜, 전2권)는 1977년(丁巳) 대전의 대경출판사에서 인쇄되었 다. 을미보 서문을 그대로 사용하였으며, 그 다음에 경자보와 임술보의 서 발문을 붙이고, 정사보 만의 별도의 발문은 없다. 특기할 것은 정사보의 가 장 앞에 정사보와 『승평문헌록』의 오자를 바로잡은 정오표가 붙어 있는 점 이다.

정사보를 편찬하면서 『승평문헌록』을 대폭 증보하여 간행하였다. 우선 눈 에 띄는 점이 「소절도공실록(少節度公實錄)」 다음에 「학서공사적(鶴棲公事 蹟)」을 추가한 점이다. 학서 장규섭의 학문과 문중 사업을 손자 장세호가 이 어받아 할아버지 학서공의 학문과 절도공양세 선양 사업을 기려 「학서공사 적」을 추가한 것으로 보인다.

정사보(1, 2권)   『승평문헌록』(증보판)

그리고 발문의 말미에 "성상천조후삼십칠년임술유화월후손규섭경지(聖
上踐阼後三十七年壬戌流火月後孫奎燮敬識)"를 복구한 점이다. 장규섭의 원
래 발문이 지어진 모습 그대로 복구하였다는 점에서 술이부작(述而不作)의
의미가 있지만, 고종 37년은 경자년(1900)이므로 임술년(1922)이라고 하면 여
전히 서로 맞지 않는다.

참고로 순천장씨 가문은 정사보 이후에는 한글족보 임신보(壬申譜, 1992)를
편찬 간행하였다. 이때『승평문헌록』도 대폭 증보하여 한글로 번역 간행하였
다.『승평문헌록』(한글본)에는 편집인 장락문(張洛文)의 한글 발문이 있으며,
발행인은 장재수(張在秀)이고, 대구의 대보사에서 1992년 간행되었다.[6]

3. 『충효문무록』과『절도공양세실록』의 소개

1)『충효문무록』과『승평문헌록』의 관계

앞에서 보았듯이『충효문무록』은 경자보(庚子譜) 편찬시에 아울러 편찬

---

6   順天張氏譜所 編,『昇平(順天張氏)文獻錄』, 大邱 : 大譜社, 1992.

되었음을 확인하였다. 그리고 임술보 편찬과 더불어『충효문무록』은『승평문헌록』으로 이름이 바뀌어 족보가 증보될 때 마다 문헌록 역시 증보 편찬되었다.

『충효문무록』의 목차는 「달산선생실기집략(達山先生實紀集畧)」, 「이은공삼은공사적(二隱公三隱公事蹟)」, 「문암공행적(文巖公行蹟)」, 「성남공유적(星南公遺蹟)」, 「절도공양세실록(節度公兩世實錄)」으로 구성되어 있다. 다음의 목차 비교표를 보면『충효문무록』과『승평문헌록』의 관계를 잘 알 수 있다.『충효문무록』과『승평문헌록』(초간본)은 학서 장규섭이 직접 편찬하였기 때문에 크게 달라진 것은 없다. 다만, 발문을 많이 윤문하여 수정한 점이 특징이며, 앞에서 언급했듯이 「영각중수문(影閣重修文)」이 새로 추가된 점이 특징이다. 그리고『승평문헌록』(복간본) 역시 초간본과 크게 변한 것은 없다. 다만, 장규섭의 손자 장세호가 주도하여 편찬한『승평문헌록』(1977)은 내용이 대폭 증보되었음을 알 수 있다.

필자는 작년의 연구에서는『충효문무록』의 존재를 몰랐고 또『순천장씨족보』(경자보) 등 실물을 보지 못하고 유일하게 정사보(丁巳譜, 1977)만 참고할 수 있었다. 그래서『승평문헌록』(초간본)이 경자본(1900) 편찬시에 편찬된 것으로, 그리고『승평문헌록』(복간본)은 정사보(1977) 편찬시에 조금 수정하여 간행된 것으로 추정하여 보고하였다.[7] 학서주손가의 자료를 참고한 뒤에 비로소 1900년 경자보 편찬시에『충효문무록』이 편찬되었고, 1922년 임술보 편찬시에『승평문헌록』(초간본)이 간행되었으며, 1955년 을미보 편찬시에『승평문헌록』(복간본)이 간행되고, 1977년 정사보 편찬시에『승평문헌록』(증보판)이 간행되었음을 알 수 있었다.

---

7 이원택, 앞의 논문, pp.13-15 참고.

〈표 1〉『충효문무록』과 『승평문헌록』의 목차 비교

충효문무록 (1900)	승평문헌록 (초간본, 1922)	승평문헌록 (복간본, 1955)	승평문헌록 (증보판, 1977)
達山先生實紀集略	達山先生實紀集略	達山先生實紀集略	達山先生實紀集略
遺事	遺事	遺事	遺事
見麗史	麗史	麗史	麗史
昇平誌	昇平誌	昇平誌	昇平誌
文忠公永慕錄	永慕錄	永慕錄	永慕錄
實紀序	實紀序	實紀序	實紀序
遺事後敍	遺事後敍	遺事後敍三	敬題遺事後
			謹書遺事後
			遺事後敍
奉安文	白川書院奉安文	奉安文	白川書院奉安文
祝文	祝文	祝文	五賢常享祝文
實紀跋	實紀跋	實紀跋	實紀集略跋
	白川書院奉安圖	白川書院奉安圖	白川書院奉安圖
二隱公三隱公事蹟	二隱公事蹟	二隱公事蹟	二隱公事蹟
行狀	墓碑文		墓碑文
	三隱公事蹟	三隱公事蹟	世隱齋公事蹟
	行狀略	行狀	墓碑文
			三隱齋公事蹟
			行狀略
			墓碑文
			訓練院參軍公墓碣銘
			司直別侍尉顯信校尉九成
			公墓碑文
			進士公墓碣銘
			軍器寺僉正公墓碑文
			訓導公行狀
文巖公行蹟	文巖公行蹟	文巖公行蹟	文巖公行蹟
序	墓誌	墓誌	墓誌
墓誌	序	序	行蹟序
墓誌跋			
奉安文	白川精舍奉安文	奉安文	白川精舍奉安文
祝文	祝文	祝文	常享祝文
附四賢祝文	附四賢祝文	附四賢祝文	附四賢祝文
附四賢復享文	附四賢復享文	附四賢復享文	白川書院復享文
行蹟跋	行蹟跋	行蹟跋	行蹟跋
白川書院奉安圖	孝閣重修記	孝閣重修記	孝閣重修記

충효문무록 (1900)	승평문헌록 (초간본, 1922)	승평문헌록 (복간본, 1955)	승평문헌록 (증보판, 1977)
星南公遺蹟 南州日錄序 詩 書 附禮判及答右相 答書 墓表 寓哀碑辭 進士公墓表	星南公遺蹟 詩 書 附禮判答書 附右相答書 南州日錄序 墓表 寓哀碑辭 進士公墓表	星南公遺蹟 詩 書 附禮判答書 附右相答書 南州日錄序 墓表 寓哀碑辭 進士公墓表	星南公遺蹟 詩 書 附禮判答書 附右相答書 南州日錄序 墓表 寓哀碑辭 成均進士公墓碑文 贈通禮院左通禮公墓碣銘 斂正公墓碑文 附進士公墓表
節度公兩世實錄 賜祭文 輓 墓碣銘	節度公實錄 賜祭文 輓 墓碣銘	節度公實錄 賜祭文 輓 墓碣銘	節度公實錄 賜祭文 輓 墓碣銘
北兵使公實錄[8] 賜祭文 附李判書祭文 碑銘	少節度公實錄 賜祭文 祭文 墓碣銘 影閣重修文	少節度公實錄 賜祭文 祭文 墓碣銘 影閣重修文	少節度公實錄 賜祭文 祭文 墓碣銘 影閣重修文
			鶴棲公事蹟 行狀 墓碣銘
先世事蹟跋	文獻錄跋	文獻錄跋	文獻錄跋

여기서 주목되는 것은 『충효문무록』에 들어있는 「절도공양세실록(節度公兩世實錄)」편목이다. 「절도공양세실록」이란 편목 하에 세목으로 절도공(節度公) 장시규(張是奎)에 대한 사제문(賜祭文), 만(輓), 비명(碑銘), 이어서 북병사공(北兵使公) 장한상(張漢相)에 대한 사제문(賜祭文), 부이판서제문(附李判書祭文), 비명(碑銘) 등이 기록되어 있다. 그런데 책의 본문에서는 장한상의 사

8 北兵使公實錄은 목록에는 없으나, 본문에는 제목이 있어서 필자가 목록에 추가하였다.

제문 앞에 「북병사공실록(北兵使公實錄)」이라는 편 제목이 들어 있다. 『충효문무록』의 「절도공양세실록」은 이후 『승평문헌록』에서 「절도공실록(節度公實錄)」과 「소절도공실록(少節度公實錄)」이라는 편목으로 정착된다.

2) 학서주손가본 『절도공양세실록』의 「울릉도사적」

필자는 안동 한국국학진흥원의 학서주손가 문헌 속에서 필사본 『절도공양세실록』을 새로 발견하였다. 이 학서주손가본 『절도공양세실록』은 원래의 앞표지와 뒷표지는 모두 떨어져나가고 없으며(한국국학진흥원에서 표지를 새로 만들고 수리함), 책의 끝부분에 「울릉도사적」이 실려 있으나 「울릉도사적」의 후반부 몇 장은 떨어져 나가고 없다. 학서주손가본에는 경덕사본을 기준으로 6쪽 3행 이하 일곱 행, 7쪽 열 행, 8쪽 세 행, 9쪽 일곱 행 등 총 27행(약 3쪽 정도)이 결락되고 없다.

『절도공양세실록』(첫면)   「북병사공」(첫면)   「울릉도사적」(첫면)

학서주손가본과 경덕사본의 「울릉도사적」을 대조해 보면, 오탈자 등 글자 출입이 눈에 띄는데, 학서주손가본이 오탈자가 많은 것으로 보아 경덕사본을 대본으로 삼아 필사한 것으로 보인다. 학서(鶴棲) 장규섭은 경자보(庚子譜)

편찬과 『충효문무록』 편찬을 주도하였는데, 『충효문무록』에 처음으로 「절도공양세실록」이 편목으로 들어가 있는 것을 볼 때, 그 당시(1900) 경덕사 소장의 『절도공양세실록』을 활용하고, 또 별도로 1부를 필사하여 보관한 것이 학서주손가 문헌 가운데서 발견된 『절도공양세실록』이 아닐까 추정한다.

〈표 2〉「울릉도사적」 4종 글자 출입 예시

『교동수사공만제록』「울릉도사적」		『절도공양세실록』「울릉도사적」(의성조문국박물관)		『절도공양세실록』「울릉도사적」(한국국학진흥원)		『절도공양세비명』「울릉도사적」	
張某	1면1행	張漢相	1면1행	張漢相		張漢相	1면1행
搜事	1면1행	被討事	1면2행	被討事		被討事	1면2행
領率	1면3행	領來	2면2행	領來		領來	1면5행
水汲船	1면4행	汲水船	2면3행	汲水船		汲水船	1면6행
自北蔵天	1면8행	自此蔵天	2면7행	自此蔵天		自北蔵天	2면4행
東西北三處, 亦有篁竹田十一處	3면2행	누락	4면2행	누락		누락	4면7행
四望遠近	3면6행	西望遠近	4면7행	西望遠近		西望遠近	5면6행
又有石葬十五所, 北方長谷	3면7행	누락	4면8행	누락		누락	5면7행
西南大谷有人居基址七所	3면9행	누락	4면9행	누락		누락	5면8행
猫鼠	5면1행	猫兒	6면1행	猫兒		猫兒	8면2행
十四處	8면5행	四五處	10면3행	四五處		四千處	14면6행
馳報事	9면2행	馳報狀	10면10행	馳報狀		馳報狀	15면7행

4. 「울릉도사적」과 「울릉도」 관계 재론(再論)

유미림 박사는 이원택의 논문 "「울릉도사적(蔚陵島事蹟)」의 문헌학적 검토"를 대상으로 거의 축조 비판식의 논문을 발표하였다.[9] 새로운 사료를 제시한 것을 제외하면 대부분이 기존의 주장을 반복하거나 추론에 근거한 주장들이기 때문에 비판에 대해 일일이 논평하는 것은 논쟁의 실익이 거의 없다고 생각한다. 다만, 필자의 논지를 과도하게 밀고 나가 필자의 의도를 과잉 해석하거나 심지어 오해하여 반론을 제시한 부분에 대해, 특히 필자의 본래 주장이 오해의 소지가 있었을 만한 부분에 대해 필자의 본래 입장을 다시 한 번 정리하여 제시하면서 반론을 펼쳐 보려고 한다.

1)「울릉도사적」의 필사자 신광박과 필사 연도 문제

먼저「울릉도사적」의 발견 경위에 대한 이원택의 서술에 대하여, 유미림 박사는 '울릉도사적의 발굴 경위'라는 소제목으로 그간의 경위에 대하여 더욱 자세하게 서술하였는데, 이원택의 서술에서 부족한 점에 대한 보충으로 받아들이며 감사드린다.

다음으로「울릉도사적」의 필사 연도에 대해, 이원택의 주장은 필사 연도가 1722년이 아니고 장한상 사후의 어느 임인년(1782, 1842, 1902, 1962 중의 하나)일 것이라고 추정한 것에 지나지 않는다. 그리고『교동수사공만제록』과『절도공양세실록』은 위의 어떤 임인년 이전에 만들어졌을 것으로 추론하였다.[10]

이에 대해 유미림 박사는「울릉도사적」이 장한상의 "사후에 필사된 것이 맞다면 임인년을 1722년으로 볼 수 없음은 자명하다"고 하면서, 새로운 문제를 제기하였다. "사후 50년이 훨씬 지난 1782년 혹은 그 이후에 비명과는 관계 없는 1694년의 보고서를 다시 필사·삽입한 이유는 무엇일까 하는 점이다. 그때 삽입된「울릉도사적」은 1694년경 필사했던 것을 삽입한 것인가, 아니면

9 유미림, 앞의 논문.
10 이원택, 앞의 논문, pp.10-11 참고.

1782년 전후에 다시 필사·삽입한 것인가?" 나아가 이원택이 「울릉도 사적」 뿐만 아니라 그 글이 실려있는 『절도공양세비명』 전체를 신광박이 썼다고 주장한 것에 대하여, 서체 검증을 통해 이원택의 견해를 논박하였다.[11] 이원택은 일반인의 눈으로 보아 같은 글씨로 보인다는 것이지, 서체를 감식할 전문성은 전혀 없다. 유미림 박사는 전문가의 도움을 받아 서체 검증을 하고 나서 다음과 같이 주장하였다.

> 이런 정황을 종합하면, 신광박이 임인년에 『절도공 양세 비명』을 엮었다는 사실은 성립하지만, 이런 사실로 인해 임인년이 『울릉도 사적』의 필사 연도임이 입증된다고 보기는 어렵다.[12]

유미림 박사의 논지는 『절도공양세비명』에 들어 있는 글들의 서체가 모두 다르고, 심지어 「울릉도 사적」 본문의 서체와 그에 부기 되어 있는 '壬寅春外後裔永陽申光璞書'라는 12글자의 서체도 다르기 때문에 신광박이 『절도공양세비명』을 필사한 것이 아니라 편집하였다는 것이다. 그리고 그 편집 시기가 1782년 임인년이라는 것이다. 그것은 유미림 박사가 다음과 같은 중요한 사료를 찾아내었기 때문이다. 유미림 박사는 『절도공 양세 비명』에 들어 있는 「울릉도 사적」의 필사자로 간주되던 신광박(申光璞)'에 관한 사료를 찾아낸 것이다.

> 신광박의 생몰 연대를 추정할 수 있는 사료가 있다. 조선 후기 무반의 한 사람인 노상추(1746~1829)가 남긴 『盧尙樞日記』에 '신광박(申光璞)'이라는 인물이 보인다. 정조 2년(1778) 5월 7일자 일기에 "尙州道湖申光璞, 來訪告歸"가 보이고, 순조 15년(1815) 1월 28일자 일기에 "晚蛇浦申光璞來訪, 卽辛巳生云"이 보인다. 경상도 선산이 고향인 노상추는 청년기와 노년기는 고향에서 보냈지만 관직 생

---

11 유미림, 앞의 논문, p.54 참고.
12 유미림, 앞의 논문, p.58 참고.

활을 하는 30여 년은 한양·삭주·홍주 등지에서 근무했다. 그는 일기에서 방문객의 이름을 기록했는데 여기에 신광박의 이름이 보이므로 신광박이 동향인 노상추의 임지를 방문한 것으로 보인다. 일기에 따르면, 신광박이 상주 도호를 지냈으며 신사년 즉 1761년생이고 사포(蛇浦) 즉 의성사람임이 드러난다. 그렇다면 노상추를 방문한 신광박은『절도공 양세 비명』에 실린『울릉도 사적』의 신광박과 동일인으로 보인다. 이로써 신광박이 말한 임인년 봄은 1782년이고 그의 나이 22세에『절도공 양세 비명』의 편집에 관계했다는 것이 성립한다.[13]

매우 중요한 발견이라고 할 수 있다. 유미림 박사의 글을 보고 이원택도 국사편찬위원회의 검색 사이트를 이용하여『노상추일기』에서 신광박을 검색하였는데, 위의 인용문과 같이 두 번 검색되었다. 한 군데는 상주(尙州)의 도호(道湖) 출신으로 나오고, 다른 곳에서는 사포(蛇浦) 출신으로 나온다. 유미림 박사는 도호(道湖)를 벼슬이름으로 본 듯한데, 벼슬이름으로는 검색이 되지 않았다. 도호(道湖)와 사포(蛇浦)는 모두 위천(渭川, 渭水라고도 불림) 가에 있는 이웃 마을이다. 도호는 현재 단밀면 용곡리 도리비 마을로 추정되고, 사포는 유미림 박사가 언급한 것처럼 구천면 용사리로 추정된다. 조선시대에는 두 곳 모두 상주목 단밀현에 속했던 것으로 보인다.

유미림 박사는 "『절도공 양세 비명』에 실린 세 가지 문서는 신광박 이전 즉 1782년보다 훨씬 이른 시기에 필사된 것일 수 있다. 그렇다고 한다면 '壬寅春外後裔永陽申光璞書'는 그 이전에 필사되어 있던 세 문서를 1782년에『절도공 양세 비명』으로 엮으면서 12글자를 기입한 것"(59-60)이고, "또 다른 가능성은 '壬寅春外後裔永陽申光璞書'라는 12글자를 신광박이 임인년에 쓴 것이 아니라 제3자가 그 사실을 밝혀주기 위해 기입했을 가능성"도 있다고 주장하고 있다.

---

13 유미림, 앞의 논문, p.59 참고.

이에 대해 이원택은 딱 한마디만 묻겠다. 유미림 박사의 주장대로 신광박이 필사자가 아니라 편집자라면, 왜 "申光璞編"이라고 쓰여 있지 않고 "申光璞書"라고 쓰여 있는가? 조선시대의 글에서 편집하였다는 뜻으로 "編"자 대신에 "書"자를 쓴 경우도 있는가?

또 유미림 박사는 "『절도공 양세 실록』이라고 하지만 내용을 보면 사제문과 만사, 비명이 실려 있어 제목과 맞지 않는다. 『절도공 양세 비명』은 수록한 내용에 비춰보면 오히려 이 제목이 더 적합하다. 그럼에도 두 서책 모두 제목과는 어울리지 않는 『울릉도 사적』을 싣고 있다."[14]라고 하는데, 이원택의 생각은 오히려 사제문, 만사, 비명, 울릉도사적 등이 『절도공 양세 실록』이라는 명칭에 딱 들어맞는다고 여겨진다. 앞에서 보았듯이 순천장씨 가문만 보아도 사적(事蹟), 유사(遺事), 실록(實錄), 실기(實記) 등이 문헌록에 사용되고 있으며, 조선시대에 널리 통행되던 일반적인 관행이라고 생각된다.

끝으로 다소 억울하여 반론을 제기하겠다. 유미림 박사는 특별히 인용할 필요도 없는 다음의 구절 즉 "장한상 후손이 『승평문헌록(昇平文獻錄)』의 발문에서 '聖上踐阼後三十七年流火月后孫奎燮敬誌' 즉 고종 37년 1900년에 만들어졌음을 밝힌 점"을 인용하면서, 다음과 같이 각주까지 달아 마치 이원택이 게을러서 "성상천조후37년"이 언제인지 계산을 하지 못한 것처럼 서술하고 있다.

> 이원택 박사는 초간본에는 "聖上踐阼後三十七年壬戌流火月后孫奎燮敬誌"라고 쓰여 있던 것이 복간본의 동일한 발문에서는 간지 "임술"만 삭제했다고 했는데(앞의 글, 14쪽), 성상 37년은 임술년이 아니라 경자년이다. 복간본에서 '임술'을 삭제한 이유는 이 때문으로 보인다.[15]

---

14 유미림, 앞의 논문, p.59 참고.
15 유미림, 앞의 논문, p.60 참고.

이에 대한 것은 그 논문의 해당 부분 전후를 읽어 보면 성상 37년이 임술년이 아니라 경자년이라는 한 대목이 나온다. 그리고 이 초간본과 복간본에 대한 서술은 금번 새로운 자료 『충효문무록』의 발견으로 모두 수정해야 할 오류로 판명되었다. 이에 대해서는 앞 장에서 충분히 서술하였다.

2) 「울릉도사적」과 「울릉도」에 관한 천견(淺見) 재론(再論)

유미림 박사의 이원택 비판에 대해 바로 일일이 반론을 제기하기 전에, 논점을 분명하게 부각시키기 위해 이원택의 기본 입장을 다시 정리하여 제시한다.

첫째로 『서계잡록(西溪雜錄)』이란 책에 대해 이원택은 본격적으로 연구해 본 적이 없어 아직 정해진 어떤 입장을 갖고 있지 않다. 이 책에 대해 지금까지 알려진 것은 서계종택(西溪宗宅)에서 나왔으며, 여러 사람의 글이 묶여 있고, 표지(제목)도 없는 책인데, 장서각에서 기탁을 받을 때 『서계잡록』이라고 '임의로' 이름을 붙인 것이라고 한다.[16] 그래서 이 책에 기록된 글들이 모두 박세당의 글이라거나, 박세당이 친히 글씨를 써서 필사하였다고 볼 근거도 확실치 않은 것 같다. 유미림 박사는 서체로 근거로 논의를 전개하고 있지만, 필자는 글씨에 대해 전혀 문외한이기 때문에 서체를 가지고 문서를 감정할 능력이 전혀 없다. 그래서 이 책자가 박세당이 쓴 것인지 아니면 그의 후손 중 누군가가 쓴 것인지 필자는 판정할 능력이 없다. 다만, 박세당이 남학명의 『와유록』에 서문을 써준 적이 있기 때문에, 『와유록』에 들어 있는 「울릉도」를 박세당이 필사해 놓았을 수 있다는 가설을 제시한 것에 지나지 않는다.

둘째로 이원택은 『서계잡록』의 「울릉도」라는 글에는 내용과 성격이 전혀

---

16 김기혁 · 윤용출, 『울릉도 · 독도 역사지리 사료연구』, 한국해양수산개발원, 2006, p.124; 유미림, 『우리 사료속의 독도와 울릉도』, 지식산업사, 2013, p.54.

다른 세 가지 글이 하나의 제목에 연속되어 있을 뿐, 그것이 원래 「울릉도」란 제목 아래 함께 묶여있는 완결된 하나의 글이라고는 전혀 생각하지 않는다. 다시 말해 이원택은 이 글의 제목을 셋으로 나누어야 하는데, 『와유록』의 「울릉도」와 일치하는 부분은 '「울릉도」'로, 군관 최세철의 정탐 부분은 '「군관최세철울릉도정탐보고서」'로, 장한상의 수토 부분은 '「삼척영장장한상울릉도수토보고서」'(경덕사의 「울릉도사적」과 혼동의 염려가 있으니, 구분되는 명칭을 사용하는 것이 좋다고 생각함.)로 나누어 부르는 것이 바람직하다고 생각한다.

   셋째로, 이원택은 『와유록』의 「울릉도」와 『서계잡록』의 「울릉도」(장한상 관련 부분 제외)는 그 저자가 누구이던(박세당이던, 남학명이던, 제3의 인물이던) 동일인의 작품이라고 본다. 그리고 이 「울릉도」는 당시의 교과서나 다름없는 『신증동국여지승람』의 「팔도총도(八道總圖)」를 전제로, 우산도(독도)와 울릉도를 인식하고 있다는 점이다. 우산도(독도)가 울릉도의 왼쪽에 지세는 낮으나 울릉도만큼 큰 섬이라고 알고 있는 것이 당시의 교과서적 지식이라는 것이다. 장한상은 『신증동국여지승람』을 들고 성인봉에서 올라 서쪽으로 대관령을 보았으나 그 중간에 「팔도총도」에 나온 우산도(독도)를 찾지 못했다. 대신에 동남쪽 300리 멀리 울릉도 크기의 1/3에 해당하는 섬(독도)을 목격하고 와서 정부에 보고한 것이다. 당시 장한상이 울릉도에 진짜로 다녀온 것인지 의심하는 자도 있었다고 하였는데, 그 당시 지식인 관료들은 「팔도총도」를 교과서처럼 외우고 있었기 때문에 장한상이 대관령은 보았으면서도 울릉도의 왼쪽에 그려져 있는 우산도를 보지 못한 것을 문제 삼았던 것이 아닌가 생각된다. 그럼에도 장한상과 안용복의 우산도(독도) 목격 성과는 신경준 단계에 이르러 지리지에 반영되었다.

   넷째, 유미림 박사의 아래와 같은 표현에는 유감스럽게도 이원택이 우산도=독도라는 사실을 부정하고 있는 것으로 오해할 수 있는 구절들이 들어 있다.

이는 이원택의 학술적인 주장을 왜곡하여 이해하는 지점으로, 아래처럼 맥락을 무시한 채 보면 마치 검열관의 태도를 연상케 하는 효과를 발휘한다.

> 나아가 그는 박세당의 글을 장한상의 글과 연관시켜 박세당이 '우산도'라고 한 섬을 독도로 해석한 필자의 논지의 문제점을 지적하였다. 즉 이원택 박사의 논지는 박세당의 「울릉도」에서 보이는 우산도 관련 내용이 『동국여지승람』의 인식에서 비롯된 것이므로, '우산도'를 울릉도에서 맑은 날 보이는 섬으로 해석한 필자의 해석이 잘못되었다는 것이다.[17]

> 그러나 우산도가 육지에서 보이는가? 그가 말하는 우산도는 어느 섬을 말하는가? 죽도인가 독도인가?[18]

> 박세당이 기술한 울릉도와 우산도 인식은 『신증동국여지승람』의 인식과 다름이 없으므로 우산도를 독도로 해석할 수 없다는 주장이 있다.[19]

이와 같은 언급이 충분한 설명 없이 발췌되어 악용되면, 이원택은 우산도=독도를 인정하지 않는 것으로 비난 받을 수 있다. 이원택은 『와유록』과 『서계잡록』의 「울릉도」에 나오는 우산도와 울릉도 관련 구절의 번역(translation) 문제를 논한 것이다. 그리고 그 번역에 대한 해석(interpretation)에 있어서는 『서계잡록』의 「울릉도」가 장한상이 독도를 목격한 사실의 의미에 미치지 못한다고 한 것이다. 다시 말해 『와유록』의 「울릉도」에서 우산도와 울릉도 인식은 『동국여지승람』의 「팔도총도」 단계에 지나지 않음을 이야기한 것이지, 우산도가 독도가 아니라는 주장을 한 것이 아니다. 이원택은 지난번 논문에서 "우산도(독도)"로 표기하여 우산도=독도를 전제하면서 논의를 전개하였다. 다만, 『와유록』의 「울릉도」의 우산도(독도) 위치에 대한 인식이 「팔도총

17 유미림, 앞의 논문, pp.50-51 머리말 참고.
18 유미림, 앞의 논문, p.76 참고.
19 유미림, 앞의 논문, p.86 국문초록 참고.

도」와 같은 수준이라는 것을 말한 것에 불과하다. 누구도 「팔도총도」에 그려진 우산도가 울릉도의 왼쪽에 있다고 그것이 독도가 아니라고 하지 않는다. 조선 초기의 지리 인식 수준이 그 단계에 그치고 있다는 것을 보여줄 뿐이라고 이야기한다.

　문제가 되고 있는 「울릉도」의 아래 인용문에서 한문 표점을 끊어 읽는 방식에 대해, 이원택은 문법으로 보나 맥락으로 보나 기존의 입장을 여전히 고수하고자 한다. 한문은 매우 정확한 언어라는 경구가 떠오른다. 먼저 문제가 되고 있는 원문은 다음과 같다.

> 　盖二島去此不甚遠, 一颿風可至, 于山島勢卑, 不因海氣極淸朗, 不登最高頂, 則不可見. 鬱陵稍峻, 風浪息, 則尋常可見. 麋鹿熊獐, 往往越海出來, 朝日繗高三丈, 則島中黃雀, 群飛來投竹邊串.

유미림 박사는 이 글을 다음과 같이 번역하였다.

> 　두 섬(울릉도와 우산도)이 여기(영해 일대)에서 그다지 멀지 않아 한번 큰 바람이 불면 이를 수 있는 정도이다. 우산도(于山島)는 지세가 낮아 날씨가 매우 맑지 않거나 정상에 오르지 않으면 보이지 않는다. 울릉이 (우산도보다) 조금 더 높아 풍랑이 잦아지면 (육지에서) 이따금 사슴과 노루들이 바다건너 오는 것을 예사로 볼 수 있다. 아침 해가 세 길 높이로 떠오를 즈음이면, 섬 안의 누런 참새들이 죽변곶(竹邊串)으로 무리지어 날아와 앉는다.[20]

　유미림 박사의 번역문을 한 문장씩 차례로 구체화 시켜보자. 첫째 문장은 '두 섬(울릉도와 우산도)이 여기(영해 일대)에서 그다지 멀지 않아, 한번 큰 바람이 불면, (울릉도와 우산도 두 섬에) 이를 수 있는 정도이다.'라고 풀이할 수 있겠다. 유박사는 어디에 이를 수 있는지 대상을 적시하지 않았지만, 문맥으

20　유미림, 앞의 논문, p.72.

로 보면 울릉도와 우산도 두 섬이 목적지라고 생각된다. 여기서 울릉도와 우산도는 두 섬이면서 한 세트로 인식되고 있음을 알 수 있고, 또 육지에서 두 섬까지의 거리가 한번 큰 바람이 불면 도달할 수 있을 정도로 가깝다고 표현되어 있다.

그런데 유미림 박사는 두 번째 문장부터는 갑자기 두 섬 사이의 거리로 입장을 바꾼다. 그래서 두 번째 문장을 유미림 박사의 방식으로 하면 '우산도(于山島)는 지세가 낮아, 날씨가 매우 맑지 않거나, (울릉도의) 정상에 오르지 않으면, (울릉도에서 우산도가) 보이지 않는다.'가 될 것이다.

그렇다면 세 번째 문장 역시 두 섬 사이의 거리로 해석해야 나름의 일관성이 있을 것이다. 먼저 울릉도와 우산도 사이의 거리를 염두에 두면, (1) '울릉이 (우산도보다) 조금 더 높아, 풍랑이 잦아지면, (울릉도로부터) 이따금 사슴과 노루들이 바다건너 오는 것을 (우산도에서) 예사로 볼 수 있다.'; (2) '울릉이 (우산도보다) 조금 더 높아, 풍랑이 잦아지면, (우산도로부터) 이따금 사슴과 노루들이 바다건너 오는 것을 (울릉도에서) 예사로 볼 수 있다.'가 되어야 한다.

그런데 유박사의 해석문을 보면 모호한 점이 있다. 즉 사슴과 노루들이 어디에서 어디로 건너오며, 사슴과 노루들이 바다건너 오는 것을 어디서 볼 수 있다는 것인지 불분명하게 번역되어 있다. (1) '울릉이 (우산도보다) 조금 더 높아, 풍랑이 잦아지면, (육지에서, '볼 수 있다'로 연결) 이따금 사슴과 노루들이 (울릉도로부터) 바다건너 오는 것을 (육지에서) 예사로 볼 수 있다.'의 뜻인지, 아니면 (2) '울릉이 (우산도보다) 조금 더 높아, 풍랑이 잦아지면, (육지에서=육지로부터) 이따금 사슴과 노루들이 바다건너 오는 것을 (울릉도에서) 예사로 볼 수 있다.'는 것인가. 이 문장을 유박사처럼 해석하면, 또 하나의 난점은 '울릉이 (우산도보다) 조금 더 높아'라는 구절이 어느 구절과 상관되는지 알 수 없다는 점이다. 울릉이 더 높은 것 하고 사슴과 노루들이 바다건너 오는 것하고 어떤 상관관계가 있다는 것인가? 울릉이 더 높아 짐승들이 바다건너 오는 것을 볼 수 있고, 우산은 낮아 짐승들이 바다건너 오는 것을 볼 수 없다는 것인가.

같은 방식으로 네 번째 문장은 (1) '아침 해가 세 길 높이로 떠오를 즈음이면, 섬(우산도) 안의 누런 참새들이 (울릉도)로 무리지어 날아와 앉는다.' 또는 (2) '아침 해가 세 길 높이로 떠오를 즈음이면, 섬(울릉도) 안의 누런 참새들이 (우산도)로 무리지어 날아와 앉는다.'가 되어야 할 것이다. 그런데 유미림 박사는 네 번째 문장을 염두에 두고 세 번째 문장을 '울릉이 (우산도보다) 조금 더 높아, 풍랑이 잦아지면, 이따금 사슴과 노루들이 (울릉도로부터) 바다건너 (육지로) 오는 것을 (육지에서) 예사로 볼 수 있다.'고 번역하고 있는 것으로 보인다. 그렇다면 두 번째 문장만 굳이 울릉도에서 우산도를 보는 것으로 해석할 수 있겠는가?

이 문장을 이원택은 다음과 같이 번역하였다. 이번에는 이해하기 더 쉽도록 괄호에 출발지와 도착지를 추가하여 분명하게 제시하겠다.

대개 두 섬(우산도와 울릉도)은 여기서(영해, 즉 육지)부터 그 거리가 멀지 않아 한번 바람을 타면 (우산도와 울릉도에) 도착할 수 있다. 우산도는 지세가 낮아, 해기(海氣)로 인해 아주 맑지 않거나[21], (육지의) 최고 정상에 오르지 않으면, (영해, 즉 육지에서, 우산도가) 보이지 않는다. 울릉도는 (우산도보다) 조금 더 높아, 풍랑이 잦아들면, (영해, 즉 육지에서, 울릉도를) 늘 볼 수 있다. (울릉도의, 또는 두 섬의) 사슴, 곰, 노루 등이 간간이 바다를 건너 (육지로) 나오고, 아침에 해가 겨우 세 길쯤 떠오르면, 섬(또는 두 섬) 안의 꾀꼬리들이 무리지어 날아와 죽변곶에 내려와 앉는다.

---

21 해기(海氣)로 인해 아주 맑지 않거나(不因海氣極淸朗) : 지난번에는 因이 앞의 勢卑를 받는다고 보고 海氣를 주어로 極淸朗을 동사로 해석하였으나, 심사위원의 권고를 받고나서 이번에는 因을 전치사로 보고 海氣를 因의 목적어로 해석하였다. 감사드린다. 해기(海氣)는 아래 인용한 이산해의 울릉도의 '흐릿한 기운'과 같은 것이다.

이에 대해 유미림 박사는 다음과 같이 비판하였다.

> 이원택 박사는 … '늘상 볼 수 있다(尋常可見)'에서 끊었다. 그러나 "볼 수 있는" 대상을 분명히 언급하고 있는데 이를 끊는 것은 문리에 맞지 않는다. 그는 바다를 건너오는 짐승들을 "(울릉도의, 또는 두 섬의)" 짐승들로 해석했는데, 앞 문장에서 '울릉도'가 주어로 되어 있는데, 뒤 문장에서는 '(울릉도의, 또는 두 섬의) 사슴, 곰, 노루 등이'라고 하여 주어를 애매하게 처리한 것도 맞지 않는다.[22]

어쨌든 첫 번째 문장의 번역에서는 이원택과 유미림 박사의 의견이 일치한다. 두 섬 즉 우산도와 울릉도가 영해 즉 육지에서 멀지 않다는 것이다. 이원택은 『신증동국여지승람』의 「팔도총도(八道總圖)」를 보고 이 구절을 만들었다고 생각한다. 답사를 하고 글을 지은 것이 아니라 기존에 내려오던 일반적인 교과서적 지식을 가지고 글을 지었다고 생각한 것이다. 그래서 자연스럽게 우산도가 공기가 청량하거나 높은 곳에 올라야 보인다고 하고, 울릉도는 늘 보인다고 한 것이다.

이 첫 번째 문장이 주제문이고, 그 다음 이어지는 문장들이 첫 번째 문장을 설명해 주는 보조 문장들이다. 그래서 두 번째 문장과 세 번째 문장은 모두 육지에서 두 섬 사이의 거리를 '보이는 것'을 기준으로 부연 설명한 것이다. 특히 "于山島勢卑, 不因海氣極淸朗, 不登最高頂, 則不可見."과 "鬱陵稍峻, 風浪息, 則尋常可見."은 댓구이다. 우산도는 낮고, 울릉도는 높으며, 따라서 우산도는 육지의 최고로 높은 곳에 올라가지 않으면 보이지 않고, 울릉도는 파도만 잠잠해도 육지에서 늘 보인다고 한 것이다. 이 두 문장을 댓구라고 보지 않으면, 더 이상 토론을 하기 어렵다. 그리고 네 번째 문장에서 두 섬과 육지 사이에 짐승과 새들이 왕래할 만큼 가깝다는 것을 다시 한 번 강조한 것이다.

이산해의 「울릉도설」을 보면, 앞의 「울릉도」와 두 가지 측면에서 오버랩

---

22 유미림, 앞의 논문, p.77.

된다. 첫째는 육지에서 울릉도까지의 거리가 멀지 않다는 점이다.

> 울릉도는 동해 가운데 있는 섬으로, 육지와의 거리가 몇 백 리가 되는지 모른
> 다. 매년 가을과 겨울이 교차할 즈음 흐릿한 기운이 말끔히 걷히고 바다가 청명
> 할 때, 영동(嶺東)으로부터 바라보면 마치 한 조각 푸른 이내가 수평선 저편에 가
> 로놓여 있는 것과 같다. 유독 진주부(眞珠府: 삼척)가 이 섬과 가장 정면으로 마
> 주보고 있기 때문에 행인들 중 소공대(召公臺)에 오른 이들은 더러 이 섬의 숲과
> 묏부리의 형상을 명료하게 볼 수 있으니, 이로써 거리가 그리 멀지 않음을 알 수
> 있다.[23]

둘째, 울릉도로부터 짐승과 새들이 육지로 나왔다는 것이다.

> 기성(箕城: 평해) 사람들이 말하기를, "노루나 사슴, 갈대, 대나무 따위가 왕왕
> 바닷가 백사장에 떠밀려 오고, 이름 모를 새들이 날아서 바다를 건너 해변까지
> 와서는 그만 힘이 빠져 날갯죽지를 드리운 채 떨어져 아이들에게 잡힌 적도
> 자주 있다. …"[24]

어쨌든 유미림 박사도 첫째 문장을 '두 섬'과 육지 사이의 거리로 번역하고
있다. 이 점이 「울릉도」의 요지이며 포인트이다. 그래서 필자는 「울릉도」에
나타난 우산도·울릉도 인식이 『신증동국여지승람』 단계의 인식이라고 한
것이며, 이것을 뛰어넘을 수 있었던 것은 장한상과 안용복의 공적이라고 한
것이다. 그러나 유미림 박사는 다음과 같이 기술하고 있다.

> 위 문장을 해석하는데 논란이 있는 이유는 ① 저자가 관점을 명확히 제시하
> 지 않았기 때문이다. 앞에 기술된 내용의 맥락으로 보건대, ② 두 섬이 육지(영
> 해)에서 그리 멀지 않다고 했으므로 "날씨가 매우 맑지 않거나 정상에 오르지 않

---

23 이산해, 『鵝溪遺稿』 권3, 「鬱陵島說」(『울진 고문헌 자료집성』, p.490에서 인용).
24 이산해, 『鵝溪遺稿』 권3, 「鬱陵島說」(『울진 고문헌 자료집성』, p.490에서 인용).

으면 보이지 않는다"고 한 것은 날씨와 고도라는 조건이 맞으면 두 섬이 육지에서 보인다는 것을 의미한다. 이원택 박사가 "우산도는 지세가 낮아 바다 공기가 아주 맑지 않거나 (육지의) 최고 정상에 오르지 않으면, (영해, 즉 육지에서) 보이지 않는다"고 해석한 것도 이런 맥락에서였을 것이다. 그러나 박세당은 앞 문장에서 주어를 '두 섬'이라고 기술한 것과 달리, 뒤 문장에서는 주어를 '우산도는'으로 기술하였다. 그러므로 ③ 뒤 문장에서 날씨가 맑거나 높은 곳에 올라가면 보인다고 한 섬은 우산도를 가리킨다. ④ 다만 어디에서 우산도가 보이는지를 분명히 하지 않아 해석에 혼란을 주는 것이다. 박세당의 문장대로 해석한다면, 우산도는 날씨가 맑거나 높은 곳에 올라가는 조건만 충족되면 보이는 섬이다. 그렇다면 이때 '보인다'고 한 곳의 기준은 어디인가? ⑤ 필자는 우산도가 보이는 지점을 울릉도라고 해석했고, 이원택 박사는 영해나 육지로 해석하였다. 이원택 박사의 해석대로라면, 맑은 날 육지나 높은 곳에 올라가면 우산도가 보인다는 것을 의미한다. 이원택 박사는 박세당이 기술한 "盖二島去此不甚遠 一飄風可至"를 "대개 두 섬(우산도와 울릉도)은 여기서(영해, 즉 육지) 그 거리가 멀지 않아 한번 바람을 타면 도착할 수 있다"고 해석하였는데, ⑥ 이는 우산도와 울릉도 두 섬을 한데 묶어 육지에서 보이는 섬으로 해석한 것이다. 이렇게 해석한 근거를 박세당의 글이 ⑦ 『동국여지승람』의 우산도·울릉도조 첫머리 언급을 그대로 이어받았다는 데 두었다.[25]

유미림 박사는 위의 서술에서 스스로 모순을 노정하고 있다. 유 박사는 문장의 맥락상 ② "두 섬이 육지(영해)에서 그리 멀지 않다고 했으므로 '날씨가 매우 맑지 않거나 정상에 오르지 않으면 보이지 않는다'고 한 것은 날씨와 고도라는 조건이 맞으면 두 섬이 육지에서 보인다는 것을 의미한다"고 말한다. 이런 의미에서 이원택의 기술까지 이해하고 있다. 심지어 ③ "날씨가 맑거나 높은 곳에 올라가면 보인다고 한 섬은 우산도를 가리킨다"고까지 하였다. 그런데 갑자기 ④ "다만 어디에서 우산도가 보이는지를 분명히 하지 않아 해석에 혼란을 주는 것"이라고 한다. ②에서 "두 섬이 육지에서 보인다"고 해놓고,

25 유미림, 앞의 논문, pp.73-74.

④에서는 "분명히 하지 않아 혼란을 준"다고 한다. 이러한 모순 때문에 유박사는 ① "저자가 관점을 명확히 제시하지 않았기 때문"이라고 하는데, 이원택이 보기에는 「울릉도」 저자의 관점은 매우 명확하다. 유박사는 ②에서 "두 섬이 육지에서 보인다"고 해놓고, ⑤에서는 "필자는 우산도가 보이는 지점을 울릉도라고 해석했고, 이원택 박사는 영해나 육지로 해석하였다."라고 한다. ⑥에서 ②를 한번 더 확인하여 스스로가 모순을 드러내면서, 논점을 ⑦『동국여지승람』의 우산도·울릉도 조항으로 옮겨간다. 그리하여 유미림 박사는 "두 섬이 동쪽바다에 있다는 것을 의미하지, 두 섬 모두 육지에서 멀지 않다는 것을 의미하는 것이 아니"라고 주장한다.[26] 나아가 "'울릉도'에만 [ ] 형식의 분주가 붙어 있다. 분주는 '울릉도'에만 해당"[27]된다고 한다. 그렇다면 '두 섬이 동쪽바다에 있다'는 것은 우산도와 울릉도 두 섬에 대한 분주가 아닌가? 그리고 두 섬이라고 했는데, 어떻게 이것이 울릉도에만 해당된다는 것인가? 나아가 『신증동국여지승람』의 '팔도총도'에 그려진 우산도와 울릉도는 무엇이란 말인가? 『서계잡록』의 「울릉도」는 '팔도총도'와 같이 우산도와 울릉도를 인식하고 있지 않은가?

유미림 박사는 다음과 같이 말하고 있다.

> 박세당은 우산도의 지세가 낮다고 했는데, 이원택 박사는 우산도가 육지에서 보인다고 해석하였다. 그렇다면 이때의 우산도는 지세의 고저와 상관없이 보이는 섬이어야 한다. 그러나 우산도는 육지에서 보이지 않는다.[28]

유미림 박사의 이와 같은 언급은 현재의 경험적인 관점을 무리하게 옛 문

---

26 유미림, 앞의 논문, p.75.
27 유미림, 앞의 논문, p.75.
28 유미림, 앞의 논문, p.76.

헌 번역에 투사시키려고 한 것으로 보인다. 『동국여지승람』이 만들어진 조선 전기 성종대의 인식 수준에서는 '팔도총도'에서 볼 수 있듯이 우산도의 위치 파악이 정밀하지 않았다는 것을 인정해야 할 것이다.

5. 맺음말

이 글에서는 안동의 한국국학진흥원에 소장되어 있는 순천장씨 학서주손가(鶴棲冑孫家) 기탁 문헌 가운데서 장한상 관련 자료를 다수 새로 발견하고, 그 중에서 중요하다고 생각된 자료를 『충효문무록』과 『절도공양세실록』을 중심으로 소개하였다. 그 과정에서 순천장씨 가문의 족보 편찬과 문헌록 편찬의 관계를 시계열적으로 파악할 수 있었으며, 필자가 작년에 발표한 논문에서 자료 부족으로 범한 오류들을 바로잡을 수 있었다. 또 필자의 작년 논문에 대하여 축조 비판을 행한 유미림 박사의 비판에 대하여 필자의 천견(淺見)을 재정리하여 서술하였다. 이 논문의 내용 및 의의는 다음과 같이 정리할 수 있다.

첫째, 순천장씨 가문의 문헌록 편찬이 족보 편찬과 동시에 주기적으로 이루어졌음을 확인하였다. 족보편찬은 지금까지 총 6회 있었으나 본고에서는 1900년, 1922년, 1955년, 1977년 등 4회를 주 대상으로 소개하였다. 4회의 족보 편찬과 함께 문헌록이 아울러 편찬되었는데, 첫 번째 문헌록이 바로 『충효문무록』이었고, 뒤에는 『승평문헌록』으로 이름을 바꾸면서 계속 편찬되었다.

둘째, 『충효문무록』에 「절도공양세실록」이란 명칭의 편목이 처음으로 편성되었으며, 이후 『승평문헌록』에 「절도공실록」과 「소절도공실록」으로 나뉘어 계속 등재되어 왔다.

셋째, 경덕사 소장본『절도공양세실록』과 같은 내용의 또 다른 필사본『절도공양세실록』이 학서주손가 문헌 속에서 나왔는데, 아마도『충효문무록』을 편찬하면서 경덕사본『절도공양세실록』을 사용하고 나서 한 부를 필사해 놓은 것이 아닌가 추정된다.

넷째,「울릉도사적」과「울릉도」의 관계에 대한 몇 가지 논점에 대해 유미림 박사의 논지를 재비판하고 필자의 기존 입장을 재천명하는 논지를 서술하였다.

끝으로, 이번에 새로운 자료를 소개한 의의는 안동의 한국국학진흥원에 소장되어 있는 순천장씨 학서주손가(鶴棲胄孫家) 기탁 문헌들과 의성조문국박물관에 소장되어 있는 경덕사 기탁 문헌들을 합하여 연구하여야 순천장씨 문헌의 전체적인 모습을 파악할 수 있고, 또 장한상 및 그의「울릉도사적」에 대한 이해를 높일 수 있을 것이라는 점에 있다.

[참고문헌]

『順天張氏族譜』(乙丑譜),『順天張氏族譜』(庚子譜),『順天張氏族譜』(壬戌譜),『順天張氏族譜』(乙未譜),『順天張氏族譜』(丁巳譜),『忠孝文武錄』,『昇平文獻錄』,『節度公兩世實錄』,『節度公兩世碑銘』,『喬桐水使公輓祭錄』,『臥遊錄』,『西溪雜錄』,『新增東國輿地勝覽』.

順天張氏譜所 編,『昇平(順天張氏)文獻錄』, 大邱 : 大譜社, 1992.
김기혁·윤용출,『울릉도·독도 역사지리 사료연구』, 한국해양수산개발원, 2006.
송병기,『울릉도와 독도, 그 역사적 검증』, 역사공간, 2010.
유미림,『우리 사료속의 독도와 울릉도』, 지식산업사, 2013.
한국국학진흥원 편,『2003년 한국국학진흥원 수탁 국학자료 목록집』, 한국국학진흥원, 2004.
한국근대사자료연구협의회,『獨島硏究』, 한국근대사자료연구협의회, 1985.

김영진,「조선후기『臥遊錄』이본 연구」,『고전문학연구』제48집, 한국고전문학회, 2015.
유미림,「『울릉도사적』의 필사 연도와「울릉도」의 '우산도' 해석을 둘러싼 논란에 대한 변석」, 『동북아역사논총』 64호, 동북아역사재단, 2019.

이원택, 「「울릉도사적(蔚陵島事蹟)」의 문헌학적 검토」, 『영토해양연구』 16집, 동북아역사재단 독도연구소, 2018.

이종묵, 「조선시대 臥遊 文化 研究」, 『진단학보』 제98집, 진단학회, 2004.

최장근, 「독도명칭: '우산도'가 '석도'로 전환하는 과정의 고찰」, 『한국의 독도수호정책과 일본의 독도침탈정책 실상』(독도연구보존협회 2013년 학술대토론회 자료집), 사단법인 독도연구보존협회, 2031.

국사편찬위원회, 한국사데이터베이스 검색서비스.

한국고전번역원, 한국고전종합DB 검색서비스

제5장

일본의 장한상 관련「울릉도사적」비판에 대한 반박

곽 진 오[*]

1. 머리말

일본이 독도에 대해 고유영토라고 주장하는 주요한 근거는 17세기 중반 울릉도근해에서 어업을 했던 오야 진키치(大谷甚吉) 무라카와 이치베(村川市兵衛) 양 가문의 어업문서에 근거하고 있다.[1] 그런데 당시 울릉도 에 건너와

---

* 배재대학교 사회과학연구소 연구교수

1 https://www.mofa.go.jp/mofaj/area/takeshima/pdfs/takeshima_point.pdf. 일본외무성 웹사이트는 독도관련에 대해서, "일본은 울릉도로 건너가는 중간 정박지 및 어장으로서 죽도(독도)를 이용하였고 적어도 17세기 중반에는 죽도의 영유권을 확립했습니다."로 기록하고 있다. 한 때 외무성 웹사이트에는 요나고 초닌(町人)이 막부로부터 울릉도를 배령(拜領)받아 도해면허를 받았다고 쓰여 있었다. 「배령」이라고 하는 것은 영주로부터 영유권을 양도받는 것인데, 울릉도에 대한 지배권도 없었던 막부가 번(藩)이나 국(國)을 넘어서 직접 초닌에게 섬의 영유권을 인정했다고 하는 것은 역사의 상식으로는 생각할 수 없는 일이다. 內藤正中, 『竹島＝獨島問題入門』, 新幹社, 2008, p.25.

어업을 했던 오야 가문의 문서를 보면, "죽도(울릉도) 근변의 송도(독도)(竹島 近邊松嶋, 1659)," "죽도(울릉도)지내 송도(독도) (竹嶋之內松嶋, 1660),"라는 기록이 있다.[2] 이는 옛 일본인들도 독도를 울릉도의 부속 섬으로 여겼음을 보여준다. 그럼에도 불구하고 일본은 일본어부들이 독도를 인식하고 있었다는 이유를 들어 독도가 일본의 고유영토라고 주장한다. 이후 위의 양 가문에 의한 울릉도 근해에서의 어업이 빈번해지는 가운데 1693년과 1696년에 울릉도를 둘러싸고 한일 간에 영유권분쟁이 일어난다.[3] 이때 안용복이 두 번에 걸쳐 일본을 자의반 타의반[4] 다녀오고 이후 일본이 일본어부들의 울릉도에 도해를 금지하면서 울릉도는 약 200여 년간 한국[5]이 수토(搜討)를 통해 관리하게 된다.[6] 이후 조선정부의 울릉도에 대한 관심은 안용복 사건을 둘러싸고 한일 양국 간에 관심이 증가하자 장한상(張漢相, 1656~1724)을 시작으로 수토제가 정책적으로 실시되는 계기가 되었다.[7]

---

2 이 글에서는 독도관련 오야 · 무라카와 가문 문서가 사찬(私纂)이나 독도가 울릉도의 부속으로 묘사되었다는 점에 있어서 관찬기록인 은주시청합기(隱州視聽 合記)보다 우선해서 사용하고 있다.

3 이 사건을 두고 한국에서는 '울릉도 쟁계(鬱陵島爭界),' 일본에서는 '죽도일건(竹島 一件),'으로 부른다.

4 여기서 필자가 안용복의 이른바 일본방문을 두고 '자의반 타의반'이라고 표현한 이유는, 연구자에 따라서 안용복의 도일에 대해서 '일본어부들을 좇아서 일본에 갔다,' 또는 오야 · 무라카와 어부들에게 붙잡혀갔다거나 이들에게 '납치되었다'는 표현들이 사용되고 있기 때문이다.

5 이 논문에서 언급되는 독도얘기는 주로 조선왕조시대를 배경으로 하고 있기에 국호를 조선 또는 조선왕조로 불러야 하나 여기서는 편의상 한국으로 한다.

6 영남대학교 독도연구소 엮음, 『울진대풍헌과 조선시대 울릉도 · 독도의 수토사』, 서울: 도서출판 선인, 2015, p.81.

7 초대 울릉도 수토관 장한상이 1694년(숙종 20)울릉도 지역을 조사했을 당시는 안용복 사건 등 지금의 울릉도 · 독도 일대를 둘러싸고 일본과 갈등을 겪던 시기였다. 장한상은 조선시대 무신(1676년 3월 21일 무과(武科)에 급제)으로 그의 생에 주요 관직은 경상좌도 · 함경북도 · 전라도병마절도사(慶尙左道 · 咸鏡北道 · 全羅道兵馬節度使)로 알려져 있다(한편, 장한상은 1712년(숙종 38) 청나라와 국경을 획정할 때 함경북도 병마절도사로서 백두산 남쪽 지형을 그려 바친 바도 있다. 1716년(숙종 42) 경

이 글에서는 삼척첨사 수토관(搜討官) 장한상에 대해 일본에서는 어떻게 보고 있는지를 얘기하고자 한다.[8] 장한상에 의한 울릉도 수토 계기는 재상 남구만(南九萬)이 숙종에게 울릉도에 대한 국가적인 차원의 조사를 건의하였고, 삼척영장이었던 장한상이 이를 수행하였는데, 1694년 9월에 출항해 울릉도 일대를 조사한 후 10월에 귀항하였다.[9] 장한상의 수토를 시작으로 이후 구한말까지 울릉도에 수토가 정기적으로 시행되었다. 장한상이 수토한 자료는 현재 울릉도에 대한 역사 연구뿐 만 아니라 독도의 영유권 수호에 있어서도 중요한 가치를 갖는다. 지금까지 밝혀진 울릉도 관련 수토는 1694년 장한상에서 시작되어 1894년에 200여 년간 이어오던 수토제도가 공식으로 종료되었다.[10] 최근 들어 장한상을 포함한 울릉도 수토관 연구는 유미림『장한상의 울릉도 수토와 수토제의 추이에 관한 고찰』, 김호동『독도 · 울릉도의 역사』, 배재홍『조선후기 울릉도 수토제 운용의 실상』, 심현용『조선시대 울릉도 수토정책에 대한 고고학적 시 · 공간 검토』, 백인기『조선후기 울릉도 수토제도의

기도 수군절도사, 영변부사, 1723년(경종 3) 다시 함경도 병마절도사, 황해도 병마절도사 등을 지냈다.

8 우리나라 고지도에 나타나는 우산도(독도)의 위치는 공교롭게도 장한상의 울릉도 수토(1694)시기를 기준으로 위치를 달리하고 있는데 신증동국여지승람(1530)의 팔도총도는 우산도가 울릉도 안쪽에 그려져 있지만 해좌여도(1776)를 시작으로 대부분의 지도에는 우산도가 울릉도 바깥쪽에 그려졌다.

9 "장한상의 본격적인 수토는 역관 안신휘(安愼徽)를 포함하여 총 150명에 騎船 2척, 給水船 4척을 동원하여 9월 19일에 삼척을 출발하여 음력 9월 20일부터 10월 3일까지 13일간 체류하면서 울릉도를 조사하고 10월 6일에 삼척으로 돌아와 국왕에게 복명하는 것으로 종료되었다." 영남대학교 독도연구소 엮음,『울진대풍헌과 조선시대 울릉도 · 독도의 수토사』, 서울: 도서출판 선인, 2015, p.43.

10 수토폐지 관련 기사(1899년 3월)『高宗實錄』, "울릉도를 搜討하는 船格과 什을 바치는 것을 영영 없애는 문제입니다. 그 섬은 지금 이미 개척되었는데 左水營에서 동쪽 바닷가 각 읍에 배정하여 三陟 · 越松鎭에 이속하는 것은 심히 무의미한 일입니다. 수토하는 선격과 집물을 이제부터 영영 없애라고 경상도와 강원도에 분부하는 것이 좋겠습니다."라고 하니 승인하였다." 영남대학교 독도연구소 엮음,『울진대풍헌과 조선시대 울릉도 · 독도의 수토사』, 서울: 도서출판 선인, 2015, p.55.

주기성과 그 의의 1』, 이원택『조선후기 강원감영 울릉도 수토사료 해제 및 번역』, 손승철『울진 대풍헌과 조선시대 울릉도 · 독도의 수토사』등이 있다. 이는 단지 몇몇 학자들에 의해 수토관들의 발자취를 찾아 산발적으로 연구가 되고 있음을 알 수 있는데 그 이유는 수토관에 대한 연구가 아직도 초기 단계임을 말해주는 것이며 동시에 앞으로도 이에 대한 연구가 더 필요하다는 얘기이다.[11] 이를 뒷받침해주는 증거가 수토관의 파견차수와 주기성 분류가 아직 43회만이 확인되고 있다는데 있다. 특히 울릉도 수토가 2년 걸려 3년 주기로 200년에 걸쳐 행해졌다면 수토관의 파견차수가 43회 보다는 많을 수 도 있다. 이런 현상에 대해 손승철은 "수토사 파견차수와 수토관을 밝히는 일은 연구의 가장 기본적인 작업임에도 정확한 횟수조차 파악되지 않았다는 사실은 수토관 연구가 아직도 요원하다는 명백한 사실이기도 하다."[12]고 얘기하고 있다. 또한 손승철은 수토관 파견 주기에 대한 미진연구에 대해서도 문제점을 지적하고 있는데, "수토사의 파견주기에 관해서는『숙종실록』과『승정원일기』의 기록에서처럼 '間二年入送' 즉 2년 걸려 3년에 한 번씩 하는 것으로 제도화 해 감을 볼 수 있다. 그러나 실제로 수토가 시행된 것은 문헌마다 다양하게 나타나 몹시 혼란스럽다."[13]고 얘기하고 있다.

이처럼 국내연구자들에 의한 울릉도수토연구가 아직 초보단계에 머물러 있기 때문인지는 몰라도 일본에 의한 수토관에 대한 평가 역시 미미한 수준에 머무르고 있다. 하지만 최근 들어 일본에서는 장한상의 업적에 대해 의구심을 갖는 자료들이 나와 있기에 본 연구는 이들에 대한 대응차원에서 국내연구

---

11 영남대학교 독도연구소 엮음,『울진대풍헌과 조선시대 울릉도 · 독도의 수토사』, 서울: 도서출판 선인, 2015, pp.45-47.
12 영남대학교 독도연구소 엮음,『울진대풍헌과 조선시대 울릉도 · 독도의 수토사』, 서울: 도서출판 선인, 2015, pp.47-48.
13 영남대학교 독도연구소 엮음,『울진대풍헌과 조선시대 울릉도 · 독도의 수토사』, 서울: 도서출판 선인, 2015, pp.48-49.

자들의 장한상 관련 기 연구 성과물을 바탕으로 연구되었다. 연구순서로는 첫째, 일본에서는 장한상과 관련해서 어떤 자료들이 존재하는 지를 소개하고 둘째, 일본자료 들이 주장하는 내용이 무엇인지, 그리고 셋째, 한국에서 연구된 기 장한상 연구와 일본에서 발행된 장한상연구가 어떻게 다른지를 비교 분석하고 마지막으로 결론에 즈음해서는 장한상연구의 가능성에 대해서 언급하려한다.

2. 장한상과 일본자료

장한상이 1694년 '삼척첨사'라는 직위로 첫 울릉도 수토관으로 명명되었다는 것에 대해 이의를 제기하는 연구자는 없는 것 같다.[14]

장한상의 위폐가 있는 경북의성군 경덕사 전경과 초상화

[그림 1] 장한상과 景德祠

---

14 수토주기에 대해 송병기는 1694년 수토가 결정되고 2년 걸러 3년 1차씩 정식화 되었다고 보았다.

또한 아래 표를 보면 '송도(독도)가 죽도(울릉도)에 이웃하고 있는 섬' 이라는 사실도 울릉도에서 어업을 했던 오야 가문의 17세기 공장(控帳)문헌에서부터 19세기 '조선국 울릉도 즉 죽도 송도의 건(朝鮮國 鬱陵島卽竹島松島之儀)'이라는 자료를 통해서 알 수 있다.

〈표 1〉 근세·근대 일본의 울릉도·독도 인식

번호	날짜	기록 내용	문헌	비고
①	1659.6.21.	죽도근변송도 (竹嶋近邊松嶋)	『控帳』, 『大谷家文書』	
②	1660.9.5.	죽도지내송도 (竹嶋之內松嶋)	『大谷家文書』	
③	1662.9.8.	죽도근소지소도 (竹嶋近所之小嶋)	『大谷家文書』	
④	1858.7.11.	죽도·대판도·송도를 함께 죽도라 부른다(竹島·大坂島·松島合せて世に是を竹島と云ひ)	『吉田松陰書簡』 『吉田松陰全集』	대판도(오사카지마=大坂島)는 댓섬을 의미함
⑤	1870.4.15.	송도는 죽도의 인도 (松島ハ竹島ノ隣島ニテ)	『朝鮮國交際始末內探書』	『日本外交文書』
⑥	1877.3.20.	죽도외일도 (竹島外一島)	『太政官指令文』	울릉도와 독도를 하나의 세트로 생각함
⑦	1878.12.	송도는 울릉도의 속도 (鬱陵島ノ屬島)	『竹島考證』	외무성 공신국장 타나베(田辺太一)의 「의견서」
⑧	1881.1.30.	조선국 울릉도 즉 죽도·송도의 건(朝鮮國鬱陵島卽竹島松島之儀)	『朝鮮事件』 (國立公文書館) p.23.	외무권대 서기관 고묘지(光妙寺)가 내무권대 서기관 니시무라 스테죠(西村捨三)에게 보낸 답서

자료: 송휘영 작성[15]

그럼에도 불구하고 일본자료에 의하면 울릉도 수토에서 장한상이 언급한

---

15 동북아역사재단 독도연구소, 「독도 연구의 성과와 과제, 그리고 전망」, 『동북아역사재단 개소 10주년 기념학술회의 자료집』, 2018, pp.179-80.

독도관련 내용에 대해 몇 가지 이의제기가 눈에 띈다. 필자가 조사한 일본자료들의 장한상 울릉도 수토관련 독도에 대한 일본자료는 공식적인 자료가 존재하기 보다는 웹을 통한 문제제기 또는 일본연구자들 사이에 토론형식의 글의 내용이 공개되어 있다. 그중 그나마 형식을 갖춰서 장한상의 수토활동에 이의를 제기한 문건으로는 2014년 3월에 발행된『竹島問題 100問 100答』이 있다. 질문 36번 내용은 "일본의 죽도영토편입이전에 한국(조선)이 죽도를 실효지배 한 증거가 있는가."를 두고 일본은 "죽도가 1905년 일본에 의해 편입되기 이전에 한국이 죽도를 자국의 영토로써 인지했다는 것을 증명하는 고지도나 문헌은 확인되지 않고 있기에 한국이 죽도를 실효지배 했다는 증거는 존재하지 않는다."고 밝히고 장한상 관련에 대해서는 "한국이 죽도의 옛 이름으로 주장하는 우산도는 원래 울릉도의 별칭이었는데 1694년 장한상이 울릉도 동쪽에「해장죽」이 총생(叢生)하는 작은 섬이 하나 있다는 것을 보고(鬱陵島事跡, 1694년), 박석창이(울릉도圖形, 1711년)에「海長竹田 所謂于山島」라고 한 이후 이 울릉도 근처의 작은섬(竹嶼, 한국명 · 竹島)이 우산도가 되었다."[16] 고 적고 있다.

두 번째는 웹을 통해서 장한상의 울릉도 수토활동에 대한 의구심 노출인데, 서울(한성)의 날씨를 기록한 승정원일기를 근거로 당시 장한상이 울릉도를 수토 했는지 와 울릉도 수토과정에서 장한상이 보았다는 섬이 독도가 맞는지를 검증해보는 내용이다. 일본은 장한상이 울릉도 성인봉에 올라서 독도를 보았다는 것에 대한 사실여부에 집중하고 있다. 이처럼 일본이 장한상의 독도관련 언급에 관심을 나타내는 이유는 울릉도 수토관련해서 기록한 '울릉도사적'내용을 보면 당시 울릉도 날씨가 추웠고 눈과 비가 자주 내렸다는 기록 때문이다. 당시 장한상이 울릉도에 머무른 시기가 음력 9월말에서 10월초였

---

16 『竹島問題 100問 100答』(Will, 2014.3), p.100.

으니 지금 생각해 봐도 계절적으로 울릉도를 오가기에는 쉽지 않았을 것이다. 그래서 일본은 장한상이 울릉도를 수토하지 않았을 것이고, 비오는 날에 성인봉을 오르지도 않았을 것이며 그리고 장한상의 울릉도 수토는 거짓이라는 것이다. 이를 증명하기 위해서 일본은 승정원일기를 분석해서 당시 장한상의 울릉도 수토에 앞서 선견대(先遣隊)[17]가 울릉도를 다녀온 날과 장한상이 울릉도를 수토했던 날과 동일한 일수를 한양의 날씨와 비교하고 있다. 아래 내용은 원문을 웹으로부터 발췌했다.

〈표 2〉 승정원일기 한성의 날씨(최세철 선견대가 울릉도를 다녀온 기간)

	陰曆月日(日付の干支) (음력월일(날짜의 간지)	グレゴリオ暦の年月日, 그레고리오 달력의 연월일,[18]	漢城の天候記錄 한성날씨기록)	
①	八月二十日(乙卯)	1694年10月08日	晴	(崔世哲、二十日の酉時に出港)
②	八月廿一日(丙辰)	1694年10月09日	晴	
③	八月廿二日(丁巳)	1694年10月10日	晴	(崔世哲ら、鬱陵島に到着)
④	八月廿三日(戊午)	1694年10月11日	晴	
⑤	八月廿四日(己未)	1694年10月12日	晴	
⑥	八月廿五日(庚申)※	1694年10月13日	晴	
⑦	八月廿六日(辛酉)	1694年10月14日	晴	
⑧	八月廿七日(壬戌)	1694年10月15日	晴	
⑨	八月廿八日(癸亥)	1694年10月16日	晴	
⑩	八月廿九日(甲子)	1694年10月17日	晴	
⑪	八月三十日(乙丑)	1694年10月18日	晴	(丑時。適逢東風、還爲發船)
⑫	九月朔日 (丙寅)	1694年10月19日	晴	(先遣調査隊、戌時に無事歸還)

위의 〈표 2〉는 장한상이 울릉도에 수토하러 간 시기보다 한 달 정도 먼저 기록된 한성의 날씨이지만 장한상의 울릉도 수토기간의 날씨와 별로 다르

---

17 장한상이 울릉도를 수토하기 위해 수토선을 새로 건조하는 사이에 해로를 탐지하기 위해 삼척출신 군관 최세철은 8월 20일부터 9월 1일 사이에 가볍고 빠른 어선 두 척을 이끌고 울릉도에 다녀왔다.
18 그레고리오 달력의 연월일은 오늘날 양력을 말한다.

지 않다. 그래서 울릉도사적에 나오는 울릉도의 날씨기록을 토대로 한성날씨를 비교해서 그 차이에서 나타나는 날씨에 대한 상이점을 가지고 장한상의 울릉도 수토사실을 부정하려 한다는 것은 불가능에 가깝다. 그리고 아래 일본어는 울릉도사적에 나오는 당시 울릉도의 날씨와 한성날씨를 비교했을 때 상이점의 괴리가 상당하다는 점을 강조하기 위한 내용으로 해석될 수 있다.

"최세철의 선견대와 장한상의 본대가 울릉도를 탐험했던 숙종20년(겐로쿠 7년 1694)의 8월과 9월은 어떤 날씨이었는지를 검토해 보려고 생각합니다. 이는 장한상등이 정말로 현재의 독도를 보았는지 여부에 관한 중요한 의미가 있다고 생각합니다. 우선, 숙종20년(1694) 8월과 숙종20년 9월의 음력을 양력날짜와 대응시켜, 이씨 조선의 수도 한성의 날씨기록에 대해서 승정원일기의 날씨 기록을 부기한 표를 만들어 보았습니다."[19]

---

19 "崔世哲の先遣隊と、張漢相の本隊が鬱陵島を探檢した、肅宗二十年(元祿七年, 1694)の八月と九月は、どのような天候であったのかを檢討してみようと思います。これは、張漢相らが、本当に現在の竹島を見たのかどうかに關わる重要な意味があると思います。手始めに、肅宗二十年(1694)八月と肅宗二十年九月の太陰曆をグレゴリオ曆の日付と對応させ，李氏朝鮮の首都漢城の天候記錄について、承政院日記の天氣記錄を付記させた表をつくってみました。"
http://sjw.history.go.kr/inspection/insp_year_list.jsp

〈표 3〉 승정원일기 한성의 날씨(장한상의 울릉도 수토기간)

	陰暦月日(日付の干支) (음력월일(날짜의 간지))	グレゴリオ暦の年月日, 漢城の天候記録 그레고리오 달력의 연월일, 한성날씨기록
①	九月十九日(甲申)	1694年11月06日 晴(張漢相ら、三陟の五里津より發船)
②	九月二十日(乙酉)	1694年11月07日 晴(鬱陵島南岸に到着)
③	九月廿一日(丙戌)	1694年11月08日 晴
④	九月廿二日(丁亥)	1694年11月09日 晴
⑤	九月廿三日(戊子)	1694年11月10日 晴
⑥	九月廿四日(己丑)	1694年11月11日 晴
⑦	九月廿五日(庚寅)	1694年11月12日 晴
⑧	九月廿六日(辛卯)	1694年11月13日 晴
⑨	九月廿七日(壬辰)	1694年11月14日 陰☆
⑩	九月廿八日(癸巳)	1694年11月15日 晴
⑪	九月廿九日(甲午)	1694年11月16日 データ欠落
⑫	十月朔日　(乙未)	1694年11月17日 陰☆
⑬	十月二日　(丙申)	1694年11月18日 晴
⑭	十月三日　(丁酉)	1694年11月19日 陰☆
⑮	十月四日　(戊戌)	1694年11月20日 陰☆(未時量、似有風便、故發船)
⑯	十月五日　(己亥)	1694年11月21日 晴
⑰	十月六日　(庚子)	1694年11月22日 晴(卯時量)、三陟浦へ歸還)

"결과는 이상과 같습니다. 승정원일기의 기록에는 이73일간 비오는 날이 하루도 없고, 기가 막힐 정도로 「맑음」이 계속되고 있습니다. 얼마 안 되는 「흐림」에 ☆표를 했습니다. 승정원일기의 다른 기간에는 「비」라는 설명도 없는 것은 아니고, 예를 들어, 숙종 8년 5월 21일(경오)에는 비였기 때문에, 「흐림」은 비를 얘기하는 것이 아니고 「흐림」을 나타내는 것입니다. 그러나 이것은 장한상의 탐험대 일행이 뇌우와 바람에 농락되었다는 인상과는 너무 괴리가 있습니다."[20]

---

20 結果は以上の通りです。承政院日記の記録では、この73日間, 雨の日が一日も なく、呆れるほど「晴」が續いています。數少ない「陰」には☆印を付けまし た。承政院日記の他の期間では、「雨」という記述もないわけではなく、た とえば、肅宗十八年五月廿一日(庚午) には、雨とあるので、「陰」は雨のこと ではなく、「曇」を示すことになります。しかしこれは、張漢相ら探檢隊一

결국 일본자료가 장한상의 울릉도 수토에 대해 의심하는 대목은 승정원일기의 한성날씨와 장한상의 울릉도 수토에 대해 기록한 울릉도사적의 날씨기록에 있어서 괴리가 존재하기에 날씨자체만을 놓고 비교했을 때 장한상의 울릉도 수토는 거짓일수 있다는 내용을 담고 있다. 이는 억측일수 있다. 왜냐면 지금 서울 날씨와 울릉도 날씨를 같은 시간대에 조사해보아도 확연히 다르다는 것을 알 수 있다. 그럼에도 불구하고 일본문건은 승정원일기의 한성날씨 기록까지도 왕의 기분에 따라서 조작되었다고 언급하면서 장한상의 울릉도 수토사실을 부정하고 있다. 그리고 아래 내용은 장한상이 성인봉에 올라 동남방향 300여리에 울릉도의 1/3이 안되어 보이는 섬이 있다는 기록에 대해 의심하는 내용이다.

"산위에서 동쪽으로 300 여리쯤에 섬이 보였다고 하는 부분은 가장 문제의 부분입니다. 조선의 리(0.4km)로 계산하면 120km (Liancourt Rocks이라면 92km) 떨어진 섬을 비가 갠 뒤 맑은 틈에 보았다고 하면 놀라운 행운입니다. 쾌청한 날에도 1년에 몇 회밖에 보이지 않는 Liancourt Rocks가 정말 이때 보였을까요? 나는 장한상은 실제로 산에 올라가지 않았고, 300여리 동쪽에 섬도 보지 않았다고 … 상상합니다. 섬의 곳곳에서 바라본 상황 등 보고서를 쓴 것이 아닐까요. 동쪽 300여리에 있는 섬에 대해서는 어디에서 지식을 얻은 지 알 수 없지만 … 어쨌든, 장한상이 그렇게 멀리 떨어져 있던 섬을 조선 영토로 생각하고 있었다고는 생각되지 않습니다. 그 점은 여러분과 같은 생각입니다"[21]

行が、雷雨と風で翻弄されたという印象とは、あまりに乖離があります。"
http://sjw.history.go.kr/inspection/insp_year_list.jsp

21 "山の上から東側に300余里ある島が見えたとしている箇所は一番問題の箇所です。朝鮮の里(0.4ｋｍ)で計算すると120km(Liancourt Rocksなら92km)離れた島を雨上がりの晴れ間の日に見たとすれば、驚くほどの幸運です。快晴の日でも年に何回かしか見えないLiancourt Rocksが本当にこの時見えたのでしょうか。私は張漢相は實際には山に登っていない、300余里東に島影も見ていない、…と想像します。島のあちこちから眺めた状況などから報告書を書

하지만 울릉도 사적에는 "먼 동쪽바다가운데 진방면(辰方面)에 크기가 울릉도의 1/3미만이고 300리가 되지 않는 곳에 섬이 있다"[22]고 기록하고 있다.

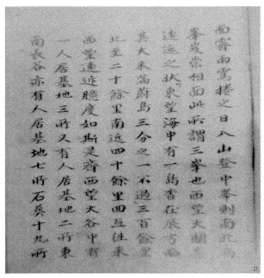

東望海中有一島杳在辰方面其大未滿蔚島三分之一不過三百餘里[23]

[그림 2] 장한상의 鬱陵島事蹟

세 번째는 시모조 마사오(下條正男)가 안용복의 독도인식과 장한상의 울릉도 수토기록에 대한 비판을 재반박하는 박병섭의 "시모조 마사오의 논설을

いたのではないでしょうか。東側300余里にある島についてはどこで知識を得たかは不明ですが…いずれにせよ、張漢相がこのはるかかなたの島を朝鮮領と考えていたとは思えません。その点は皆様と同じ考えです。"
http://sjw.history.go.kr/inspection/insp_year_list.jsp
22 『鬱陵島事蹟』, 그림 2참조.
23 『鬱陵島事蹟』, 지금까지 밝혀진 바에 의하면 울릉도사적은 장한상에 의해 집필된 것이 아니라 장한상 사후 그의 외가 후손으로 알려진 신광박에 의해 집필되었다. 또한 울릉도사적은 두 가지 이상의 필사본이 존재한다.

분석 한다(下條正男の論說を分析する)"24가 있다. 여기서 박병섭은 시모조가 안용복과 장한상의 독도관련 언급 및 행적에 대해서 비판한 내용을 재반박하고 있는데, "시모조가 동일한 자료를 사용하면서 이번에는 「큰 섬」보다는 방향을 절대시해서 안용복이 말하는 우산도를 안이 하게 죽도25라고 결론지었다. 이렇게 시모는 때에 따라서 착안점을 바꾸고 이전과 다른 결론을 안이 하게 내고 있다. 그러나 위에서의 주장도 타당하지 않다. 시모조는 방향을 절대시하지만 해상에서는 멀리에 있는 섬의 방향과 위치는 잘못표시하기 쉬운 것이 통례이다. 그러한 사정이나 기타자료 「竹島紀事」 등을 충분히 고려하면 안용복이 제 1차도일 때에 본 우산도는 역시 오늘날의 독도로 결론난다. 『竹島紀事』에 의하면, 쓰시마번은 안용복의 제 1차도일 때 자체 조사를 통해 울릉도의 동북에 희미하게 보이는 부룬세미 라는 섬이 있다는 것을 인식하고 있었다. 그 부룬세미는 안용복이 울릉도의 동북으로 하루의 노정거리로 본 우산도로 생각된다."26 그래서 시모조의 안용복에 대한 비판은 장한상 관련 울릉도사적 문헌만 보아도 허구임을 알 수 있다.

이처럼 일본이 장한상의 행적에 대해서 의심을 품고 있는 이유는 과거 일본이 독도를 주장해오던 방식을 보면 쉽게 알 수 있다. 몇 가지 예를 들면, 첫째, 지금까지 일본의 독도영유권 주장 논리를 보면 무주지선점 논리에서 고유영토주장으로 바뀌었으며, 둘째, 독도가 일본의 고유영토라고 주장하면서 동시에 ICJ제소를 통해서 독도영유권을 결정짓고자 한국이 이에 응소할 것을 요구하고, 셋째는 한국의 독도영유권 주장 논리와 근거에 대해서는 무조건적으로 부정하려는 태도를 취하고 있음을 알 수 있다. 그리고 계절적으로 장한

---

24 『獨島硏究』(영남대학교 4호, 2008.6. 轉載). pp.67-94.
25 시모조는 울릉도사적에서 얘기한 독도를 1711년 박석창의 울릉도수토관련 기록을 예로 들면서 울릉도사적에 기록된 독도는 울릉도에서 동북쪽으로 약 3km 거리에 있는 죽도(竹島)라고 주장하고 있다.
26 『獨島硏究』(영남대학교 4호, 2008.6. 轉載). pp.79-80.

상이 울릉도를 수토하기에는 어려웠을 것이라고 추측하고 있는 대목으로는 『울릉도사적』에 나오는 날씨 "9월 20일부터 10월 3일까지 머무는 동안 항상 비가오고 해가 나오지 않았다. 9월인데도 눈이 내려 중봉산허리에는 한자 남 짓 쌓였다. 9월인데도 눈이 쌓여 寒氣가 겨울보다 배나 더 심하였다. 깊은 밤 에 바람이 심하게 불 때는 어린애의 울음소리나 여인이 곡하는 소리 같았다."[27] 등을 들 수 있다.

3. 일본자료의 장한상 비판에 대한 대응

일본의 이른바 『竹島問題 100問 100答』에 대한 장한상 관련 한국의 입장은 유미림에 의해서 다음과 같이 반박 설명되고 있다. "1694년 장한상이 울릉도 동쪽에 있는, 해장죽이 무더기로 자라고 있는 섬으로 묘사 한 것은 죽도(竹島) 를 가리킨다. 그러나 그는 죽도 외에 다른 섬의 존재도 언급했다. 그는 울릉도 의 성인봉에 올라 "동쪽으로 바다를 바라보니 동남쪽에 섬 하나가 희미하게 있는 것을 보았다"고 기록했다.[28] 그가 이 섬을 우산도라고 호칭하지는 않았 지만, 죽도가 따로 언급되어 있으므로 이 죽도를 제외하고 멀리 동남쪽에 있 는 섬이라면 우산도만 남는다. 따라서 그가 묘사한 섬은 죽도가 아니라 독도

---

27 의성군청, 「우리땅 독도지킴이 장한상」, 『의성군 학술대회 자료집』, 2018, p.17.
28 鬱陵島事蹟에 의하면 장한상은 울릉도에만 약 13일 체류한 것으로 되어 있다. 또한 그가 울릉도에 머무르던 시기에 그곳에는 "늘 비가 오고 맑은 날은 별로 없었다"고 기 록하고 있다. 특히 "9월 하순인데도 중봉(성인봉)에는 눈이 쌓여있을 정도였으며 계 곡 사이로는 물이 계속 새어나와 큰 가뭄에도 마르지 않을 정도다"고도 언급하고 있 다. 그리고 섬을 일주하는 데 걸린 시간은 이틀이었다는 것과 거리로는 150리 에서 160리쯤으로 추산하고 있다. 또한 울릉도에는 군데군데 黃竹밭이 있으며 울릉도 동 쪽 5리쯤 되는 곳에 海長竹이 자라는 작은 섬이 하나 있다고 보고했던 것을 보면 장한 상의 울릉도 수토는 사실임이 틀림없다.

를 가리킨다. 박석창이 「울릉도도형」에서 '해장죽전 소위우산도'라고 했으므로 과거로부터 전해지는 우산도 즉 죽도에 대한 인식과 혼동을 겪고 있음을 엿볼 수 있다. '소위우산도'라는 표기에서 '죽도'표기로 바뀌게 되는 것은 이규원에 와서이다.... 생략."[29] "결국, 시모조는 안용복이 말하는 우산도가 독도가 아니라고 결론을 내기 위해 「큰 섬」이라든지, 「동북」 등을 이유로 들어 그때 그때에 따라서 오키섬 이라든가 죽서이라든가 주장을 바꾼 것으로 보인다. 1696년 10월 안용복은 제 2차도일 이후 귀국 후에 비변사에 체포되었다. 그 때의 공술에서 그가 실제로 갔던 자산도는 일본에서 말하는 마츠시마이고 조선 영토임을 밝혔다 것은 「동국문헌비고」뿐만 아니라 지도에도 큰 영향을 주었다. 지금까지 애매했던 우산도의 방향이 실제로 부합되어 울릉도의 동쪽으로 그려지게 된 것이다. 그러나 항상 우산도의 인식이 제대로 지도에 반영된 것은 아니다. 예를 들어, 1711년에 鬱陵섬 수토관 이었던 박석창이 작성한 「울릉도도형」에 대해서는 기 언급한 내용이기도 하다.

---

29 「竹島問題 100問 100答」에 대한 비판(경상북도 독도사료연구회편, 2014). p.120. 이와 유사한 내용으로는, "장한상이 말한 동남쪽의 '희미한' 섬은 독도일 수밖에 없다. 장한상이 '독도'에 해당하는 '우산도'를 직접 언급한 것은 아니다. 이에 비해 장한상과 동시 인물인 박세당의 기록에는 '우산도'라고 언급되어 있다. 따라서 장한상과 박세당의 기록을 조해해보면, 장한상이 말한 '동남쪽의 희미한 섬' 이 바로 박세당이 말한 '우산도'에 해당된다는 사실이 입증된다. 박세당은 우산도(독도)가 맑은 날 울릉도의 높은 곳에서 보인다고 했다. 이 때문에 그가 말한 우산도가 바로 오늘날의 독도임을 입증하는 것이다." 유미림, 「장한상의 울릉도 수토와 수토제의 추이에 관한 고찰」, 『한국정치외교사논총』 31-1, 한국정치외교사학회, 2009, p.157.

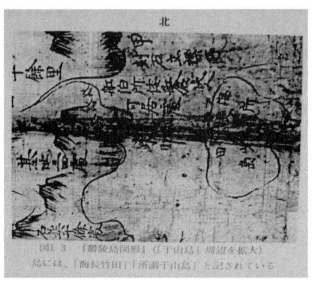

박석창의 『鬱陵島圖形』에 海長竹田 所謂于山島라는 글씨가 죽도를 지칭하고 있다.

[그림 3] 박석창의 鬱陵島圖形

　박석창의 울릉도도형에는 울릉도의 동쪽에 작은 섬이 그려져 「해장죽전 소위우산도」라는 문자가 입력되었다. 이에 대해 오상학은 「이 섬은 그려진 위치와 해변에 길게 대밭이 있다고 하는 注記로부터 본다면 울릉도 본섬에서 4km정도 떨어진 죽도로 추정 된다」고 해석했다. 어쨌든 박석창은 우산도와 죽도(한국명 竹島)를 오해하고 있었던 것 같다. 그러나 울릉도 수토관들 중에는 장한상처럼 울릉도 동남쪽에 지금의 독도로 인식되는 섬이 존재한다는 사실을 인식한 관리도 있었다. 또한 장한상이 울릉도의 진(辰, 동남동) 방향 삼백여리(120km)에 섬이 있다는 것을 확인한 사실을 울릉도사적(蔚陵島事蹟)에 기록했다. 이처럼 지금의 독도에 대한 확인의 실상은 수토관에 따라 다르게 기록되어져 있다. 이는 마치 신증동국여지승람 팔도총도에 대마도가 조선의 영토로 표기된 것을 상기해보면 쉽게 이해가 가는 대목이다. 그런 가운데 시모조는 장한상이 확인한 섬에 대해서는 절대 얘기하지 않고 우산도를 오인한 박석창을 대서특필하고 있다. 또한 시모조는 그것을 출발점으로 하여 다른 지도에 그려진 자산도가 죽도(竹島)라고 확대 해석하여, 「울릉도도형」의 '소위우산도'라고 표시된 작은 섬이 김정호의 「青丘図」에는 우산도가 되었고 대한제국의 학부편집국이 1899년에 간행한 「대한전도」에서도 '우산도라고 하여 계승되고 있다,'고 주장하고 있다. 그러나 청구도이든 대한전도이든 울릉도주변의 섬에 관한한 정확성이 결여된 그림지도의 영역을 벗어나지 못하고 그러한 그림지도로부터 우산도를 죽도라고 단정하기는 곤란하다.[30]

[그림 4] 팔도총도

---

30 『獨島研究』(영남대학교 4호, 2008.6. 轉載). pp.80-81.

4. 맺음말

울릉도 수토를 위해 파견된 관직은 안무사, 초무사, 순심 경차관, 쇄환사, 검찰사, 검찰관, 수토관, 사검관 등으로 시마다 기록마다 다르다. 울릉도와 주변 도서에 관한 조선정부의 방침은 초기에는 그 지역에 주민을 살지 못하게 하는 것이었다. 울릉도가 왜구들의 침입을 받게 되면 우리국민이 고려말기와 조선초기의 피로인(被擄人)들처럼 될 염려가 있었기 때문에 주민보호 차원에서 취한 조치였다. 그리고 당시 지방관은 울릉도에서 거주민을 발견하게 되면 그들을 육지로 데려오는 것이 주된 임무중의 하나였다. 이른바'쇄출(刷出)'내지'쇄환(刷還)'이다. 그러나 섬에 사는 사람을 데리고 나왔다고 해서 그것이 바로 울릉도의 포기를 의미한 것은 아니었다. 고려 말부터 왜구가 울릉도를 침입하고 쓰시마에 사는 사람들이 울릉도에 거주를 희망한다는 소식을 접하게 되자 조선왕조가 성립한 후에는 정부에서 우산과 무릉 등지에 안무사를 파견하여 주민을 데리고 나오게 하였다. 조선 초기에는 주로 안무사의 이름으로 파견하여 울릉도와 주변 도서를 점검하는 간헐적인 수토관리정책을 펼쳤다면 후기에는 이른바 '안용복 사건'을 겪고 나서 수토를 제도화하여 적극적인 영토관리정책으로 전환한다. 울릉도에 관한 조선정부의 관심이 증폭되어 수토제가 정책적으로 실시되는 배경에는 1693년에 일어난 안용복 사건이 그 계기가 되었다. 안용복의 도일을 계기로 일어난, 울릉도를 둘러싼 조선과 일본 간의 영유권 다툼은 1696년에 일본이 울릉도에 대해 조선의 영유를 인정하고 일본어민의 도해금지를 내림으로써 일단락되는데, 그 과정에서 조선정부는 정기적인 울릉도수토를 본격적으로 논의하게 되었다. 다시 말해서 이른바 안용복 사건이 일어나기 이전에는 조선정부도 울릉도관련해서는 쓰시마에 유화적인 정책을 써왔으나 안용복 사건이 일어나고 남구만이 중용되면서부터는 쓰시마의 울릉도 개입에 대해서 강경책을 쓰기 시작한다. 위에서 보았듯이 울릉도와 독도가 현재 우리나라 영토로 남아있게 된 역사적인 배경은 그리 간단치 않다. 그렇다고 역사적으로 특별히 공을 세운 1인에 의해서 울릉도 독도의 역사적 권원이 확보되었다고 단정하기도 어렵다. 하지만 사실하나 만큼은 1694년 장한상에 의해 울릉도 수토가 시작된 이래, 수토는 제도로 정착 되어 이후 200년 동안 지속되었다. 그러나 장한상이 울릉도수토에 있어서 초기 개척자임에는 틀림없으나 여기에 사족을 달자면 최세철이 사전답사차원에서 장한상보다 한 달 여 먼저 울릉도를 다녀왔다는 것이다. 하지만 장한상의 울릉도 첫 수토가 무엇보다도 중요한 것은 울릉도에 들어가 13일 정도 체류하면서 울릉도의 상황을 점검하고 울릉도 동남쪽에 울릉도 크기의 3분의 1이 안 되어 보이는 섬이 하나 희미하게 보인다는 내용이 울릉도사적에 기록되어 오늘날의 독도를 언급하고 있다는 사실이다. 이를 계기로 장한상의 수토 이후 조정에서는 정기적으로 울릉도 수토를 제도화했으며 이때부터 독도에 대한 영토주권이 확고해졌다 하겠다.

[참고문헌]

유미림, 「장한상의 울릉도 수토와 수토제의 추이에 관한 고찰」, 『한국정치외교사논총』 31-1, 한국정치외교사학회, 2009.
영남대학교 독도연구소 엮음, 『울진대풍헌과 조선시대 울릉도 · 독도의 수토사』, 서울: 도서출판 선인, 2015.
다카사키 소우지저, 김영진역, 『검증 한일회담』, 서울: 청수서원, 1998.
의성군청, 「우리땅 독도지킴이 장한상」, 『의성군 학술대회 자료집』, 2018.
동북아역사재단 독도연구소, 「독도 연구의 성과와 과제, 그리고 전망」, 『동북아역사재단 개소 10주년 기념학술회의 자료집』, 2018.
獨島關係資料集 I(1977) - 往復外交文書(1952~1976).
奧原碧雲, 「竹島及鬱陵島」, ハーベスト出版, 1907.
『獨島研究』(영남대학교 4호, 2008.6. 轉載).
『竹島問題100問100答』에 대한 비판(2014. 경상북도 독도사료연구회편).
『竹島問題100問100答』 (Will, 2014.3).

『鬱陵島事蹟』.

    http://teapot.lib.ocha.ac.jp/ocha/bitstream/10083/12649/1/004511.pdf

    http://sjw.history.go.kr/inspection/insp_year_list.jsp?wid=1680&wnodeid=99790

駐韓日本大使館. http://www.japanem.or.kr

제2부

운암 장한상의 생애와 업적

제6장

장한상의 가계(家系), 관력(官歷), 그리고 업적(業績)
─새로운 자료의 발굴과 활용을 겸하여─

고 민 정*

1. 머리말

　　장한상(張漢相, 1656~1724)은 비안현(比安縣) 외서면(外西面) 비산리(飛山里)에서 출생한 무관이다. 본관은 순천(順天), 자(字)는 필경(弼卿), 호(號)는 운암(雲巖)이고 증조부는 승정원좌승지(承政院左承旨)로 추증된 장덕명(張德明), 조부는 호조참판(戶曹參判)으로 추증된 장익(張翊), 부친은 수군절도사를 역임한 장시규(張是奎)이고 외조부는 진성이씨 학생 이이영(李爾楧)이며 장인은 아주신씨 통덕랑(通德郞) 신무(申婺)이다. 그는 무과에 급제한 후 숙종과 경종대에 중앙직과 지방직을 두루 거치면서 활약하였다. 그중에서도 삼척첨사(三陟僉使)로 임명되어 울릉도를 직접 수토한 것이 가장 주요한

＊ 강원대학교 국학연구소 연구교수

업적으로 이해되고 있다.

이에 따라 장한상에 관한 연구는 울릉도 수토의 시작과 그 실상을 이해하거나 수토제의 형성 과정을 살펴보기 위한 목적에서 이루어진 것이 대부분이다. 첫째, 울릉도 수토제의 성립과 확립, 그리고 운영을 고찰하는 과정에서 장한상의 울릉도 수토 사실이 언급되었다.[1] 둘째, 우산도가 곧 독도라는 학설을 입증하기 위해 장한상의 저작인「울릉도사적(鬱陵島事蹟)」을 논거로 이용하였다.[2] 셋째, 장한상의 울릉도 수토 행적을 토대로 울릉도의 상황을 파악한 뒤 수토제의 변천 과정을 논의하였다.[3] 넷째, 장한상의 울릉도 수토 사실을 토대로 일본 측이 제기한'한국이 옛날부터 독도를 인식하고 있었다는 근거가 없다'는 주장을 반박하였다.[4]

다섯째, 장한상의 저작인「울릉도사적」이 독도영유권과 관련하여 중요한 사료적 가치가 있다고 평가한 뒤 문헌학적 관점에서 이본(異本)을 고찰하였다.[5] 여섯째, 장한상이 울릉도 수토를 통해 독도를 수호하는 데 공적을 세운 역사적 인물이므로 이를 의성군의 역사문화콘텐츠로 정립할 필요성을 논하였다.[6] 일곱째, 장한상의 후손에 의해 전래되어 온 가장문헌(家藏文獻)에서「울릉도사적」의 이본이 확인됨에 따라 그 해석에 관한 논의가 이루어졌다.[7] 여덟째, 울

1 송병기,「조선후기의 울릉도 경영 - 수토제도(搜討制度)의 확립 -」,『진단학보』86, 진단학회, 1998.
2 유미림,「"우산도=독도" 설 입증을 위한 논고 - 박세당의「울릉도」와 장한상의「울릉도 사적」을 중심으로 -」,『한국정치외교사논총』29-2, 한국정치외교사학회, 2008.
3 유미림,「장한상의 울릉도 수토와 수토제의 추이에 관한 고찰」,『한국정치외교사논총』31-1, 한국정치외교사학회, 2009.
4 손승철,「울릉도 수토와 삼척영장 장한상」,『이사부와 동해』5, 한국이사부학회, 2013.
5 이원택,「「울릉도사적(蔚陵島事蹟)」의 문헌학적 검토」,『영토해양연구』16, 동북아역사재단 독도연구소, 2018.
6 송휘영,「의성 비안고을과 장한상의 행적」,『독도연구』25, 영남대학교 독도연구소, 2018.
7 유미림,「『울릉도 사적』의 필사 연도와『울릉도』의'우산도' 해석을 둘러싼 논란에

릉도의 수토사로서 업적을 남긴 장한상의 관력과 행적이 검토되었다.[8]

이처럼 장한상에 관한 연구는 그의 울릉도 수토 활동을 토대로 조선에서의 수토제 성립 과정과 운용방식이 논의되었으며 장한상 후손들에 의해 현재까지 전래한 가장문헌의 서지적 특징, 의성의 지역 인물인 장한상을 역사콘텐츠로 발전시켜야 할 필요성과 이유, 장한상의 관직 이력을 중심으로 논의되었음을 알 수 있다. 그러나 이러한 연구들은 독도 영유권 문제를 해결하기 위한 관점에서 장한상의 행적을 조명하였기 때문에, 장한상이라는 인물에 대해서는 다소 평면적으로 논의된 측면이 있다. 따라서 본 연구에서는 울릉도 수토라는 그의 대표적 업적과 더불어 장한상의 선조와 가계, 생애와 관력, 활동과 업적 등을 두루 살펴봄으로써 장한상의 사회적 배경과 생애, 그리고 업적을 총체적이고도 입체적으로 이해하고자 한다. 그리고 이 과정에서 선행 연구에서 아직 검토되지 못했던 장한상 관련 자료들을 광범위하게 조사하여 새로운 자료를 발굴하고 이를 적극적으로 활용하고자 한다.

이에 2장에서는 『승평문헌록(昇平文獻錄)』[9] 등을 이용하여 장한상을 중

대한 변석」, 『동북아역사논총』 64, 동북아역사재단, 2019; 이원택, 「순천장씨 학서주손가(鶴棲胄孫家)의 『충효문무록』과 『절도공양세실록』 소개, 그리고 장한상의 「울릉도사적」 재론(再論)」, 『영토해양연구』 18, 동북아역사재단 독도연구소, 2019; 이원택, 『의성 경덕사 장시규 · 장한상 자료 喬桐水使公帳祭錄 · 喬桐水使公帳辭 · 節度公兩世實錄 · 節度公兩世碑銘』, 동북아역사재단, 2022.

8 배재홍, 「수토사 장한상의 관력(官歷)과 주요 행적」, 『이사부와 동해』 16, 이사부학회, 2020.

9 『昇平文獻錄』은 순천장씨 문중에서 선조들의 행적을 기록한 문헌록이다. 1900년에 처음 『충효문무록(忠孝文武錄)』으로 편찬되었다가 1922년에 『승평문헌록』으로 초간되었으며 1955년에 복간되었다(이원택, 「순천장씨 학서주손가(鶴棲胄孫家)의 『충효문무록』과 『절도공양세실록』 소개, 그리고 장한상의 「울릉도사적」 재론(再論)」, 『영토해양연구』 18, 동북아역사재단 독도연구소, 2019, pp.6-7). 본고에서는 한국학중앙연구원 장서각에 소장된 『승평문헌록』(목활자본, 1922, B9C81)과 국립중앙도서관이 디지털도서관을 통해 WEB DB로 제공하는 『승평(순천장씨)문헌록』(順天張氏譜所, 1992)을 주로 활용하여 논지를 전개하였음을 밝혀둔다.

심으로 계보를 정리하고 순천장씨가가 비안현으로 입향하는 과정과 장한상의 삶에 직간접적으로 영향을 준 선조들의 행적을 고찰하고자 한다. 그리고 3장에서는 『승정원일기』, 『숙종실록』, 『일성록』, 『비변사등록』 등의 관찬 자료뿐 아니라, 고신(告身), 유서(諭書) 등 의성 순천장씨가의 고문헌 자료를[10] 함께 이용하여 장한상이 무과 급제한 후 역임한 관직의 변화 추이를 정리 하고자 한다. 또한 Ⅳ장에서는 선행 연구에서 크게 활용되지 못했던 지방지를 비롯한 조선시대의 각종 기록을 종합하여 장한상이 경외 관직을 수행하는 과정에서 남긴 업적을 조명하고자 한다.

2. 장한상의 선조와 가계

장한상이 속해있는 순천장씨는 시조 장천로(張天老)에서부터 비롯되었다. 장천로는 고려 때 문과에 급제하여 중서시랑(中書侍郞)에 올랐으며 순천군(順天君)에 봉해졌기 때문에 본관이 순천으로 정해지게 되었다. 그리고 장천로의 후손 중에서 고려 말에 활동한 장보지(張補之)와 그의 아들 장사검(張思儉)이 장한상의 직접적인 선계(先系)가 된다. 장보지는 1359년(공민왕 8)에 있었던 홍건적의 1차 침입을 격퇴한 공로로 2등 공신에 녹훈되었고[11] 왜구의 침략에 대비하기 위해 한양으로 천도를 건의하며 판서운관사(判書雲觀事)로서 궁궐터를 직접 확인하는 행적을 남기기도 하였다.[12] 그러나 조선이 건국된 후에는 신

---

10 의성 순천장씨가의 고문헌은 현재 조문국박물관(의성 경덕사), 한국국학진흥원 등에 소장된 것으로 알려져 있다. 본고에서는 조문국박물관에 소장 중이며 의성군청 홈페이지(www.usc.go.kr, 2024년 6월 15일자 검색)를 통해 공개된 204점의 고문서를 주로 활용하였다. 이들은 2012년 10월 4일에 경상북도 유형문화재 제443호로 지정되었다.
11 『고려사』「세가」권 40 공민왕(恭愍王) 12년(1363) 11월.
12 『고려사』「열전」권 47 우왕(禑王) 8년(1382) 2월.

하는 "두 임금을 섬기지 않겠다[不事二君]"고 하며 순천 건달산으로 들어가 은 거하며 일생을 마쳤다.[13] 그리고 1723년(경종 3) 유포(柳砲), 변용(卞勇), 이훈 (李薰) 등 충효를 실천한 이들과 함께 배천서원(白川書院)에 배향되었다.[14]

장보지의 아들 장사검도 고려 말 사재감소감(司宰監少監)에까지 올랐으나[15] 고려말의 혼란한 정치적 상황을 피하여 소주(韶州)의 원흥동(元興洞)에 은거 하였다.[16] 그 후로도 일평생 고려에 대한 절의를 지킨 것으로 알려져 있으며 묘 는 문소(聞韶) 남쪽 10리의 팔지산(八智山)에 있다.[17] 또한 장사검의 아들 장헌 (張憲)도 선대의 뜻을 계속 지키면서 스스로 농부를 자처하였으며[18] 태종대에 승지(承旨)로, 이조판서(吏曹判書)로 불렀으나 나아가지 않았다.[19]

이처럼 일은(一隱) 장보지 → 이은(二隱) 장사검 → 삼은(三隱) 장헌으로 이어지는 3대는 왕조교체기에 고려에 대한 충절을 중요하게 여기며 은거를 자처하였다. 그런데 장보지는 본관인 순천에 위치한 건달산을 은거지로 택하 였지만, 장사검은 소주의 원흥동을 은거지로 택하였다. 그리고 원흥동은 조 선 후기에 편찬된 『호구총수(戶口總數)』의 기록을 토대로 의성현(義城縣) 남 부면(南部面)에 속했음을 알 수 있고,[20] 또한 그의 묘가 위치하였다고 기록된 문소(聞韶)도 역시 의성현의 옛 지명으로 알려져 있다.[21] 따라서 순천장씨의 고려 왕조에 대한 충절을 지키기 위해 의성으로 입향하게 되었으며 또한 장사

---

13 『昇平文獻錄』「敬題遺事後」(金夢華, 1723~1792) 我朝革命棄官歸. 太祖徵之. 先生 曰, 忠臣不事二君, 遂被髮, 入建達山終焉.
14 의성문화원, 『義城遺墟誌』, 의성군, 1996, pp.148-149.
15 『昇平文獻錄』「二隱公事蹟」長子少監公, 諱思儉, 號二隱, 官朝散大夫, 司宰少監.
16 『昇平文獻錄』「二隱公事蹟」末葉避居韶州之元興洞.
17 『昇平文獻錄』「二隱公事蹟」絶不粒食, 痛恢旬餘, 竟致餓死, 墓在聞韶南十里, 八智 山子坐.
18 『昇平文獻錄』「三隱公事蹟」繼守先志, 日事農圃, 又號曰農夫.
19 『昇平文獻錄』「三隱公事蹟」太宗朝, 以承旨徵之不就, 又以吏曹判書, 徵之亦不受.
20 『戶口總數』義城 …… 南部面道下里, 道北里, 道南里, 元興洞里.
21 『世宗實錄地理志』「義城縣」.

검이 입향조가 되었음을 알 수 있다.

더욱이 의성현으로 입향한 순천장씨는 이곳 외에도 비안현(比安縣) 등에서
세거했던 것으로 보인다.[22] 이는 조선 초기에 편찬된『세종실록지리지(世宗實
錄地理志)』「비안현」조에 비옥(比屋)의 성씨로 박(朴), 손(孫), 원(袁), 장(張)
이 기록되었으며『신증동국여지승람(新增東國輿地勝覽)』「비안현」조에도
비옥의 성씨로 박(朴), 손(孫), 원(袁), 장(張), 소(邵)가 기록된 것을 통해서 알
수 있다. 또한 의성 순천장씨가에서 전래한 준호구(準戶口)에서도 비안현의 외
서면(外西面) 비산리(飛山里)에서 계속 거주했음이 확인되기 때문이다.[23]

의성현 일대에 세거하며 활약한 순천장씨 중에서 이름이 알려진 이들 중에
는 무과에 급제한 장일신(張日新)이 있다. 그는 장헌의 손자로 의성현 원흥리
에서 태어났으며 태어날 때부터 완력이 남보다 뛰어났던 것으로 알려져 있
다.[24] 그리고 관직에 진출한 뒤로 진주목사(晉州牧使), 부산첨사(釜山僉使),
경주판관(慶州判官), 남도포만호(南桃浦萬戶) 등을 역임하였다.[25]

또한 그의 손자 장문서(張文瑞)는 효자로서, 장문보(張文輔)는 화산삼걸
(花山三傑)로서 명성을 얻었다. 장문서는 어릴 때부터 행동거지가 남달랐고
효성이 지극하여『소학』에서 말하는 혼정신성(昏定晨省)을 한결같이 따랐
다. 부모의 상을 당해서는 음식을 입에 대지 않았고 상복을 잠시도 벗지 않았
으며 시묘살이를 하루도 빼놓지 않았고 제사를 올리기 전에는 반드시 치재
(致齋)하였다.[26] 그리고 이러한 효행이 널리 알려지게 됨에 따라 효자로 정려

---

22 비안현은 조선시대에 의성현과 함께 안동도호부에 속했으나 1914년 행정구역이 개
    편되면서 그 일부가 의성군으로 흡수되었다(의성군지편찬위원회,『의성군지』, 의
    성군, 1998, pp. 207-208). 따라서 본문에서 언급된 비안현도 현재에는 의성군이 관할
    하는 지역이다.
23 1792년 장재형(張在衡) 준호구; 1796년 장광조(張光朝) 준호구.
24 『昇平文獻錄』「判官公墓碑文」生公丁元興里第, … 膂力絶倫.
25 『성종실록』231권, 성종 20년(1489) 8월 3일 무자;『연산군일기』45권, 연산 8년(1502)
    7월 22일 임진.

되고 복호(復戶)가 내려졌으며 인의(引儀)와 남부참봉(南部參奉)에 임명되기도 하였으나 나아가지 않았다.[27] 그리고 명종이 승하한 후 북쪽을 바라보며 부모상과 같이 통곡하였고 3년 동안 매월 삭망에 분향(焚香)과 사배(四拜)하였을 뿐 아니라, 인순왕후가 승하하였을 때도 애훼(哀毀)·복상(服喪)하는 것이 또한 이와 같았다.[28] 이에 류성룡이 그의 행적을 전해 듣고 천거하여 보안도찰방(保安道察訪)에 오르기도 하였다.[29] 이에 반해 장문보는 1516년(명종 1) 식년시에서 생원으로 입격하고 같은 해 문과에 급제하였다.[30] 그 후로 풍기군수를 거쳐 대동찰방, 사헌부장령, 진주목사로 재직하였으며,[31] 류경심(柳景深)과 변영청(邊永淸)과 더불어 영남 남인의 학풍을 주도한 화산삼걸로 칭송되었다.[32]

장문서의 5대손이며 장한상의 부친이기도 한 장시규(張是奎)는 효행으로도 유명하였으며 무과에 급제하여 주요 관직을 두루 역임하였다. 그에 대해서는 다음과 같은 내용이 전해지고 있다.

> 장시규(張是奎)는 찰방(察訪) 문서(文瑞)의 5대손이다. 어릴 때부터 부모를 섬기는데 지극한 정성이 있었고 완력이 다른 사람보다 뛰어났다. 순치 무자년 무과에 급제하여 나주영장(羅州營將)이 되었을 때 부친상을 당하였다. 그가 아직 두창(痘瘡)을 앓기 전이었는데 사방에서 전염병이 유행하였다. 마을 사람들

---

26 『昇平文獻錄』「文巖公行蹟」自幼時, 擧止異凡兒, 及長事親至孝, 昏定晨省, 一遵小學之儀. … 逮丁親憂, 水醬不入口, 衰麻不祛身, 哭墓逐日不廢, 奉祭前期致齋.

27 『명종실록』 25권, 명종 14년(1559) 4월 1일 임인;『일성록』 순조 8년(1808) 4월 11일.

28 『昇平文獻錄』「墓誌」(柳成龍) 明宗大王晏駕, … 北望慟哭, 如喪考妣, 每月朔望, 焚香四拜, 以終三年. 萬曆三年乙亥 … 仁順王后昇遐 … 哀毀服喪, 亦如之.

29 『昇平文獻錄』「墓誌」(柳成龍) 余以公行實聞, 上大奇之, 拜保安道察訪.

30 〈한국역대인물종합정보시스템〉 [생원] 명종(明宗) 1년(1546) 병오(丙午) 증광시(增廣試) [생원] 1등(一等) 4위(4/100);[문과] 명종(明宗) 1년(1546) 병오(丙午) 식년시(式年試) 병과(丙科) 12위(22/33).

31 『昇平文獻錄』「墓表」歷豊基郡守, 大同察訪, 司憲府掌令, 及守晉州.

32 이종호,「화산삼걸의 성립과 의의」,『국학연구』 34, 한국국학진흥원, 2017, p.462.

이 그에게 피할 것을 권했으나 애훼(哀毀)에 더욱 정성을 다하고 시종일관 여막을 지켰으며 마침내 두환을 면하였다. 사람들은 이 일을 효성이 하늘과 감응하였기 때문이라 여겼다. 현감(縣監) 류면(柳冕)이 이를 듣고 신기하게 여겨 사유를 갖추어 전보(轉報)하였다. 관직이 자헌대부(資憲大夫) 황해도병사(黃海道兵使) 경기통제사(京畿統制使)에 이르렀다.[33]

위의 내용을 미루어 알 수 있듯이 장시규는 첫째, 어릴 때부터 효성이 깊었고 두환(痘患)이 널리 유행할 때도 이를 두려워하지 않고 애훼(哀毀)하며 여막(廬幕)을 지키는 등 부친상을 극진히 치르면서 효자로서 칭송되었다. 그리고 둘째, 다른 사람보다 완력이 뛰어난 신체를 타고났으며 무과에 급제하여 여러 관직을 역임하였다. 장시규는 1648년(인조 26) 무과에 급제한 후[34] 효종대에는 선전관(宣傳官),[35] 의영주부(義盈主簿),[36] 강화도사(江華都事)를[37] 역임하였고, 현종대에는 훈련부정(訓鍊副正),[38] 호군(護軍),[39] 우부천총(右副千摠),[40] 북우후(北虞候),[41] 춘천부사(春川府使),[42] 경상좌수사(慶尙左水使),[43]

---

33 『比安縣邑誌』「人物」張是奎, 察訪文瑞之五代孫也. 自小事親至誠, 膂力過人, 順治戊子武科, 爲羅州營將時, 遭父喪. 身未經疫, 忌患四熾, 鄕人勸其出避, 而哀毀愈篤, 終始守廬, 竟免痘患. 人以爲孝感所致. 縣監柳冕, 聞而異之, 俱由轉報. 官至資憲大夫, 黃海道兵使, 京畿統制使(서울대학교 규장각한국학연구원, 奎17454, 1786년); 『비안여지승람』(옹정)「인물」조에도 동일 내용이 수록(의성문화원, 『의성지집록』, 의성군, 1994, p.166.); 『경상도읍지』「과거」조에도 동일 내용이 수록(서울대학교 규장각한국학연구원, 奎666, 1832년).

34 〈한국역대인물종합정보시스템〉[무과] 인조(仁祖) 26년(1648) 무자(戊子) 식년시(式年試) 병과(丙科) 15위(25/28).

35 『승정원일기』141책 효종 7년(1656) 8월 23일 무술.

36 『승정원일기』147책 효종 8년(1657) 12월 21일 기축.

37 『승정원일기』151책 효종 9년(1658) 8월 9일 갑술.

38 『승정원일기』164책 현종 1년(1660) 9월 25일 정축.

39 『승정원일기』167책 현종 2년(1661) 4월 5일 갑신.

40 『승정원일기』188책 현종 6년(1665) 3월 19일 을사.

41 『승정원일기』189책 현종 6년(1665) 6월 9일 갑자.

42 『승정원일기』208책 현종 9년(1668) 6월 6일 계유.

43 『현종개수실록』22권, 현종 11년(1670) 4월 9일 을미.

전라우수사(全羅右水使)를[44] 역임하였다. 또한 숙종대에도 태안군수(泰安郡守),[45] 충주영장(忠州營將),[46] 소강첨사(所江僉使),[47] 황해병사(黃海兵使),[48] 회령부사(會寧府使),[49] 부호군(副護軍),[50] 총융중군(總戎中軍),[51] 양주목사(楊州牧使)[52], 경기수사(京畿水使)를[53] 역임하였다.

이처럼 장시규는 수군절도사와 병마절도사를 역임한 무관으로서 종2품 하계에 해당하는 자헌대부(資憲大夫)에까지 올랐다. 따라서 그가 사망한 뒤에는 정해진 관례에 따라 국가에서는 예관(禮官)을 파견하고 치제(致祭)하였다.[54] 또한 그의 죽음을 애도하며 영부사(領府事) 권상하(權尙夏), 형조판서 최석항(崔錫恒), 좌빈객(左賓客) 조상우(趙相愚), 순찰사(巡察使) 이언강(李彦綱), 호조판서 윤세기(尹世紀), 대제학(大提學) 강현(姜鋧) 등 수많은 이들이 만사(挽詞)를 남겼다.[55]

요컨대 순천장씨는 고려에서 조선으로 왕조가 교체되는 혼란기에 고려에 대한 충절을 고수하기 위해 은거를 선택하였고 그중에서도 장사검에 의해 의

---

44 『현종개수실록』 27권, 현종 14년(1673) 7월 21일 무자.
45 『승정원일기』 248책 숙종 1년(1675) 7월 28일 갑인.
46 『승정원일기』 266책 숙종 4년(1678) 10월 5일 임신.
47 『승정원일기』 281책 숙종 7년(1681) 2월 11일 을미.
48 『승정원일기』 281책 숙종 7년(1681) 3월 9일 임술.
49 『숙종실록』 16권, 숙종 11년(1685) 12월 1일 정해.
50 『승정원일기』 314책 숙종 12년(1686) 3월 8일 임술.
51 『숙종실록』 18권, 숙종 13년(1687) 8월 27일 계유.
52 『승정원일기』 325책 숙종 13년(1687) 10월 19일 갑자.
53 『승정원일기』 332책 숙종 14년(1688) 11월 24일 계사.
54 『승정원일기』 563책 경종 4년(1724) 2월 28일 임신.
55 장시규에게 만사를 남긴 인물의 명단은 다음과 같다. 領府事 權尙夏; 刑判 崔錫恒; 左賓客 趙相愚; 巡察使 李彦綱; 戶判 尹世紀; 大提學 姜鋧; 中樞府事 嚴緝; 世子傅 李塾; 副司直 姜銑; 參判 沈檀; 工荆 閔鎭遠; 府使 李震休; 府使 沈若虛; 縣監 洪揖; 郡守 張萬紀; 縣監 朴斗寅; 郡守 李基漢; 節度使 李尙集; 觀察使 洪萬朝; 進士龍宮全錫三; 姻姪 眞城 李光春; 進士光山 盧思賢; 侍敎生 進士 申德涵; 草溪 卞三達; 烏川 鄭世鵬; 承旨 李麟徵; 豊山 柳緯河(『승평문헌록』「挽」).

성으로 입향하게 되었다. 이에 따라 순천장씨는 조선 태종까지도 고려에 대한 의리를 지켰으며 그 후의 자손들부터 다시 관직에 나아가기 시작하였다. 특히 장문서의 경우에 가풍을 이어 부모를 극진하게 섬기고 왕실에 충성을 다하여 효자로서의 명성을 쌓았고, 장시규도 역시 이러한 가풍에 영향을 받으면서 성장하였으며 무과에 급제한 뒤 내외직을 거치면서 변방을 수호하는 관직에 주로 종사하였던 것으로 이해된다. 그리고 장시규의 아들 장한상도 역시 국가를 위해 충성하고 부모를 위해 효도해야 한다는 관념을 어릴 적부터 자연스럽게 체득하였고 그러한 바탕 위에 부친의 영향을 받아 무과에 급제하여 무관 관료로서의 삶을 걷게 된 것으로 이해할 수 있다.

다음 [그림 1]은 장한상을 중심으로 의성 순천장씨 문암공파 계보를 정리하여 나타낸 것이다.

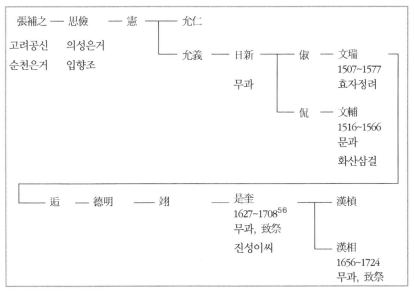

[그림 1] 순천장씨 문암공파 장한상 중심의 계보(『승평문헌록』 참조)

3. 장한상의 생애와 관력

장한상은 1656년(효종 7)에 출생하여 1724년(경종 4)에 향년 69세의 일기로 사망하였다.[57] 그는 1676년(숙종 2) 21세의 나이로 무과에 급제하여 내외직을 두루 역임하였고 황해병사로 사은한 뒤 서울에 있던 사위 이삼(李森)의 집에서 사망하였다.[58] 따라서 그는 관료로서의 직임을 수행하며 일생의 대부분을 보냈음을 알 수 있다.

그런데 장한상의 생애에 대해서는 무과에 급제한 이후의 활동에 대한 기록은 적지 않은 편인 데에 비해서 그 이전의 모습에 대한 기록은 많지 않은 편이다. 이에 따라 단편적으로 확인되는 어린 시절의 기록을 살펴보면 우선 "골격이 다른 아이들에 비해 특별하였다"는[59] 기록을 통해서 장한상의 선조 장일신 등과 같이 유전적으로 우월한 신체를 가졌던 것으로 이해할 수 있다. 또한 "부친 장시규가 서울의 감옥에 갇혔을 때 눈물을 흘리면서 원통함을 호소하여 마침내 신원되었으니 지극한 정성에 감복한 것이라 사람들이 모두 탄복하였다"는 기록을 통해서 장한상이 어릴 때부터 충효를 중시하는 가풍을 익힘으로써 부친을 위한 효성이 지극하였음을 알 수 있다.[60]

---

56 장시규의 몰년은 『한국민족문화대백과』 및 『한국향토문화전자대전』 등에 1712년으로 표기되어 있으나 각종 역사 기록을 통해 1708년임을 확인할 수 있다. 이에 대해서는 선행 연구에서 이미 지적된 바 있다(이원택, 「『울릉도사적(蔚陵島事蹟)』의 문헌학적 검토」, 『영토해양연구』 16, 동북아역사재단 독도연구소, 2018, p.9).

57 『승평문헌록』 「墓碣銘」 崇禎後丙申十月初六日, 生公于比安飛山里第.

58 『승평문헌록』 「墓碣銘」 癸卯冬, 黃兵謝恩後, 仍留京. 甲辰二月遘疾, 十九日癸亥卒于女壻李判書家.

59 『승평문헌록』 「墓碣銘」 骨相英特, 異凡兒, 及長膂力絶人, 從事弓馬.

60 『비안현읍지』 「人物」 張漢相是奎之子. … 父囚京獄, 呼泣訴冤, 竟得伸理, 至誠所激, 人皆歎服(서울대학교 규장각한국학연구원, 奎17454, 1786년);『비안여지승람』(옹정) 「인물」조에도 동일 내용이 수록(의성문화원, 『의성지집록』, 의성군, 1994, p.167);『경상도읍지』 「과거」조에도 동일 내용이 수록(서울대학교 규장각한국학연구원, 奎

어린 시절 장한상은 비안현을 중심으로 생활한 것으로 보이는데 무과의 초시(初試)는 경상도가 아니라 서울에서 치른 것으로 확인된다. 이는 병조가 무과를 설행하기 전부터 동래 및 비안 지역 등지에서 완력을 갖추고 있거나 재주가 쓸만한 이들을 불러 모아 재주를 시험하고 등용할 목적으로 서울로 불러들였기 때문이다. 그런데 한량 김정달(金挺達) 등 병조의 부름을 받고 상경한 이들을 다시 거주하던 지방으로 보내 무과 초시를 보도록 하기에는 거주지와의 거리가 멀어서 정해진 일정을 맞추기가 촉박하였다. 이에 따라 조정에서 특별히 거주지가 아닌 서울에서 시험을 볼 수 있게 조처하였고 이 때문에 장한상도 역시 서울에서 무과를 치를 수 있었다.[61]

다음 [그림 2]는 장한상이 무과에 급제하여 받은 홍패와 선전관으로 처음 관직에 임명되며 받은 교지이다.

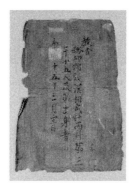

[그림 2] 장한상의 무과 합격증(홍패)과 선전관 임명장

666, 1832년).
61 『승정원일기』 250책 숙종 2년(1676) 1월 22일 을사.

〈홍패〉
[전면]
교지
무공랑 장한상이 무과 병과에 제3,015인으로 급제출신함
강희 15년 3월 21일[62]

[후면]
무공랑 장한상 무과 병과 제3,015인[63]

〈교지〉
(결락) 선략장군 선전관으로 임명함
강희 17년 4월 17일[64]

　위의 그림과 같이 1676년(숙종 2) 장한상이 무과에 급제하여 받은 합격증인 홍패를 보면 시험을 치를 당시에 그가 이미 무공랑(務功郎)에 올랐음을 알 수 있다. 주지하는 바와 같이 무공랑은 정7품에 속하는 문관의 품계인데, 장한상이 이러한 품계에 오를 수 있었던 것은 아마도 부친 장시규에게 주어진 자급(資級)을 대가(代加)하였기 때문으로 보인다. 왜냐하면 장한상의 형 장한정(張漢楨)이 부친 장시규가 도총도사일 때 특별히 받은 자급을 대신 받았던 것으로 확인되기 때문이다. 그런데 1672년(현종 13)에 이미 장한정은 대가로서 오를 수 있는 가장 높은 품계인 통덕랑(通德郎)에 오른 것을 확인할 수 있다.[65] 따라서 그 후에 부친 장시규에게 주어진 자급을 장한상이 받음으로써 무공랑

62　1676년 장한상(張漢相) 홍패(紅牌) (전면) "敎旨. 務功郎張漢相, 武科丙科第三千十五人, 及第出身者. 康熙十五年三月二十一日."
63　1676년 장한상(張漢相) 홍패(紅牌) (후면) "務功郎張漢相, 武科丙科第三千十五人."
64　1678년 장한상(張漢相) 교지(敎旨) "(결락) 宣略將軍, 宣傳官者. 康熙十七年四月十七日."
65　1672년 장한정(張漢楨) 교첩(敎牒).

이 된 것으로 유추할 수 있다.

　장한상이 무과에 급제하고 약 2년 뒤 처음 입사한 관직은 선전관(宣傳官)이었다.[66] 주지하는 바와 같이 선전관은 국왕 가까이에서 시위(侍衛)하기 때문에 서반승지(西班承旨)라고도 하며 청요직(淸要職)으로 간주되었다. 또한 무과에 급제한 이들 중에서도 능력 있고 용맹한 인재를 선발하여 무예와 병법을 연마시켰다. 즉, 선전관으로의 임명은 무관 가운데에서도 높은 관직으로 나아갈 수 있는 입사로를 확보한 것과 다름이 없었다. 더욱이 선전관에 임명될 때는 가문의 배경과 선조의 행적도 크게 작용하였는데 장한상의 경우에도 그의 부친 장시규와 선조 장일신이 이미 선전관으로 출사한 경력이 있었다. 이에 따라 그도 역시 출세가 보장된 선전관으로서 관직 생활을 시작할 수 있었다.

　더욱이 장한상은 무관으로서의 직임에 적합한 무예와 기술을 갖추고 있었던 것도 관료 생활을 하는 데 도움이 되었던 것으로 보인다. 선전관으로 제수되었을 때 이미 무예와 병법이 당대에 제일이었다는 평가가 있을 뿐 아니라[67] 서총대(瑞蔥臺)에서 기예를 시험할 때 숙종이 그 모습을 보고 기특하게 여겨 크게 포상하였기 때문이다.[68] 또한 1681년(숙종 7) 알성시(謁聖試) 후 춘당대(春塘臺)에서 시행된 별시사(別試射)에 참여해서 아마(兒馬) 1필을 상으로 받았던 사실도 확인된다.[69]

　이처럼 20대 초반 선전관으로서 직무를 수행하기 시작한 장한상은 질병으로 공무를 수행할 수 없었던 일정 기간을 제외하면 평생토록 관료로서의 삶을 살았다.[70] 중앙에서는 도총도사(都摠都事), 중추경력(中樞經歷), 훈련첨정

66　1678년 장한상(張漢相) 교지(敎旨).
67　『昇平文獻錄』「墓碣銘」丙辰, 登武科, 初授宣傳官, 武藝韜鈐, 爲當世第一.
68　『昇平文獻錄』「少節度公實錄」(李森) 嘗試藝于瑞蔥臺, 肅廟見而奇之, 大加褒賞.
69　『승정원일기』 285책 숙종 7년(1681) 9월 11일 경신.
70　『승정원일기』 399책 숙종 27년(1701) 9월 9일 계사; 『승정원일기』 428책 숙종 32년

(訓鍊僉正), 훈련부정(訓鍊副正), 훈련정(訓鍊正), 내금장(內禁將), 호군(護軍), 부호군(副護軍), 겸내승(兼內乘), 내금위장(內禁衛將), 어영별장(御營別將), 부사직(副司直), 부총관(副摠官), 부사맹(副司猛) 등의 관직을 맡아 활약하였다.

지방에서는 이주첨사(伊洲僉使), 경상좌병우후(慶尙左兵虞候), 희천군수(熙川郡守), 자산군수(慈山郡守), 태안군수(泰安郡守), 충주영장(忠州營將), 전라병사(全羅兵使), 삼척첨사(三陟僉使), 칠곡부사(柒谷府使), 황해병사(黃海兵使), 경상좌병사(慶尙左兵使), 북병사(北兵使), 경기수사(京畿水使) 겸교동부사(兼喬桐府使), 영변부사(寧邊府使), 옥천군수(沃川郡守), 회령부사(會寧府使) 등의 관직을 역임하며 경기도, 경상도, 평안도, 충청도, 전라도, 강원도, 황해도, 함경도에서 활약하였다. 그리고 이 밖에 일본으로 파견된 통신사를 수위하는 군관으로 차출되기도 하였다.

다음은 『숙종실록』과 『경종실록』, 『승정원일기』, 『비변사등록』 등 각종 자료에서 확인되는 장한상의 관직 이력을 정리해서 나타낸 것이다.

· 1676년(숙종 2)_21세_1월 병조의 시재조용(試才調用)을 위해 상경[71]
　　　　　　　_3월 무과급제(병과 제3,015인)[72]
· 1678년(숙종 4)_23세_4월 선전관(宣傳官)에 제수[73]
· 1680년(숙종 6)_25세_11월 도총도사(都摠都事)로 사은[74]
· 1681년(숙종 7)_26세_1월 중추경력(中樞經歷)에 제수[75]

　(1706) 2월 22일 신해.
71 『승정원일기』 250책 숙종 2년(1676) 1월 22일 을사.
72 1676년 장한상(張漢相) 홍패(紅牌).
73 『승정원일기』 264책 숙종 4년(1678) 4월 17일 병술.
74 『승정원일기』 277책 숙종 6년(1680) 6월 27일 갑신.
75 『승정원일기』 281책 숙종 7년(1681) 1월 27일 신사.

_3월 훈련첨정(訓鍊僉正)에 제수[76]

_6월 이주첨사(伊洲僉使)에 제수[77]

_7월 훈련부정(訓鍊副正)에 제수[78]

_9월 어영파총(御營把摠)에 재직[79]

_12월 경상좌병우후(慶尙左兵虞候)에 제수[80]

_12월 통신사군관(通信使軍官)으로 차출[81]

· 1682년(숙종 8)_27세_4월 훈련부정(訓鍊副正)에 제수[82]

· 1683년(숙종 9)_28세_7월 희천군수(熙川郡守)에 제수[83]

· 1685년(숙종 11)_30세_9월 자산군수(慈山郡守)에 제수[84]

· 1686년(숙종 12)_31세_11월 훈련정(訓鍊正)에 제수[85]

_12월 내금장(內禁將)에 제수[86]

· 1687년(숙종 13)_32세_1월 호군(護軍)으로 사은[87]

_2월 부호군(副護軍)에 제수[88]

_12월 겸내승(兼內乘)에 제수[89]

· 1688년(숙종 14)_33세_11월 태안군수(泰安郡守)에 제수[90]

---

76 『승정원일기』 281책 숙종 7년(1681) 3월 12일 을축.
77 『승정원일기』 283책 숙종 7년(1681) 6월 24일 을사.
78 『승정원일기』 283책 숙종 7년(1681) 7월 11일 임술.
79 『승정원일기』 285책 숙종 7년(1681) 9월 11일 경신.
80 『승정원일기』 286책 숙종 7년(1681) 12월 3일 임오.
81 『승정원일기』 286책 숙종 7년(1681) 12월 16일 을미.
82 『승정원일기』 289책 숙종 8년(1682) 4월 1일 무인.
83 『승정원일기』 299책 숙종 9년(1683) 7월 6일 을해.
84 『승정원일기』 311책 숙종 11년(1685) 9월 25일 임오.
85 『승정원일기』 319책 숙종 12년(1686) 11월 12일 임진.
86 『승정원일기』 319책 숙종 12년(1686) 12월 21일 신미.
87 『승정원일기』 320책 숙종 13년(1687) 1월 23일 임인.
88 『승정원일기』 320책 숙종 13년(1687) 2월 18일 병인.
89 『승정원일기』 326책 숙종 13년(1687) 12월 25일 기사.
90 『승정원일기』 332책 숙종 14년(1688) 11월 4일 계유.

· 1689년(숙종 15)_34세_1월 충주영장(忠州營將)에 제수[91]

· 1692년(숙종 18)_37세_3월 전라병사(全羅兵使)에 제수[92]

· 1694년(숙종 20)_39세_6월 경상좌도병사(慶尙左道兵使)에 재직[93]

　　　　　　_7월 삼척첨사(三陟僉使)에 제수[94]

· 1698년(숙종 24)_43세_6월 칠곡부사(柒谷府使)에 제수[95]

· 1700년(숙종 26)_45세_7월 황해병사(黃海兵使)에 제수[96]

· 1701년(숙종 27)_46세_9월 내금위장(內禁衛將)에 재직[97]

· 1706년(숙종 32)_51세_2월 경상좌병사(慶尙左兵使)에 제수[98]

· 1711년(숙종 37)_56세_2월 부호군(副護軍)에 제수[99]

　　　　　　_4월 어영별장(御營別將)으로 재직[100]

　　　　　　_6월 북병사(北兵使)에 제수[101]

　　　　　　_7월 부사직(副司直)에 제수[102]

· 1712년(숙종 38)_57세_12월 부호군(副護軍)에 제수[103]

· 1713년(숙종 39)_58세_4월 부총관(副摠官)에 제수[104]

---

91 『승정원일기』 333책 숙종 15년(1689) 1월 16일 갑신.
92 『승정원일기』 347책 숙종 18년(1692) 3월 21일 경술경외.
93 『숙종실록』 27권, 숙종 20년(1694) 6월 20일 병진.
94 『승정원일기』 360책 숙종 20년(1694) 7월 17일 계미;『關東邑誌』「三陟」張漢相, 甲戌七月除授, 八月到任, 丙子四月移拜慶尙右兵使(규장각한국학연구원, 奎 10976, 1687).
95 『승정원일기』 379책 숙종 24년(1698) 6월 24일 정묘;『慶尙道邑誌』張漢相, 戊寅八月到任, 己卯六月貶罷(규장각한국학연구원, 奎 666, 1832).
96 『승정원일기』 392책 숙종 26년(1700) 7월 1일 임진.
97 『승정원일기』 399책 숙종 27년(1701) 9월 9일 계사.
98 『비변사등록』 숙종 32년(1706) 2월 18일.
99 『승정원일기』 458책 숙종 37년(1711) 2월 9일 무진.
100 『승정원일기』 461책 숙종 37년(1711) 6월 29일 정해;『비변사등록』 숙종 37년(1711) 10월 21일.
101 『승정원일기』 461책 숙종 37년(1711) 6월 24일 임오.
102 『승정원일기』 461책 숙종 37년(1711) 7월 8일 을미.
103 『승정원일기』 474책 숙종 38년(1712) 12월 1일 경술.

_11월 전라병사(全羅兵使)에 제수[105]

· 1715년(숙종 41)_60세_6월 호군(護軍)에 제수[106]

_12월 부총관(副摠官)에 제수[107]

· 1716년(숙종 42)_61세_1월 경기수사(京畿水使)에 제수[108]

_1월 겸교동부사(兼喬桐府使)에 제수[109]

_12월 부호군(副護軍)에 부직[110]

· 1718년(숙종 44)_63세_2월 부총관(副摠官)에 제수[111]

_3월 영변부사(寧邊府使)에 제수[112]

· 1719년(숙종 45)_64세_12월 부호군(副護軍)에 제수[113]

_12월 부사맹(副司猛)에 제수[114]

_12월 부총관(副摠管)에 제수[115]

· 1720년(숙종 46)_65세_2월 부호군(副護軍)에 제수[116]

· 1721년(경종 1)_66세_4월 옥천군수(沃川郡守)에 제수[117]

_9월 부호군(副護軍)에 제수[118]

104 『승정원일기』 477책 숙종 39년(1713) 4월 12일 기미.
105 『승정원일기』 481책 숙종 39년(1713) 11월 3일 정미.
106 『승정원일기』 489책 숙종 41년(1715) 6월 1일 을축.
107 『승정원일기』 491책 숙종 41년(1715) 12월 26일 무자.
108 『숙종실록』 57권, 숙종 42년(1716) 1월 17일 무신.
109 『승정원일기』 492책 숙종 42년(1716) 1월 22일 계축.
110 『승정원일기』 505책 숙종 43년(1717) 12월 7일 정해.
111 『승정원일기』 507책 숙종 44년(1718) 2월 25일 갑진.
112 『승정원일기』 507책 숙종 44년(1718) 3월 14일 계해.
113 『승정원일기』 520책 숙종 45년(1719) 12월 3일 신축.
114 『승정원일기』 520책 숙종 45년(1719) 12월 7일 을사.
115 『승정원일기』 520책 숙종 45년(1719) 12월 22일 경신.
116 『승정원일기』 521책 숙종 46년(1720) 2월 20일 정사.
117 『승정원일기』 530책 경종 1년(1721) 4월 1일 신묘;『沃川邑誌』張漢相, 辛丑來, 壬寅會寧府使移(서울대학교 규장각한국학연구원, 奎10759);『湖西邑誌』張漢相, 辛丑來, 壬寅會寧府使移(서울대학교 규장각한국학연구원, 奎 12176, 1871).

_11월 황해병사(黃海兵使)에 제수[119]

· 1722년(경종 2)_67세_7월 회령부사(會寧府使)에 제수[120]

· 1723년(경종 3)_68세_4월 북병사(北兵使)에 제수[121]

_9월 부호군(副護軍)에 제수[122]

_11월 황해병사(黃海兵使)에 제수[123]

· 1724년(경종 4)_69세_1월 부호군(副護軍)에 제수[124]

_1월 부총관(副摠管)에 제수[125]

_2월 행부호군(行副護軍)으로 재직 중 사망[126]

　장한상이 중앙직으로 종사할 때는 주로 국왕 가까이에서 시위하는 관직에 종사하였기 때문에 국왕과의 접촉이 적지 않은 편이었을 것으로 추정할 수 있다.[127] 그러나 그 외에도 장한상이 지방직으로 부임하게 되었을 때 숙종과 직

---

118 『승정원일기』 558책 경종 3년(1723) 9월 17일 계사.

119 『승정원일기』 560책 경종 3년(1723) 11월 28일 갑진; 『경종실록』 13권, 경종 3년(1723) 11월 28일 갑진.

120 『승정원일기』 542책 경종 2년(1722) 7월 18일 신축; 『비변사등록』 경종 3년(1723) 2월 12일.

121 『비변사등록』 경종 3년(1723) 4월 2일.

122 『승정원일기』 558책 경종 3년(1723) 9월 17일 계사.

123 『승정원일기』 560책 경종 3년(1723) 11월 28일 갑진.

124 『승정원일기』 562책 경종 4년(1724) 1월 1일 병자.

125 『승정원일기』 563책 경종 4년(1724) 1월 9일 갑신.

126 『비변사등록』 경종 4년(1724) 2월 28일.

127 『승평문헌록』 「墓碣銘」에는 1687년(숙종 13) 겨울 숙종이 서총대에서 군관의 무예를 시험할 때 장한상의 능력을 보고 감탄하였다는 내용이 담겨 있다. 훈련정 겸내승이었던 장한상이 말달리며 활을 쏘는 것이 마치 나는 것과 같았다고 묘사하였으며 신체도 용맹스러웠기 때문에 숙종이 무릎을 치며 감탄하였고 이에 내금위장으로 임명하였다고 하였다(『승평문헌록』 「墓碣銘」 丙寅冬肅廟親臨試藝丁瑞蔥臺時, 公以訓鍊正兼內乘, 身數梟雄, 馳射如飛, 上拊髀獎歎, 陞授內禁衛將). 즉, 이 기록에 따르면 무예의 훈련과 시험 도중에 숙종과 장한상은 자주 면대하였을 것으로 보인다. 다만 『승정원일기』에 따르면 1687년 12월에 겸내승이었던 장한상은 태안군수, 충주영장,

접 면대하였던 구체적 상황에 대한 기록이 남아 있다. 이는 장한상이 주로 변방 지역을 다스리는 임무를 맡았기 때문에 숙종이 그를 인견하며 해당 지방의 특수한 사정을 설명하고 특별히 유념할 것을 당부하는 내용으로 구성되었다.

다음은 그 내용을 번역하여 나타낸 것이다.

한상이 말하기를 "신(臣)은 희천군수 장한상입니다."라고 하였다.

상(숙종)이 말하기를 "이력이 어떻게 되는가?"라고 하였다. 한상이 말하기를 "선전관에서부터 도총도사 · 경력 · 훈련부정을 거쳐 지금 이러한 직임에 제수되었습니다."고 하였다. 상이 수령의 칠사(七事)에 대해 묻고 한상이 대답하였다.

상이 말하기를 "관서 지방은 연이어 흉년을 당하였고 또 사신의 행렬이 많은 도이다. 모름지기 백성을 안정시키고 관아의 일에 마음을 다하며 절대 뇌물을 주는 일을 해서는 안된다."고 하였다.[128]

상이 희정당으로 나아갔다. 북병사 장한상을 인견할 때 우부승지 윤세수, 가주서 박장윤, 편수관 홍경선, 기사관 김재로가 입시하였다.

상이 말하기를 "나오라."하였으므로 한상이 나와서 엎드렸다.

상이 말하기를 "곤수의 임무는 어느 지역인들 중요하지 않은 곳이 없으나 서북 지방은 더욱 중요하기 때문에 조가가 항상 근심하고 걱정한 것이다. 도임한 후에는 모름지기 마음에 두고 경계하며 만약 변통할 일이 있으면 장계로 보고하는 것이 옳을 것이다"라고 하였다. 한상이 말하기를 "신이 이미 임금의 명령을 받았으니 감히 마음을 다하지 않겠습니까? 장계로 보고할 일이 있으면 마땅히 장계로 보고하겠습니다."고 하였다.

상이 말하기를 "진달할 일이 없는가?"라고 하였다. 한상이 말하기를 "아직 부

전라병사, 삼척첨사, 칠곡부사, 황해병사를 거쳐 1701년 9월에 내금위장으로 제수되었다. 따라서 묘갈명과『승정원일기』의 내용에 일정한 차이가 존재함을 알 수 있다.

128 『승정원일기』299책 숙종 9년(1683) 7월 6일 을해. "漢相曰, 臣卽熙川郡守張漢相也。上曰, 履歷, 幾何? 漢相曰, 自宣傳官, 拜都摠都事 · 經歷 · 訓鍊副正, 今除此職矣。上問七事, 漢相對之。上曰, 關西, 連値凶歉, 且當勅行孔道, 須安輯百姓, 盡心官事, 而切勿善事也。"

임하지 않아서 진달할 일이 없습니다."라고 하였다.

　상이 말하기를 "조가가 매번 서북 지방을 근심하니 각별히 경계해야 할 것이다."라고 하였다. 한상이 말하기를 "신이 은혜를 받은 것이 망극하니 어찌 감히 직무에 태만하겠습니까?"라고 하였다.

　세수가 말하기를 "병사가 하직할 때는 으레 별유를 크게 읽는 일이 있음을 감히 진달합니다."라고 하였다. 상이 말하기를 "그래."라고 하였다.

　상이 화살·납약·후추를 하사하였다. 한상이 이것을 받아 들고 퇴장하였다.[129]

　위의 인용문 중에서 첫 번째 내용은 1683년(숙종 9) 28세의 장한상이 평안도 희천 지역의 수령을 나아가기 전 숙종을 인견했을 때의 상황을 나타낸 것이다. 그런데 숙종이 장한상의 이력을 묻는 것으로 보아 사실상 이때부터 그를 분명히 인지한 것으로 해석할 수 있다. 숙종은 장한상을 직접 마주하고 그의 이력에 대해 질문하였고, 장한상은 선전관을 시작으로 관직에 나아가 도총도사, 도총경력, 훈련부정을 거쳐 지금에 이르렀다고 대답하였다. 이에 숙종은 연이어 수령으로 나아갈 장한상에게 수령의 기본 책무인 칠사(七事)에 대해 질문하였고, 장한상은 그 내용에 대해 대답하였다.

　주지하는 바와 같이 칠사는 수령이 지방을 통치할 때 주력해야 하는 7가지 일을 지칭하는 것이다. 이는 구체적으로 농업의 진흥, 호구(戶口)의 증대, 군정(軍政)의 정리, 부역(賦役)의 균등, 송사(訟事)의 간결, 간활(姦猾)을 그치

---

129 『승정원일기』 462책 숙종 37년(1711) 9월 5일 신묘. "上御興政堂。北兵使張漢相留待引見時, 右副承旨尹世綏, 假注書朴長潤, 編修官洪慶先, 記事官金在魯入侍。漢相入就位伏。上曰, 進來。漢相進伏。上曰, 閫帥之任, 孰非不重, 而西北爲尤重, 故朝家所常軫念留意者也。到任後, 必須留心戒政, 如有變通事, 狀聞, 可也。漢相曰, 臣旣承上教, 敢不盡心? 有狀聞事, 則當狀聞矣。上曰, 無可達之事乎? 漢相曰, 姑未趁任, 無可達之事矣。上曰, 朝家每憂西北, 各別惕念。漢相曰, 臣受恩罔極, 何敢怠於職事乎? 世綏曰, 兵使下直時, 例有別諭讀宣之事, 敢達。上曰, 唯。上命賜弓矢·臘藥·胡椒。漢相受而退。"

게 하는 것을 의미하는데, 국가가 수령의 고과(告課)를 평가할 때도 중요한 기준으로 삼았다.[130] 그리고 숙종은 장한상이 부임하는 관서 지방이 최근 몇 년간 흉년이 들어 백성들이 어려움을 겪고 있다는 현재의 사정을 전하였고 또한 다른 지방에 비해 사신들이 자주 오가는 지역이라 폐단이 많다는 지역의 특수한 사정을 언급하였다. 이에 따라 장한상에게 백성을 안정시키고 관아의 일에 최선을 다하며 뇌물을 근절할 것을 당부하였다.

두 번째 내용은 1711년(숙종 37) 56세의 장한상이 함경도에 설치된 북병영에 병마절도사로 부임하면서 숙종을 인견했을 때의 상황을 나타낸 것이다. 이 같은 면대는 숙종이 우부승지 윤세수에게 북병사 장한상을 인견하겠다는 전교를 내렸기 때문에 성사된 것인데,[131] 우부승지 윤세수, 가주서 박장윤, 편수관 홍경선, 기사관 김재로도 함께 입시하였다. 숙종이 장한상에게 앞으로 나올 것을 명하고 장한상이 앞으로 나와 엎드리자 변경의 수장이 해야 할 역할과 임무가 어느 지역인들 중요하지 않은 곳이 없지만 서북 지방은 다른 곳보다 더 중요함을 강조하였다. 그러므로 함경도에 도착하여 부임한 후에는 조정에서 이 지역을 항상 근심하고 걱정하고 있다는 것을 염두하고 변통할 일이 있으면 반드시 장계로 보고한 뒤에 행할 것을 당부하였다. 이에 대해 장한상은 임금으로부터 명을 받았으나 최선을 다해 임무를 수행할 것이며 혹시 보고해야 할 사항이 생기면 반드시 장계를 올리겠다고 대답하였다.

또한 숙종은 진달한 내용이 있는지를 물었고 장한상은 아직 부임 전이라 특별히 진달할 것이 없다고 대답하였다. 그런 다음에 숙종은 다시 서북 지방이 변방이라 각별히 경계할 것을 다시 한번 당부하였고 장한상도 역시 임금으로부터 받은 은혜가 망극하니 감히 직무를 태만하게 할 수 없다고 대답하였다.

---

130 『經國大典』「告課」觀察使其守令七事實跡, 啓聞。七事, 農桑盛·戶口增·學校興·軍政修·賦役均·詞訟簡·姦猾息。
131 『승정원일기』462책 숙종 37년(1711) 9월 5일 신묘.

이와 같이 숙종과 장한상의 대화가 끝난 후에는 병사가 하직할 때 임금이 내린 별유(別諭)를 크게 소리 내어 읽는 의례를 시행하였다. 끝으로 숙종은 화살, 납약, 후추를 그에게 하사하였고 장한상은 이를 받고서 퇴장하였다.

그런데 당시 장한상에 대해서는 지방직에 임명하더라도 행정사법권을 지휘하는 일반적인 수령의 임무보다는 변방 등지에서 군사권을 총괄하는 장수의 임무를 수행하는 데에 더 적합하다는 평가가 있었다. 1682년(숙종 8) 비변사에서는 숙종에게 주군(州郡)의 수령을 맡길 적합한 자, 장령(將領)을 맡길 적합한 자, 이 두 가지 업무를 모두 맡길 만한 자로 구분하여 추천한 단자를 올렸다. 그 내용을 보면 장한상은 나홍좌(羅弘佐) 등 14명과 함께 장령에 알맞은 자로 이름을 올렸음을 알 수 있다.

또한 1690년(숙종 16) 숙종은 병마절도사 및 수군절도사, 그리고 주군의 수령을 맡길 적합한 자를 각각 추천하라고 명하였다. 이에 따라 비변사에서는 절도사를 맡길 자와 수령을 맡길 자를 각기 구분하여 추천하였다. 그 의망단자(擬望單子)를 보면 장한상은 절도사에 적합한 자 12명 중에 한 사람으로 추천되었음을 알 수 있다.[132] 즉, 이러한 평가는 장한상이 무신으로서의 능력을 인정받았기 때문으로 풀이되며, 실제로도 전라병사를 비롯하여 황해병사, 북병사에는 각기 두 번씩 임명되기도 하였다.

이처럼 무관으로서 40여 년간 관직에 종사하였던 장한상은 1724년(경종 4) 질병으로 휴가를 받아 잠시 요양하던 중에 사망하였다.[133] 이에 따라 국가에서는 종2품 병사의 직임을 여러 차례 역임한 그를 예우하기 위해서 서울에서 비안으로 반장(返葬)할 때 담지군을 파견하였고 예관을 보내 치제하였다.[134]

---

132 『비변사등록』숙종 16년(1690) 10월 28일.
133 『승정원일기』563책 경종 4년(1724) 2월 6일 경술.
134 『승정원일기』563책 경종 4년(1724) 2월 28일 임신;『비변사등록』경종 4년(1724) 02월 28일;『昇平文獻錄』「墓碣銘」上遣官致祭賻命, 給擔軍, 運葬還鄉.

장한상은 통덕랑 신무(申袤)의 딸 아주신씨와 혼인하여 아들 장세건(張世騫)과 사위 권척(權拭)을 두었다. 그리고 선무랑(宣務郞) 심력(沈櫟)의 딸과 혼인하여 사위 홍중희(洪重熙)를 두었고 이필형(李必炯)의 딸 영천이씨와 혼인하여 사위 판서 이삼을 두었으며 완산이씨, 봉화금씨와도 차례로 혼인하였다.[135] 그러나 4번에 걸친 혼인에도 아들은 장세건 1명 밖에 없었으나 그가 후사 없이 요절하였다. 이 때문에 족제(族弟) 장봉명(張鳳鳴)의 아들 장위기(張緯箕)를 계후자로 삼아 가계를 이었다.[136]

요컨대 장한상은 20대 초반 무과에 급제한 뒤부터 69세의 일기로 사망할 때까지 일생의 대부분을 무관 관료로서 보냈다. 태어날 때부터 선조로부터 유전적으로 건장한 신체는 무예를 익히기 적합하였으며 이미 무과에 급제하여 무관으로서 활동하고 있는 부친 장시규의 영향을 받아 자연스럽게 무관으로의 삶을 걷게 된 것으로 보인다. 무과에 급제한 뒤로는 선조 장일신과 부친 장시규와 같이 무반 관료의 엘리트 코스라 할 수 있는 선전관으로 관직 생활을 시작하였다. 그리고 그 과정에서는 중앙에서는 중추경력, 훈련정, 내금위장, 어영별장 등의 관직을 역임하였으며 지방에서는 경상좌병사, 전라병사, 삼척첨사, 경기수사 등 군사권을 통솔하는 절도사를 주로 역임하였음을 알 수 있다.

4. 장한상의 활동과 업적

앞서 본 바와 같이 장한상은 내외 관직에 종사하며 일생의 대부분을 보냈

---

135 『昇平文獻錄』「墓碣銘」公配鵝洲申氏, 通德郞袤女, 有男女. 男世騫, 女適權拭. 次配
青松沈氏, 宣務郞櫟女, 有一女適洪重熙. 次配永川李氏, 必炯女, 有一女, 適判書李森.
次配完山李氏, 俊英女, 次配 奉化琴氏.
136 『昇平文獻錄』「墓碣銘」世騫早夭無嗣, 以族弟鳳鳴子緯箕, 爲后.

다. 그런데『비안현읍지』를 보면 그가 관료로서 행해온 여러 활동 중에서도 통신사로 차출되어 일본에 갔을 때 당시 일본인들의 평가, 왕래가 없었던 울릉도를 직접 수토하였다는 것을 중요한 업적으로 기술하였으며 더욱이 대략 14개 군현의 수령 또는 절도사를 역임한 경력을 중요하게 언급하였음을 알 수 있다.

> 장한상은 시규(是奎)의 아들이다. 강희 병진년 무과에 급제하였다. 관직이 도총경력(都總經歷)에 이르렀을 때 일본의 사행으로 만리(萬里)의 바닷길을 흔들림 없이 다녀왔다. 울릉도는 여러 대의 조정에서 통하지 않는 땅인데 바람이 몰아치는 대양(大洋)에 1백 여인을 이끌고 무사히 다녀왔다.
> 부친이 서울의 감옥에 갇혔을 때 원통함을 울면서 호소하여 마침내 신원되었으니 지극한 정성에 감복한 것이라 사람들이 모두 탄복하였다. 전후에 군현을 다스리고 변방을 다스린 것이 모두 14곳이다.[137]

위의 내용은『비안현읍지』「인물」조에서 실린 전문을 번역한 것이다. 여기에서 언급한 내용을 포함하여 각종 사료를 통해 확인할 수 있는 장한상의 활동과 업적은 시간적 순서에 따라 첫째, 희천군수로서 사신의 접대, 둘째, 통신사 군관으로서 일본에서의 활동, 셋째, 무신으로서 경연에 참여, 넷째, 삼척첨사로서 울릉도의 수토, 다섯째, 경상좌병사로서 봉수대 이설, 여섯째, 어영별장으로서 북한산성 수축 감독, 일곱째, 전라병사로서 재해로 인해 피해받은 백성의 진휼, 여덟째, 경기수사 및 옥천군수로서 기근을 고통받은 백성을 구휼할 계책의 진달 등 8가지로 나누어 볼 수 있다.

---

137 『比安縣邑誌』「人物」張漢相是奎之子. 康熙丙辰登武科, 官至都總經歷, 當日本使臣之行, 萬里海外無撓往返. 鬱陵島屢朝不通之地, 而漂風大洋, 所率百餘人, 無事往返, 父囚京獄, 呼泣訴冤, 竟得伸理, 至誠所激, 人皆歎服. 前後治郡制閫, 凡十四處(서울대학교 규장각한국학연구원, 奎17454, 1786년);『比安輿地勝覺』(雍正)「人物」조에도 동일 내용이 수록(의성문화원,『의성지집록』, 의성군, 1994, p.167);『慶尙道邑誌』「科擧」조에도 동일 내용이 수록(서울대학교 규장각한국학연구원, 奎666, 1832년).

첫째, 장한상이 희천군수로 부임했을 당시 사신을 접대하는 임무를 맡아 사신들로부터 찬사를 얻었다. 평안도 희천 지방은 군사적 요충지이며 국가 간의 경계에 위치하였기 때문에 사신들의 왕래가 잦았다. 이에 따라 1683년 (숙종 9) 장한상이 희천군수로 부임할 때 숙종이 특별히 사신의 내왕이 잦은 곳임을 주지시키기도 하였다. 그런데 장한상이 희천군수로서 사신들을 접대할 때 그전과 다른 특별한 계책을 시행함으로써 폐단을 막았다. 그리고 사신들이 이러한 장한상의 면모를 보고 두려워하면서도 감탄하여 이 같은 사람이 있으면 대국(大國)이 감히 얕보지 못할 것이라 평가하였다고 한다. 더욱이 그 사신들이 왕래할 때면 항상 장한상의 안부와 직임을 물어보았다는 일화가 전해진다.

다음은 이 같은 내용을 뒷받침하는 기록을 정리하여 나타낸 것이다.

희천군수가 되어 사신의 행렬을 접대할 때 저 사람들이 감탄하며 말하기를 "만약 이 같은 사람들이 있다면 대국이 감히 얕보지 못할 것이다."하였다. 그 후 서행이 왕래할 때면 반드시 그의 안부와 작질을 물었다.[138]

계해년에 희천군수가 되었다. 사신을 접대할 때에 뛰어난 계책을 많이 시행하여 폐단이 생기는 것을 막았다. 사신이 두려워하고 탄복하며 이러한 사람이 있으며 대국이 감히 얕보지 못할 것이라 하였고, 그 후 사신들이 왕래할 때 반드시 그의 안부와 작질을 물었다고 한다.[139]

둘째, 장한상은 일본에 통신사가 파견되었을 때 군관으로 차출되어 해당 일정을 소화하였다. 1680년(숙종 6) 도쿠가와 막부(德川幕府)의 4대 장군인

---

138 『紀年便故』「張漢相」爲熙川, 接勑行, 彼人畏歎曰, 有如此數輩, 大國不敢侮. 厥後使 行往來, 必問其安否爵秩(한국학중앙연구원 장서각, K2-37).

139 『昇平文獻錄』「墓碣銘」癸亥守熙川. 接待勑, 行多設奇計, 防遏生梗. 彼人且畏且歎 曰, 有如此數輩 則大國不敢侮矣, 厥後使行往來 必問其安否爵秩云.

도쿠가와 이에야스(德川家康)가 사망한 뒤 동생 도쿠가와 쓰나요시(德川綱吉)가 5대 장군이 되었다. 이에 숙종은 일본의 요청을 받아들여 5대 장군의 취임을 축하하기 위해 축하사절단으로서 통신사를 파견할 것을 명하였다. 1682년(숙종 8) 당시에 꾸려진 통신사의 구성을 보면 정사(正使)는 호조참의 윤지완(尹趾完)이 되었고 부사(副司)는 사복시정 이언강(李彦綱)이 되었으며 종사관(從事官)은 전 홍문관교리 박경후(朴慶後)가 되었다. 이 3명을 필두로 총 473명이 1682년(숙종 8) 5월 8일에 출발하여 8월 21일에 에도(江戶, 도쿄)에 도착하여 국서를 전달하였다. 그리고 9월 12일에 에도를 떠나 조선에 도착한 뒤 최종적으로 11월 16일에 이르러 숙종에게 복명하였다.[140]

장한상에게 부여된 군관은 일반적으로 일본의 정세를 살피는 임무를 맡았다.[141] 통신사로의 파견은 일본의 번(蕃)들과 수도를 직접 살피기에 좋은 기회였기 때문에 도로의 원근(遠近)·산세의 험이(險易)·무예의 장단(長短)·인심과 습속 등 일본의 전반적인 상황을 살펴 보고해야 했으며 특별히 일본의 무기와 지도를 구해 오라는 명을 받기도 하였다. 또한 이들은 대마도의 도주 또는 막부의 장군 앞에서 무예를 선보이기도 했다. 그래서 군관은 주현(州縣)에서 관직을 지낸 자들 가운데 선발하였고 사신 옆에서 머물게 하는 등 각별히 우대하였다.[142] 더욱이 장한상이 일본에 도착했을 때 그의 모습에 왜인들이 두려워했다는 일화가 전해지기도 한다.

다음은 이 같은 내용을 뒷받침하는 기록을 정리하여 나타낸 것이다.

임술년 훈련부정 통신사좌막으로 일본에 가서 왜인들을 두렵게 하였다.[143]

---

140 孫承喆,「朝鮮後期 脫中華의 交隣體制」,『講座 韓日關係史』, 현음사, 1994, p.215.
141 『通信使謄錄』「壬戌五月初四日」軍官, 前副正尹就五, 前副正張漢相, 僉知金重器(서울대학교 규장각한국학연구원, 奎12870).
142 유채연,「조선후기 통신사행의 三使 선발과 대일정책」,『한일관계사연구』41, 한일관계사학회, 2012, p.191.

임술년 겨울 훈련부정 통신사좌막으로 일본에 가서 사나운 기세와 영웅과 같은 풍채로 왜인을 두렵게 하였다.[144]

셋째, 1687~1688년(숙종 13~14), 그리고 1691년(숙종 17)에 장한상은 무신으로서 여러 차례 경연에 참여하였다. 주지하는 바와 같이 조선시대의 경연은 국왕과 신하가 경사(經史)를 강론하며 정치의 운영 원리와 사례들을 함께 살펴보고 앞으로의 국정 방향과 주요 현안에 대해서 논의하기 위해 만들어진 제도이다. 이에 따라 경연에는 기본적으로 이를 전담하는 홍문관의 관료, 그리고 경연관으로 임명되었던 정승, 판서, 승지, 사관이 참여하였다. 그러나 경연에 대한 정치적 중요성이 강조됨에 따라 특진관, 무신 등도 폭넓게 참여시켜 활발한 토론을 유도하였다. 특히 숙종은 정기적으로 경연에 무신을 참여시켜 당시 방어체계의 재구축에 필요한 지식을 얻고 변방의 구체적 상황에 대해 이해하고자 하였다. 이에 따라 숙종대에는 총 1,472회 개최된 주강(晝講) 가운데 836회(56.6%)에 856명(중복 수 제외하면 244명)의 무신이 참여하였고 그 속에는 장한상도 포함되어 있었다.[145]

장한상은 1687년(숙종 13) 3월에 동지사 이민서(李敏敍), 특진관(特進官) 이규령(李奎齡) 등이 함께하는 주강에 당상관 무신으로서 처음 참여하였다.[146] 이때는 시강관 김만길(金萬吉)이 『주역(周易)』의 복괘(復卦)를 진강한 다음, 도총부에서 관리하는 입직한 군사들의 초기(草記)에 병조당상(兵曹堂上)과 활쏘기 연습을 한 명단이 의례적으로 빠져 있으므로 이를 보완하는 것에 대한 논의가 이루어졌다. 그리고 같은 해 4월과 9월에도 주강에 참여하여

---

143 『紀年便故』「張漢相」壬戌, 以訓諫副正佐幕通信使, 徃日本震慴倭人(한국학중앙연구원 장서각, K2-37).
144 『昇平文獻錄』「墓碣銘」壬戌冬, 以訓鍊副正佐幕通信使, 徃日本, 猛氣英風, 震慴倭人.
145 이인복, 「숙종대 武臣의 경연 참여와 역할」, 『청계사학』 27, 청계사학회, 2024, p.298.
146 『승정원일기』 321책 숙종 13년(1687) 3월 26일 갑진.

『주역』을 진강하였다.[147] 또한 1688년(숙종 14) 4월에 영부사 김수흥(金壽興), 동지사 신완(申琓) 등과 함께 주강에 참여하였고[148] 1691년(숙종 17) 3월에도 동지사 권유(權愈), 특진관 황징(黃徵) 등과 함께 주강에 참여하여 『대학연의(大學衍義)』「홍범(洪範)」편을 강론하였다.[149]

넷째, 1694년(숙종 20) 장한상은 삼척첨사가 되어 울릉도를 수토하였다. 이는 지금까지 장한상의 가장 대표적인 업적으로 논의된 부분이기도 하다. 1693년(숙종 19) 발생한 안용복 사건을 계기로 조선과 일본 간에 울릉도 쟁계가 일어났다. 이 때문에 1694년(숙종 20) 남구만은 숙종에게 울릉도의 정확한 상황을 확인하기 위해 특별히 관리를 파견할 것을 제안하였다. 그리고 신여철과 남구만, 윤지선 등에 의해 나이가 젊고 임기응변이 있는 장한상이 적임자로 추천되었다. 이에 따라 장한상은 삼척포진으로 부임한 뒤 150명의 인원을 데리고 울릉도에 도착하여 수토관으로서 임무를 완수하였다. 그리고 장한상이 보고한 내용을 토대로 울릉도 수토제가 성립되기에 이르렀다.[150]

장한상의 울릉도 수토에 관해서는 대체로 「울릉도사적」에 의거하여 논의되었으나 그 내용은 이미 선행 연구를 통해 대략적인 내용이 밝혀졌다. 따라서 여기서는 그 단편적 내용만 다음과 같이 정리하였다.

　　갑술년 조정에서 울릉도를 왜인들이 불법으로 점유하니 특별히 공을 삼척영장으로 명하여 상황을 상세히 살피도록 하였다. 그 이전까지 울릉도는 바닷길이 험하여 본도(本島)와 통하지 않았다. 공이 가냘픈 노(櫓)와 돛단배를 이용하여 섬에 직접 들어가 산천을 그리고 경계를 획정해서 왜인들이 경계를 침범하지 못

---

147 『승정원일기』321책 숙종 13년(1687) 4월 27일 갑술;『승정원일기』324책 숙종 13년(1687) 9월 24일 기해.
148 『승정원일기』328책 숙종 14년(1688) 4월 10일 임자.
149 『승정원일기』344책 숙종 17년(1691) 3월 21일 정미.
150 『승정원일기』360책, 숙종 20년(1694) 7월 13일 정해;『승정원일기』360책 숙종 20년(1694) 7월 17일 계미.

하게 하였으며 울릉도와 비로소 통하게 되었다. 이 일을 보고하니 왕이 이를 가상히 여겨 그를 경상우도 병마절도사로 제수하였다.[151]

임자년 영장 장한상을 파견하여 다시 통행하며 수토하였다. 지금은 영장과 월송포 만호가 3년씩 교대로 왕래한다.[152]

다섯째, 1707년(숙종 33) 장한상은 경상좌병사로서 당시 풍기군의 주요 현안이었던 봉수대 이설에 도움을 주었다. 풍기군 망전산(望前山)에 설치된 봉수대는 처음부터 그곳에 있었던 것이 아니라 어느 시점에 지금의 위치로 바뀌었는데, 이 때문에 그곳의 사람들은 마을의 유풍(儒風)이 침체되고 전염병이 유행하게 되는 등 마을에 큰 폐단이 생기게 되었다고 인식하였다. 이에 따라 풍기향교를 중심으로 봉수대를 이설하자는 향론(鄕論)을 모아 군수에게 이러한 의견을 전달하고자 하였다. 당시 풍기군수였던 홍경렴(洪景濂)은 이 같은 청원을 듣고 경상도관찰사 최석항에게 이설을 건의하였다. 그리고 최석항도 역시 병영에 보고하여 처리할 것을 지시하였으나 큰 효과가 없었다. 그다음에 풍기군수로 부임한 정사신(丁思愼), 그다음에 다시 부임한 손만웅(孫萬雄) 대에도 봉수대 이설을 시도하였으나 실행으로 옮겨지지 못하였다. 그리고 그다음 부임한 풍기군수 이정(李禎)이 경상좌병사에게 봉수대의 이설 문제를 청원하였고 그 당시 경상좌병사였던 장한상은 바쁜 공무에도 불구하고 이 사안이 군정(軍政)과 관계되었다고 판단하고 병조에게 전보해주었고 이로써 해당 사안이 병조에서 논의되는 데에 이르게 되었다. 이에 따라 결국 풍기군민이 원하던 대로 봉수대가 이설되었으므로 풍기군민들은 이를 장한상

---

151 『昇平文獻錄』「墓碣銘」甲戌朝家, 以蔚陵島, 爲倭人冒占, 特命公爲三陟營將, 審察便宜. 前此本島海路險惡, 本道不通. 公以弱櫓孤帆, 直入島中, 圖畫山川, 定其界限, 使倭人, 無得越境侵犯, 蔚陵島始通. 事聞上嘉之, 移授嶺右兵使.

152 『關東誌』「鬱陵島」壬子遣營將張漢相, 復通搜討, 至今營將與越松萬戶間, 三年交互往來(국립중앙도서관, 古2780-1).

의 치적으로 여기게 되었다.

다음은 이 같은 내용을 뒷받침하는 기록을 정리하여 번역한 것이다.

[그림 3] 풍기군 풍기향교 소장 1692~1720년 『향교잡록』

봉수의 이설을 원한 것은 그 유래가 오래되었다. 근래에 직접 목격한 것만 말한다면 아! 홍경렴(洪景濂)에서부터 정사신(丁思愼)에 이르렀으며 이에 지금 우리 군수 이정(李禎)에 이르러 비로소 그전부터 원하던 것이 실현되었으니 갑자기 이른바 운수가 있어서 된 것은 아니다. 이같이 애써 일한 과정은 이미 전후의 정문(呈文)에 있으니 중복하여 기록할 필요가 없고 그 일을 해내게 된 이유를 찾아보면 이정 및 읍민의 정성이 지극한 것이다. <u>그러나 병마절도사로부터 도움을 받았으니 병마절도사는 바로 장한상이다.</u>[153]

---

153 『鄕校雜錄』 烽燧移設之願, 厥惟久矣. 近以目見言之, 則粤自洪侯景濂, 至丁侯思愼,

여섯째, 1711년(숙종 37) 장한상은 어영별장으로서 북한산성의 수축을 감독하였다. 1710년(숙종 36) 요동과 심양 등에서 출현한 해구(海寇)로 인해 도성 수비에 대한 불안이 확산되었다. 그리고 당시 정권을 장악한 노론계의 주장에 의해 북한산성의 축조가 그 대안으로 떠오르게 되었고 국방력 강화에 깊은 관심을 가졌던 숙종이 이를 재가함에 따라 비로소 산성의 축조가 시작되었다. 즉, 1711년(숙종 37) 2월부터 구체적 계획을 세워서 4월부터 10월까지 약 6개월 동안 축조가 이루어졌다.[154]

장한상은 북한산성의 성역 과정에서 도청(都廳)이 되어 처음부터 이 공사를 감동(監董)하였다. 그런데 축성이 진행되는 가운데 6월에 있었던 도목정사(都目政事)에서 어영별장 장한상을 북병사로 이배(移拜)하라는 결정이 내려졌다. 이에 대해 비변사에서는 북한산성의 축조를 담당했던 장한상이 북병사로 임명되었기 때문에 후임을 물색하는 것이 매우 당연한 일이지만 체성(體城)이 완공되었고 여장(女墻)도 10일 안에 완공될 것이므로 거의 끝나가는 공사를 그간에 진행된 사항을 잘 모르는 사람에게 맡기기는 어렵다고 보았다. 그래서 숙종에게 공사가 마무리된 후 장한상이 이배할 수 있도록 조처해 달라고 건의하였고 숙종의 재가를 받았다.[155] 이에 따라 장한상은 북병사가 되고도 계속 북한산성의 성역을 감동하였다. 즉, 장한상은 1711년(숙종 37) 4월 2일부터 7월 28일까지 이 일에 종사한 후 9월 5일에 북병사로 부임하였다. 그리고 북한산성의 성역이 모두 끝나고 이에 대한 포상이 이루어질 때 장한상

乃逮我今侯李公禎, 始申前願, 倘所謂有數存者, 非耶. 若其勤事之由, 旣載於前後呈文, 不須贅錄, 其究事之階, 則莫非李侯及邑民之誠至, 而顧乃得力於兵相, 兵相卽張公漢相也. 當初呈文之時, 兵相頗有持難之意, 故皆以事之不諧爲欠. 兵相卒乃轉報兵曹(영주 풍기향교 소장, 영남대학교 민족문화연구소 기탁 자료, 영남권역 한국학자료센터).

154 이현수, 「18세기 북한산성의 축조와 경리청」, 『청계사학』 8, 청계사학회, 1992, pp. 178-180.

155 『비변사등록』 62책, 숙종 37년(1711) 6월 29일.

도 역시 그 명단에 포함되었다.[156]

일곱째, 1713년(숙종 39) 장한상은 전라병사로서 재해로 인해 피해받은 백성을 진휼하였다. 숙종대에는 자연재해가 빈번하여 지역마다 다소의 차이가 있으나 거의 매년 진휼이 이루어졌다. 그중에서 비교적 큰 흉년을 당한 시기로는 ① 1682~1684년(숙종 8~10), ② 1695~1696년(숙종 21~22), ③ 1705년(숙종 31)과 1707년(숙종 33), ④ 1713년(숙종 39), ⑤ 1716년(숙종 42)이 있다. 이 중에서도 ④ 1713년(숙종 39)에는 전국적으로 흉년이 들었던 가운데 호서와 호남, 경기 지역의 상황이 더욱 심각하였다. 또 전라우도 연해 지역의 피해가 가장 막심하였기 때문에 홍석보를 감진어사로 파견하여 상황을 파악하고 각종 진휼 조치를 취하고자 하였다.[157]

이러한 가운데 묘당에서는 장한상이 이미 한 차례 전라병사로 부임하여 지역의 민심을 얻었기 때문에 그가 전라병사로는 적임자라고 하며 추천하였다. 이에 따라 장한상은 1713년(숙종 39) 다시 전라병사로 부임하였다. 그리고 전라도의 재해 상황을 상세히 보고하여 조정에서 진휼 정책을 수립하는 데 일조하였고[158] 흉년으로 발생한 도적을 소탕하는 등 치안 유지에도 상당한 노력을 기울였던 것으로 보인다. 더욱이 이러한 장한상의 활동으로 인해 해당 지역의 민심이 안정됨에 따라 백성들에 의해 장한상의 업적을 기리기 위한 생사당(生祠堂)과 동비(銅碑)가 건립되기도 하였다.

다음은 이 같은 내용을 뒷받침하는 기록을 정리하고 번역한 것이다.

---

156 『비변사등록』 63책, 숙종 37년(1711) 11월 6일.
157 원재연, 「조선후기 荒政 연구」, 연세대학교 박사학위논문, 2014, pp.14-19.
158 『비변사등록』 숙종 39년(1713) 12월 21일.

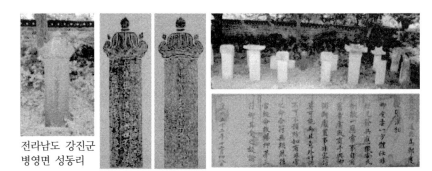

전라남도 강진군
병영면 성동리

[그림 4] 전라병마절도사 장한상 영세불망비

〈유서〉

전라도병마절도사 장한상에게 주는 유서

경은 한 지방을 위임받았으니 맡은 책임이 가볍지 아니하다. 무릇 군사를 동원하고 일의 변화에 대응하며 백성을 편안하게 하고 적을 제압하는 모든 일상적인 일은 본래 옛 제도가 있다. 혹시 내가 경과 함께 독단하여 처리할 일이 있게 되면 밀부(密符)가 아니고서는 시행할 수 없을까 염려한다. 또 뜻밖의 간사한 모략은 미리 방비하지 않을 수 없다. 비상한 명령이 있으면 부절(符節)을 합하여 의심이 없은 후에야 명을 따라야 할 것이다. 그래서 친압(親押)한 제3부를 내려주니 경은 이를 받으라.

이에 따라 유서를 내린다. 강희 52년(1713) 12월 8일[159]

〈동비〉[160]

[전면]

병마절도사 장한상 영세불망비

---

159 1713년 張漢相 諭書 "諭全羅道兵馬節度使■張漢相. 卿受委一方, 體任非輕. 凡發兵應機, 安民制敵, 一應常事, 自有舊章. 慮或有予與卿獨斷處置事, 非密符, 莫可施爲. 且意外姦謀, 不可不預防. 如有非常之命, 合符無疑, 然後當就命. 故賜押第三符, 卿其受之. 故諭. 康熙五十二年十二月初八日."

160 진한용, 『한국철비대관』, 고려금석원, 2022, pp.206-209.

하늘이 밝게 남쪽을 돌아보시고
두 번이나 큰 번을 맡으셨네
굶주리고 병든 이들 모두 소생하니
만세토록 갈 은혜로도다[161]

[후면]
숭정 기원 후 53년 갑오(1714) 7월[162]

계사년(1713) 호남 지방에 크게 기근이 들어 도적들이 일어났다. 묘당에서 계문을 올려 공이 일찍이 본도의 곤수로 부임하여 이미 백성의 마음을 얻었다고 하며 다시 제수하여 병마사로 삼았다. 공이 토포하는 것이 마치 신과 같아 도적이 모두 평정되었고 진휼하는 데 마음을 다하여서 군민(軍民)들이 소생하게 되었다. 그를 위하여 생사당(生祠堂)을 세우고 동비(銅碑)를 세워 덕을 칭송하였다.[163]

여덟째, 장한상은 경기수사 및 옥천군수로 부임하였을 때 백성들이 겪은 기근의 실상을 자세히 보고하고 구휼 활동을 전개하였다. 1718년(숙종 44) 장한상이 경기수사로 부임하였을 때 당시 경기도의 기근 상황은 조정에서 파악한 것보다 훨씬 더 심각하였다. 이에 따라 지금의 기근이 그전보다 훨씬 더 위험한 상황이라 백성들이 모두 끼니를 이을 수 없음을 보고하고 강도미(江都米) 중에서 1천 섬을 특별히 용도 전환하여 굶주린 백성들에게 지급해야 할 것을 제안하였다.[164] 또한 1721년(경종 1) 옥천군수로 부임하였을 때는 청주

---

161 장한상영세불망비 (전면) 兵使張公漢相永世不忘碑, 天彰南顧, 再典雄藩, 飢病咸蘇, 萬世之恩.
162 장한상영세불망비 (후면) 崇禎紀元後五十三年甲午七月日.
163 『昇平文獻錄』「墓碣銘」癸巳湖南大飢, 盜賊竊發. 廟堂入啓, 以公曾莅本閫, 素得民心, 再除爲兵馬使. 公搜捕如神, 盜賊悉平, 賑濟盡心, 軍民蘇息. 爲之建生祠, 立銅碑, 以頌德.
164 『숙종실록』 61권, 숙종 44년(1718) 1월 20일 기사.

로부터 얻은 미태(米太)로 식리(殖利)하여 얻은 이익과 자신의 월급을 출연하여 염장(鹽醬)을 마련한 뒤 죽을 쑤어서 백성들에게 나누어 주었다. 이로써 마을 전체가 기뻐하였다는 내용이 조정에까지 보고되기도 하였다.[165]

요컨대 장한상은 내외 관직에 종사하며 일생의 대부분을 보냈던 것으로 확인되며 그중에서도 통신사 군관으로서 일본을 다녀온 것, 울릉도를 직접 수토한 것, 그리고 주요 각처의 외관직을 역임한 것이 대표적 업적으로 평가되었다. 그런데 장한상에 관한 역사적 사료들을 수집·정리한 결과 그 외에도 다양한 활동과 업적을 남긴 것이 확인된다. 장한상은 1683년(숙종 9) 희천군수로서 사신을 접대하는 일을 탁월하게 수행하였고 1687~1688년(숙종 13~14), 1691년(숙종 17) 등 당상관 무신으로서 경연(畫講)에 참여하였다. 1707년(숙종 33) 경상좌병사로서 당시 풍기군민의 숙원이었던 봉수대 이설이 이루어질 수 있도록 도움을 주었고 1711년(숙종 37) 어영별장으로서 북한산성의 축조를 감독하는 역할도 수행하였다. 1713년(숙종 39) 전라병사로서, 1718년(숙종 44) 경기수사로서, 1721년(경종 1) 옥천군수로서 자연재해로 인해 입은 피해, 흉년으로 인해 입은 피해를 자세히 보고하여 실제적인 구휼 정책이 수립될 수 있도록 노력하였다. 그리고 다른 군현에서 빌려온 곡식으로 식리하여 재원을 만들고 자신의 월급을 출연하여 굶주린 백성들에게 죽을 나누어 주는 등 직접적인 구휼 활동을 벌이기도 하였다. 이처럼 장한상은 약 40년간 관직에 종사하였기 때문에 그전까지 알려진 특정 업적만 조명하기보다는 장한상의 일생, 그리고 그의 사회적 배경까지 고려하여 총체적 입장에서의 분석이 계속될 필요가 있다. 물론 이를 위해서는 장한상과 의성 순천장씨에 대한 기존 자료의 일목요연한 정리, 새로운 자료의 발굴이 뒷받침되어야 할 것이다.

---

165 『승정원일기』 534책 경종 1년(1721) 10월 10일 정묘.

5. 맺음말

장한상은 비안현에서 출생한 무관으로 숙종대에 주로 활동한 무반직 관료이다. 장한상이 속해있는 순천장씨는 시조 장천로에서부터 시작되었다. 고려 말에 활동한 일은 장보지, 이은 장사검, 삼은 장헌이 그의 직접적 선계가 된다. 장보지는 고려말 홍건적의 침입을 격퇴한 공로로 공신에 녹훈되었으며 왜구의 침입에 대비하기 위해 한양으로의 천도를 준비하였던 인물이다. 그러나 조선이 건국된 후에는 고려에 대한 충절을 지키기 위해 순천의 건달산으로 은거하였다. 장사검도 고려에서 벼슬하여 사재감소감까지 올랐으나 그 역시 조선 건국 후 의성현 원홍동으로 은거하였다. 이에 따라 그가 의성 순천장씨의 입향조가 된다. 그리고 장헌도 역시 선대의 뜻을 이어받아 스스로 농부라고 자처하며 임금이 불러도 관직에 나아가지 않았다.

그 후 어릴 때부터 남다른 완력을 자랑했단 장헌의 손자 장일신이 무과에 급제한 뒤 진주목사, 부산첨사, 경주판관, 남도포만호 등을 역임하였다. 또한 그의 손자 장문서는 지극한 효행이 외부로 알려지면서 효자 정려가 세워지고 류성룡의 추천에 의해 보안도찰방에 오르기도 하였다. 장문서의 5대손이며 장한상의 부친 장시규도 역시 효행으로 유명하였고 무과에 급제하여 주요 관직을 두루 역임하였다. 따라서 장한상은 고려에 대한 의리를 지키는 충절, 부모에게 지극정성을 다하는 효행을 중요하게 여기는 가문의 분위기 속에서 성장하였던 것으로 이해할 수 있다. 또한 무과에 급제하여 무관직을 역임한 부친 장시규의 모습을 자연스럽게 체득하면서 무관직 관료로서의 삶을 지향하게 된 것으로 보인다.

장한상의 일생에 대해서는 20대 초반 무과에 급제한 뒤부터의 기록만 확인되므로 그 이전의 행적에 대해서는 알려진 바가 많지 않다. 그러나 골격이 다른 아이들에 비해 특별하였다는 내용을 통해 무관이 되기에 적합한 신체를 타고났음을 알 수 있다. 또한 부친이 감옥에 갇혔을 때 그의 신원을 위해 노력하였다는 일화를 토대로 효성이 지극하였음을 알 수 있다.

무과에 급제한 후에는 출세가 보장된 선전관으로서 관직을 시작하였으며 중앙에서는 도총도사, 중추경력, 훈련첨정, 훈련부정, 훈련정, 내금장, 호군, 부호군, 겸내승, 내금위장, 어영별장, 부사직, 부총관, 부사맹 등의 관직을 맡아 활약하였다. 지방에서는 이주첨사, 경상좌병우후, 희천군수, 자산군수, 태안군수, 충주영장, 전라병사, 삼척첨사, 칠곡부사, 황해병사, 경상좌병사, 북병사, 경기수사 겸교동부사, 영변부사, 옥천군수, 회령부사 등의 관직을 역임하며 전국 각지에서 활약하였다.

그리고 지방직에 임명되어 사은할 때 숙종과 면대하였다. 1683년(숙종 9) 장한상이 희천군수로 부임하게 되었을 때 숙종은 장한상에 대한 관직 이력을 묻고 관서 지방이 처한 상황을 설명한 뒤 사신의 접대, 뇌물의 근절 등을 당부하였다. 그리고 1711년(숙종 37) 장한상이 북병사로 부임하게 되었을 때도 숙종은 변경의 수장이 해야 할 역할과 임무에 관해 설명한 뒤 변통할 일이 생기면 반드시 장계로 보고할 것을 당부하였다.

그런데 장한상에 대해서는 지방의 행정 및 사법권을 지휘하는 수령보다 군사권을 총괄하는 장수가 더 적합하다는 평가가 있었다. 비변사에서 1682년(숙종 8) 숙종에게 수령이나 장령에 적합한 후보를 추천할 때 장한상은 장령으로 추천되었으며, 1690년(숙종 16) 절도사나 수령에 적합한 후보를 추천할 때도 절도사로 추천되었기 때문이다. 따라서 이러한 평가를 토대로 장한상은 전라병사, 황해병사, 북병사에 두 번씩 임명되기도 하였다.

이처럼 장한상은 약 40년간 무관직 관료로서 공무에 종사하였는데 그 구체적인 활동과 업적은 대략 8가지로 세분할 수 있다. 첫째, 희천군수가 되어 변방에서 사신에 관한 접대 업무를 수행하며 그로 인해 발생되는 폐단을 줄였다. 둘째, 통신사 군관으로 임명되어 일본으로 파견된 외교사절단의 수호를 담당하였다. 셋째, 당상관 무신으로서 여러 차례 경연에 참여하여 숙종 및 문관 관료들과 함께 경서를 읽고 정치적 현안에 관해서 토론하였다. 넷째, 삼척 첨사로 임명되어 직접 울릉도의 상황을 조사하고 그 상황을 면밀하게 보고하였다. 다섯째, 경상좌병사로 임명되어 당시 풍기군민의 현안이었던 봉수대 이설 문제를 해결하는 데에 도움을 주었다. 여섯째, 어영별장이 되어 북한산성의 축조 과정을 감독하였다. 일곱째, 전라병사로서 임명되어 흉년으로 인해 고통받은 백성의 상황을 자세히 보고하여 실효있는 구휼 정책을 세울 수 있게 하였다. 여덟째, 경기수사 및 옥천군수로 임명되었을 때는 기근으로 어려움에 빠진 백성을 구제하기 위한 재원을 마련하고 직접 구제 활동을 벌였다.

이상에서 본 바와 같이 장한상의 업적에 대해서는 통신사 군관으로서의 활동, 울릉도를 수토한 활동에 대해서 주로 논의되었으나 그 외에도 다양한 활동을 해왔음을 확인할 수 있다. 따라서 앞으로도 장한상에 관한 문헌 자료의 광범위한 조사·수집, 그리고 분석을 토대로 특정 업적만 조명하기보다는 장한상의 일생, 그리고 사회적 배경까지를 고려한 총체적인 입장에서 그의 활동과 업적에 관한 분석이 계속되어야 할 것이다.

[참고문헌]

〈사료〉
의성 순천장씨가의 고문헌(경상북도 유형문화재 제443호).
『經國大典』.
『慶尙道邑誌』(서울대학교 규장각한국학연구원, 奎 666).
『高麗史』.
『關東誌』(국립중앙도서관, 古2780-1).
『紀年便攷』(한국학중앙연구원 장서각, K2-37).

『明宗實錄』.

『備邊司謄錄』.

『比安縣邑誌』(서울대학교 규장각한국학연구원, 奎17454).

『成宗實錄』.

『世宗實錄地理志』.

『肅宗實錄』.

『承政院日記』.

『昇平文獻錄』(1922, 목활자본, B9C81).

『燕山君日記』.

『沃川邑誌』(규장각한국학연구원, 奎10759).

『通信使謄錄』(서울대학교 규장각한국학연구원, 奎12870).

『鄕校雜錄』(영주 풍기향교 소장, 영남대학교 민족문화연구소 기탁 자료).

『顯宗改修實錄』.

『戶口總數』.

『湖西邑誌』(규장각한국학연구원, 奎 12176, 1871).

〈논저〉

배재홍, 「수토사 장한상의 관력(官歷)과 주요 행적」, 『이사부와 동해』 16, 이사부학회, 2020.

손승철, 「朝鮮後期 脫中華의 交隣體制」, 『講座 韓日關係史』, 현음사, 1994.

_____, 「울릉도 수토와 삼척영장 장한상」, 『이사부와 동해』 5, 한국이사부학회, 2013.

송병기, 「조선후기의 울릉도 경영 – 수토제도(搜討制度)의 확립 – 」, 『진단학보』 86, 진단학회, 1998.

송휘영, 「의성 비안고을과 장한상의 행적」, 『독도연구』 25, 영남대학교 독도연구소, 2018.

순천장씨, 『승평(순천장씨)문헌록』, 順天張氏譜所, 1992.

유미림, 「"우산도=독도" 설 입증을 위한 논고 – 박세당의 「울릉도」와 장한상의 「울릉도 사적」을 중심으로 – 」, 『한국정치외교사논총』 29-2, 한국정치외교사학회, 2008.

_____, 「장한상의 울릉도 수토와 수토제의 추이에 관한 고찰」, 『한국정치외교사논총』 31-1, 한국정치외교사학회, 2009.

_____, 「『울릉도 사적』의 필사 연도와 『울릉도』의 '우산도' 해석을 둘러싼 논란에 대한 변석」, 『동북아역사논총』 64, 동북아역사재단, 2019.

유채연, 「조선후기 통신사행의 三使 선발과 대일정책」, 『한일관계사연구』 41, 한일관계사학회, 2012.

의성군지편찬위원회, 『의성군지』, 의성군, 1998.

의성문화원, 『의성지집록』, 의성군, 1994.

_____, 『義城遺墟誌』, 의성군, 1996.

이원택, 「『울릉도사적(蔚陵島事蹟)』의 문헌학적 검토」, 『영토해양연구』 16, 동북아역사재단 독도연구소, 2018.

_____, 「순천장씨 학서주손가(鶴棲冑孫家)의 『충효문무록』과 『절도공양세실록』 소개, 그리고 장한상의 「울릉도사적」 재론(再論)」, 『영토해양연구』 18, 동북아역사재단 독도연구소, 2019.

_____, 『의성 경덕사 장시규·장한상 자료 喬桐水使公輓祭錄·喬桐水使公輓辭·節度公兩世實錄·節度公兩世碑銘』, 동북아역사재단, 2022.

이인복, 「숙종대 武臣의 경연 참여와 역할」, 『청계사학』 27, 청계사학회, 2024.

이종호, 「화산삼걸의 성립과 의의」, 『국학연구』 34, 한국국학진흥원, 2017.

이현수, 「18세기 북한산성의 축조와 경리청」, 『청계사학』 8, 청계사학회, 1992.

진한용, 『한국철비대관』, 고려금석원, 2022.

〈웹자원〉
영남권역 한국학자료센터.
의성군청 홈페이지.
조선왕조실록.
한국역대인물종합정보시스템.

제7장

장한상의 임술(1682) 통신사행 참여 연구

송 휘 영[*]

1. 머리말

　　운암(雲巖) 장한상(張漢相)은 경상도 비안현 외서면 비산리(현재 경상북도 의성군 구천면 내산1리 비산마을)에서 무관인 장시규(張是奎)의 차남으로 출생하여 1676년 21세의 나이로 무과에 급제하였다. 이후 무관으로서 엘리트 코스라 할 수 있는 선전관(종5품) 발탁을 시작으로 훈련첨정, 훈련부정도총부 부총관, 부호군 등 중앙관직(무관), 경기수사, 삼척첨사, 전라병사, 경상좌수사 등의 지방관직(무관), 영변부사, 회령부사, 칠곡군수, 옥천군수 등의 지방관 등 전국의 요직을 두루 거쳤다. 지금까지 그의 업적은 『울릉도사적』의 발굴로 인해 1694년 최초의 수토관으로서 울릉도를 수토한 점을 중심으로 학

＊　영남대학교 독도연구소 연구교수

계에서 주목을 받아왔다.[1]

그러나 그의 관직경력이 말해주듯이 장한상의 업적은 ① 관료로서의 업적, ② 울릉도 수토관으로서의 업적, ③ 조선통신사 임술사행(7차)의 일원(軍官)으로 참여, ④ 백두산 정계조사 및 북한산성 축조에 관여하여 기여한 점 등을 들 수 있을 것이다. 특히 부친 장시규와 함께 평안도 수군절제사를 제외한 전국의 무관 수장직을 두루 지냈다고 한다. 이러한 그의 행적을 보면, 첫째, 전라병사로 부임해서는 전라도지역에 창궐한 도적을 척결하고 백성을 진휼하는 공을 세우기도 했고, 경기수사, 옥천군수 등 지방관으로 재직 시에는 지역의 규휼 문제를 해결하는데 앞장서서 추진하였다. 둘째, 울릉도쟁계가 발생하자 최초의 울릉도 수토관으로 파견되어 조선의 지계를 명확히 하였고, 설읍·설진의 여부를 조사하여 조정에 보고하였다. 이것이 울릉도 수토기록인 『울릉도사적(鬱陵島事蹟)』이다. 울릉도쟁계와 울릉도사적에 관한 연구는 많이 이루어져왔고 독도 영유권 관련 연구에 초점이 다루어졌다. 셋째, 27세라는 젊은 나이로 조선통신사 임술사행(壬戌使行)에 군관(軍官)[2]으로 차정되어 참여하였다는 점이다. 당시 통신사 일행은 호조참의 윤지완(尹趾完)을 정사로 하여 6척의 배로 473명이라는 대규모 사행단이었다. 이러한 통신사 경험은 후일 삼척첨사(영장)로 울릉도 수토를 하는 적임자로 선발하게 한 배경

---

1 수토제도와 장한상에 관한 연구로는, ① 한국문화원연합회 경북도지회, 『독도지킴이 수토제도에 대한 재조명』 제1회 한국문화원연합회 경상북도지회 학술대회 자료집, 경상북도, 2008, ② 의성문화원, 『우리 땅 독도지킴이 장한상』, 의성문화원, 2018, ③ 독도학회, 『장한상의 생애와 업적 재조명』 2024년 의성조문국박물관 학술대회 자료집, 2024 등이 있다. ①, ②는 수토제도와 수토관 장한상의 업적을 중심으로, ③은 장한상의 가계 및 관력, 조선통신사 군관으로서의 참여, 북한산성 축조 및 백두산 정계조사에의 공헌, 조선의 수토제도와 일본의 순검사 제도의 비교 등 연구의 외연을 확장하고 있다.
2 통신사 일원으로 발탁되기 직전 장한상은 훈련부정(訓練副正)으로 종3품의 품계였음.

이 되었음을 짐작케 한다. 넷째, 무관으로서 조선의 강역방비에 힘썼던 공적이다. 1710년 요동지역에 이양선이 출몰한다는 소식으로 북한산성 축조 주장이 대두되었고, 병자호란 때 강화도가 함락된 경험에 대한 반성으로 1711년 북한산성 축조를 시작하였다. 이때 장한상은 북한산성 축조에 도청(都廳)의 직함으로 참여하였다. 그리고 1712년 청과의 백두산 지계(地界) 획정 문제가 대두되었을 때, 장한상은 북병사로 임명되어 백두산 정계조사에 참여하였다.

본고에서는 주로 장한상의 임술사행 참여를 중심으로 그의 행적을 검토하고자 한다. 현재 남아있는 임술사행 관련 기록에서 그에 관한 직접적 기술이나 행적은 아주 제한적으로밖에 파악되지 않는다. 하지만 장한상이 활쏘기와 말타기 등 무예와 용맹스러움이 뛰어났으며, 특히 담력이 남달랐던 이유로 조선통신사 임술사행의 군관(軍官)으로 발탁된 듯하다. 또한 임술통신사행의 일원으로서의 경험이 왜인들이 자주 출몰하는 울릉도 수토관의 적임자로 임명되었음을 파악할 수 있다. 이 연구는 이러한 점에 논의의 초점을 맞추어 진행하고자 한다.[3]

2. 조선통신사의 임술 사행의 개요와 그 의의

1) 조선후기 조선통신사행의 개요

조선후기 조선에서 일본으로 파견한 사절단인 조선통신사(朝鮮通信使)[4]

---

3 지금까지 임술사행에 관한 연구는 다수 존재하지만, 임술사행에서 군관 및 장한상의 역할과 관련한 연구는 전혀 없다.
4 제1차~제3차까지는 '회답겸쇄환사(回答兼刷還使)', 제4차~제12차까지는 '통신사(通信使)'라고 불렸다. 이 12차에 걸친 사절단을 보통 편의적으로 '조선통신사(朝鮮通信使)'라고 부르고 있으나 이는 정식명칭은 아니었다. 조선에서는 12간지를 앞에 붙여

는 모두 12차례에 걸쳐 이루어졌다[5]. 임진왜란과 정유재란이 끝난 지 10년밖에 되지 않은 1607년의 시점에서 일본의 정권을 장악한 도쿠가와 이에야스(德川家康)[6]의 요청으로 시작되었다. 당시 임진왜란의 상흔과 일본에 대한 불신감이 팽배해 있었고, 정권을 잡은 이에야스가 자신은 도요토미 히데요시와 임진왜란과는 상관이 없다며 국교 재계를 수차례 요구해왔던 것이다. 조선의 입장에서는 일본의 사정을 정탐하고 이들과 우호를 유지하고 강화하는 것은 무엇보다 중요하였으며, 일본으로서는 도쿠가와 정권의 정통성을 일본 국내에서 인정받기 위해 필요한 조치였다. 즉 양국이 상호 이익이 된다고 판단하여 통신사행이 200여 년 간 이어졌던 것이다. 조선은 임진왜란을 통해 일본이 침략해 오면 어떻게 되는지 뼈저리게 경험하였고, 이런 경험을 다시 하지 않기 위해서라도 전쟁을 사전에 미리 방지하고 그렇지 못할 경우 그것이 언제쯤 터질지는 알아야 된다고 판단하였기 때문이다. 즉 일본의 정세가 요즘 어떻게 돌아가고 있는지 정탐할 필요가 있었고, 전쟁을 걸어오지 않도록 우호적 관계를 유지할 필요가 있었는데 통신사의 파견 목적은 바로 이것이었다.[7]

'계미통신사(癸未通信使, 1764)', 일본에서는 연호를 붙여 '교호신사(享保信使)'라는 식으로 불렀음.

5 임진왜란 이전인 조선전기에도 6차례나 있었는데, 세종대에 4차례, 선조대에 2차례가 있었음.

6 일본의 에도시대(江戸時代)는 도쿠가와 이에야스(德川家康)의 집권(1603)으로부터 시작되어, 제15대 쇼군(將軍) 도쿠가와 요시노부(德川慶喜, 재위 1867~1868)까지 266년간이나 이어졌다. 임술사행은 명목상 제5대 쇼군 쓰나요시(綱吉, 재위 1680~1709)의 취임을 축하하는 자리였다.

7 통신사행의 목적을 문화교류로 보는 견해도 있으나, 어디까지나 외교사절단이었고 문화교류는 부차적인 수단이었다.

<표1> 조선후기 통신사행의 내용

회차	연도	정사	부사	종사관	제술관	인원	목적 및 특징
제1차	1607년 (선조 40년)	여우길	경섬	정호관	-	467	국교 회복
제2차	1617년 (광해군 9년)	오윤겸	경섬	정호관	-	428	오사카 전투 직후 회답사 파견
제3차	1624년 (인조 2년)	정립	강홍중	이계영	-	300	도쿠가와 이에미쓰(3) 취임
제4차	1636년 (인조 14년)	임광	김세렴	황호	권칙	475	병자호란 중에 파견
제5차	1643년 (인조 21년)	윤순지	조경	신유	박안기	462	도쿠가와 이에쓰나 탄생
제6차	1655년 (효종 6년)	조형	유창	남용익	이명빈	488	도쿠가와 이에쓰나(4) 취임
제7차	**1682년 (숙종 8년)**	**윤지완**	**이언강**	**박경후**	**성완**	**473**	**도쿠가와 쓰나요시(5) 취임**
제8차	1711년 (숙종 37년)	조태억	임수간	이방언	이현	500	도쿠가와 이에노부(6) 취임
제9차	1719년 (숙종 45년)	홍치중	황선	이명언	신유한	479	도쿠가와 요시무네(7) 취임
제10차	1748년 (영조 24년)	홍계희	남태기	조명채	박경행	475	도쿠가와 이에시게(9) 취임
제11차	1763년 (영조 39년)	조엄	이인배	김상익	남옥	472	도쿠가와 이에하루(10) 취임
제12차	1811년 (순조 11년)	김이교	이면구	-	이현상	336	도쿠가와 이에나리(11) 취임
평균	17.0(204)					446.3	

통신사는 대개 한양에서 동래까지는 육로로 부산항에서부터 교토의 요도 우라(淀浦)까지는 배편으로 이동하였고, 그 거리는 왕복 4,000~5,000km의 대장정이었다. 통신사행에 소요되는 시간은 수행하는 시기의 기상조건, 바다의 일기에 따라 4개월~1년 정도 소요되었다. 처음에는 포로의 반환 등 전후처리, 태평성대가 유지됨을 축하한다든다 하는 명목으로 보내지다가, 제6차 1655년(제6차 통신사행)부터 새로운 쇼군의 취임을 축하한다는 명분으로 바뀌었다. 그러나 조일국교가 수립된 다음 에도막부로서는 새 쇼군이 취임할

때마다 그 권위를 국제적 국내적으로 인정받기 위해 막부의 요청[8]에 의해 취임을 축하하는 형식적인 임무로 파견되었다. 그렇지만 당시의 현안에 관련된 정치외교적입 협상을 하였다.

제3차 사행까지 '회답겸쇄환사(回答兼刷還使)'라는 사절을 파견할 때는 정사(正使), 부사(副使), 종사관(從事官) 이하 420여명이 사절단으로 참여했으며, 제4차 사행인 '통신사(通信使)'부터는 제술관(製述官)[9] 등 평균 450여명의 사절단으로 꾸려졌다(〈표1〉을 참조). 1600년대 중반까지 중국에서는 명·청 교체시기로 병자호란, 명나라 멸망 등을 거쳐 후반이 되면서 동아시아의 국제질서가 대체적으로 안정기에 접어드는 시기이다. 일본 에도막부의 제5대 쇼군 도쿠가와 쓰나요시(德川綱吉)[10]의 취임을 계기로 일본이 요청해온 제7차 통신사행부터는 동아시아 국제관계가 안정기에 접어들었고 중원에서는 청의 지배체제가 안정적으로 확립되었다. 일본에서는 쓰나요시(綱吉) 집권시기부터 문치적(文治的) 지배체제로 전환되는 시기이기도 했다.

조선통신사는 일본에 체재하는 내내 호화로운 접대를 받았는데, "□□에서 머물렀다. 융숭한 대접을 받았다"고 기록하고 있으며 상당히 사치스런 대우를 받았다.[11] 당시 일본에서는 통신사에 대한 관심이 높아 이들이 지나갈 때

---

8 일본으로서는 도쿠가와 막부가 국제적으로 인정받는 권력임을 선전하는 정치적인 효과와 더불어, 막부의 권력이 중국에도 알려지게 됨으로써 중국과의 교섭에도 보다 유리한 입장에 설 수 있었다. 또한 일본 국내적으로는 백성들에게 통신사를 조공사절로 선전하여, 일본이 마치 조선을 속국으로 거느리고 있는 것처럼 왜곡하며 내부단속과 국가적 자부심을 고양하는 효과를 노렸다.

9 외국에 사신을 파견할 때 동행하는 수행원의 하나로, 보통 문장에 뛰어난 사람으로 전례문(典禮文)을 전담하여 짓게 하였음. 또 일본의 문사들과 시문을 나누는 문화교류의 성격이 강해지면서 정식 사행직으로 성립되었다. 그 명칭 변화를 보면, 1차 學官, 4차 吏文學官, 5~6차 讀祝官이라 하다가 7차 이후 製述官이라는 사행직으로 정착하였다. 장순순, 「朝鮮後期 通信使行의 製述官에 대한 一考察」, 『全北史學』 제13집, 1990, 1990, pp.37-38.

10 에도막부 제5대 쇼군(將君)으로 제위기간은 1680~1709년임.

마다 유행이 바뀐다고 할 정도로 파장이 대단한 것이었다. 통신사가 지나갈 때면 가두의 일본 사람들이 조선통신사의 서예작품을 하나 얻으려고 성황을 이루었고, 통신사의 기록을 보면 이 부탁을 들어주느라 무척 힘이 들었다고 할 정도로 글을 쓰거나 그림을 그려주는 통신사의 입장에서는 도저히 감당하기 힘이 들 정도였다.[12] 당시 통신사의 배는 대선, 중선, 소선 각 2척씩 6척으로 일본을 건너갔다. 그 중 3척에는 정새수석(首席)인 사신(使臣)], 부새정사(正使)를 보좌하는 사신(使臣)], 종사관정사와 부사를 보좌하며, 견문록 작성과 사행원들을 규찰(糾察)하는 사신(使臣)]이 각각 수행원을 데리고 탑승하였고, 다른 3척에는 화물과 나머지 인원이 탑승하였다. 정사, 부사, 종사관이 탑승한 배 3척은 기선(騎船), 화물과 나머지 인원이 탑승한 3척은 복선(卜船)이라고 불렀다. 수행인원은 대략 450명 정도였다. 일본에서는 한번 맞이하는데 1,400여척의 배와 1만 여명의 인원이 동원되었다고 한다. 17세기에는 쇼군이 조선통신사를 맞이하기 위해 사용한 비용이 100만 냥이나 되었는데 당시에도 막부의 1년 수입이 76~77만 냥 정도라고 한다. 그렇다보니 통신사가 지나가는 경로에 있는 번(藩)에서는 접대를 하느라 막대한 비용을 지출할 수밖에 없었으며 각 번에게는 상당한 부담으로 작용하기도 했다.[13]

2) 임술년(1382) 조선통신사행의 규모

임술사행은 조선후기 통신사행 중 제7차에 해당하는 사행이다. 일본 도쿠가와 막부의 제4대 쇼군(將軍)인 도쿠가와 이에쓰나(德川家綱)[14]의 사망으로

---

11 예를 들어, 『東槎日錄』 임술년 7月 11日, 7月 21日, 8月 2日.
12 『東槎日錄』 임술년 8月 21日.
13 이 문제가 현실화하는 것이 1711년 제8차 통신사행으로 통신사를 맞이하는 비용이 간략화 되기도 하였음.
14 도쿠가와 이에쓰나(德川家綱, 제위기간: 1651~1680)가 사망하자, 그의 동생이자 양자인 쓰나요시(綱吉)가 1680년 제5대 쇼군(1680~1709)으로 즉위하였다.

그의 동생 도쿠가와 쓰나요시(德川綱吉)가 제5대 쇼군직을 계승하자, 조선이 숙종 8년(1682) 새 관백의 습직을 축하하고자 파견한 사행이다. 정사[15]에 호조참의(정3품) 윤지완(尹趾完), 부사에 사복시정(司僕寺正, 정3품 당하관) 이언강(李彦綱), 종사관에 홍문관 전교리 박경후(朴慶後)를 삼사로 한 473명이었다(〈표2〉 참조). 사행기간은 1682년 5월 8일 한양을 출발하여, 6월 18일 부산에서 출발하였고, 에도에 도착한 것은 8월 21일이었다. 그리고 8월 27일에 국서봉정을 행하고, 9월 12일에는 에도를 떠나 부산을 거쳐 11월 16일 다시 한양으로 돌아왔다. 약 7개월간이었다.

임술사행의 인원은 정사·부사·종사관의 삼사(三使) 이외에 그 수행원으로서 삼사 각인 앞으로 사신의 통역과 사행의 제반 잡무를 맡은 당상 역관, 일본에서 그들의 이른바 서승(書僧)들과의 창화시(唱和詩)에 응하는 제술관, 삼사를 직접 수행하는 자제군관(子弟軍官) 및 군관, 일반 통역을 맡은 상통사(上通事), 그리고 의원, 사자관(寫字官), 화원(畫員), 별파진(別破陣 화약(火藥)을 다루는 병사), 마상재(馬上才), 악공(樂工), 이마(理馬), 반당(伴倘), 선장(船將) 및 사령, 격군, 사공 등으로 각각 구성되어 정사단, 부사단, 종사관단의 3행(三行)으로 편성되었다. 그리고 통신사가 일본에 갈 때는 수군통제영과 경상좌수영에서 각기 배를 제공하였는데, 이 배를 기선(騎船: 인원(人員)이 타는 배)·복선(卜船: 짐 싣는 배)의 3척씩 합계 6척으로 선단을 편성하되, 제1선은 국서를 받든 정사와 그 수행인이 타고, 제2선은 부사단, 제3선은 종사관단이 타도록 하였다. 이번 임술 사행 인원을 정사단·부사단·종사관단으로 나누어 그 명단을 적으면 다음과 같다. 임술 사행의 인원은 원액(原額)이 총 473인[16]이라 되어 있다.

---

15 정사(正使)에는 통상 예조참의(정3품)에 준하는 품계의 사람이 차정되었고, 일본에서는 총리에 해당하는 대우를 받았음.

16 표에서 보듯, 원액(473)과 사행인원(468)에는 약간의 차이가 난다. 사행인원을 실제

	제1선(第一船)	제2선(第二船)	제3선(第三船)
정사	호조 참의 윤지완(尹趾完)		
부사		사복시 정 이언강(李彦綱)	
종사관			전 교리 박경후(朴慶後)
자제 군관	전 만호 백홍령(白興齡) · 전 판관 이엽(李曄)	부사과 이유린(李有麟) · 전 첨정 홍세태(洪世泰)	전 판관 정태석(鄭泰碩)
군관	절충 차의린(車義麟) · 전 경력 신이장(申履壯) · 전 군수 원덕휘(元德徽) · 전 초관 이만상(李萬相) · 수문장 강진무(姜晉武)	전 부정 윤취오(尹就五) · 전 부정 장한상(張漢相) · 선전관 양익명(梁益命) · 호군 김효상(金孝尙) · 호군 조정원(趙廷元)	전 부사 윤취상(尹就商) · 전 첨정 김중기(金重器)
수역	가선 박재흥(朴再興)	절충 변승업(卞承業)	절충 홍우재(洪禹載)
상통사	직장 정문수(鄭文秀)	주부 안신휘(安愼徽) · 전 판관 김관(金琯) · 전 봉사 박중렬(朴重烈)	전 정 유이관(劉以寬) · 전 정 오윤문(吳允文) · 통훈(通訓) 이석린(李碩麟)
제술관	진사 성완(成琬)		
양의	전 정 정두준(鄭斗俊)	(의원) 전 주부 이수번(李秀蕃)	(의원) 전 판관 주백(周伯)
한학	전 정 김지남(金指南)	(서기) 부사과 임재(林梓)	(서기) 진사 이담령(李聃齡)
가정 (加定)	사맹 김도남(金圖南)		
사자관	참봉 이삼석(李三錫)	상호군 이화립(李華立)	(화원)전 교수 함제건(咸悌健)
별파진	이시형(李時馨)	한준일(韓俊一)	
마상재	오순백(吳順白)		형시정(邢時挺)
전악	윤만석(尹萬碩)	김몽술(金夢述)	
이마	박계한(朴戒漢)		
반당	김태익(金泰益)	강선립(姜善立)	홍여량(洪汝亮)
선장	황생(黃笙)	김용기(金龍起)	김중일(金重鎰)
복선장	김여경(金汝慶)	황진중(黃震重)	장지원(張之愿)

계산하면 468인으로 5인의 차이가 있다. 생각해보면 어떤 부분이 누락된 듯하다. 위의 사행 인원 이외에 사행의 호위임무를 지니고 일본에서 파견되어 온 호행차왜(護行差倭) 정관인 평진행(平眞幸)과 부관 평성창(平成昌), 재판왜(裁判倭) 평성차(平成次) 등이 동행하였다. 또한, 대규모 사행단의 이동과정에서 인원이 사망하는 사례가 발생하는데『동사록』과『동사일록』을 보면 갈 때 조선 국내 여정에서 사망자가 1명, 돌아오는 여정에서 일본에서 사망자가 1명 발생하고 있음.

	제1선(第一船)	제2선(第二船)	제3선(第三船)
예단직 (禮單直)	여신립(呂信立)	(청직)조귀동(趙貴同) (반전직)여자신(余自信)	(청직)박성익(朴成益) (반전직)장후량(張後良)
도훈도	김기남(金起南)	남석로(南碩老)	
소동	김취언(金就彦)·최정필 (崔鼎弼)·장성일(張成一) ·이지화(李之華)	현천필(玄天弼)·장외봉 (張巍峯)·배봉장(裵鳳章) ·장익(張益)	김자중(金自重)·최영숙 (崔泳淑)·장계량(張繼良) ·김취적(金就積)
수역 소동	김성건(金成建)	최차웅(崔次雄)	한국안(韓國安)
술관 소동	김이경(金二鏡)		
사노	애금(愛金) 맛(끝)봉(莻奉)	영립(永立) 천업(天業)	수생(水生) 시건(時建)
원역노	17인	16인	12인
소통사	3인	4인	3인
사령	4인	4인	4인
취수	6인	6인	6인
포수	2인	2인	2인
기수	1인	1인	1인
도척 (刀尺)	3인	2인	2인
수역 사령	2인	2인	2인
상선 사공	4인	4인	4인
격군	60인	59인	50인
복선 사공	4인	4인	4인
격군	30인	30인	22인
합 계	168인	164인	136인 (합 468인)
호행 차왜 (護行 差倭)	정관 평진행(平眞幸), 부관 평성창(平成昌), 재판왜(裁判倭) 평성차(平成次), 도선주(都船主) 등 5인(?)		
총인원	473인		

자료: 『동사록(東槎錄)』, 『동사일록(東槎日錄)』을 바탕으로 작성.

3) 임술년(1682) 조선통신사행의 여정과 의의

조선시대 일본으로의 사절단 파견은 그 목적과 규모에 따라 다양한 형태로 이루어졌다. 일본 막부 쇼군이 있는 에도(江戶)를 방문하는 대규모 사행만이 아니라, 여러 지역을 대상으로 하는 소규모 사행도 있었다. 대표적으로 대마도와 잇키(壹岐)까지만 다녀오는 근거리 사행, 큐슈(九州) 지방까지만 다녀오는 중거리 사행, 그리고 에도까지 가는 장거리 사행 등으로 구분할 수 있다.[17] 이러한 사행들은 각각의 특성에 따라 소요 기간도 크게 달랐다. 대마도까지 가는 근거리 사행의 경우, 왕복에 최소 20일에서 최대 3개월이 소요되었다. 큐슈 지방을 방문하는 중거리 사행은 왕복 최소 8개월에서 최대 9개월이 걸렸다. 가장 먼 거리인 에도까지 가는 장거리 사행은 보통 왕복 최소 8개월에서 최대 12개월의 시일이 걸렸다.

이러한 맥락에서 임술사행은 주목할 만한 특징을 보인다. 이 사행은 양국 간의 우호 관계 증진을 뜻하는 수호(修好)를 주요 목적으로 하였기에 일본의 정치 중심지인 에도까지 방문하는 장거리 사행이었다. 그럼에도 불구하고, 임술사행은 기존의 에도 방문 사행들과는 달리 매우 빠른 속도로 임무를 완수했다는 것이다. 구체적으로, 조선을 출발하여 에도를 방문하고 다시 귀국하기까지 걸린 전체 기간이 7개월에 조금 못 미치는 시간이었다. 이는 당시의 일반적인 에도 방문 사행 기간에 비해 상당히 짧은 것으로, 매우 이례적인 사례라고 할 수 있다. 이러한 신속한 임무 수행은 당시의 정치적 상황이나 외교적 필요성, 혹은 사행단의 특별한 노력 등이 작용했을 것으로 추측된다.[18]

---

17 큐슈 지방을 다녀오는 사행은 주로 조선 전기에 있었음. 조선에서 1596년까지 19회에 걸쳐 사찰단을 파견하였는데, 처음에는 '報聘使'라고 했으나, 1428년부터 '通信使'라 했다. 조선전기에는 교토(京都)가 종점이었으나, 후기에는 1617년과 1811년을 제외하고 모두 에도(江戶)까지 갔다. 손승철, 「조선시대 通信使研究의 회고와 전망」, 『한일관계사연구』 제16집, 2002, pp.42-47을 참조.

18 이하의 내용은, 허선도, 「동사록 해제」, 1974를 참고하였음.

<표 3> 사행 왕복의 개략적 일정

날짜	여정: 가는 길(入去時)	비고
1682년 5월 8일	사조(辭朝)	육로
5월 26일	부산 도착, 22일간 머무름.	
6월 18일	배를 타고 부산 출발, 도해(渡海)	해로
6월 24일	대마도 도착, 14일간 머무름	
7월 8일	대마도 출발	
7월 26일	오사카(大阪)에 도착, 왜선(倭船)으로 갈아탐. 5일간 머무름	수로
8월 3일	왜경(교토(京都))에 이르러 3일간 머무름.	육로
8월 21일	에도(江戸)에 도착, 20일간 머무름.	
날짜	**여정: 오는 길(回程時)**	
9월 12일	에도를 떠나 회정(回程)의 길에 오름.	육로
9월 26일	왜경(교토)에 도착, 3일간 머무름.	
10월 2일	오사카성(大阪城)에 도착, 4일간 머무름.	수로
10월 6일	우리나라 배로 갈아탐.	해로
10월 18일	대마도로 귀환, 9일간 머무름.	
10월 27일	대마도를 떠나 환국 길에 오름.	
10월 30일	부산에 환박(還泊).	육로
11월 16일	복명.	

임술 사행의 여정을 살펴보면, 서울에서 출발하여 에도까지 가는 데는 약 3달 반이 소요되었으나, 귀로에는 2달 반 정도로 단축되어 돌아왔음을 알 수 있다. 이는 가는 길에는 각 참(站)에서 왜인의 접대를 받았지만, 돌아오는 길에는 왜인들의 불평을 살 정도로 일정을 서둘러 참에 들르지 않고 직행했기 때문이다. 이러한 급박한 귀로 중에는 위험한 상황도 있었는데, 한 번은 아야시마(藍島)에서 대마도[19]로 오는 사이에 강풍을 만나 정사가 탄 배가 사행 일행과 떨어져 하루 종일 행방불명되는 위험한 상황에 처하기도 했다.

---

19 대마도(對馬島)는 일본 원음 '쓰시마'가 아닌 우리나라 역사학계에서 일반적으로 쓰는 표현 '대마도'로 하였다.

이어서 임술사행의 구체적인 노정을 살펴보자. 우선 갈 때[入去時] 노정은 다음과 같다.

(1) 갈 때[入去時]의 노정

한성(漢城)→양재역(良才驛)→양지(陽智)→죽산(竹山)→무극(無極)→숭선(崇善)→충원(忠原)[20]→안보역(安保驛)→조령(鳥嶺)→문경(聞慶)→용궁(龍宮)→예천(醴泉)→안동(安東)→의성(義城)→의흥(義興)→신녕(新寧)→영천(永川)→경주(慶州)→울산(蔚山)→동래(東萊)→부산(釜山). 서울에서 부산까지는 19일간(5월 8일~26일) 1,045리(우리나라 이수)를 소요하였다. 부산에서는 배에 승선하여 출발하였다.

부산(釜山)→사스우라(佐須浦)→오오우라(大浦)→대마도(對馬島)후추(府中)→잇키(壹岐)→아야시마(藍島)→아카마세키(赤間關, 시모노세키(下關))→무카이지마(向島)→가미노세키(上關)→츠와(津和)→가마카리(鎌刈)→이나우라(稲浦)→무구치지마(六口島)→우시마도(牛窓)→무로즈(室津)→효고(兵庫)→오사카 하구(大坂河口, 왜선(倭船)으로 갈아 탐)→오사카성(大阪城)→요도우라(淀浦, 여기서부터 육로(陸路))→교토(京都=倭京)→모리야마(森山)→사와(佐和)→오가키(大垣)→나고야(名古屋)→오카자키(岡崎)→요시다(吉田)→하마마츠(濱松)→가케가와(懸川)→후지에(藤枝)→에시리(江尻)→미시마(三島)→오다하라(小田原)→후지사와(藤澤)→간토가와(神東川)→에도(江戸).

일본에서는 해로로 27일간 3,245리, 육로로 20일간 1,245리를 이동하여 에도에 도착한다. 전체 여정은 해로와 육로를 합쳐 총 66일, 5,535리에 달한다.

---

20 충원(忠原)은 충주를 가리키는데 중원(中原)의 오기인 듯하다. 『東槎錄』 임술년 5월 11일, 『東槎日錄』에는 '충주(忠州)'로 되어 있다.(임술년 5월 11일)

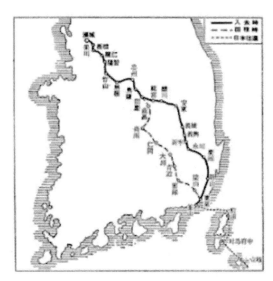

[그림 1] 임술 조선통신사행의 노정(朝鮮境內)

통신사 임술사행의 여정을 보면 입거시(일본으로 가는 길)에 한양을 출발하여 육로로 19일을 걸려 부산에 도착한다. 『동사록』 및 『동사일록』의 기록을 보면 의성현(義城縣)에서 이틀 가량을 머물고 있는 것으로 기록되어 있어 흥미롭다.

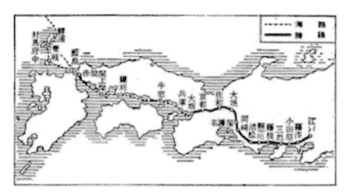

[그림 2] 임술 조선통신사행의 노정(日本境內)

임술년(1682) 5월 17일(갑자): 맑음. 새벽에 떠나서 **일직참**(日直站)**에서 아침밥을 먹고 의성에 도착하여 잤다.** 이날 70리를 갔다.[21]

임술년(1682) 5월 18일(을축): 맑음. **아침밥을 먹고 떠나서 청로참**(靑路站)**에서 점심을 먹고 이날도 의성에서 잤다. 또 먼저 참을 정하였다.** 이날 50리를 갔다.[22]

임술년(1682) 5월 19일(병인): 맑음. 아침밥을 먹고 떠나서 신녕(新寧)에 도착하여 잤다. 이날 40리를 갔다.[23]

임술년(1682) 5월 17일: 일직(日直)에서 점심 먹었는데 일직에는 안동부의 창고가 있다. 영해(寧海)·예안(禮安)·안동 등의 고을에서 지대했다. 안동부에서 종행인을 제공했다. **의성현에 이르러서 유숙했는데 인동현과 본현에서 지대했다. 본현에서 종행인을 제공했다.** 경신년(1680, 숙종 6) 접위시(接慰時)의 영리(營吏)였던 인동(仁同) 유시웅(劉時雄)이 와서 문안하였다.[24]

임술년(1682) 5월 18일: **청로역**(靑路驛)**에서 점심 먹었는데** 영덕·지례(知禮)·군위 등의 고을에서 지대했다. 군위에서 종행인을 제공했다. 낮에 의흥(義興)에 이르러 유숙했다. **청송·비안(比安)·본현 등 고을에서 지대했는데, 비안에서 종행인을 제공했다.** 음식이 매우 정결했고 모든 일에 공손했다. 영덕의 사람편에 정 판서(鄭判書) 앞으로 편지를 보내고 겸하여 필묵과 약물(藥物)을 드렸다. 정 판서는 즉 정익(鄭榏)으로, 귀양살이 하고 있었다.[25]

『동사일록』에서는 의성현과 청로역(靑路站)에서 이틀 유숙하는 것으로 되어 있지만, 청로역에서는 점심을 먹고 의흥까지 가서 거기서 유숙하는 것으로 돼있다. 아마도 『동사일록』을 기록한 김지남이 의흥현을 의성현으로 착각한 듯하다. 의성현에서 유숙하는 동안은 인동현과 의성현에서 통신사 일행을 접대(지대)하고 종행인을 제공하였다. 의성에서 아침밥을 먹고 출

---

21 金指南,『東槎日錄』임술년 5월 17일.
22 金指南,『東槎日錄』임술년 5월 18일.
23 金指南,『東槎日錄』임술년 5월 19일.
24 洪禹載,『東槎錄』임술년 5월 17일.
25 洪禹載,『東槎錄』임술년 5월 18일.

발하여 도중의 청로참(靑路站)에서 점심을 먹었는데, 이 점심의 접대는 영덕, 지례, 군위 등의 고을에서 맡았다. 그리고 의성에서 의흥까지 50리길을 더 걸어서 의흥에서 유숙하는데, 여기서는 청송, 비안(比安), 의흥 등의 현에서 지대(支待)하였고, 비안에서 종행인(從行人)을 제공하고 있다. 장한상의 고향은 비안현(比安縣)이다. 비안현의 현령 등은 이 고장 출신으로 중앙관직에 있으면서 통신사행의 일원으로 참여한 장한상과 접촉을 했을 가능성도 있다.

(2) 올 때[回程時]의 노정

에도에서 출발하여 대마도까지는 갈 때와 같은 길을 따랐으나, 귀로에는 약간의 변화가 있었다. 특히 주목할 만 한 점은 아야시마(藍島)에 들르지 않고 직접 대마도로 향했다는 것이다([그림 2]). 이 과정에서 예기치 못한 사건이 발생했는데, 바로 정사선(正使船)이 일시적으로 행방불명되는 위험한 상황에 처한 것이다. 이는 당시 해로의 위험성과 불확실성을 여실히 보여주는 사례라 할 수 있다. 부산에 무사히 도착한 후, 사행단은 상경 길에 올랐다. 이때의 노정은 가는 길과는 다소 차이가 있었다.

구체적으로 살펴보면, 부산(釜山)에서 출발하여 동래(東萊)→양산(梁山)→밀양(密陽)→유천(楡川)[26]→청도(淸道)→대구(大邱)→송림사(松林寺)→인동(仁同)→오리원(五里院)[27]→상주(尙州)→함창(咸昌)→문경(聞慶)으로, 문경 이후의 여정은 내려올 때와 동일한 경로를 따랐다([그림 1]).

이러한 상세한 노정은 당시 조선의 주요 도시와 지역을 잇는 교통로를 파악할 수 있게 해주는 귀중한 자료이다. 임술 사행의 전체 여정을 지도에 표시해

---

26 밀양시 상동면과 청도군 청도읍 사이에 있는 유천마을(청도읍 유호리).
27 오리원(五里院)은 현재 상주시 낙동면 용포리에 해당하는 곳으로, 선산에서 상주로 넘어가는 죽현(竹峴) 밑에 위치한 곳임. 죽현원(竹峴院)이라고도 했음.

보면, 그 규모와 범위가 실로 방대함을 알 수 있다. 구체적인 거리를 살펴보면, 서울에서 부산까지가 우리나라의 옛 거리 단위인 이수로 1,045리에 달했다. 여기에 부산에서 에도까지의 거리 4,490리를 더하면, 편도만으로도 5,535리라는 엄청난 거리가 된다. 이 중 해로가 3,245리, 육로가 1,245리를 차지했다.

왕복 거리를 계산하면 무려 1만 1천여 리를 넘어서는데, 이는 현대의 미터법으로 환산하면 4,400km를 웃도는 거리다. 물론 당시의 이수 측정이 현대의 정밀한 측정 방식과 비교할 때 얼마나 정확했는지는 의문의 여지가 있다. 그럼에도 불구하고, 이 거리가 당시 조선의 기준으로 볼 때 실로 장대한 여정이었음은 의심의 여지가 없다. 이는 당시의 교통 수단과 도로 사정을 고려할 때, 상당한 시간과 노력이 소요되는 원거리 여행이었음을 명확히 보여준다. 이러한 대규모 외교 사절단의 파견은 조선과 일본 양국 간의 관계가 얼마나 중요했는지를 방증하는 동시에, 당시 조선의 외교적 역량과 의지를 잘 보여주는 사례라고 할 수 있다.

임술사행에 대한 일본 측의 예우는 앞선 시기의 사행에 대한 것과 별반 다름이 없었다. 우선 사신을 맞이함에 있어 그들이 취하는 예우는 지극하여 통신사행이 서울을 떠나면 미리 부산에 사신의 호행을 위한 차왜(差倭)가 파견되어 부산 출발에서부터 대마도까지의 뱃길을 안내했으며, 또 사행의 잡무 주선을 위해 재판왜(裁判倭)가 별도로 차정되어 있었다. 그리고 대마도에서부터 에도까지의 왕복에는 대마도주가 두 명의 장로(長老)[28]와 함께 사신을 수행하여 그 호행의 총책임을 맡았다. 그리고 노정에 있는 연로의 각 참(站)에서는 각 번(藩)의 번주(藩主=太守, 다이묘[大名])가 지대관(支待官)이 되어 사신에 대한 식사제공 및 하정(下程)[29]을 드린다. 또 각 주 태수

---

28 이정암(以酊菴, 이테이안)의 주지(住持)와 에도(江戶)에서 파견된 승려들로 구성. 당시 이정암은 교토의 오산(五山) 사찰의 학식이 높은 승려를 윤번제(輪番制)로 파견하여 외교문서인 서계(書契) 작성의 업무를 보았음.

의 책임 하에 사행이 가는 길은 흙을 깔아 땅을 평평히 하고 물을 뿌려 먼지가 나지 않게 하며 곳곳에 측간을 설치하고 수건을 걸어두었으며 등불을 길 옆에 두어 사행의 밤길을 밝히게 하는가 하면, 다이쇼가와(大正川)[30] 같은 곳은 수백 명의 월천군(越川軍)[31]을 좌우로 세워 상하로 흐르는 물길을 막게 하여 사행을 무사히 건너게 하는 등 만반의 준비를 갖추고 성의를 다하였다. 에도에서의 사신 예우는 집정(執政 의정(議政)에 해당)과 같게 하여 사신 대우의 격(格)을 높이 하였고, 집정(執政) 등의 가로(家老)들이 직접 사신 접대를 주선하였다. 이처럼 일본은 조선 사신에 대해 세심한 배려와 정성을 다하여 환대했다.

　사신에 대한 접대를 살펴보면, 식사 제공에 있어 두 가지 주요 형태가 있었음을 알 수 있다. 첫째는 건공(乾供)으로, 이는 일본 측에서 식재료와 양식을 제공하면 사행이 직접 조리하여 식사를 준비하는 방식이었다. 이것은 사신들이 자국의 입맛에 맞게 음식을 조리할 수 있어 선호되었다. 둘째는 숙공(熟供)으로, 일본 측에서 완성된 식단을 마련하여 사신을 접대하는 방식이었다. 이는 주로 왜인의 참(站)에 들어갈 때 제공되었으며, 대개 진무(振舞)라 불리는 성대한 연회 형태로 진행되었다. 진무는 특히 대마도와 에도에서 사행을 맞이할 때 성대하게 베풀어졌는데, 그 음식상의 화려함은 실로 눈부실 정도였다. 각종 해산물과 육류, 과일 등이 아름답게 장식되어 올려졌으며, 일본의 전통 요리법으로 정성스레 조리된 음식들이 가득했다. 하지만 흥미롭게도, 사행은 대체로 이러한 호화로운 접대를 정중히 사양하곤 했다. 심지어 숙공조차 받지 않고 건공만을 받아 행로를 서둘렀는데, 이는 사신들이 공식적인 임

29　특산물 등을 바치는 공물(供物)의 일종.
30　후지에(藤枝)와 가케가와(懸川) 사이에 있는 하천으로 물살이 무척 센 곳으로 알려져 있음.
31　사람을 업거나 목마를 태워서 강을 건네주는 일을 하는 사람.

무에 더욱 집중하고자 했기 때문으로 보인다. 이러한 사행의 태도에 일본 측은 종종 불만을 표시하기도 했다.[32] 그들의 입장에서는 정성껏 준비한 접대를 거절당한 것이니, 이는 곧 체면을 구기는 일로 여겼던 것이다. 그럼에도 불구하고 일본은 계속해서 후한 대접을 아끼지 않았다. 각 참에서 바치는 하정(下程)은 그 수량이 너무나 많아 사행이 감당하기 어려울 정도였다. 하정에는 지역 특산품, 비단, 도자기, 말 등 다양한 물품이 포함되었으며, 이는 사행의 여정을 더욱 풍성하게 만들었다. 이처럼 조선 사행에 대한 일본의 대우와 접대는 지극히 호화로웠으며, 이에 소요되는 비용 또한 막대했다. 사행을 위해 동원되는 인원만 해도 23만 명을 훌쩍 넘었는데, 여기에는 안내원, 경호원, 요리사, 마부 등 다양한 직종의 사람들이 포함되었다. 또한 짐을 운반하기 위한 태마(駄馬)도 4만여 필이나 동원되었다. 이러한 대규모 동원에 따른 비용은 실로 어마어마해서, 한 번의 사행에 들어가는 비용이 1백만 냥에 달했다고 한다. 이는 당시 일본의 국가 재정에도 상당한 부담이 되었던 것이다. 이러한 과도한 접대비용과 인력 동원의 문제점을 인식한 일본은 결국 숙종 37년(1711)의 신묘 사행 때에 이르러 변화를 모색하게 된다. 일본의 유학자이자 정치가인 아라이 기미요시(新井君美)가 제안한 사행대우축소안(使行待遇縮小案)은 이러한 배경에서 나온 것이다. 이것은 사행에 대한 접대의 규모를 줄이고, 불필요한 의례를 간소화하여 양국 간의 외교 관계를 보다 실질적이고 효율적으로 만들고자 하는 노력의 일환이었다. 이는 양국의 경제적 부담을 줄이면서도 외교 관계의 본질은 유지하고자 하는 균형 잡힌 접근이었다고 볼 수 있다.

임술사행은 본연의 임무인 막부 쇼군 도쿠가와 쓰나요시(德川綱吉)의 습직 축하를 성공적으로 수행했다. 국서를 전달하고 일본의 답서를 받아 무사

---

32 洪禹載, 『東槎錄』 임술년 9월 12일.

히 귀국함으로써 조선과 일본 양국 간의 평화적 관계를 지속하는 데 기여했다. 더불어 당상 역관들은 대마도주 및 그 가로(家老)들과 부산왜관의 현안 문제를 협의하여 원만히 해결하였다.[33] 이러한 노력의 결실로 이듬해인 계해년(1683)에는 약조제찰비(約條制札碑)가 왜관 앞에 세워지게 되었다.

3. 임술 통신사행과 군관 장한상의 역할

임술사행의 사행록으로는 당상역관 홍우재(洪禹載)의 『동사록(東槎錄)』과 압물통사(押物通事) 김지남(金指南)이 기록한 『동사일록(東槎日錄)』, 일본의 역관(通事)이 기록한 『덴나신사봉행매일기(天和信使奉行每日記)』 등이 있다. 이 3가지 사행록에서 장한상의 행적이나 활동은 별도로 기록되어 있지 않다. 그러나 『승정원일기(承政院日記)』와 『통신사등록(通信使謄錄)』에서 그가 훈련부정과 일본 통신사행의 군관(軍官)으로 차정되고, 돌아와서 희천군수(熙川郡守)로 임명되고 있음은 나타나고 있다.

① 병조판서 이유(李濡)는 "경상우병우후(慶尙右兵虞候)에 새롭게 제수한 **장한상(張漢相)은 일본통신사 군관(軍官)으로 차출한 일** 때문에 부임할 수 없습니다. 그런즉 이를 체차(遞差)하여 군직(軍職)에 붙일 것을 청합니다."하니 상께서 윤허하셨다.[34] (『承政院日記』 숙종 7년(1681) 12월 16일)

---

33 임술사행은 초량왜관 내 대마도인을 통제하기 위해 癸亥約條와 約條制札의 내용 결정 뿐 만 아니라, 조선으로 왕래하는 차왜(差倭)를 정비하는 내용을 담은 '壬戌約條'를 강정함으로써 양국의 평화적 관계를 유지하는 기초를 마련한 것으로 평가되고 있다. 심민정, 「1682년 임술통신사행의 임술약조 강정과 조일 교린관계의 재편」, 『한일관계사연구』 제73집, 2021, pp.3-42를 참조.

34 「李濡, 以兵曹言啓曰, 新除授慶尙右兵虞候張漢相, 以日本通信使軍官啓下, 似難赴任, 今姑遞付軍職, 其代, 後日政差出, 何如? 傳曰, 允。」

② 장한상에게 **훈련부정**(訓練副正)**의 관직을 제수한다.**[35](『承政院日記』숙종 8년(1682) 4월 1일)

③ **군관**(軍官): 전부정(前副正) 윤취오(尹就五), 전부정(前副正) **장한상**(張漢相), 첨지(僉知) 김중기(金重器).(『通信使膽錄』「壬戌(1682)五月初四日」)

④ 장한상에게 **희천군수**(熙川郡守)**의 관직을 제수한다.**[36] (『承政院日記』숙종 9년(1683) 6월 24일)

경상우병우후(慶尙右兵虞候)에 제수되지만, 통신사의 군관으로 차정이 되어 있기 때문에 실질적으로 부임하기 어렵다는 판단으로 체차(교체)하였다. 그리고 다시 1682년(임술년) 4월 1일에 훈련부정(訓練副正, 종3품)으로 임명되었다. 그런데 통신사 군관으로 정확히 언제 차정되었는지는 명확하지 않지만, 위의 기록과 더불어 임술사행의 사행록『동사일록(東槎日錄)』에서 보면 군관에 '전부정 장한상'이라고 기록되어 있어 임술 통신사행의 일행으로 참여한 것은 확실하다고 하겠다. 여기서 통신사 군관은 '군관(軍官)' 및 '자제군관(子弟軍官)[37]'으로 분류되어 있는데, 정사가 탑승한 제1선에 7명, 부사가 탑승한 제2선에 7명, 종사관이 탄 제3선에 3명으로 나타나 있다. 부정(副正)은 종3품의 품계이지만 같은 품계인 전부정 윤취오(尹就五)가 당시 27살의 장한상보다 선례군관이었으므로 제2기선의 두 번째 서열의 군관이었다.

---

35 「兵批, 兪得一付副司正, 金萬重付副護軍, 李后定付司直, 權震錫付副司正, 武兼宣傳官柳尙輅 · 朴燇爲之, 張漢相爲訓鍊副正, 尹一商爲宣傳官, 安東營將崔楄, 閔增爲訓鍊判官, 尹以濟爲同知。」

36 「李集成爲安陰縣監, 崔好鎭爲鐵山府使, 鄭時凝爲龍川府使, 張漢相〈爲〉熙川郡守, 李奎徵爲海州牧使」

37 자제군관(子弟軍官)은 정사, 부사, 종사관의 친인척 등 측근으로 당사자들에 의해 임명되어 그들의 호위와 일본 측 관계자와의 접촉 등을 담당하였음.

〈표 4〉 임술사행 군관의 내역

구분	제1선(정사 윤지완)		제2선(부사 이언강)		제3선(종사관 박경후)	
	인원	인수	인원	인수	인원	인수
군관	절충 차의린(車義轔) 전 경력 신이장(申履壯) 전 군수 원덕휘(元德徽) 전 초관 이만상(李萬相) 수문장 강진무(姜晉武)	5	전 부정 윤취오(尹就五) 전 부정 **장한상(張漢相)** 선전관 양익명(梁益命) 호군 김효상(金孝尙) 호군 조정원(趙廷元)	5	전 부사 윤취상 (尹就商) 전 첨정 김중기 (金重器)	2
자제 군관	전 만호 백홍령(白興翎)· 전 판관 이엽(李曄)	2	부사과 이유린(李有麟)· 전 첨정 홍세태(洪世泰)	2	전 판관 정태석 (鄭泰碩)	1
합계		7		7		3

또한 임술사행에서 장한상에 관한 기록은 『기년편고(紀年編攷)』와 『승평 문헌록(昇平文獻錄)』의 〈묘갈명〉에서 다음과 같은 기록이 있을 뿐이다.

ⓐ 임술년(1682) 훈련부정으로 통신사 좌막(佐幕)이 되어 일본에 가서 왜인 들을 떨게 하였다.[38]

ⓑ 임술년(壬戌年, 1682) 겨울에 훈련부정(訓練副正)으로서 통신사 좌막(佐 幕)으로 일본에 가서 맹기(猛氣)와 영풍(英風)이 왜인들을 놀라게 했다. 병인년 (丙寅年, 1686) 겨울 숙종대왕께서 친히 서총대에서 무예를 시험할 때 공은 훈련 정(訓練正) 겸 내승(內乘)으로 신수가 효웅(梟雄)하고 말달리고 활을 쏘는 솜씨 가 날아가는 듯하여 임금께서 넓적다리를 치며 칭찬하시고 내금위장(內禁衛將) 을 제수하였다.[39]

1682년 겨울 훈련부정(訓練副正) 통신사 좌막(佐幕)으로 일본에 갔을 때, 사나운 기세와 영웅 같은 풍채로 왜인들을 놀라게 하였고, 떨게 만들었다고

---

38 「壬戌, 以訓諫副正佐幕通信使, 往日本震愶倭人」, 『紀年便故』 「張漢相」(한국학중 앙연구원 장서각, K2-37)

39 「壬戌冬以訓鍊副正佐幕通信使往日本猛氣英風震愶倭人丙寅冬 肅朝親臨試藝于瑞 葱臺時公以訓鍊正兼內乘身數梟雄馳射如飛 上拊髀獎歎陞授內禁衛將」 장한상의 〈墓碣銘〉, 『昇平(順天張氏)文獻錄』, p.198.

한다. 사행록의 기록을 살펴보아도 어디에서 어떤 상황에서 이런 일이 발생하였는지 명확하지 않다. 장한상은 말을 달리고 활을 쏘는 솜씨가 출중하였으며, 위풍당당함은 통신사 좌막으로 일본에 갔을 때 왜인들을 떨게 만들 정도였다는 것이다. 자제군관의 경우 삼사의 친인척 중에서 삼사가 직접 임명하여 데리고 갔는데, 사행단을 호위하는 일 이외에도 사행지에서 밀무역을 담당하기도 하였다. 사헌부에서 임명하는 군관은 주로 삼사를 비롯한 통신사 행렬을 호위하는 일과 마상재의 시연 등을 관장하는 일을 하였다.

4. 조선통신사 참여와 삼척첨사 임명의 관련성

장한상은 임술통신사(壬戌通信使)의 일원으로 일본을 다녀온 후, 희천·자산·태안군수 등 주로 외직에서 경력을 쌓았다. 귀국 후에는 내금위장(內禁衛將)에 임명되는 등 순조롭게 관직 생활을 이어갔다. 1689년에는 충주영장에 올랐고, 이듬해 비변사에서 병마·수군절도사 후보로 거론되기도 했다. 선전관으로 기용된 지 10년도 채 되지 않아 당상관의 반열에 오른 것은 무관으로서 상당히 빠른 승진이었다.[40]

그러나 1694년 갑술환국(甲戌換局, 1694)으로 사헌부로부터 "간신에게 줄을 대고 탐욕을 부렸다"는 혐의로 탄핵을 받아 처벌을 받았다.[41] 하지만 장한상의 복직은 오래 걸리지 않았다. 1682년 통신사의 군관으로 차출되어 제2기선 부사(副使) 이언강(李彦綱)의 군관으로 일본을 방문한 경험은 훗날 그에게 중요한 자산이 되었다. 1693년 안용복과 박어둔 납치 사건을 계기로 조선

---

40 배재홍, 「수토사 장한상의 官歷과 주요 행적」, 『이사부와 동해』 16호, 2020, pp. 120-123을 참조.
41 『肅宗實錄』 숙종 20년(1694) 윤5월 무진.

과 일본 사이에 울릉도를 둘러싼 영토분쟁이 발생했고, 대책을 논의하는 과정에서 장한상은 그의 경험을 바탕으로 울릉도를 조사할 삼척첨사(三陟僉使)의 적임자로 떠올랐던 것이다.

그를 삼척영장으로 임명한 것은 첫째, 앞선 삼척영장에 임명된 이준명이 울릉도행을 두려워하여 명을 거부했기 때문이었다. 둘째, 당시 왜인들이 자주 출몰하여 안용복 납치 사건이 발생하였으므로 일본 통신사행의 경험이 있는 인물이라는 점이 높이 평가되었다. 셋째, 무관으로서의 그의 기예와 용맹이 출중하였고 당시 시대적 상황에서 울릉도 조사를 능히 수행할 수 있을 거란 조정의 기대도 작용하였을 것으로 보인다.

장한상이 처음부터 울릉도 파견을 자청한 것은 물론 아니다. 이준명이 임무를 회피하여 체차된 뒤, 남구만(南九萬)은 삼척첨사의 대임을 물색하면서 울릉도 조사의 과업을 기꺼이 또 문제없이 처리할 인재를 찾았다. 1694년 7월 13일, 공조판서 신여철(申汝哲)은 젊고 임기응변에 능하다는 이유로 장한상을 적극 추천하면서도 국옥(鞫獄)에 관계되었다는 이유로 주저했다. 숙종이 이를 괘념치 말라고 말하자, 이번에는 병조판서 윤지선(尹趾善)이 장한상을 추천하면서 일본(日本)에 다녀온 경험이 있고 영리하다는 점을 강조했다. 이조판서 유상운(柳尙運) 역시 국옥의 관계 여부를 따지지 말고 거두어 쓰자면서 동의하자, 마침내 숙종은 장한상을 삼척첨사로 임명했다.[42]

장한상은 1694년 7월 17일에 삼척첨사로 임명되었고, 그로부터 열흘도 되지 않은 25일에 사조(辭朝)하여 삼척으로 부임하였다. 그가 임지에 도착하여 그해 9월 19일에 울릉도로 떠났는데, 울릉도 수토관 파견의 과정이 매우 신속하게 전개되었던 것이다. 장한상의 임무는 왜인들의 주거여부와 설읍(設邑)·설진(設鎭)의 여부를 파악하는 것이었는데, 그의 복명서를 받은 조선 조

---

42 『承政院日記』 숙종 20년(1694) 7월 13일.

정은 정기적인 울릉도 수토관을 2~3년에 한 번씩 파견하는 것으로 전환하였던 것이다.

5. 맺음말

운암 장한상(張漢相)은 조선시대 경상도 비안현 비산동(현재 경상북도 의성군 구천면 내산1리 비산마을(자연부락)) 출신으로, 조선 숙종·경종대에 활약한 무신이다. 으로 21세 때인 1676년에 무과 병과에 급제한 후 관계에 진출하여 서울과 지방의 무관직을 두루 거치면서 조선시대 영토수호와 관련된 많은 족적을 남겼다. 그러나 지금까지 장한상에 관련된 연구는 주로 독도 영유권, 혹은 수토사와 관련된 부분(업적)에 집중적으로 이루어졌다. 따라서 이번에 수행한 일련의 연구에서는 관력(官歷), 통신사행(通信使行) 참여, 북한산성 축조 및 백두산 정계조사 참여 등 그의 행적을 추적하여 진행하였다. 특히 이글에서는 임술(1682) 통신사행 참여라는 업적을 중심으로 그의 역할과 업적을 재조명해보고자 했다. 당시 그는 종3품의 품계인 군관으로 제2 기선에 승선하여 일본으로 건너가지만, 지금까지 발굴된 사행기록에서는 그의 구체적(개인적)인 행적은 확인할 수 없었다. 그러나 『통신사등록(通信使謄錄)』, 『승평문헌록(昇平文獻錄)』, 『기년편고(紀年便攷)』와 사행록인 『동사록(東槎錄)』 및 『동사일록(東槎日錄)』을 통해 다음과 같은 사항을 확인하였다.

첫째, 경덕사에 남겨진 초상화[43]에서처럼 장한상은 무인으로서 기예와 용맹스러움이 출장하였고, 그러한 그의 소성(素性)과 무예(武藝)로 인하여 그

---

43 당시 서울 장안에는 호랑이가 항간에 자주 출몰하였는데, 장한상이 호랑이를 물리쳤고, 호랑이 등에 올라타고 장안을 돌아다녔다는 전설이 회자되고 있음. 호랑이에 올라타고 있는 장한상의 초상화는 그러한 전설을 반영하고 있다고 할 수 있음.

를 임술사행(壬戌使行)의 일원으로 차정하게 되었던 것이다.

둘째, 조선통신사 사행에서 일본인들과 대담할 때에 "일본인들을 벌벌 떨게 하였다"고 할 만큼 담력이 뛰어났고, 이러한 그의 군관으로서의 임무수행이 귀국 후 관직 승진에 연결되고 있다는 것이다. 이러한 통신사행의 일원으로서의 경험을 높이 사서 1694년 삼척영장(첨사)로 임명하게 되었고 수토관으로 울릉도 수토를 수행하게 되는 것이다.

셋째, 『승평문헌록』에서, 일본에 통신사의 일원으로 파견되었을 때 일본인들이 그의 지략과 용맹에 감복하여 "장한상 같은 사람 몇 명만 있으면 대국도 감히 모욕하지 못할 것"이라고 하였다는 사실은 확인되지 않는다. 이것은 청나라와의 관계에서 "전언"라는 식의 소문이 와전된 것으로 보인다.

장한상의 임술사행 참여 관련 문헌은 『天和信使奉行每日記(덴나신사봉행매일기)』, 『東槎錄(동사록)』, 『東槎日錄(동사일록)』, 『紀年便攷(기년편고)』 등의 기록으로 현재로서는 아주 제한적이다. 임술사행에서 보다 구체적인 행적을 계속해서 찾아내야 할 것이며, 임술사행 관련 사행기록이 향후 발굴될 것으로 기대된다. 또한 『승평문헌록』 등 순천장씨 문중사료를 보다 깊이 있게 검토할 필요가 있다. 이러한 점은 향후 과제로 삼고자 한다.

[참고문헌]

〈사료〉
『조선왕조실록』.
『승정원일기』.
『비변사등록』
『通信使謄錄』.
洪禹載, 『東槎錄』
金指南, 『東槎日錄』.
朴義成, 『紀年便攷』

『海行摠載』.
『壬戌信使奉行每日記』.
『昇平(順天張氏)文獻錄』

〈논문〉
김종우, 「운암 장한상 공의 행장과 독도」, 『독도지킴이 수토제도에 대한 재조명』 제1회 한
　　국문화원연합회 경북도지회 학술대회 자료집, 한국문화원연합회 경북도지회,
　　2008.
배재홍, 「수토사 장한상의 官歷과 주요 행적」, 『이사부와 동해』 16호, 2020.
손승철, 「조선시대 通信使研究의 회고와 전망」, 『한일관계사연구』 제16집, 2002.
심민정, 「서평: 「임술년도 조선통신사 봉행매일기 번각 天和信使奉行每日記飜刻』 임술
　　통신사 사행기록을 보완하다」, 『지역과 역사』 52, 2023.
＿＿＿, 「1682년 임술통신사행의 임술약조 강정과 조일 교린관계의 재편」, 『한일관계사연
　　구』 제73집, 2021.
＿＿＿, 「조선후기 통신사 원역의 선발실태에 관한 연구」, 『한일관계사연구』 제23집, 2005.
송휘영, 「의성 비안고을과 장한상의 행적」, 『獨島硏究』 25호, 영남대학교 독도연구소,
　　2018.
문현실·정은영, 「『매옹한록(梅翁閒錄)』 소재 임술(1682) 사행담 연구－ 정사 윤지완 이
　　야기를 중심으로－」, 『조선통신사연구』 34호, 2022.
장순순, 「朝鮮後期 通信使行의 製述官에 대한 一考察」, 『全北史學』 제13집, 1990.
정장식, 「임술사행과 한일관계」, 『日本學報』 37호, 2001.

〈단행본〉
다사카 마사노리·이재훈 편저, 『임술년도 조선통신사 봉행매일기 번각(天和信使奉行每
　　日記飜刻)』, 경진출판, 2022.
미야케 히데토시 저, 김세민외 역, 『조선통신사와 일본』, 지성의샘, 1996.
하치경, 『대역관 김지남』, 바른북스, 2024.
한국이사부학회, 『독도를 지킨 사람들』, 삼척시·한국이사부학회, 2021.
의성문화원, 『우리 땅 독도지킴이 장한상』, 2018.

제8장

1694년 三陟僉使 張漢相의 울릉도 搜討

배 재 홍[*]

1. 머리말

조선 전기에 정부는 울릉도를 관리·수호하기 위하여 안무사·순심경차
관 등의 관리를 간헐적으로 파견하여 거주민을 쇄환하고 나아가 일본에게 울
릉도가 조선 영토임을 인식시켰다. 하지만 16세기 초반 이후 중앙정부에서
울릉도에 관리를 파견한 예는 기록에서 찾아보기 어렵다. 그렇다고 조선이
울릉도 영유권을 포기한 것은 아니었다. 아마 이는 왜란·호란 등의 전란으
로 인한 사회 혼란과 통치력의 약화로 울릉도를 관리할 여력이 없었고 또 임
진왜란 이후 조선통신사의 파견으로 상징되듯이 조선과 일본 사이에 평화가
유지되어 일본의 울릉도 침탈에 대한 우려가 줄어들었기 때문이었을 것이다.

---

[*] 전 강원대학교 교수

그러나 1693년(숙종 19) 봄 울릉도에서 안용복 등 조선 어부들과 일본 어부들 사이에 벌어진 충돌을 계기로 대마도 번주는 울릉도 침탈 야욕을 노골적으로 드러내었다. 이에 조선 정부에서는 그에 대한 대응책 마련을 둘러싸고 논란이 빚어졌다. 그 과정에서 울릉도는 새롭게 주목을 받게 되어 1694년(숙종 20)에 삼척첨사 장한상을 搜討官으로 임명하고 파견하여 최초로 搜討하였다. 이후 울릉도 수토는 정식 정책으로 채택되어 1894년(고종 31) 공식적으로 폐지될 때까지 지속적으로 운용되었다.

이 조선시대 최초의 울릉도 수토인 1694년(숙종 20) 장한상의 수토는 독도 문제와 관련하여 일찍부터 주목을 받아 왔다. 특히 장한상이 울릉도 수토 후 비변사에 올린 보고서 내용이 담긴 「蔚陵島事蹟」에 대한 매우 의미 있는 분석과 검토가 이루어졌다. 하지만 기존의 「울릉도사적」을 중심으로 한 장한상의 울릉도 수토 연구는 「울릉도사적」 자체를 대상으로 한 개별 연구라기보다는 독도 문제나 조선 후기 수토제의 운용 등과 관련이 있는 일부 내용만 발췌하여 분석·검토한 경우가 대부분이었다.[1]

이에 본 글에서는 「울릉도사적」을 중심으로 하여 장한상이 삼척첨사에 임명되어 울릉도를 수토하게 된 배경, 울릉도에서의 구체적인 수토 내용, 장한상의 울릉도에 대한 인식, 장한상의 울릉도 수토가 갖는 역사적 의미 등을 검토해보고자 한다. 장한상의 이해에 조그마한 도움이 되었으면 하는 바람이다.

---

1 「울릉도사적」을 비롯한 장한상의 울릉도 수토 관련 기록은 조선 후기 수토제와 독도 문제 연구에서 거의 예외 없이 자료로 활용되었지만, 본 글에서는 다음 글들을 참고로 하였다. 김호동, 「조선시대 울릉도 수토정책의 역사적 의의」, 『한국중세사논총』, 2000; 배재홍, 「조선후기 울릉도 수토제 운용의 실상」, 『대구사학』 103집, 2011; 손승철, 「울릉도 수토와 삼척영장 장한상」, 『이사부와 동해』 5호, 2013; 유미림, 「'우산도=독도'설 입증을 위한 논고 – 박세당의 「울릉도」와 장한상의 「울릉도사적」을 중심으로 –」, 『한국정치외교사논총』 29(2), 2008; 유미림, 「장한상의 울릉도 수토와 수토제의 추이에 관한 고찰」, 『한국정치외교사논총』 31(1), 2009.

2. 장한상의 삼척첨사 임명

1693년(숙종 19) 봄 울릉도에서 고기잡이를 하던 동래·울산지역 어부 40명과 일본 대곡가 어부들 사이에 충돌이 벌어져 안용복·박어둔 등이 일본으로 납치되는 사건이 발생하였다. 이 사건을 기회로 당시 대마도 번주는 울릉도를 대마도 소속으로 침탈하려는 야욕을 노골적으로 드러내어 조선과 일본 사이에 소위 '울릉도 쟁계'가 벌어졌다. 이와 동시에 조선 정부 내에서도 그에 대한 대응책 마련에서 온건 대응과 강경 대응을 둘러싸고 논란이 일어났다.

이러한 와중에서 1694년(숙종 20) 7월 4일에 당시 영의정 남구만은 조정에서 울릉도의 사정을 정확히 몰라 모든 일이 매우 소홀하다면서 비어 있는 삼척포진 수군첨절제사(삼척첨사)를 각별히 임명하여 울릉도의 형세를 살펴볼 것을 숙종에게 건의하였다. 아울러 그는 울릉도 순찰 결과에 따라 백성을 모집하여 들여보내 살게 하거나 鎭을 설치하여 지킴으로써 앞으로 일본이 울릉도를 엿보지 못하게 하자고 건의하여 숙종의 동의를 얻었다.[2]

이처럼 울릉도 수토는 일본의 침탈 기도로부터 울릉도를 관리·보호할 수 있는 방안을 마련하기 위한 사전 조사 차원에서 이루어졌다. 아울러 울릉도가 조선 영토임을 일본에게 주지시키고 나아가 수호 의지를 천명하려는 의도도 있었다.

하여튼 삼척첨사의 울릉도 수토가 결정되자, 정부는 7월 4일 당일에 이준명을 三陟營將으로 임명하였다.[3] 그러나 이준명은 울릉도를 審察하러 가는

---

2 『비변사등록』 48책, 숙종 20년 7월 4일.
3 『승정원일기』 360책, 숙종 20년 7월 4일.
　조선시대 鎭管體制 하에서 삼척포진의 수군첨절제사(삼척첨사)는 삼척진관의 최고 지휘관으로서 안인·고성·울진·월송 등 동해에 위치한 네 개 浦鎭의 萬戶를 통솔하였다. 그 후 삼척첨사는 1672년(현종 13)에 영동지방을 관장하는 營將을 겸임하였고, 또 1673년(현종 14)에는 겸직인 삼척영장의 자격으로 영동지방 討捕使를 겸임하

것을 꺼려 임명 자체를 회피하는 바람에 7월 13일에 삼척첨사 자리에서 改差
되었다.[4] 그러자 영의정 남구만은 7월 13일 당일에 누가 삼척첨사에 적임자
인지를 공조판서 신여철에게 문의하였다. 이때 신여철이 전 兵使 장한상이
나이가 젊은데다가 임기응변의 재주도 있다면서 추천하였다. 이에 남구만은
장한상이 울릉도 審察을 맡기기에 적임자라고 숙종에게 추천하여 승낙을 얻
었다. 당시 병조판서 윤지선과 이조판서 유상운도 장한상의 삼척첨사 임명에
동의하였다.[5]

그런데 장한상의 삼척첨사 임명이 구체적으로 7월 며칠에 있었는지는 정
확하지 않다. 단 장한상이 7월 19일에 삼척포진으로 내려갈 준비를 하고 있는
것으로 보아[6] 19일 이전에 삼척첨사로 임명되었던 것은 분명하다. 그런데 장
한상은 7월 17일에 美錢僉使로 임명되고 있다.[7] 이를 보면 장한상은 미전첨사
에 임명된 후 곧 遞職되어 다시 삼척첨사에 임명되었던 것으로 보인다. 아마
7월 17일에서 19일 사이에 삼척첨사로 임명되었을 것이다.

그 후 장한상은 7월 25일에 임금께 하직인사를 올리고는[8] 다음 달인 8월에
삼척포진에 부임하였다.[9] 아마 8월 상순에 삼척포진에 도착하였을 것으로 보
인다. 당시 장한상은 삼척포진으로 부임할 때 倭譯 한 명과 軍官 두 명을 데리
고 왔다.[10]

였다. 따라서 당시 삼척포진 主將의 본직은 僉使였다. 營將은 첨사의 겸직이었다. 그
러나 삼척포진 主將을 임명할 때에는 본직인 삼척첨사가 아니라 겸직인 삼척영장의
직함으로 임명하였다. 아마 이는 첨사가 종3품 관직인데 반해 영장은 정3품 당상관
관직이었기 때문이었을 것으로 보인다.
4 『숙종실록』권28, 숙종 21년 4월 갑진; 『승정원일기』360책, 숙종 20년 7월 13일.
5 『승정원일기』360책, 숙종 20년 7월 13일.
6 『비변사등록』48책, 숙종 20년 7월 19일.
7 『승정원일기』360책, 숙종 20년 7월 17일.
8 『비변사등록』48책, 숙종 20년 7월 25일.
9 『관동읍지』1책, 삼척, 진영사례.
10 『비변사등록』48책, 숙종 20년 7월 19일; 『비변사등록』48책, 숙종 20년 7월 25일.

하여튼 울릉도 수토의 임무를 띠고 삼척첨사로 임명된 장한상은 삼척에 부임하여 준비 작업에 착수하였다. 우선 그는 搜討船을 새로 건조하였다.[11] 박세당의 「울릉도」에는 8월 중순경에 한창 배를 건조하고 있었음을 엿볼 수 있는 기록이 있다. 이처럼 배를 새로 건조한 것은 울릉도를 왕래할 수토선으로 사용할 수 있는 적합한 배가 동해에는 없었기 때문이었다. 당시 동해의 배는 모두 槽船이라 먼 바다를 왕래하는 것은 어려웠다.[12] 현종 대 삼척포진의 병선은 모두 4척으로 전투와 漕運 겸용의 작은 배 즉 小猛船이었다.[13]

그런데 당시 장한상이 나중에 수토선으로 사용한 배 6척을 모두 새로 건조하였는지는 분명하지 않다. 장한상이 8월에 삼척첨사로 부임하고 9월 19일에 울릉도로 출항하였다는 점을 감안하면 배를 건조하는데 걸린 기간은 약 한 달 내지 한 달 반 정도의 짧은 기간이었다. 이 짧은 기간에 배 6척 모두를 새로 건조하였다면 아마 강행군을 하였을 것으로 보인다. 어쩌면 일부만 새로 건조하고 나머지는 기존의 배를 활용하였을지도 모른다.[14]

하여튼 이때 수토선을 새로 건조하면서 差使員이 배 건조에 사용할 雜物을 너무 지나치게 민간에 分定하였다고 하여 울릉도 수토를 마치고 돌아온 후 문제가 되기도 하였다. 비록 장한상은 울릉도를 수토한 공로로 인하여 용서를 받았지만 차사원은 濫徵의 죄로 파직되었다.[15]

한편 수토선을 새로 건조하는 사이에 장한상은 울릉도로 가는 海路를 탐지하기 위하여 삼척 출신 軍官 최세철을 울릉도에 미리 파견하였다. 최세철은

---

11 『승정원일기』362책, 숙종 20년 10월 21일.
12 『승정원일기』377책, 숙종 24년 3월 20일.
13 허목, 『척주지』하권, 부내.
14 박세당의 「울릉도」에서 장한상의 귀환을 서술하면서 '뒤쳐졌던 작은 배 2척도 장오리진의 待風處로 돌아왔다'고 하였다. 이 때 작은 배 2척은 새로 건조한 배가 아니라 기존의 배를 동원한 것으로 보인다.
15 『승정원일기』362책, 숙종 20년 10월 21일.

8월 20일에 가볍고 빠른 작은 어선 두 척을 이끌고 삼척 莊五里津을 출항하여 울릉도에 갔다가 9월 1일에 돌아왔다.[16]

이처럼 장한상은 삼척첨사로 임명된 후 울릉도 수토 임무를 성공적으로 완수하기 위하여 새로운 선박 건조, 사전 해로 탐사 등 만반의 준비를 하였다. 물론 수토에 필요한 식량 조달이나 항해에 필요한 기술자와 장비 조달, 임무 수행을 보좌하고 시중드는 일을 담당할 員役 차출 등에도 많은 노력을 기울였을 것이다.

3. 장한상의 울릉도 수토 내용

울릉도 수토를 위한 만반의 준비를 끝낸 搜討官 삼척첨사 장한상[17]은 마침내 1694년(숙종 20) 9월 19일 巳時[9-11시] 경에 서풍이 불자 울릉도를 향해 三陟府 南面 莊五里津 待風所를 출발하였다.[18] 아마 장한상 일행은 이보다 며칠 전에 삼척포 진영에서 장오리진으로 이동하여 서풍이 불기를 기다렸을 것이다.

당시 수토관 장한상이 울릉도 수토를 위해 동원한 선박은 騎船 1척, 卜船 1척, 汲水船 4척 등 총 6척이었다.[19] 아마 선박은 크기가 서로 달랐던 것으로 보인

---

16 박세당, 「울릉도」.
17 삼척첨사는 1672년(현종 13)부터 영동지방을 관장하는 營將을 겸임하였다. 따라서 울릉도 수토관 장한상을 지칭할 때 '삼척첨사 장한상'으로 쓰는 경우도 있고 또 '삼척영장 장한상'으로 쓰는 경우도 있는 것 같다. 그러나 울릉도 수토가 삼척첨사로서의 직무였음을 감안하면 '삼척첨사 장한상'으로 쓰는 것이 정확할 것 같다. 「울릉도사적」에서도 장한상은 자신을 僉使로 지칭하였다. 후술하듯이 「울릉도사적」 첫머리에 나오는 '삼척영장 장한상'은 본인이 스스로 일컬은 것이 아니다.
18 「울릉도사적」.
19 「울릉도사적」. 그런데 「울릉도사적」에는 '騎船各一隻汲水船四隻'으로 되어 있어 卜

다. 그리고 장한상이 울릉도 수토에 데려간 인원은 別遣譯官 안신휘와 軍官 박충정을 비롯하여 沙格·포수·船卒·諸役各人 등 총 150명이었다.[20] 상당히 많은 편이다. 별견역관은 일본어 통역관을 말한다. 아마 울릉도 수토 과정에서 혹시 마주칠 수 있는 왜인과의 대화를 위해 동행하였을 것이다.

군관은 수토관을 보좌하고 포수·선졸 등 군사들을 지휘 감독하는 역할을 담당하였을 것이다. 군관은 1명밖에 보이지 않는다. 반면에 포수는 수십 명을 데려간 것으로 보인다. 이들 포수는 섬 순찰뿐만 아니라 可支魚 사냥에도 동원되었을 것으로 보인다. 이외 사격·선졸 등은 항해에 필요한 기술자들이었다. 또 제역각인은 수토관의 업무 수행을 보좌하거나 시중드는 일을 담당할 員役이었을 것으로 보인다.

이러한 150명의 수토관 일행에서 사격·선졸·포수 등이 가장 많은 수를 차지하였던 것 같다. 후술하듯이 수토관 장한상이 巖穴 수색에 데리고 간 船卒은 60여 명이었다. 또 軍官 박충정이 암혈 수색에 동원한 포수는 20여 명이었다. 그리고 수토관 일행의 식사 준비를 위해 가지고 간 糧米는 200석이었다.[21] 비록 수토관 일행이 150명이었지만, 절대량으로 보면 상당히 많은 분량이다.

이처럼 6척의 선박과 150명의 일행을 거느리고 울릉도 수토 길에 오른 장한상은 항해 도중에 강한 비바람과 그로 인한 높은 파도를 만나 밤새도록 심한 고생을 하였다. 배들이 산산이 흩어지고 騎船의 柁木이 부러지는 등 온갖 고생을 한 후에 마침내 20일 巳時[9-11시]에 기선이 먼저 울릉도 남쪽 해안에 도착하였다. 그 후 섬에 올라가 식사 준비를 하는 중에 급수선 4척도 도착하였지만, 복선은 상당히 늦어 酉時[17-19시]에 도착하였다. 하지만 남쪽 해안은 배를 댈 곳

船이 보이지 않는다. 그러나 본문 중에는 卜船이 등장한다. 따라서 문장 구조로 볼 때 필사 과정에서 '騎'자 다음에 '卜'자가 탈락된 것으로 보인다.

20 「울릉도사적」.
21 『승정원일기』378책, 숙종 24년 4월 20일.

이 마땅하지 않아 동쪽 해안과 남쪽 해안 사이에 있는 어귀로 옮겨 숙박하였다.[22] 9월 19일 巳時에 삼척 장오리진을 출항하여 9월 20일 巳時에 울릉도 남쪽 해안에 도착하였음을 감안하면 항해에 만 하루가 걸린 셈이다.

이렇게 울릉도에 도착한 장한상은 20일부터 다음 달 10월 3일까지 13일간 머물면서[23] 수토관으로서의 임무를 다하기 위하여 섬 곳곳을 순찰하였다. 아마 본격적인 섬 순찰은 도착 다음 날인 21일부터 이루어졌을 것이다. 그는 이틀에 걸쳐 배를 타고 섬 주위를 돌아보았고 또 비가 그치고 안개가 걷힌 날에는 中峯[성인봉]에 올라 섬 전체를 조망하기도 하였다. 이 과정에서 그는 여러 부문에 걸쳐 다양한 조사를 하고 또 의심스러운 곳은 직접 수색을 하기도 하였다.

그러면 장한상이 13일 동안 울릉도에 머물면서 수토관으로서의 임무를 완수하기 위해 다각도로 펼친 조사 · 수색활동에 대해 「울릉도사적」[24]을 중심으로 살펴보자.

○ 섬 지형 조사
  - 섬 주위에는 가파른 절벽이 하늘을 찌를 듯이 솟아있고, 바닷가 언덕에
    는 간혹 바위 사이 빈틈으로 澗水가 흘러내려 물줄기를 이루었는데 큰

---

22 「울릉도사적」.
23 「울릉도사적」.
24 첫머리에 나오는 '甲戌九月日江原道三陟營將張漢相馳報內蔚陵島被討事'라는 문구로 보아 「울릉도사적」은 장한상이 울릉도 수토 후 비변사에 올린 報狀의 원문이 아닌 것으로 보인다. 아마 비변사에서 울릉도 수토 결과에 대한 왕의 재가를 받기 위하여 장한상이 올린 報狀을 토대로 다시 작성하여 승정원에 올린 문서로 보인다. 따라서 첫머리의 문구는 장한상이 쓴 것이 아니라 비변사에서 쓴 상투적인 표현이다. 그리고 승정원에서는 왕의 재가를 받은 후 그 문서를 다시 비변사에 내려주었을 것이다. 이렇게 보면 「울릉도사적」은 장한상의 외손 신광박이 임인년(1722) 봄에 승정원에서 비변사에 내린 문서를 누군가로부터 구해보고 필사한 것이라고 하겠다. 분량은 총 15장이다.

가뭄에도 마를 것 같지 않았다. 가늘게 흐르는 물줄기와 마른 시내는 모두 다 기록할 수 없을 정도로 많았다.

– 섬 주위를 한 바퀴 도는데 2일이 꼬박 다 걸렸는데, 그 동안의 거리는 150·160里에 불과하였다.

– 中峯[성인봉]에 오르니 높이 치솟은 南峯과 北峯 두 산봉우리가 마주 보였는데, 이들을 三峯이라 한다.

– 섬 안은 언덕과 산이 重疊하는데 산허리 이상은 모두 石角이고 그 아래는 土山이다. 산세가 매우 험하고 산골짜기가 매우 깊다.

– 섬 전체가 모두 名山으로 四面에는 절벽이 우뚝 서있다. 절벽이 끊어져 없는 곳에는 양쪽 골짜기가 공간을 만들어 그 사이로 물이 좔좔 흐르고 있었다.

– 섬 안은 뾰족뾰족한 산봉우리가 우뚝 솟아있고 깊고 큰 골짜기가 구불구불 맴돌아 비록 넓은 곳은 없지만 면포를 펼쳐놓을 수 있을 정도의 넓이는 될 것 같았다.

○ 날씨[기휘] 조사

– 9월 20일부터 10월 3일까지 머무는 동안 항상 비가 오고 해가 나오지 않았다.

– 9월인데도 눈이 내려 중봉 산허리에는 한 자 남짓 쌓였다.

– 9월인데도 눈이 쌓여 寒氣가 겨울보다 배나 더 심하였다.

– 깊은 밤에 바람이 심하게 불 때는 어린 애의 울음소리나 여인이 곡하는 소리 같았다.

○ 대나무 밭 조사

– 섬 남쪽 바닷가에 篁竹이 자라는 田土가 있었다.

- 대나무 밭은 섬 동쪽과 남쪽 산기슭 3곳에 가장 많았는데, 3곳 모두 皮牟 30여 석을 심을 만한 넓이였다. 그 가운데 2곳의 대나무 밭은 대나무를 베어낸 것이 더욱더 많았는데 그 옆에 베어내어 쌓아 둔 대나무가 수천 개였다. 어떤 것은 베어낸 지 오래되어 말랐고, 어떤 것은 아직 마르지 않았다.
- 섬 동쪽과 남쪽 사이의 골짜기를 따라 대나무 밭 방향으로 15里 정도의 小路가 나 있었다. 이 길은 틀림없이 대나무를 베어 가져가려던 자들이 오가던 길일 것이다.

○ 동쪽 小島[죽도] 조망
- 동쪽 5里쯤에 작은 섬 하나가 있는데, 그다지 높고 크지 않은 海長竹이 섬 한쪽 면에 빽빽하게 무더기로 자라고 있었다.

○ 대관령 조망
- 中峯에 올라 서쪽으로 구불구불 뻗어 있는 대관령의 모습을 바라보았다.

○ 동남쪽 一島[독도] 조망
- 中峯에 올라 동쪽을 바라보니 바다 한가운데에 섬 하나가 있는데 辰方[동남쪽]으로 아득히 먼 곳에 있었다. 그 섬의 크기는 蔚島[울릉도]의 삼분의 일이 안 되고, 거리는 300여 里에 지나지 않았다.

○ 주거지 조사
- 中峯에서 서쪽을 바라보니 큰 골짜기 가운데에 사람이 살던 집터 3곳이 있고 또 사람이 살던 집터 2곳이 있었다. 동남쪽 긴 골짜기에도 또한 사

람이 살던 집터 7곳과 石葬 19개가 있었다.
- 나지막한 산과 평평한 골짜기에는 간혹 사람이 살던 집터와 石葬이 있었는데 墓木이 아름드리 큰 나무들이었다.

○ 배 정박 가능 포구 조사
- 섬 동쪽과 남쪽 사이 어귀에 겨우 배 4·5척을 댈 수 있었다.
- 섬 동쪽과 남쪽 해안은 배를 넣어 둘 수 있는 곳이 아니었다.
- 섬 서쪽은 큰 골짜기에서 흐르는 물이 하천을 이루고 바닷가 지역이 탁트여 있어 배를 대기에 가장 좋은 곳이었다. 그러나 배들이 동남풍은 피할 수 있지만 서풍은 피하기 어렵다. 그렇지만 모두 이전에 배를 대던 곳이었다.
- 섬 서쪽 산기슭에 뚫려있는 동굴로부터 大川이 흐르고 있으나 모래와 자갈이 쌓여 포구를 이룰 수 없어 배를 대기가 매우 어려웠다.

○ 倭人 왕래 흔적 조사
- 섬 동쪽과 남쪽에 3개의 釜가마와 3개의 鼎솥이 있었는데, 釜 2개와 鼎 1개는 깨져 있었다. 몸체의 생긴 모양이 우리나라의 양식이 아니었다. 鼎은 발이 없고 덮개도 없었는데 쌀 2말을 밥 지을 수 있을 정도였다. 釜는 지름이 1자, 깊이가 2자로 4·5桶을 다 담을 수 있을 정도였다.
- 섬 서쪽 바닷가에 또 1개의 鼎이 있었는데, 쌀 1말을 밥 지을 수 있을 정도였다. 역시 그들[倭시의 물건이었다.
- 섬 북쪽 바닷가에 轆轤가 있었는데 역시 우리나라에서 만든 것이 아니었다.

○ 樹木 조사
- 수목으로는 冬栢 · 紫檀 · 側栢 · 黃薜 · 金木 · 嚴木 · 槐木 · 楡木 · 楮 · 椒 · 楓 · 桂樹 · 栢 등이 있었지만 동백과 자단이 가장 많았다.
- 松木 · 直木 · 榛木 · 橡 등은 한 그루도 없었다.

○ 동물 조사
- 날짐승으로는 까마귀와 갈매기가 있고, 길짐승으로는 고양이와 쥐밖에 없었다.[25]
- 물속에 사는 동물로는 오직 可支魚[26] 뿐이었는데 바닷가 돌무더기가 있는 곳에 열 마리 혹은 백 마리씩 무리를 지어 굴속에 살고 있었다. 큰 것은 망아지나 송아지만하고 작은 것은 개나 돼지 만하였다. 간혹 전복도 있어 바닷가 자갈에 붙어 있었는데, 몸이 작고 맛이 별로 없었다.

○ 과일 조사
- 사람이 살지 않아 먹을 수 있는 나무 열매도 없었다.

○ 난파선 파편 조사
- 섬 사방 바닷가에는 부서진 배의 板木 조각들이 물결에 밀려와 모여 있는 것이 곳곳에 있었다. 어떤 것은 鐵釘이 박혀 있고, 어떤 것은 木釘이 박혀 있었으며 또 어떤 것은 썩어 상하였다. 그 稍木의 제작 양식을 살펴보았지만 그들[왜인]의 것인지 우리 것인지 구별이 안 될 정도로 심하게 찢어지고 깨져 있었다. 동쪽과 남쪽 바닷가 절벽 아래에 가장 많이 흩어

---

25 「울릉도사적」에는 '猫兒'로 되어 있지만, 다른 자료로 볼 때 '猫鼠'의 誤記로 보인다.
26 「울릉도사적」에는 '鮫魚'로 되어 있으나 다른 자료와 글 내용으로 볼 때 '可支魚'의 誤記로 보인다.

져 떠다니고 있었다.

○ 巖穴 수색

— 섬 주위를 둘러보던 어느 날 날이 저물어 식사 준비를 위해 배에서 내려 모래밭을 걷던 중 아득히 보이는 형상이 있어 別遣譯官 안신휘와 같이 3里 남짓 걸어갔다. 그곳에서 바라보니 中峯으로부터 구불구불 뻗어 내린 한 산줄기의 기슭에 돌을 겹쳐 쌓아 만든 굴疊石成穴이 있었다. 이에 안신휘와 상의하여 굴 안에 사람을 해치는 毒物이 있을 지도 모른다고 판단하고는 배를 다른 곳으로 옮겼다. 그런데 三更이 지난 후 멀리 그 巖穴 속에서 많은 사람들의 목소리가 들려와 뱃머리에서 바라보니 燈燭이 휘황찬란하였다.

다음 날 아침밥을 먹고 난 후 어제 밤에 벌어졌던 기이한 현상을 알아보려고 다시 배를 그 곳에 대고는 軍官 박충정과 포수 20여 명을 巖穴 속으로 들여보냈다. 오랜 시간이 지난 후 박충정이 巖穴에서 나와 말하기를 '암혈 속으로 30여 步를 걸어가니 시원하게 트인 넓은 곳이 있었습니다. 4층으로 돌계단을 쌓았는데 쌓아올린 돌들을 모두 매끄럽게 갈았고, 玉色이었으며 文彩가 있었습니다.

또 10여 칸의 기와집은 매우 사치스럽고 화려하였는데, 丹靑과 문·문고리의 형식이 대충보아도 우리나라 것이 아니라서 집 모양이 매우 기이하였습니다. 처마 밑에 가까이 가니 유황 냄새와 썩은 고기 냄새가 코를 찌르고 입을 가리게 해 더 멀리 들어갈 수 없었습니다'라고 하였다.

이에 僉使 장한상이 船卒 60여 명을 데리고 직접 巖穴 속에 들어가 보니 과연 軍官 박충정이 말한 것과 같았다. 집 위에는 덩굴이 서리서리 얽혀있는 가운데 돌계단과 뜰 안은 맑고 깨끗하여 먼지 하나 쌓인 것이 없어 사람이 사는 곳이 아니었다.

○ 土質 조사

− 土品을 알기 위하여 麰麥을 심어놓고 돌아왔다.

이처럼 수토관 삼척첨사 장한상은 1694년(숙종 20) 9월 20일부터 10월 3일까지 13일 동안 울릉도에 머물면서 수토관으로서의 임무를 다하기 위하여 섬 곳곳을 순찰하며 여러 부문에 걸쳐 조사를 하였다. 특히 사람이 살 수 있는 여건, 왜인 왕래 흔적, 배 정박 가능 포구 등을 집중적으로 조사하였다.

수토 업무가 끝나자 장한상은 10월 4일 未時[13-15시]에 마침 불어오는 동풍을 이용하여 울릉도를 출발하였고, 다음 날 5일 亥時[21-23시] 끝 무렵에 삼척 포구에 무사히 도착하였다. 그리고 귀환 길에 뒤쳐졌던 작은 배 2척도 처음 출항하였던 포구인 장오리진으로 돌아왔다.[27] 『숙종실록』에 9월 19일에 출발하여 10월 6일에 돌아왔다고 한 것으로 보아[28] 뒤쳐졌던 작은 배 2척은 6일 새벽 무렵에 돌아왔던 것으로 보인다. 울릉도 수토에 약 16일이 걸린 셈이다.

이렇게 울릉도에서 무사히 돌아온 장한상은 귀환 3일째 되는 날인 10월 9일에 자신의 군관을 시켜 文狀과 울릉도 지도를 비변사에 제출하였다.[29] 아울러 채취해 온 울릉도 토산물인 可支魚 가죽 3領과 篁竹 4개, 紫檀香 2토막을 비변사에 상납하였다.[30] 이후 이 토산물은 수토관의 울릉도 수토 실시 여부를 판가름하는 信標로 간주되었다. 이로써 삼척첨사 장한상의 울릉도 수토는 마무리되었다.

---

27 박세당, 「울릉도」.
28 『숙종실록』 권27, 숙종 20년 8월 기유.
29 『비변사등록』48책, 숙종 20년 10월 15일; 『숙종실록』 권27, 숙종 20년 8월 기유.
30 박세당, 「울릉도」.

4. 장한상의 울릉도 인식과 수토의 의미

앞 장에서 언급하였듯이 울릉도 수토관 삼척첨사 장한상의 가장 중요한 임무는 당시 일본의 울릉도 침탈 기도를 막기 위한 방안으로 거론된 주민 이주, 鎭 설치 여부 등을 결정하기 위한 울릉도 형세 조사였다. 따라서 장한상의 울릉도 수토 중의 활동도 여기에 중점이 두어졌다. 그러면 장한상은 자신의 임무와 관련하여 울릉도를 어떻게 인식하였는지 「울릉도사적」을 통해 알아보자.

우선 장한상은 대나무 밭이 곳곳에 널려 있다고 하였다. 그는 대나무 밭 40여 곳[31] 가운데 작은 곳은 넓이가 20여 石落只이고, 큰 곳은 30여 석락지인데 모두 물을 끌어다 일구면 논으로 만들 수 있다고 하였다. 이는 울릉도에 주민을 이주시킬 경우 대나무 밭을 논밭으로 개간할 수 있다는 가능성을 지적한 것이라고 하겠다.

둘째 그는 수목 가운데 紫檀은 棺을 만드는 판자로 쓸 수 있지만 모두 산 중턱 흩어진 바위 사이에 있다고 하였다. 이는 紫檀이 경제적 효용성이 있지만 나무를 베어 내기가 어렵다는 것을 지적한 것으로 보인다.

셋째 옛날에 사람들이 살았던 집터가 없어지지 않고 온전하게 남아 있는데, 빈집이 된 것은 불과 100여 년 전일 것으로 추측하였다. 이는 울릉도에 사람이 거주할 경우 주거지로 활용할 수 있는 옛 집터들이 있다는 점을 암시한 것이라고 하겠다.

넷째 산골짜기 어귀를 이용하여 외적을 막을 계책을 세운다면 한 사람이 백 사람을 당해 낼 수 있다고 하였다. 또 산골짜기 어귀는 그들[왜인]이 배를 오랫동안 結船해 놓으려 해도 풍랑이 일면 반드시 배를 보전할 수 없는 地勢

---

31 「울릉도사적」에는 四千處로 되어 있지만 四十處의 誤記로 보인다.

라고 하였다. 이는 울릉도의 바닷가 지형을 이용하여 왜인의 침략을 막는 나름대로의 효과적인 방안을 제시한 것이라 하겠다.

다섯째 그는 산봉우리에 올라가서 저들[왜인]의 나라 영역을 자세히 바라보았지만 아득히 멀어 눈으로 가늠해볼 수 있는 기준이 될 만한 섬이 없어 그 거리가 어느 정도 되는지 알 수 없다고 하였다. 이에 그는 울릉도 지형이 그들[왜인]과 우리 사이에 놓여있는 鼎釜와 같다고 하였다. 아마 울릉도와 일본과의 거리를 나름대로 계산하여 왜인의 침략 가능성을 짐작해보려고 하였던 것으로 보인다.

여섯째 그는 대나무를 베어 가려고 오가던 길은 그들[왜인]이 만들어 놓은 것으로 추측하였다. 아마 왜인들의 울릉도 왕래가 있다는 것을 암시하려고 한 것으로 보인다.

이처럼 「울릉도사적」에서 장한상은 대나무 밭의 논밭으로의 개간 가능성과 주거지로 활용할 수 있는 옛 집터들의 존재를 지적함으로써 울릉도에 주민들을 이주시켜 살게 할 경우 거주에 필요한 여건들을 나름대로 제시하였다. 또 그는 왜인들의 침략을 효율적으로 방어할 수 있는 지역을 제시함으로써 鎭을 설치할 경우 그 대상 장소를 암시하였다. 아울러 그는 왜인들의 울릉도 왕래 흔적을 제시하였다.

그러나 한편으로는 주민 거주와 진 설치에 대한 회의적인 시각도 나타내었다. 장한상은 「울릉도사적」에서 堡鎭[32]을 설치하려고 해도 人民들이 머물러 살아 갈 수 있는 대책이 없는데, 그나마 개간할 수 있는 곳에는 수목이 무성하고 덩굴이 우거졌다고 하였다. 또 섬이 3,000리나 멀리 떨어져 바다 한가운데에 있어 배가 자유롭게 왕래할 수 없으므로 비록 저 나라[일본]가 함부로 점령하는 일이 있더라도 除防할 대책이 없다고 하였다.

---

32 「울릉도사적」에는 堡鐵로 되어 있으나 堡鎭의 誤記로 보인다.

이처럼 장한상은 울릉도 주민 거주와 鎭 설치 문제에 대해 13일 동안 조사한 내용을 바탕으로 나름대로 판단한 긍정적인 여건과 부정적인 환경을 동시에 지적하였다. 아마 그는 정부에서 주민 거주와 진의 설치 여부를 결정하는 데 가능한 객관적인 판단 자료를 제공하려고 하였던 것으로 보인다.

하여튼 이러한 내용을 담은 장한상의 울릉도 수토 결과 보고에 대해 정부에서는 주민 거주와 진 설치에 대한 긍정적인 면보다는 회의적인 시각을 받아들였다. 『숙종실록』에는 당시 장한상이 왜인이 왕래한 자취는 있지만 거주하고 있지는 않다는 점, 海路가 순탄하지 못하여 오고 가기가 어렵다는 점, 땅이 좁고 큰 나무들이 많다는 점 등을 보고하였다고 기록하였다.

이에 당시 영의정 남구만은 백성들이 들어가 살 수 없는 만큼 1·2년 간격으로 搜討하도록 하자고 건의하여 숙종의 동의를 얻었다.[33] 이로써 조선 후기 울릉도 수토정책이 공식적으로 채택되었다. 이는 일본의 울릉도 침탈 기도를 막는 방안이 지금까지 거론되어 온 주민 이주, 鎭 설치 등 적극적인 대책에서 정기적인 수토라는 소극적인 대책으로 바뀌었음을 의미한다. 이처럼 울릉도 정책이 적극적인 대책에서 정기적인 수토라는 소극적인 대책으로 바뀐 것은 실제 주민 거주와 진의 설치가 어렵다고 판단하였기 때문인지 아니면 일본과의 울릉도 영유권 논쟁이 해결될 기미가 보이는 마당에서 그들을 자극하지 않기 위해서였는지는 알 수 없다.

그러나 1694년(숙종 20) 삼척첨사 장한상의 울릉도 수토는 조선 후기 울릉도 수토제가 제도적으로 채택되는 계기가 되었다는 점에서 의미가 크다고 하겠다. 조선 후기에 울릉도를 관리·수호하는 정책으로 자리 잡게 되는 울릉도 수토제는 장한상이 울릉도에 갔다 온 결과 보고를 바탕으로 해서 수립되었기 때문이다.

---

33 『숙종실록』권27, 숙종 20년 8월 기유.

따라서 장한상의 울릉도 수토는 그 후의 수토제 운영과 개선에서 기준이 되었다. 1698년(숙종 24) 당시 영의정 유상운이 울릉도 수토에 들어가는 糧米·船隻·水夫를 1/4 내지 1/3 감축할 것을 숙종에게 건의할 때 그 감축 기준은 장한상의 울릉도 수토 경우였다.[34]

특히 장한상이 울릉도 수토 중에 中峯에 올라 독도를 조망하였다는 사실은 한일 간의 독도 영유권 논쟁에서 한국 사람들이 일찍부터 독도의 존재를 알고 있었다는 것을 증명해 주는 귀중한 자료이다. 장한상은 「울릉도사적」에서 '중봉에 올라 동쪽을 바라보니 동남쪽 바다 아득히 멀리 어렴풋이 보이는 섬 하나가 있는데, 그 크기는 蔚島[울릉도]의 1/3이 안 되고 거리는 300여 里에 불과하다'고 하였다.

비록 장한상이 중봉에서 자신이 조망한 섬의 이름을 거론하지는 않았지만, 그 어렴풋이 보이는 섬이 오늘날의 독도를 가리키는 것은 틀림없다고 하겠다. 왜냐하면 장한상은 「울릉도사적」에서 자신이 산 위에서 조망한 사실을 기록하면서 조선의 영역과 일본의 영역을 구분하였기 때문이다.

장한상은 일본의 영역을 조망한 결과에 대한 언급에서 '산봉우리에 올라가서 저들[왜인] 나라의 영역을 자세히 바라보니 아득히 멀고 눈으로 가늠해볼 수 있는 기준이 될 섬이 없어 거리가 어느 정도 되는지 알 수 없다'고 하였다. 즉 일본 영역에는 보이는 섬이 없다고 하였다.

이를 보면 동남쪽으로 어렴풋이 보이는 하나의 섬이 조선 영역에 속하는 것으로 인식하였음을 알 수 있고 또 그 섬이 지금의 독도를 말한다는 것은 자명하다고 하겠다.[35] 하여튼 장한상은 『세종실록지리지』에 '于山과 武陵 두 섬은 서로 거리가 멀지 아니하여 날씨가 맑으면 가히 바라볼 수 있다'[36]는 기

---

34 『승정원일기』378책, 숙종 24년 4월 20일.
35 장한상이 울릉도 수토 중 중봉에서 바라보았던 '어렴풋이 보이는 섬'이 지금의 독도라는 사실에 대해서는 주 1)에 제시한 유미림의 글들이 참고가 된다.

록이 사실임을 실제 입증하였다.

그런데 장한상은 바다 동남쪽에 어렴풋이 보이는 섬의 크기가 울릉도의 1/3이 안 되고, 거리는 300여 리에 불과하다고 한 것은 자신의 臆度 즉 근거 없는 억측이라고 하였다. 하지만 그는 가능한 합리적으로 크기와 거리를 측정하기 위하여 나름대로 노력하였던 것으로 보인다. 그는 그 섬의 크기와 거리를 측정하기 위하여 처음 바라본 위치에서 남북으로 20여 리씩 오가면서 위치를 바꾸어 조망하였고, 또 서쪽으로 먼 곳과 가까운 곳의 물체를 바라보면서 그 섬과 비교하였다. 아마 서쪽으로 멀리 보이는 대관령이 섬의 크기와 거리를 눈대중하는 주요한 비교 대상이 되었을 것으로 보인다.

이처럼 장한상의 울릉도 수토는 그 의미가 크다. 이에 『紀年便攷』에서는 '약한 櫓를 가진 외돛을 단 배로 섬 안에 곧장 들어가 그 경계를 정하였으니 왜인들이 경계를 넘어 침범할 수 없었다'[37]라고 하였다. 즉 장한상의 수토로 울릉도가 조선의 영토임이 확고해졌다는 것이다. 장한상의 울릉도 수토를 조선의 영토 수호 차원에서 이해하고 높이 평가하였다고 하겠다.

물론 숙종 대 당시에 장한상이 비변사에 그려 올린 山川과 道里가 15세기 말 성종 대에 편찬된 『輿地勝覽』의 기록과 다른 점이 많다고 하여 그가 가본 곳이 진짜 울릉도가 아닐 것이라고 의심하는 자들도 있었다.[38] 아마 이는 16세기 초반 이후 정부에서 울릉도에 관리를 파견하지 않아 울릉도에 대한 새로운 정보가 부족하였기 때문에 오는 의문이었을 것이다. 따라서 이 의문도 이후 울릉도 수토가 정기적으로 이루어지고 정보량이 많아지면서 자연스럽게 해소되었을 것이다.

---

36 『세종실록지리지』, 강원도, 삼척도호부, 울진현.
37 박의성, 『기년편고』 53권, 열전 2.
38 『숙종실록』 권27, 숙종 20년 8월 기유.

5. 맺음말

이상에서 1694년(숙종 20) 삼척첨사 장한상의 울릉도 수토에 대해 수토 배경, 수토 내용, 그의 울릉도 인식과 역사적 의미 등을 중심으로 살펴보았다. 그 결과를 요약·정리하면 다음과 같다.

삼척첨사 장한상의 울릉도 수토는 당시 일본의 침탈 기도로부터 울릉도를 관리·보호할 수 있는 방안으로 거론된 주민 거주와 鎭 설치 여부를 결정하기 위한 판단 자료의 사전 조사 차원에서 이루어졌다. 물론 울릉도가 조선의 영토임을 일본에게 주지시키고 나아가 수호 의지를 천명하려는 의도도 있었을 것이다.

이러한 임무를 띠고 울릉도 수토관으로 파견된 삼척첨사 장한상은 1694년(숙종 20) 9월 19일에 삼척 장오리진을 출발하여 다음 날인 20일에 울릉도에 도착하였다. 그 후 그는 10월 3일까지 13일간 울릉도에 머물면서 임무와 관련된 여러 부문에 걸쳐 조사를 하고는 10월 4일 울릉도를 출발하여 10월 6일에 삼척으로 돌아왔다. 특히 그는 울릉도에 머물면서 사람이 살 수 있는 여건이 되는지, 왜인의 왕래 흔적이 있는지, 배가 정박할 수 있는 포구가 존재하는지 등을 집중적으로 조사하였다.

장한상은 울릉도에서 돌아온 후 비변사에 올린 보고서에서 정부가 주민 거주와 鎭 설치를 강행할 경우 그에 대비한 대책을 제시하였지만, 동시에 주민 이주와 진의 설치에 대한 회의적인 시각도 표명하였다. 하지만 당시 정부에서는 긍정적인 면보다는 회의적인 시각을 받아들여 적극적인 울릉도 관리·보호 대책인 주민 이주와 진의 설치를 포기하고 대신 소극적인 대책인 정기적인 수토를 울릉도 수호 정책으로 채택하였다. 이로써 조선 후기 울릉도 수토제가 공식적인 정책으로 정립되었다.

이러한 삼척첨사 장한상의 1694년(숙종 20) 울릉도 수토는 조선 후기 울릉도 수토제가 제도적으로 실시되는 계기를 마련하였다는 점에서 그 의미가 크다고 하겠다. 특히 그가 수토 중에 中峯에서 지금의 독도를 조망하였다는 사실은 한일 간의 독도 영유권 논쟁에서 한국 사람들이 일찍부터 독도의 존재를 알고 있었다는 점을 입증해 주는 귀중한 기록이라고 하겠다.

[참고문헌]

『세종실록』「지리지」, 『숙종실록』
『비변사등록』, 『승정원일기』, 『관동읍지』, 『울릉도사적』
박세당, 「울릉도」
박의성, 『기년편고』 53권, 열전 2.

김호동, 「조선시대 울릉도 수토정책의 역사적 의의」, 『한국중세사논총』 이수건교수정년 기념논총간행위원회, 2000.
배재홍, 「조선후기 울릉도 수토제 운용의 실상」, 『대구사학』 103집, 2011.
손승철, 「울릉도 수토와 삼척영장 장한상」, 『이사부와 동해』 5호, 2013.
유미림, 「'우산도=독도'설 입증을 위한 논고 – 박세당의 「울릉도」와 장한상의 「울릉도사적」을 중심으로 – 」, 『한국정치외교사논총』 29권 2호, 2008.
_____, 「장한상의 울릉도 수토와 수토제의 추이에 관한 고찰」, 『한국정치외교사논총』, 31집 1호, 2009.

제9장

장한상의 울릉도 수토와 독도에 끼친 함의 연구

서 인 원[*]

1. 서론

일본 외무성 홈페이지 다케시마 문제에 관한 10개의 포인트 중 포인트 3에서 일본은 17세기 중반에 이미 다케시마의 영유권을 확립하였다고 주장하고 있다. 또한 1618년 돗토리번(鳥取藩) 호키국(伯耆國) 요나고(米子)의 주민 오야 진키치(大谷甚吉)와 무라카와 이치베(村川市兵衛)는 돗토리번의 번주(藩主)를 통하여 에도막부로부터 울릉도(당시 다케시마)에 대한 도항면허를 취득하였다. 그 이후 양가는 에도막부의 공인 하에 다케시마(울릉도)를 독점적으로 경영하였고, 당시 막부가 울릉도나 다케시마를 외국영토로 인식하고 있었다고 한다면 쇄국령을 발령하여 일본인의 해외 도항을 금지한 1635년에는

* 일제강제동원피해자지원재단 연구학술팀 팀장

이 섬들에 대한 도항 역시 금지하였을 것이지만 그러한 조치는 취해지지 않았 다[1]고 주장하고 있다.

그러나 에도막부가 오야·무라카와 양가에 다케시마도해면허 봉서를 내 렸다는 것은 그 당시 쇄국정책, 주인장제도와 봉서제도에 맞지 않은 허위 문 서이며, 에도막부 가신이 권력을 이용하여 이득을 취하기 위해 일부 로쥬들 이 사인한 도해면허증이다. 또한 에도막부로부터 다케시마를 배령(拜領)했 다는 것은 울릉도쟁계는 물론 막번체제의 토지제도에 대한 사실을 감추고 허 위 주장을 하는 것이다. 만약 다케시마를 일본 자국 영토로 인식하고 있었으 면 도해면허 발급은 필요하지 않았고 도해면허 발급 자체는 외국영토로 인식 한 것으로 되기 때문에 조선정부에 통보했어야 했다. 당시 일본은 조선과 유 일하게 국교를 맺고 있어 도해면허, 주인장은 필요 없었고 외교, 무역 창구인 쓰시마번을 통해 무역을 해야 되는데 그렇지 않은 오야·무라카와 양가의 다 케시마 도해는 불법이라 볼 수 있다.

또한 일본 외무성 홈페이지 다케시마 문제에 관한 10개의 포인트 중 포인 트 5 일본은 17세기말 울릉도에 가는 것은 금지하는 한편 다케시마에 가는 것 은 금지하지 않았다고 했다. 그리고 에도막부의 명을 받아 쓰시마번은 안용 복과 박어둔을 조선으로 송환함과 동시에 조선에 대하여 조선 어민의 울릉도 도항금지를 요구하는 교섭을 개시했다. 또한 이 교섭은 울릉도의 귀속 문제 를 둘러싼 의견 대립으로 인하여 합의에 도달하지 못하였다고 허위 주장을 하 고 있다.

1696년 조일정부는 울릉도쟁계(竹島一件)를 계기로 공식적인 외교적인 방 법으로 영토분쟁을 해결하였고, 울릉도와 독도가 조선영토임을 인정하였다. 에도막부에서 다케시마도해금지령을 내릴 때, 다케시마가 조선영토임을 재

---

1 日本 外務省 竹島, https://www.kr.emb-japan.go.jp/territory/takeshima/pdfs/takeshima_ point.pdf(검색일: 2023.6.6.)

확인하고, 다케시마를 처음부터 조선에서 빼앗은 것이 아니기 때문에 돌려준다는 말도 할 수 없다고 하였다. 이 내용은 처음부터 에도막부가 돗토리번주에게 다케시마를 하사하지 않았던 것을 의미하며 오야 · 무라카와 양가가 다케시마를 배령받았다는 말은 허위임을 알 수 있다.[2]

본고에서 안용복 사건과 울릉도 수토에서 1696년 울릉도쟁계를 통해 조일간 국경문제는 해결되었고 조선영토로 재확인할 수 있었던 조선정부와 안용복의 활동과 정책에 대해 비교 분석한다. 또한 일본 순검사 제도와 일본 에도막부의 토지제도를 분석하여 독도가 일본의 영토가 아님을 증명한다.

마지막으로 울릉도 수토가 독도에 주는 함의에서 조선정부가 장한상의 울릉도 수토 이후 대한제국까지 울릉도와 독도에 대한 영토주권과 실효적 지배를 강화한 것을 증명한다.

2. 안용복 사건과 울릉도 수토

1) 조선 수토제와 독도

조선의 수토제는 1694년 장한상(張漢相)의 울릉도 수토한 이래 1894년까지 지속되었고 조선정부는 3년마다 정기적으로 수토를 실시, 제도화하였다. 19세기에는 일본인의 울릉도 침탈이 있어 조선정부는 울릉도를 검찰하고 개척에 본격적으로 착수하면서 수토제는 유지되었다.

수토제는 울릉도와 독도에 대한 영토주권 포기의 의사가 없었고, 또한 정기적으로 조선정부 관리를 파견하여 울릉도와 독도를 순검 관리한 것은 울릉

---

2 서인원, 「일본 막부 편찬 국회도(國繪圖)에 표현된 국경과 독도영유권 인식」, 『영토해양연구』 제20권, 동북아역사재단, 2020.

도와 독도에 대한 명백한 주권 행사였다.[3]

조일간 울릉도 영유권분쟁(1693~1699)은 조선 대신과 비변사, 재야 인사에게도 관심을 불러일으켰던 것으로 영의정 남구만이 삼척첨사를 울릉도에 파견해 형세를 조사한 후 백성을 이주시키거나 진을 설치해서 일본의 침범에 대비해야 한다고 건의했다.[4]

남구만의 건의에 따라 장한상이 삼척첨사로 1694년 9월 19일 삼척을 출발해서 9월 20일~10월 3일 체류하면서 울릉도를 살핀 후 10월 6일 삼척으로 돌아왔다. 장한상의 울릉도 조사는 「울릉도사적」으로 전해지고 있다.

> 비가 개이고 구름 걷힌 날, 산에 들어가 중봉에 올라보니 남쪽과 북쪽의 두 봉우리가 우뚝하게 마주하고 있는데, 이것이 이른바 삼봉(三峰)입니다. 서쪽으로는 구불구불한 대관령의 모습이 보이고, 동쪽으로 바다를 바라보니 동남쪽에 섬하나가 희미하게 있는데 크기는 울릉도의 삼분의 일이 안 되고 거리는 300여리에 지나지 않았습니다. 그리고 남쪽과 북쪽에는 망망대해가 펼쳐져 물빛과 하늘빛이 같았습니다.[5] 섬의 산봉우리에 올라 저 나라 강역을 자세히 살펴보니, 아득할 뿐 눈에 들어오는 섬이 없어 그 거리가 얼마나 되는지 모르겠는데, 울릉도의 지리적 형세는 아마도 저 나라와 우리나라 사이에 있는 듯합니다.[6]

상기 기록에서 장한상이 본 '바다 멀리 동남쪽으로 희미하게 보이는 섬'은 오늘날의 독도를 가리키는 것으로 보인다. 울릉도와 독도와의 거리는 현재는 230리 정도로 보고 있는데, 장한상은 300여 리로 보았다. 다만 섬의 크기가 울

3　유하영, 「수토정책에 대한 국제법적 해석」, 『독도연구』16, 2014, p.256.
4　『숙종실록』, 숙종21년(1695년) 4월 13일 갑진.
5　「霽雨(雨+馬)捲之日 入山登 中峰 則南北兩峯岌崇相面 此所謂三峰也 西望大關嶺迄之狀 東望海中 有一島杳在辰方 而其大未滿蔚島三分之一 不過三百餘里 北至二十餘里 南近四十餘里 回互往來 西望遠近臆度如斯是齊」「울릉도 사적」.
6　「登島山峰 審望彼國之域 則杳茫無眼杓之島 其遠近 未知幾許 而地形似在於彼我間」「울릉도 사적」.

릉도의 3분의 1이 안 된다고 본 데는 오차가 있지만, 이런 오차에도 불구하고 장한상이 말한 섬은 독도로 보아야 할 것이다.

장한상이 말한 '동남쪽의 희미한 섬'이 바로 박세당이 말한 '우산도'에 해당된다는 사실이 입증된다. 박세당은 우산도(독도)가 맑은 날 울릉도의 높은 곳에서 보인다고 했다. 이 때문에 그가 말한 우산도가 바로 오늘날의 독도임을 입증하는 데 결정적인 단서를 제공하고 있다.[7]

울릉도 수토문제에 대해 건의한 내용은 울릉도문제가 명백히 조일간 합의되어 일본은 일본인의 어업을 금하겠다고 했고, 조선에서도 때때로 사람을 보내 수토할 뜻을 서계에서 밝힌 바 있다. 1694년 장한상의 울릉도 조사로 수토제가 시작했고 그 기원은 1438년 4월 무릉도 순심경차관 남회, 조민의 파견으로 시작된다. 순심경차관의 순심은 순찰, 경차관은 어떤 특별한 사명을 띠고 지방에 임시로 파견되는 관원이다.[8]

1702년 삼척영장 이준명이 울릉도를 수토했다. 수토할 때 장한상은 역관을 대동했는데 이준명도 연관을 대동하고 있다. 이것은 일본인과의 조우를 대비한 것으로 울릉도쟁계로 인해 조일간 영토문제가 다 끝난 것을 알리기 위해서이고, 울릉도 지도와 토산물을 바치게 되어 수토의 일환으로 그 역할을 충실히 했다.

수토제에 의해 오랫동안 잊혀졌던 울릉도의 지리, 토산물, 가치에 대해 알게되었고, 조선 영토로써 무인도를 관리하게 되었다.

「강계고」 울릉도조는 울릉도·우산도의 위치와 연혁, 일본과의 울릉도 영유권 분쟁에 관해 기록하고 있다. 그리고 연혁 말미에는 「여지지」의 기사를 인용해 우산과 울릉은 두섬이며, 그 중 하나가 일본 측에서 부르는 마츠시마(松島)로 우산국의 땅임을 재확인하고 있다.

---

7 유미림, 「'우산도=독도'설 입증을 위한 논고」, 『한국정치외교사논총』 29호, 2008.
8 송병기, 『울릉도와 독도, 그 역사적 검증, 역사공간』, 2010, p.128.

「경계고」 울릉도조는 「안용복사」 조로 이어지는데 여기서 신경준은 안용복의 일본 피랍·밀항 사건에 대해 비교적 자세하게 언급하고 있다. 특히 밀항 사건을 설명하면서 안용복이 울릉도에서 고기잡이하던 일본 어선을 추격해 마츠시마로 가서 다음과 같이 꾸짖었다고 전하고 있다.[9]

> 마츠시마는 바로 우산도이다. 너희들은 우산이 또한 우리 지경이란 말을 듣지 못하였느냐!

1693년 일본인들이 울릉도에서 불법 어업을 하다가 조선인과 분쟁이 일어났는데, 이 때 안용복은 오키섬에 와서 울릉도와 그 자도인 독도는 한국영토임을 주장하면서 에도 막부는 1695년 12월 25일 돗토리번에 대한 조회를 통해 울릉도(다케시마)와 독도(마쓰시마) 모두 돗토리번에 속하지 않는다는 사실을 확인한 후, 1696년에 다케시마(울릉도) 도해금지령을 내렸다. 일본 역사서에 나오는 소위 다케시마 일건(竹島一件: 울릉도쟁계)의 해결이다.

요나고의 오야·무라카와가가 다케시마에 도해하고 있었지만, 그것은 돗토리번이 아니라 막부의 노쥬를 중개로 하는 일이었기 때문에, 소극적일 수밖에 없었을 것이다. 그래서 모든 활동을 합법적인 것으로 인식하고 있었는데, 안용복의 주장을 통해, 모든 것이 밀무역일 가능성을 생각하게 되었을 것이다. 그것이 돗토리번의 영지 안에서 이루어지는 일이라면 아무런 문제가 없다. 그러나 다케시마가 조선의 울릉도와 동일 섬이라면 자기 번에서 밀무역이 이루어진 것으로, 그것은 파멸을 의미하는 일이었다.[10] 그로 인해 분쟁이 확대되면 번주의 지위를 박탈당할지도 모르는 일이었다. 그러한 사정이 있어 그를 객인으로 대접하고 귀국 시에는 많은 전별을 주었을 수도 있다.[11]

---

9 송병기, 『울릉도와 독도, 그 역사적 검증, 역사공간』, 2010, p.135.
10 大西俊輝저, 權五曄·權靜역, 『독도』, 제이앤씨, 2004, p.100.
11 大西俊輝 전게주 13, 243頁.

이는 밀무역으로 인해 발생될 수 있는 책임 문제에 대한 대처로 돗토리번이 소극적으로 대응했다.

돗토리번은 요나고 양가와의 관계로 국법인 쇄국정책에 저촉되는 번단위 의 밀무역을 한 것으로 판단되는 것을 두려워 했을 수도 있다. 그래서 막부가 다케시마의 소속에 관한 질문을 하자, 돗토리번은 「다케시마(울릉도)·마츠 시마(독도)는 이나바 호우키의 부속이 아니다」[12] 라고 다음날에 답한다. 이런 상황들을 감안하면, 돗토리번은 다케시마가 조선령이라는 것을 인지하고 안 용복의 주장을 인정하는 서계를 작성했다고 보아야 할 것이다.

조일간 교섭 중에 문제가 된 것은 어업의 이용권이 아니라 울릉도 영유권 과 관련된 것이다. 조선의 경계 울릉도의 문언 삭제를 요구한 일본 측에 대해 조선 측은 이를 거부하고 울릉도가 조선의 영토임을 명확히 밝혀, 일본인이 이곳을 다케시마라고 칭하며 도해하면서 고기잡이로 국경을 넘어 침범하는 것이라 비난한 것이다. 따라서 일본인의 울릉도(다케시마) 도해는 어업을 위 해서였다라든지, 전복을 따러 간 것 등의 말로 끝낼 수 있는 일이 아니었다. 섬의 주변 해역에서의 어업 이용권은 섬의 영유권에 종속되는 연관성을 갖 는다고 할 수 있다. 이러한 점에서 일본에서는 다케시마일건이라고 주장하 는 데 반해, 조선에서는 울릉도쟁계라고 하여 영유권 분쟁이었다는 입장을 취한다.[13]

1696년 조일정부는 울릉도쟁계(竹島一件)를 계기로 공식적인 외교적인 방법으로 영토분쟁을 해결하였고, 울릉도와 독도가 조선영토임을 인정하 였다.

『통항일람』 137권에서 다케시마에 대한 설명이 있으며 울릉도쟁계 사건 당시의 쓰시마번주와 조선정부의 왕복문서에 대한 설명[14]이 있으며 여기서

---

12 『鳥取藩史』第六卷, pp.471-472.
13 나이토 세이추 저, 『울릉도쟁계와 안용복사건』, 제이앤씨, 2013, p.26.

조선정부는 다케시마를 조선영토임을 강조하고 있다.

2005년도에 시마네현 오키군 아마쵸에 있는 무라카미가문 창고에서 발견된 「원록구병자년조선주착안일권지각서(元祿九丙子年朝鮮舟着岸一卷之覺書)」는 17세기 일본의 고유 영토설을 반박해주는 중요한 사료이다. 이 각서의 출처가 오키 도젠(隱岐 島前)의 공문서 담당이던 무라카미가문이고, 안용복을 직접 심문하며 작성한 진술 자료로 이 문서를 당시 오키의 관할번이었던 이와미국(石見國)에 제출했던 공문서이기 때문에 그 공신력은 높다.

안용복은 다케시마는 조선국 강원도 동래부 내의 울릉도이며 마츠시마는 같은 강원도 내의 자산도(독도)이라는 섬이 있다. 이것을 마츠시마라고 하는데 이것도 팔도지도에 쓰여 있다[15]고 진술하였다. 일본 외무성은 자산도가 독도가 아니기 때문에 독도임을 증명하라는 억지를 부리는데 안용복의 진술서에 의해 자산도는 마츠시마로 독도임을 명확히 증명하고 있다. 이 각서에서 안용복은 소지했던 8매로 한 조선팔도지도를 내보이며, 울릉도와 독도가 조선영토임을 강조하였다[16].

---

14 林復齋著, 箭內健次編輯, 「朝鮮國部百十三 竹島」, 『通航一覽 卷之百三十七』, 1970. 慶長十七壬子年、宗對馬守義智より朝鮮國東萊府使に書を贈りて、竹島は日本屬島なるよしを諭(さと)せしに、彼許さず、よて猶使書往復に及ぶ(中略)。此年(元祿九年)夏、朝鮮人十一人因幡州に來り、事を東武に以てせしに、釣命して是を遂回されし事あり。

15 安龍福申ハ竹嶋ヲ竹嶋と申朝鮮國江原道東萊府ノ內ニ鬱陵島と申嶋御座候。(是)ヲ竹ノ嶋と申(由)申候。則八道ノ圖ニ記之所持仕候。松嶋ハ右同道ノ內子山と申嶋御座候。是ヲ松嶋と申由是も八道ノ圖ニ記申候。

16 右安龍福 雷憲 金可果三人江在番人立會ノ時、朝鮮八道之圖ヲ八枚ニメ所持仕候ヲ出シ申ヶ候、則八道ノ名ヲ書寫、朝鮮ノ詞ヲ書付申候。三人之內安龍福通詞ニテ事ヲ問申ツ候得ハ答申候。

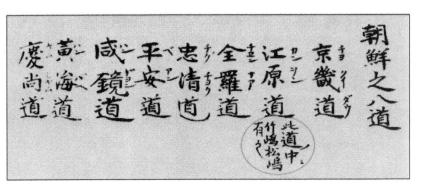

[그림 1] 원록구병자년 조선주착안일권지각서 중 조선팔도 부분[17]

그리고 울릉도쟁계에서 에도막부가 돗토리번에 7개조의 질문서에 대한 답변서를 받았는데 돗토리번에서 올린 답변서에는 다케시마(울릉도)가 돗토리번의 인슈(因州)·하쿠슈(伯州)에 소속하는 섬이 아니고, 다케시마와 마츠시마는 그 외 양국(이나바와 호키)에 속하는 섬은 없다고 보고하였다.

1. 다케시마(울릉도)가 인슈(因州)·하쿠슈(伯州)에 소속하는 섬이 아닙니다. 호키국 요나고의 주민 오야 쿠우에몬(大谷九衛門)과 무라카와 이치베(村川市兵衛)라는 하는 자들이 도해한 것에 관해 마츠다이라 신타로(松平新太郎)가 영주일 때 봉서로서 명령하셨다고 들었습니다. 그 이전에도 도해한 적이 있다는 말을 듣고 있습니다만, 거기에 대해서는 잘 알지 못합니다.
2. 다케시마(울릉도)의 둘레는 대략 8, 9리쯤 된다고 하고 사람들은 살고 있지 않습니다.
3. 다케시마에 어업을 위해 가는 것은 2, 3월경이며 요나고에서 출선하여 매년 갑니다. 그 섬에서 전복, 강치 등을 잡는 크고 작은 배 2척이 갑니다.
4. 4년 전인 1692년(申年)에도 조선인들이 와 있기에 우리 선장들이 조선인 2명을 데리고 요나고로 돌아왔고 그것도 보고하여 나가사키로 보내었습니

---

17 동북아역사재단, 일본이 모르는 10가지 독도의 진실 5.

다. 1694년(戌年)에는 바람이 세서 그 섬에 도착하지 못한 것도 보고하였습니다. 올해에도 도해하였더니, 이국인이 많이 보였기에 배를 대지 못하고 돌아오는 길에 마츠시마(독도)에서 전복을 조금 잡고 돌아왔습니다. 위와 같이 보고 드립니다.

5. 1692년(申年)에 조선인이 왔을 때 배 11척 중 6척은 태풍을 만나 조난당하고 남은 5척은 그 섬에 머물렀는데 사람 수는 53명이었습니다. 1693년(酉年)에는 배 3척에 사람은 42명이 와 있었습니다. 올해에는 많은 배와 사람이 보였으나 배를 대지 못했는지는 분명하지 않습니다.

6. 다케시마(울릉도)와 마츠시마(독도)는 그 외 양국(이나바국과 호키국)에 속하는 섬이 아닙니다.[18]

일본은 17세기 중반에는 다케시마 영유권을 확립하였다고 하는데, 울릉도 쟁계(竹島一件)를 보면 일본 정부는 다케시마 영유권을 한국에 있다고 인정했다.

다케시마(울릉도)가 결정적으로 돗토리번의 소속이 아님을 밝히고 도해한

---

18 「亥十二月廿四日竹島の御尋書の御返答書」, 塚本孝「竹島關係旧鳥取藩文書及繪図(上)」, 『レファレンス』, 1986, p.81.

1. 竹島は因幡伯耆附屬にては無御座候、伯耆國米子町人大室九右衛門、村川市兵衛と申者渡海仕候儀　松平新太郎領國の節、以御奉書被仰出候旨承候、其以前渡海仕候儀も 有之樣には及承候之共、其段相知不申候事

2. 竹島廻凡八九里程之有之由、人居無之候事

3. 竹島之魚採參候時節は二月三月比、米子出船每年罷越候、於彼島鮑みちの漁獵仕 候船數大小二隻參候事

4. 四年以前申年朝鮮人彼島之參居候節、船頭共參逢候儀其節御届申上候、翌酉年も 朝鮮人參申、內船頭共逢朝鮮人二人連候て米子へ罷歸、其段も御届申上長崎之相送申候、戌年は遭難風彼島着岸不仕段御届申上候、当年も渡海仕候處、異國人數多見え申に付着岸不仕罷歸候節、松島にて鮑少々取申候、右の段御届申上候事

5. 申年朝鮮人參候節、船十一隻の內六隻遭難風、殘五隻は彼島に留り、人數五十三人居申候、酉年は船三隻人數四十二人參居申候、当年は船數余多人も相見之申候、着岸不仕候付分明無御座候

6. 竹島松島其外兩國之附屬の島無御座候事

자들이 울릉도에서 조선 사람과 충돌한 내용이 실려 있고 울릉도에서 돌아오다가 마츠시마(독도)에 들러서 전복을 잡아 온 사실을 보고하고 있다. 그리고 다케시마(울릉도)와 마츠시마(독도)가 이나바국과 호키국 양쪽에 해당되지 않는 섬으로 분명하게 보고하고 있다. 이 답을 받은 막부는 한달 후인 28일 중대한 정치적 판단을 내렸다. 이것은 울릉도·독도 도해금지령으로 그 내용은 다음과 같다.

에도막부는 이 답변서를 바탕으로 아래와 같이 울릉도·독도 도해금지령을 내린다. 다케시마라는 곳이 돗토리번에 속한다고 하는 자가 있는데 일본인이 그 곳에서 거주하고 있는 것은 아니다. 쇼군 도쿠가와 히데타다의 시대에 요나고의 주민들이 이 섬에서 어업을 하길 원해 허가하였다. 지금 그곳의 지리를 헤아려보니, 이나바에서 160리이고 조선에서는 40리 정도이다. 거리로 판단하면 일찍부터 그 섬이 조선의 영토임을 의심할 수 없다. 혹시 일본이 무력으로 취하면 수중에 들어 올 수 있으나 이 작은 쓸모없는 작은 섬이 원인이 되어 조선과의 우호관계를 잃는 것은 좋은 계략이 아니다. 더욱이 당초에 조선으로부터 빼앗은 것이 아니니 지금 다시 돌려준다고 말도 할 수 없다. 오로지 일본인이 가서 고기를 잡는 것을 금지해야 할 뿐이다. 현재의 일본정부는 이전과는 달라 서로 싸우는 것보다는 평화를 얻는 것이 좋다. 이런 뜻을 조선에 잘 전하라[19]는 내용이다.

---

19 林復齋著, 箭內健次編輯, 『通航一覽 卷百三十七』, 1970, p.27.
竹島の地因幡に屬せりといえども、また我が人居住の事なし、台德君の時において米子村の衛人其島に漁船事を願した依り、是を許されしせ、今其地理を図るに因幡を去るもの百六十里許、朝鮮を距る四十里許なり、これ曾て彼が他界たる其疑なきに似たり、國永若し兵威を以てこれに臨まは、何を求むとして得てからさらに、但無用の小島の故を以て、好みを逆國に失する。計お得たるに非す、しかも其初、是を枯れに取り非ざる時は、今また是を返すを以て詞とすべからず、誰我人往き漁をするを禁せらるべきのみ、今朝議以前に同じからず、其相ふてやまさらんよりは、各無事なたんにしかじ、宜しく此意を以て彼國に諭すへしと言うを

쓸모없는 작은 섬 때문에 이웃 나라와의 우호관계를 잃는 것은 득이 되지 않는다는 입장으로 일본 측의 문제 제기였기 때문에 어떠한 형태로 종결시키는 것도 일본 측의 책임이었다. 이것은 조일간 영유권문제를 해결하는 것인데, 일본은 어업 금지하는 타결책으로 조일 우호관계를 존중한다고 하면서 국경문제 안건을 경솔하게 취급하고 상황을 모면하려고 했다.

에도막부에서 다케시마도해금지령을 내릴 때, 다케시마가 조선 영토임을 재확인하고, 다케시마를 처음부터 조선에서 빼앗은 것이 아니기 때문에 돌려준다는 말도 할 수 없다고 하였다. 이 내용은 처음부터 에도막부가 돗토리번주에게 다케시마를 하사하지 않았던 것을 의미하며 오야 · 무라카와 양가가 다케시마를 배령받았다는 말은 허위임을 알 수 있다.

1696년 일본정부의 결정은 오늘날에 있어서도 참고해야 할 태도라고 생각한다. 도쿠가와막부와 조선정부가 300년에 이르는 다툼없는 친교를 유지할 수 있었던 것은 이런 입장에서 양국관계를 유지했기 때문이다. 일본이 다케시마라고 부르던 것이 울릉도임이 밝혀지고 그에 대한 도해금지령이 1696년에 내리자 이 금지령은 엄하게 지켜져 별다른 분쟁은 없었다. 한일간의 분쟁을 극복할 수 있는 하나의 본보기라고 할 수 있다. 오늘날 일본은 이런 결정을 지켜지지 않은데서 한일간 갈등이 나타나게 되는 것이다.

안용복의 제2차 도일 행적에 대해 일본의 입장에 쓰인 『因附年表』가 있다. 안용복 일행은 1696년 5월 20일 일본 오키섬에 도착하고 6월 4일 돗토리번 호키슈에 도착하여 융숭한 예우를 받았으며, 막부 노쥬 오쿠보(大久保加賀守)가 돗토리번주에 다케시마도해금제봉서를 요나고 오야 · 무라카와에게 전달할 것을 7월 24일 거듭 지시했고, 8월 1일에야 돗토리번주가 요나고의 오야 · 무라카와에게 다케시마도해금제봉서의 사본을 건넸으며, 동시에 8월 1일 이

もってせらる。

날 안용복 등을 나가사키로 보내지 말고 직접 귀국시키라는 막부 노쥬의 지시가 내려왔으며 8월 6일 안용복 일행은 조선을 향해 출항했다는 사실이다.

쓰시마 번주의 부탁으로 돗토리번에서는 1696년 1월 28일의 다케시마도해금지령을 안용복 등이 돗토리번에 도착한 6월 4일까지도 요나고의 오야·무라카와 두 가문에 전달하지 않고 있었다. 안용복 일행이 찾아와서 강력히 항의 담판을 시작하자 7월 24일에야 도쿠가와 막부 노쥬가 다케시마도해금제봉서를 두 가문에 전달하도록 다시 지시한 것이었다. 실제로 오야·무라카와 두 가문이 다케시마도해금제봉서를 전달받은 것은 1696년 8월 1일이었다. 이 사실은 안용복의 제2차 도일의 활동 결과로 일본 도쿠가와막부의 1696년 1월 28일의 울릉도·독도에의 일본 어부 출어 금지령이 8월 1일부터 실시된 것이다.

안용복의 활동으로 울릉도와 독도를 조선 영토로 규정하여 재확인받았다는 진술은 모두 사실이었고 일본 측 고문서에서도 명백히 증명되었다.[20]

2) 일본 순검사 제도와 독도

일본의 순검사 경우, 에도막부 1633년 1월 다이묘의 영토 지배를 감찰하기 위해 전국에 순검사를 파견했다. 쇼군이 교체되면 원칙적으로 1년 이내 막부순검사에 의한 제국순견이 실시되며 다이묘 영에서도 번주 교체가 있을 때마다 1년 이내 번주 이하 중신에 의한 영내 회군(廻郡)이 행해진다. 순견사는 전국 6개 지구(고기: 五畿·난카이, 간토, 규슈, 츄고쿠, 오우:奧羽·마츠마에, 北國: 기타구니)로 나눠 6개조가 파견되었다. 순견사 파견의 표면적인 목적은 경계와 국경의 구분을 하기 위해 각지에서 국회도(國繪図)를 징수하였다.[21]

---

20 신용하, 『독도영토주권의 실증적 연구 상』, 동북아역사재단, 2020, p.304.
21 平成24年度 池田家文庫繪図展「日本六十余州図の世界」, p.1.

일본육십여주도(日本六十余州図)에서 해상 항로의 선이 있는 것은 규슈의 비젠, 사츠마, 오구마, 이키, 쓰시마만 있고 다른 곳은 없다. 이 지도는 에도시대 초기의 전국을 망라하는 유일한 국회도이며 같은 시기의 일본도와 함께 동시대의 사람들이 본 일본의 모습을 엿볼 수 있는 귀중한 자료이다.

오다 노부나가 지배 시기 국역 체계는 영주적 토지 소유라는 것은 일단 개별 국가적 지배 체계이었고 도요토미 히데요시 시대에는 석고제 구조로 기능하게 되었다.

영주적 토지 소요가 사회적 체제가 되는 과정에서 기성의 전통적 국가 구조로 이용되었다. 에도막부체제 성립의 기초는 중세 사회에서의 소경영 전개와 그것을 기초로 한 영주제 발전에 있다. 영주제가 일정 정도 전개한 畿内近國(교토에 가까운 번, 山城·大和·河内·和泉·攝津의 5개 번)을 장악한 천황 권위를 중심으로 하는 것으로 성립된 공의 권력이 전국을 군사적으로 제패하고 피라미드 지배 계급을 만들어 내 생산 제력을 통일적으로 편성, 운용해서 전국적으로 소경영이 발전하는 조건으로 정비되었다.[22]

영주적 토지 소유는 개별의 국가적 지배 체계인 국역 제도가 근세 사회에서 영주적 토지 소유 체계인 석고제 구조가 되어 영주제 유지를 본질로 하는 근세 국가 제도로서 역할을 하였다. 영토적 토지 소유가 사회적 체제가 되는 과정에서 기성의 전통적 국가 구조를 이용하고 자기에 적합한 것으로 만들어 가는 과정이 불가결하였다.[23]

에도막부는 석고제에 의해 다이묘의 영지 규모를 간단히 파악할 수 있게 되었고, 가봉, 감봉, 전봉, 본토에서 떨어진 영토의 처리도 간단하게 할 수 있게 되었다. 다이묘에 부과하는 부담과 에도막부 관리의 임면도 석고제에 응하는 것이 되었다. 다이묘도 자기 번에서 석고제를 채용하였고 가신 소유 영

22 牧原成征, 『日本近世の秩序形成』, 東京大學出版會, 2022, p.16.
23 牧原成征, 『日本近世の秩序形成』, 東京大學出版會, 2022, p.112.

지에는 살지 않게 하고 연공(年貢) 징수와 인부 동원도 번 중앙에서 하였다. 게다가 시기는 늦어졌지만 농촌에서도 검지를 철저하게 하여 검지장에 석고를 기재할 수 있도록 하고 통상 연공은 석고에 연공율을 더해 산출했고 잡세와 부역도 유사의 방법에서 산출하여 부과하였다. 석고제는 영지(封土)를 위에서 순차 분할 급부해서 주종관계를 유지하고 가신 혹은 농민간 석고의 다소에 의해 상하관계를 결정할 수 있었다. 복잡한 면적 계산을 하지 않고 석고 규모에 맞춰 증가, 감소, 교환을 가능하게 하여 막번체제를 유지, 존속시키는 것에 상당히 합리적인 제도였다.[24]

1600년 도쿠가와는 간토 영국(領國) 이외에도 검지(檢地[25])를 행했지만 그것은 오우미 등에서 도요토미 정권을 승계하는 입장에서 했고 도카이(東海) 지방 등 도쿠가와 영국화(領國化)한 번의 검지가 있었고 그 이후도 에도막부는 다이묘 영국에 직할 검지를 행하고 다이묘마다 여러 가지 시기와 방법으로 검지가 행해졌다. 1604년 에도성 건축 부역(普請役) 부과를 위해 서일본 다이묘에 대한 국군마다 지적, 촌고(村高), 농산물 수확량(物成高)을 기재한 토지대장(御前帳)과 국회도 제출을 명했다.

검지는 도요토미 · 도쿠가와 정권이 재정 기반을 확립하기 위해 전답을 조사, 측량하는 정책이다. 검지 결과는 1촌 마다 정리한 토지대장인 검지장에 기입되었다.[26] 검지장에는 토지 1필(1구획의 토지)마다에 지명, 등급(상 · 중 · 하 · 하하), 면적, 석고, 경작인 등이 기입되어, 하나의 토지에 권리를 가진 것에 대해 연공을 납부하는 책임을 부과했다. 2권을 작성하여 1권은 마을

---

24 石高制 https://ja.wikipedia.org(검색일: 2023.8.1.)
25 전답의 면적, 수량의 조사하기 위해 영주가 농민의 전답을 조사하는 것, 새로 정복한 토지에 대해 다수 행해졌고, 농민지배의 일체화에 연계되었다(檢地 https://ja.wikipedia.org(검색일: 2023.8.6.)
26 慶長の檢地 http://www.manabi.wakayama-c.ed.jp/wakayama_hakken/pdf/section/02/03/126.pdf(검색일: 2023.8.6.)

에 두고 1권은 영주에 납부했다. 근세 사회의 기초인 토지와 백성을 파악하여 기록한 장부이다.[27] 검지에서는 토지의 주인이 특정되어 측량에 의해 경계가 정해지고 등급도 사정되어 석고가 부여되었고 전답 소유권의 근거는 검지장에 있는 것으로 판명된다.

에도시대는 농업기술의 진보와 신전 개발의 진전, 에도막부와 번의 재정 악화 등에 의해 종종 검지가 이루어졌다. 에도시대의 검지는 농촌 내 다양한 권리관계를 부정하고 농촌 실태에 맞는 장부가 에도막부 및 번에 제출되었기 때문에 농민 지배의 일원화로 이어졌다. 검지에 의해 농민에 대한 과세는 무거워지는 경향이 강하기 때문에 농민도 무사와의 단체로 그것을 저지하려고 시도하기도 했다.

에도시대 토지제도는 쇼군의 다이묘 통할권, 다이묘 영지 · 영민의 지배권, 즉 영지권과 서민의 토지 소유권과 지방 마을이 그 입회지로 이용하는 지배 · 처분(進退權)과 4종으로 나눈다. 통할, 영지, 소유, 처분의 4종류에 의해 에도시대 토지법의 기본적인 체계가 구성된다.[28]

에도시대의 토지는 에도막부령(天領), 번령, 사사령(寺社領)이 있다. 에도막부령 토지는 번령 토지보다 여유가 있어 연공의 설정과 징수도 그 정도로 엄격하지 않았다. 에도시대는 자유로운 상업 활동이 허가되었고, 부의 축적도 인정되었지만, 너무 지나친 상업 매매를 하는 상인, 지나치게 사치하는 상인은 재산을 몰수하거나 조직을 없앤 적도 있다.[29] 이와 같이 에도시대는 특정한 상인이 과도한 부를 축적할 수 없었다. 그래서 오야 · 무라카와 양가는 1회성 도해면허를 이용하여 영지를 배령받았다고 허위 보고하면서 다케시마에서의 부를 축적한 것은 불법으로 볼 수 있다.

27 京大日本史辭典編纂會, 『新編日本史辭典』, 東京創元社, 1999, p.317.
28 石井良助, 「江戸時代土地法の体系」, 『日本學士院紀要』 第38卷 第3号, 1982, p.138.
29 大村大次郎, 『土地と財産で讀み解く日本史』, (株)PHP研究所, 2019, p.182.

다케시마와 마츠시마는 미곡 수확량(石高)이 부여가 되지 않았고 향장과 영지주인장에 실린 적이 없다. 이런 의미는 두개의 섬이 일본 영토가 아니라는 것[30]을 증명하고 있다. 울릉도쟁계에서 에도막부의 발언을 보면 1625년 당시 에도막부에 다케시마를 오야 · 무라카와 양가에 하사했다는 하는 것에 충족시킬만한 실태와 인식을 요구하는 것은 곤란하다. 에도막부 수준에서도 이시기 다케시마를 일본령이라고 인식하지 않았다.[31]

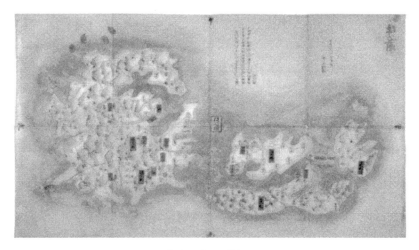

[지도 1] 오키국도

오키는 에도막부의 직할령(天領)으로 마쓰에번이 에도막부로부터 통치를 위탁받아 오키의 도젠과 도고에 각각 대관을 파견한 상태였다.

1638년 마쓰다이라 나오마사는 이즈모(出雲國)로 전봉되어 18만 6천 석의 다이묘가 되었다. 그 위에 천령인 오키섬(隱岐國)를 맡아 대리 통치를 행했

---

30 池內敏, 『竹島―もうひとつの日韓關係史』, 中公新書, 2016, p.138.
31 小林昌二監修, 「池內敏 第2章 近世から近代に到る竹島(鬱陵島)認識について」, 『日本海歷史大系 全五卷 第四卷 近世篇 I』, 淸文堂, 2005, p.48.

다. 나오마사는 이즈모, 오키를 합해 20만 석의 자리에 앉았다.[32]

1633년 4월 24일~6월 1일 정사 市橋伊豆, 부사 2명이 요나고를 경유해서 오키섬 도젠과 이즈모를 순찰하고 다음 순찰지인 이시미로 이동하였다. 1637년 시마바라 난으로 군대 파견의 경험에서 에도막부는 1633년 츄고쿠 지방 회도의 교통정보가 부족해서 1638년 츄고쿠지방(但馬, 因幡, 伯耆, 出雲, 石見, 隱岐, 播磨, 美作, 備前, 備中, 備後, 安芸, 周防, 長門)에 한정하여 조속히 회도 제출을 요청했다.[33] 이 당시 오키섬에 대한 교통정보가 추가되어 보고되었지만, 다케시마, 마츠시마에 대한 기록은 없었다. 이것은 그 당시 울릉도와 독도를 일본 영토가 아니기 때문에 조사 대상도 안 되었고 조선영토로 인식하고 있어 오키섬 회도에는 울릉도와 독도가 없는 것은 당연하다.

에도시대의 간에이 순검사 국회도(1633), 正保國繪圖(1650년경), 오키국도(17세기), 文政國繪圖(1826)에 울릉도·독도가 그려져 있는 것은 없지만 도고, 후쿠우라에 울릉도 도해가 오키국 후쿠우라에서 이루어진다는 기술이 있다. 이것은 17세기 돗토리번령 요나고 상인들의 울릉도 도해 사실에 기초한 기록이며 지역의 경험적 지식이 반영되어 계승된 것이다. 따라서 그것은 울릉도도해가 이루어지지 않게 된 이후에도 기록만 동일하게 베껴진 것이다.[34] 일본지도에서 일부 예외를 제외하고 18세기 초반까지 울릉도와 관련된 흔적을 찾을 수 없는 것은 그런 경험적 지식 등이 다른 지역에서는 공유되지 않았기 때문이다. 특히 1696년 울릉도쟁계 이후 울릉도 주변 해역은 공백인 채로 남아 있었다.

32 권오엽·오니시토시테루 편역주,『은주시청합기』, 인문사, 2012, p.31.
33 松江市 調査コラム～史料調査の現場から 第16回 https://www.city.matsue.lg.jp/material/files/group/34/chosa_colmn16.pdf(검색일: 2023.8.8.)
34 池內敏,『竹島問題とは何か』, 名古屋大學出版社, 2012, p.122.

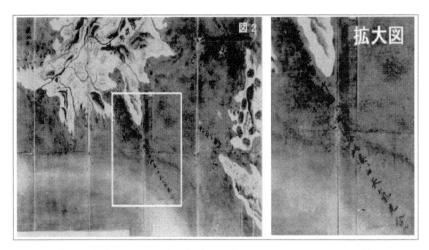

[지도 2] 「文政 隱岐国絵図」福浦주변 확대(시마네현립도서관 소장)[35]

　일본정부는 오키국회도에서 다케시마도해의 기재가 정보, 원록, 천보에 걸쳐 보여진다고 상정하고 원록, 향보국회도에서는 정보국회도에 비해 해상 도해의 기재가 대폭 줄어들고 그 이후 문정, 천보 오키국회도에 다케시마 기재가 있고 에도시대 후기 일본도에 다케시마, 마츠시마 기재가 있는 것을 보면 막부는 원록시기 이후도 양도를 일본령으로 인식하고 있었다[36]는 주장하고 있다. 그러나 다케시마 도해의 기재는 구체적인 교통정보를 기재한 것이지 오키국회도에서 일본영토로 다케시마와 마츠시마를 기재하지 않았다. 또한 울릉도쟁계(1696), 천보시기 다케시마일건(1836)에 의해 다케시마와 마츠시마는 전국적으로 도해금지가 되었고 조선영토로써 인정하였기 때문에 그 섬에서의 밀어업은 강력하게 처벌되었다.

35　日本側作製地図にみる 竹島(3), https://www.pref.shimane.lg.jp/admin/pref/takeshima/web-takeshima/takeshima04/takeshima04-1/takeshima04-g.html

36　日本側作製地図にみる 竹島(3), https://www.pref.shimane.lg.jp/admin/pref/takeshima/web-takeshima/takeshima04/takeshima04-1/takeshima04-g.html

은주시청합기 저자 사이토 간스케(齊藤勘介)가 오키섬 도고(島後)의 지도 속에 북쪽의 다케시마, 마츠시마를 그리지 않은 것은 지배하는 세를 바쳐야 하는 사람이 사는 섬이 아니었기 때문이다. 또한 사이토가 순찰하여 기록한 지도에는 처음에 도고 지도가 있었고 다음에 도젠 지도가 있었다.[37]

사이토는 이즈모(出雲)의 마츠에 관인(松江藩土)로서 번주의 명을 받고 1667년 가을에 오키섬을 순시하고 관찰한 바와 들은 바를 채록하여 은주시청합기를 작성했다. 이 책에서도 울릉도와 독도는 조선에 속한 것이고 오키섬은 일본에 속한 것으로 오키섬이 일본의 서북쪽 경계라고 기록하였다.[38]

여기서 중요한 것은, 일본에서 최초로 울릉도와 독도를 기록한 문헌이라고 하는《은주시청합기》는 일본에서 독도를 마츠시마, 울릉도를 다케시마라고 했음을 알려줌과 동시에, 이 두 섬에서 고려를 보는 것이 마치 일본의 雲州(出雲國)에서 오키를 보는 것과 같아 이 두 섬 마츠시마와 다케시마는 고려에 속하는 것임을 알려주고, 결국 일본의 서북방의 경계는 隱州(오키섬)로써 경계를 삼는다고 명백히 밝히고 있다.

이 자료의 내용은 일본정부의 주장과는 전혀 달리, 일본의 북방경계는 오키섬에서 끝나고 울릉도(다케시마)와 독도(마츠시마)는 조선 영토임을 증명하는 자료인 것이다.

이 자료가 편찬된 1667년은 도쿠가와막부의 쇼군이 이나바(因幡州) 요나고(米子)의 오야·무라카와 두 가문에게 다케시마(울릉도)도해면허를 준 1618년(元和 4)으로부터 49년 후의 일이다. 이 자료는 도쿠가와막부가 위의 두 어부에게 다케시마(울릉도)에의 도해면허를 준 것은 다케시마가 외국 영토이기 때문에 그곳에 고기잡이를 가겠다는 신청에 대하여 허가를 내린 것에 불과한 것임을 보강하여 증명해주고 있다. 만일 이 두 섬이 일본영토였다면

---

37 권오협·오니시토시테루 편역주, 『은주시청합기』, 인문사, 2012, p.603.
38 『隱州視聽合記』 卷1 國代記部.

자기나라 영토에 고기잡이를 가는데 도해면허를 중앙정부로부터 받을 필요는 없었을 것이다.

이 두 섬에의 도해면허 후 1667년에 편찬된 이 자료는 다케시마(울릉도)와 마츠시마(독도)는 조선영토이며 일본의 서북쪽 경계는 오키섬을 경계로 함을 명백히 밝히고 있는 것이다.

독도(마츠시마)를 최초로 명료하게 기록한 일본 최초의 고문헌이 독도를 조선영토이며, 일본영토가 아니라고 명백히 알려주고 있는 것은 매우 중요하며 의미 심장한 것이다.[39]

오가사와라제도는 일본인에 의한 최초의 발견이 1670년에 조난한 배가 하하지마(母島)에 표착했다고 하는 것으로, 후에 막부는 그 증언을 바탕으로 오가사와라제도의 순검을 명하고, 정부로서 정식 조사를 실시한 적이 있다.

1761(宝曆11)년 3월 「御巡見樣御用書留控」는 구라요시의 마을 도시요리 등을 맡은 나카무라가에 남겨진 문서로, 현재는 쿠라요시 박물관에 소장되고 있다. 순견사란, 막부가 쇼군의 대체로 각국에 보내어, 현지의 민중을 감찰해, 정치의 선악이나 물가, 치안 등의 조사를 실시했다.[40] 이나바 · 호키(현재의 돗토리현 지역)에는 1667년, 1681년, 1710년, 1717년, 1746년, 1761년, 1789년, 1838년과 총8회 파견되었다.[41] 1761년에는 아베 나이키(阿部內記), 스기하라 시치주로(杉原七十郎), 유게타 겐시치로(弓氣多源七郎)의 3명이 방문했다.

순견지의 마을이나 마을에서는, 순견사에 대해 휴식 · 숙박의 장소, 식사, 이동에 필요한 인마 등을 제공해, 순견사의 질문에 대한 회답을 신중하게 준비해, 실수가 없도록 대응하는 것 가 요구되었다. 이러한 준비의 내용, 순견사

---

39 齋藤豊仙, 『隱州視聽合記』, 1667.
40 半田隆夫, 「幕府巡見使体制と西國経營」, 藤野保先生還曆記念會編, 『近世日本の政治と外交』, 雄山閣, 1993, p.166.
41 半田前揭論文, 167-179頁, 「因府年表」, 『鳥取縣史第7卷近世資料』, 鳥取縣, 1976.

에 관한 번으로부터의 통달, 징발된 인마의 수 등, 순견사에 관한 여러가지 사항을 기록한 것이 「御巡見樣御用書留控」이다.

1761년 순견사는 미마사카국(美作國 : 現在の岡山縣北東部) 방면부터 이나바국(因幡國)에 들어와서 野原村(現 智頭町野原), 下船岡村(現 八頭町船岡), 鳥取城下町, 岩井郡湯村(現 岩美町岩井), 湖山村(現 鳥取市湖山町), 우시오즈촌(潮津村 : 現 鳥取市 青谷町)에 숙박한 후 3월 28일 구라요시에 왔다.

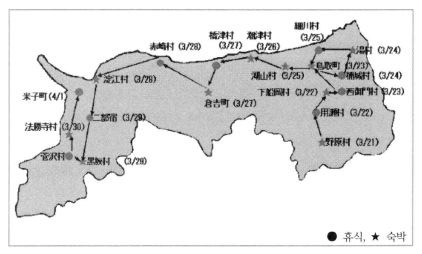

[그림 2] 순견사 휴식 및 숙박 예정 일정표[42]

도쿠가와막부가 쇼군의 독재권을 강화하고 도쿠가와 막번체제를 관철하기 위해 전국 다이묘의 개별 영주권을 억압하는 방책으로 무가제법도 공포, 참근교대를 의무화하면서 다른 방법으로 그 정치를 감찰하기 위해 제국순견사를 파견한 것과 그 궤도를 하나로 하는 발상이었고 그래서 순견사가 1632,

---

42 「御巡見樣御用書留控」,『新鳥取縣史資料編 近世1』, 鳥取縣, 2012.

33년 파견되었다.[43]

순견사의 조사, 감시 대상은 해변 관련 규정, 해변에서의 부역, 해운 부역, 고찰의 준수, 해변의 선박수, 그 해변에서 에도·오사카에의 선박 운임비에 관한 것이 해변 순견 파견 목적이다. 이 시기에 활발하게 된 에도·오사카간 해운 항로 시설 정비와 강화를 위해 취해진 막부의 실태 조사이다.[44]

1681년 제국순검사 파견의 목적은 다이묘 치정 및 군비 조사였고 지역 해안, 해변 방어 점검도 있었다. 이 시기에 쇼군 권력을 강화하고 독재 전제체제를 확립하는 츠나요시 정치 방침에 의해 진행되었고 쇼군의 권위를 높이고 지배기구의 말단인 대관을 엄중히 단속하여 재정수입을 증대하고 농민 지배를 강화하기 위해서이다.[45]

3. 울릉도 수토가 독도에 주는 함의

조선후기 울릉도 수토제에 대한 연구는 송병기 교수의 선구적 연구에 이어, 김호동 교수, 유미림 박사, 심현용 박사, 배재홍 교수, 김기혁 교수, 백인기 박사, 손승철교수 등에 의한 많은 연구가 진행되어 왔다. 영남대학교 독도연구소에서 『울진 대풍헌과 조선시대 울릉도·독도의 수토사』라는 책도 출판되었다.

1694년 7월 16일 전무겸선전관 성초형이 일본의 울릉도 침입 시도에 대비하여 울릉도에 군대의 1개 진을 설치해서 일본의 야욕에 대비해야 한다고 상소하였다. 성초형은 울릉도가 군사 전략상 국가의 요충이며, 땅이 넓고 비옥

43　播磨定男, 「江戸幕府の御料巡見使」, 『和雜誌』 No.5, 德山大學, 1975, p.131.
44　荒居英次, 『幕藩制社會の展開過程』, 新生社, 1965, p.362.
45　北島 正元, 『体系日本史叢書 政治史Ⅱ』, 山川出版社, 1981, p.174.

하여 농사를 할 수 있음에도 그동안 폐기해 왔는데 이제 왜인이 구거지계(求居之計: 들어와 거주하기를 요구하는 계책)를 드밀고 있다고 하니, 울릉도에 특별히 군대의 진을 설치하여 왜인들이 아예 넘보지 못하게 방비를 튼튼히 해야 한다고 건의한 것이었다.[46]

영의정 남구만은 울릉도에 설진 등 방비책의 강화가 필요하여 국왕에게 울릉도에 삼척첨사를 파견하여 현지 조사하고 울릉도에 백성을 거주시키거나 군대의 진을 설치하여 울릉도를 방비하게 건의했다. 이 당시 조일간 울릉도 문제에 대해 협상하여 울릉도 · 독도를 조선영토로 인정받았기 때문에 울릉도의 국방 강화의 필요성을 느꼈다. 조선은 울릉도를 방위하기 위해 장한상을 삼척첨사로 임명하여 울릉도 현지 조사가 본격적으로 추진되었다.

18세기 수토에 대해서는 전기간 동안 간헐적으로 수토 사실이 기록되어 있을 뿐, 자세한 수토 내용이 기록되어 전해지는 것이 별로 없다. 1765년(영조 41) 조한기의 수토 보고서, 1786년(정조 10) 김창윤의 수토 보고서, 1794년(정조 18) 한창국의 수토 보고서가 상대적으로 자세한 편이다. 조한기의 수토 보고서(『臥遊錄』「蔚陵島搜討記」)에는 수토군이 출항하기 직전의 모습과 출항할 때의 의전 행사 등이 묘사되어 있는 것이 특징이다.[47]

19세기(1800~1894) 울릉도 수토는 간년 또는 매년 수토 원칙을 적용하면 이론상 총49회 시행되어야 했다. 현재까지 수토 실시의 사료적 근거가 확실한 연도는 총30회이며, 수토가 있었을 것으로 추정되는 연도는 총2회이다. 여기에 수토가 정지된 1회를 제외하면, 남은 16회는 현재까지 사료적 근거를 찾지 못한 경우이다. 그리고 수토가 실시되었거나 추정되는 연도 총32회 중에서 수토관이 확인된 경우는 22회이며, 수토관의 추정이 가능한 경우는 10회

46 『숙종실록』숙종 20년(1694년) 7월 16일 임오.
47 이원택,「조선의 해금과 수토 정책」,『2019년도 독도 학술대토론회 독도 관련 연구 · 정책의 최근 동향과 학제적 분석』, 독도학회, 2019, p.280.

이다.[48]

1801년부터 1883년(혹은 1885년)까지 몇 가지 예외적 상황을 제외하면 삼척영장과 월송만호의 간년윤회 수토원칙[11]이 비교적 잘 준수되었다. 그런데 1880년대 울릉도 개척기에 접어들어, 울릉도가 지방 관제에 편입되고 또 잦은 관제 개편으로 인해 월송만호와 삼척영장이 교대로 담당하던 윤회 수토가 변동되었다. 그리고 간년 수토 원칙도 흔들리다가 1892년부터 수토제도가 폐지된 1894년까지는 매년 수토가 시행된 것으로 보인다.[49]

조선 숙종이 대신들과 비변사 신하들을 인견한 자리에서 영의정 유상운(柳尚運)이 울릉도 순시제도 실시를 건의하자 숙종이 2년 간격(3년마다 1회)으로 울릉도 순시 수토를 명령하였다. 2년 간격으로 정기적으로 울릉도 순시, 수토제도가 결정된 것은 1697년 4월이었다.[50]

1694년에 조선 조정에는 무신 장한상을 파견하여 울릉도 지세를 조사하고 순시해서 당시 울릉도를 '다케시마'라고 부르면서 일본 영토인 것처럼 주장하는 일본인들에게 울릉도가 조선 영토임을 알게 하고 1697년 4월에는 2년 간격(3년마다 1회)으로 변방 무장을 파견해서 울릉도 정례적으로 수토를 하도록 결정하였다.

영의정 유상운이 아뢰기를 이 규정에 따르면 1698년 울릉도 수토의 해인데 강원도 지방에 흉년이 들어 준비가 어려운 형편이므로 1년 연기하여 다음해 봄에 실시하자고 건의했는데, 숙종이 이를 윤허하였다.[51]

강원도 월송의 만호 전회일(田會一)이 1699년에 울릉도를 수토하고 바람

---

48 이원택, 「19세기 울릉도 수토제 운영 실태에 관한 연구」, 『이사부와 동해』 14호, 한국이사부학회, 2018.
49 이원택, 「조선의 해금과 수토 정책」, 『2019년도 독도 학술대토론회 독도 관련 연구·정책의 최근 동향과 학제적 분석』, 독도학회, 2019, p.282.
50 『숙종실록』 숙종 23년(1697년) 4월 13일 임술.
51 『숙종실록』 숙종 24년(1698년) 4월 20일 갑자.

을 기다리느라고 정박해 있으면서 그린 울릉도의 지형 그림과 울릉도의 토산물로서 황죽, 향목, 토석 등 몇 종류의 특산품을 숙종에게 진상했다는 기록이다.[52] 울릉도 수토제도가 실행되고 있었음을 알 수 있다.

울릉도를 2년 간격으로 변장(邊將)들이 윤회하여 수토하는 제도에 따라 1702년에 해당된 삼척 영장 이준명(李浚明)이 일본어 통역 최재홍(崔再弘)을 대동하고 울릉도를 수토하고 돌아온 기록이다. 이준명은 울릉도의 지도 그림과 특산물로서 자단향, 청죽, 석간주, 어피 등을 진상하였다. 이준명이 울릉도 수토에 일본어 통역을 수행케 한 것은 혹시라도 울릉도에서 잠입한 일본인들을 만나게 되는 경우를 대비한 것으로 보인다.

삼척 영장 이준명의 수토대는 울진의 죽변 나루에서 출발하여 배를 타고 2일 간의 낮과 밤 만에 돌아왔는데, 제주보다 갑절이나 멀다고 한 것은 약간의 과장이었다고 볼 수 있다.[53]

1705년의 울릉도 수토를 하고 돌아오던 평해 등지 관청의 조관 황인건(黃仁建) 등 16명이 익사했으므로, 숙종이 추도식을 거행하라고 명령했다는 기록이다. 2년 간격(3년마다 1회씩)의 울릉도 수토는 정례적으로 실행되었지만 동해의 폭풍으로 바닷길이 험난했다는 사실을 이 자료는 알려주고 있다.[54]

조선정부는 수토정책으로 울릉도와 독도에 대해 결코 영토주권을 포기할 의사가 없었고 실효적 지배를 강화하였다. 따라서 수토정책에 의해 울릉도와 독도에 대한 조선의 영유권이 상실된 것이 아니며, 또한 금반언의 효과가 발생하는 것이 아니다.

수토정책은 조선 정부가 행한 공권력 강제의 확인이었으며, 울릉도, 독도가 국내법 적용의 대상 지역이었음을 분명히 한 정책이었다. 이로 인해 울릉

52 『숙종실록』 숙종 25년(1699년) 7월 15일 임오.
53 『숙종실록』 숙종 28년(1702년) 5월 28일 을유.
54 『숙종실록』 숙종 31년(1705년) 6월 13일 을사.

도와 독도에 출어와 벌목을 위해 들어온 일본인들은 국경선을 넘어선 국제법 상의 처벌 대상이 되었다.

부사직 이광적(李光迪)이 1710년에 도성을 굳게 지키고 국방을 강화하기 위한 계책으로 내수(內守)하는 일곱가지 대책과 외어(外禦)하는 여섯가지 대책을 상소한 중에 그 내수의 제5방책에서 울릉도에 일본 선박들이 자주 들어와 고기잡이를 해가니 혁파한 옛 진(鎭)을 다시 설치하고 선박들이 완비되지 못한 것은 개조하도록 건의했다는 내용의 기록이다. 울릉도에는 1710년경에 또 일본의 어선들이 몰래 잠입해 들어오기 시작한 것을 이 자료는 알려주고 있다.[55]

1714년 강원도 암행어사 조석명(趙錫命)의 보고로 인하여 비변사에서 강원도의 관찰사와 수령들에게 해안 방어(海防)를 강화하도록 지시했다. 해안 포구 사람들의 말을 들으니 평해와 울진은 울릉도와 거리가 가까워서 뱃길에 조금도 장애가 없고 울릉도 동쪽에는 섬이 서로 잇달아 일본과의 경계에 접해 있으니 일본 침입을 방어하는 대책을 긴급하게 세워야 한다고 강원도 암행어사를 다녀온 조석명이 해안 방어의 허술함을 지적하고, 해안 방어의 긴급한 강화를 울릉도 방어를 고려하여 수립할 것을 건의했다는 내용이다.[56]

영조가 1769년 강원도의 봄 군사 훈련은 정지하되 울릉도 수토와 세 진의 권무도시(勸武都試)는 전례에 따라 실행하도록 명령했는데, 이것은 강원도 관찰사 송형중이 보고서로 요청했기 때문이다. 울릉도의 수토는 매우 중시되어 꾸준히 실행된 것을 알 수 있다.[57]

영의정 홍봉한(洪鳳漢)이 울릉도에서 나는 인삼을 상인들이 몰래 울릉도에 들어가서 채취해 오는데, 만일 일본인들이 이를 알면 그들도 울릉도에 몰

---

55 『숙종실록』 숙종 34년(1708년) 2월 27일 갑진.
56 『숙종실록보궐정오』 숙종 40년(1714년) 7월 22일 신유.
57 『영조실록』 영조 45년(1769년) 1월 4일 무자.

래 들어가 인삼을 채취하려 하여 다툼이 일어날 근심이 있다고 아뢰고, 또 울릉도에 관한 문헌이 부족하므로 널리 문헌을 모아서 교린의 자료로 삼자고 건의하니, 임금이 윤허했다.

18세기 후반에 오면 울릉도에서 인삼이 산출된다는 사실이 국내에 널리 알려져 상인들이 인삼 채취를 목적으로 울릉도에 들어갔음을 알 수 있다.[58]

1794년(정조 18) 월송만호 한창국(韓昌國)의 울릉도 수토보고서에서 한창국은 조정의 명을 받고 80명을 일단으로 하여 4척의 배게 나누어 타고 1794년 4월 21일부터 5월 초8일까지 18일간에 거쳐 울릉도와 그 일대 부속 도서들을 수토하였다. 이 자료는 18세기 울릉도 수토정책의 실상을 잘 알려주는 기록이다.

이 자료에서 주목할 것은 4월 26일 수토한 가지도(可支島)의 보고 기록이다. 수토관 한창국 일행은 이 섬에서 가지어(可支魚: 강치) 4~5마리가 놀라서 뛰어나왔으므로 포수들이 총을 쏘아 그 중에서 2마리를 잡아 가죽을 벗겨서 한양으로 올려 보냈다.[59]

1795년 이조판서 윤시동(尹蓍東)이 울릉도의 산삼은 채취할 시기에 채취하지 않고 뱃길 건너기 쉬운 3, 4월에 들어가 채취하기 때문에 품질이 좋지 않아 6, 7월에 삼척영장으로 하여금 채삼군 약간 명을 거느리고 들어가서 산삼을 채취해 오도록 하자고 건의하였는데, 정조가 윤허했다. 울릉도가 산삼의 산출지로 인지되어 공식적으로 출입이 허가되기 시작했음을 이 자료는 알려주고 있다.[60]

1881년 음력 5월 22일자로 통리기무아문이 국왕에게 울릉도 재개척을 검토하기 위한 준비의 하나로 부호군 이규원(李奎遠)을 울릉도검찰사(鬱陵島檢察使)에 임명하여 울릉도에 조사단을 파견해서 울릉도의 실상을 검찰해 오

---

58 『영조실록』 영조 45년(1769년) 10월 14일 임무.

59 『정조실록』 정조 18년(1794년) 6월 3일 무오.

60 『정조실록』 정조 19년(1795년) 6월 4일 계미.

게 하자는 건의를 올려 허락을 받았다.

통리기무아문은 강원도관찰사 임한수(林翰洙)의 장계에 의거하여 건의를 올렸는데, 강원도관찰사의 장계에 의하면 울릉도 수토관의 보고를 읽으니 수토관이 울릉도를 수토할 때에 울릉도에서 사람들이 나무를 베어 해안에 쌓고 있었고, 그 옆에는 외국인 복장을 한 사람 7명이 앉아 있기에 글로 의사소통을 해 보니 일본인이었으며, 나무를 베어 원산과 부산으로 보내려 한다는 것이었다. 이에 강원도관찰사는 근래 일본 선박의 울릉도에의 왕래가 많고 이 섬에 눈독을 들이고 있으니 통리기무아문으로 하여금 품의하여 처리하도록 요청했다는 것이다.

통리기무아문은 일본인들이 울릉도에 들어와서 비밀리에 나무를 찍어내어 실어가는 것은 국경침범에 관계된 중대한 문제이어서 엄격하게 막지 않을 수 없는 일이므로, 이 사실을 문서로 작성해서 동래부에 있는 왜관에 내려보내 일본 외무성에 전달하게 해야 한다고 건의하였다.

또한 통리기무아문은 망망한 바다 가운데 있는 울릉도를 공도로 비워두는 것은 대단히 허술한 일이므로, 이 섬의 형세가 요충지로 될 만한가, 그리고 긴밀하게 방어하고 있는가를 두루 살펴보아 대책을 수립할 필요가 있으며, 이를 위해 먼저 부호군 이규원을 울릉도검찰사에 임명하여 가까운 시일 안에 울릉도에 들어가서 철저히 조사하도록 하고 의견을 갖추어 보고하도록 한 다음 최종 대책 결정을 하자고 건의하여 국왕의 승낙을 받은 것이었다.

통리기무아문이 이러한 건의를 올려서 고종의 허락을 받은 통리기무아문의 신진관료들 사이에서 울릉도 공도, 쇄환정책을 폐기하고 울릉도 재개척정책을 채택하고자 한 주장이 강력히 대두되었기 때문에 그 준비 작업의 일환으로 추진된 것이었다고 해석된다.[61]

---

61 『고종실록』고종 18년(1881년) 5월 21일 계미.

이규원의『울릉도 검찰일기』에서 검찰사 이규원 일행은 모두 102명으로 구성된 대규모 조사단을 이끌고 1882년 4월 29일 3척의 배에 나누어 타고 평해의 구산포(邱山浦)에서 출발하여 4월 30일 울릉도 서면 소황토구미에 도착하였다. 5월 초1일부터 검찰하기 시작하여 만 6일간을 도보로 섬 안을 조사했으며, 또 2일간 배편으로 울릉도의 해안을 한바퀴 돌아 조사하였다. 그들은 이 과정에서 울릉도 바로 옆에 있는 바위섬 죽서도는 찾아냈으나, 울릉도로부터 49해리나 떨어진 우산도(독도)는 울릉도 체류자들로부터 존재함의 말만 듣고 검찰하지는 못하였다.

울릉도 검찰사 이규원 일행이 울릉도 실지 답사에서 검찰한 내용 중 다음과 같은 사실은 특히 울릉도, 독도 재개척의 자료와 관련하여 주목할 필요가 있을 것이다.

(1) 울릉도에 있는 본국인(조선인)은 모두 140명이 있었는데, 출신 도별로 보면 전라도가 115명(전체의 82%)으로 가장 많다. 그 내역을 보면 興陽의 三島 출신이 金載謹 등 24명과 李敬化 등 14명, 興陽의 草島 출신이 金乃彦 등 13명과 金乃允 등 23명과 金謹端 등 20명, 樂安 출신이 李敬七 등 21명이었다. 다음으로 강원도(平海) 출신이 14명(10%), 경상도(慶州 7, 延日 2, 咸陽 1) 출신이 10명(7%), 경기도(坡州) 출신이 1명이었다.

(2) 본국인이 하고 있던 작업을 보면 造船(採藿 포함)이 129명(전체의 92.2%), 採藥이 9명(6.4%), 제竹이 2명(1.4%) 등이었다. 전라도(115명)와 강원도(14명)에서 온 사람들은 모두 13~24명씩이 1團을 이루어 結幕을 하여 살면서 벌목을 해서 造船을 하고 여기에 때때로 採藿, 採漁를 해서 造船이 끝나면 배에 싣고 돌아가고 있었다. 경상도 慶州에서 온 7명과 咸陽에서 온 1명(全錫奎), 경기도 坡州에서 온 1명 등은 山蔘 등 약재를 캐고 있었다. 경상도 延日에서 온 2명은 제竹을 하고 있었다.

(3) 울릉도에 침입한 일본인은 모두 78명이었다. 그들은 모두 벌목을 하러 왔고, 李李遠을 만나 筆談을 한 일본인들은 일본정부의 울릉도 出漁禁止令을 들은 바 없다고 했으며, 그 태도는 매우 오만불손하여 울릉도를 조선 영토인 줄 모르

며 일본영토로 알고 있다고 말하는 자도 있었다. 울릉도의 長斫之浦에서 桶邱尾로 향하는 바닷가 돌길 위에 한 일본인이 길이 6척, 넓이 1척의 立標木을 세우고 "大日本國 松島槻谷 明治二年二月十三日 岩崎忠照 建之"라고 쓴 것을 발견하였다.

(4) 設邑하는 경우의 耕食處로서는 羅里洞이 길이가 10여리요 둘레가 40리에 수천 戶를 살릴 수 있고, 이 밖에도 100~200호를 수용할 수 있는 곳이 6~7처가 있음을 조사하였다. 또한 浦口는 14처가 있으며, 物産은 비교적 풍부하고 대표적 土産으로 43種이 있다.[62]

이 자료는 1880년대 울릉도, 독도 재개척 사업 연구에 매우 귀중한 자료로 일본인의 울릉도 침입에 대해 보고하고 단속하고 영유권 강화하는 보고서라고 할 수 있다.

울릉도검찰사 이규원이 울릉도를 실제로 조사하고 돌아온 후 복명하는 자리에서 국왕의 질문에 대해 이규원이 응답하면서 울릉도의 설읍(設邑) 재개척 문제를 토론하였다. 고종은 이규원이 서면으로 제출한 서계와 별단(別單)과 지도를 미리 읽어본 후 울릉도에 설읍할 수 있는 대상지가 나리동으로 천거하고 고종은 나리동이 설읍에 적합한 지역으로서는 물이 없는 것이 결함임을 지적하였다.

고종은 1881년 울릉도검찰사를 임명하여 울릉도에 파견하기로 결정했을 때부터 울릉도 공도, 수토 정책을 폐기하고 울릉도 재개척을 결심하고 있었던 것으로 보이며, 1882년 6월 울릉도 검찰사 이규원이 울릉도를 실지조사하고 귀환하여 올린 보고서 별단 지도 등을 읽고 또 이규원을 면대하여 복명을 받은 후에는 일본인이 울릉도에 세운 '일본국 마츠시마' 운운한 표말에 크게 충격을 받은 듯 울릉도를 지키기 위해 울릉도 재개척을 서둘러 단행하기로 결심하여 추진한 것으로 해석된다.[63]

---

62 李奎遠, 『鬱陵島檢察日記』全文.

1882년 8월 영의정 홍순목이 울릉도검찰사의 복명 자료들에 의거하여 보면 울릉도는 ① 바다 가운데 외로이 떨어져 있는 섬으로 토지가 비옥하니, ② 우선 백성들을 모집하여 농경지를 개간케 하고 5년간 지세를 면제해서 스스로 취락을 형성하게 하고, ③ 영남과 호남의 漕運船들이 울릉도에 들어가서 재목을 배어 선박을 만들도록 허락하며, ④ 검찰사에게 물어서 도장(島長)을 임명하여 보내서 이주민들의 규율과 질서를 세우도록 하고, ⑤ 설읍 다음에는 후일 설진할 뜻을 미리 강론해서 강원감사에게 분부하는 방식으로 울릉도 재개척을 건의한다는 것이었다.

울릉도 공도, 수토정책이 완전히 폐기되고 울릉도 재개척정책이 최종적으로 확정된 것은 바로 이날 영의정 홍순목의 건의와 고종의 윤허에 의한 것이었음을 주목할 필요가 있다.[64]

고종이 울릉도 재개척을 허락함으로써 1882년 음력 8월 20일 울릉도 공도, 수토정책을 완전히 폐기하고 재개발정책이 최종적으로 결정된 것이었다.

이 결정에 의거하여 울릉도 등의 재개척이 본격적으로 시작되고, 도장에는 전석규(全錫奎)가 임명되었다.[65]

고종이 울릉도 재개척에 더욱 박차를 가하기 위하여 개화파 김옥균을 東南諸島開拓使兼管捕鯨事에 임명하고 동해에서의 고래잡이 일도 겸하여 관장시켰다.

여기서 김옥균의 직함을 '울릉도개척사'라고 하지 않고, '동남제도개척사'라고 한 사실이다. 국왕과 조선조정은 이규원이 검찰사로 울릉도에 다녀온 후 울릉도와 그 부속도서가 ① 울릉도, ② 죽서도, ③ 우산도의 3도로 구성되었음을 확인하게 되었다. 이 때문에 김옥균의 직책이 '울릉도개척사'가 아니

---

63 『고종실록』 고종 19년(1882년) 6월 5일 기미.
64 『고종실록』 고종 19년(1882년) 8월 20일 계유.
65 『승정원일기』 고종 19년(1882년) 8월 20일

라 '동남제도개척사'가 된 것이었다.

김옥균의 이 직책에는 울릉도를 개척할 뿐만 아니라, 죽서도와 독도도 함께 개척하고 그 일대의 고래잡이도 관장하도록 고종으로부터 명령을 받은 것이었다.

당시 울릉도에는 삼림이 울창하였고, 울릉도와 독도 일대에는 고래가 많이 있어 러시아와 미국의 포경선들이 동해에 들어와서 고래잡이를 하고 있었다.

이 시기에 독도(우산도)는 명백하게 울릉도의 부속 도서로서 조선왕조 조정에 의하여 통치되었으며, 동남제도개척사 김옥균의 관장하에 있었음을 여기서 다시 확인할 수 있다.[66]

내무부에서 울릉도 도장에 해당하는 관리로 월송만호(越松萬戶)를 두어 울릉도검사를 겸임케 하자고 제의했다.

그 내용은 울릉도가 바닷길의 요충지이므로 도장을 두고 개척하기 시작했는데 그후 도장도 제대로 임명하지 못하고 아직 어려움이 많으므로, 평해군에 소속된 월송진에 만호의 관직을 만든 다음 월송만호가 울릉도 도장을 겸임케 하여 울릉도를 왕래하면서 단속하도록 하자고 제의했더니, 국왕이 이를 윤허했다.

1884년 갑신정변 후 울릉도 재개척과 관리는 나태해졌고, 삼척영장, 평해군수 등에게 울릉도검사를 겸하게 했으나 모두 바다 가운데 외로운 섬에 들어가 고초를 겪는 것을 기피하여 울릉도 행정에 장애가 있었던 것으로 보인다. 이에 내무부에서는 평해군수를 울릉도첨사에 겸임시키지 말고 평해군 안에 있는 월송진에 만호의 관직을 신설하여 그 월송만호가 월송진과 울릉도를 왕래하면서 울릉도 재개척 사업과 행정을 담당하도록 건의하여 고종의 윤허를 받은 것으로 해석된다.[67]

---

66 『승정원일기』 고종 20년(1883년) 3월 16일.
67 『고종실록』 고종 25년(1888년) 2월 6일 무자.

1895년 1월 내무대신 박영효가 고종에게 월송만호가 울릉도 도장을 겸하고 있는 겸직제를 폐지하고 분리된 별도의 울릉도 도장을 임명해서 울릉도 행정사무를 주관하게 하며 해마다 배를 두어 두 차례씩 보내서 울릉도 백성들의 고통을 알아보도록 하는 것을 제의하여 국왕의 승낙을 받았다.

울릉도 수토제도는 전년에 이미 영구히 폐지되었으니, 이제는 월송만호 겸 울릉도검사의 겸직 제도도 폐지하여 분리된 별도의 울릉도 도장 제도를 수립해서 울릉도 행정사무를 관장케 하자는 안을 내무대신 박영효가 국왕에게 제의하여 재결을 받은 것이었다. 내무대신 박영효는 분리 독립된 울릉도 도장제를 실시한 후 조정 또는 강원도에서 해마다 두 차례씩 배를 보내어 울릉도 도민과 도장을 지원하도록 하는 제도를 추진한 것이었다.

개화파의 갑오, 을미개혁 정부는 울릉도의 중요성을 더 잘 인식하고 울릉도의 행정적 지위 격상과 분리 독립된 도장제 실시를 추진했던 것을 알 수 있다.[68]

1895년 8월 갑오경장의 개화파 정부가 울릉도에 전임의 도감(島監)을 두기로 결정했다. 내무대신 박정양(朴定陽)은 앞서 개화파 정부가 울릉도에 전임 도장을 둘 것을 고종에게 건의하였고 1895년 8월 16일자로 새 내무대신이 울릉도에 전임의 도감을 설치할 것을 국왕에게 건의하여 승낙을 받았다. 울릉도의 전임 도장의 명칭이 도감으로 변경되었음을 주목할 필요가 있다. 울릉도 도감은 판임관(判任官)의 직급으로 해서 초대 도감으로 배계주(裵季周)를 임명하였다. 지방행정 체계상 울릉도의 지위가 크게 격상된 것이었다.[69]

대한제국 내부대신이 1899년 9월 15일자로 외부대신에게, 일본인들이 불법으로 울릉도에 들어와 촌락을 이루고 살면서 불법으로 목재를 벌채해 내어 가고 행패를 부리고 있으므로 일본공사관에 요구하여 개항장이 아닌 울릉도

---

68 『고종실록』 고종 32년(1895년) 1월 29일 신축.
69 『고종실록』 고종 32년(1895년) 8월 16일 갑신.

에 불법 밀입도한 일본인들을 쇄환해 가도록 하라고 요청하였다.

울릉도는 재개척된 지 몇 해 되지 않아 한국인의 인구가 희소한데, 일본인들이 떼를 지어 이주해서 한국 주민을 능욕하며 삼림을 베어간다고 해서 1899년 5월에 배계주를 울릉도 도감으로 재임명하여 부임시킬 때에 총세무사(總稅務司)에게 공문으로 위촉하여 부산항 세무사로 하여금 함께 울릉도에 들어가서 조사하도록 했었다.

그런데 울릉도 도감의 보고서와 총세무사의 공함을 읽어보니, 일본인 수백 명이 촌락을 스스로 만들고 선박을 운행하면서 목재를 연속하여 운반해 가고 곡식과 물화를 밀무역하며, 조금이라도 이를 말리면 칼을 휘둘러대면서 멋대로 폭동하여 한국 주민들이 모두 놀라고 두려워하여 안도하지 못하는 실정이 정확하니 일이 가벼운 것이 아니므로 중앙정부 명령으로 엄격하게 단속하지 않으면 울릉도 주민이 이산하고 말겠다는 실태를 알린다는 것이었다.

대한제국 내부대신은 이 사실을 주한 일본공사관에게 통고하고 외부대신에게 항의하여 울릉도에 불법 밀입도한 일본인을 기한을 정하여 돌려보내도록 하고 개항장이 아닌 항구에서 밀무역한 죄에 대해서는 조일수호조규에 의거하여 조사 징벌해서 후일의 폐단을 영구히 두절시킬 것을 요구하였다.[70]

1900년에 '울릉도시찰위원'으로 일본측 책임자와 함께 울릉도에 가서 일본인들의 침입과 도벌 실태를 조사 보고한 우용정(禹用鼎)의 시찰 경위와 보고서이다.

울릉도를 재개척하여 백성들을 이주시키고 울릉도가 발전하는 도중에, 청일 전쟁에서 일본이 승리한 직후인 1895년경부터 일본인들이 불법적으로 울릉도에 침입하여 불법 어업뿐 아니라 불법 벌목을 집단적으로 자행하는 일이 급증하기 시작하였다. 대한제국 정부가 주한 일본공사관에 이의 방지를 여러

---

70 內部來去案 ③ 內務大臣의 外部大臣에게의 「照會 第13號」. 광무 3년(1899년) 9월 15일.

차례 요구하여도, 일본측은 오만불손한 답장만 보내오면서 이를 제지하지 않았다.

대한제국정부는 이에 1899년 10월(음력 9월) 내부관원 우용정을 책임자로 한 조사단을 울릉도에 파견하여 사정을 정밀히 조사하기로 결정하고, 일본측에서도 조사위원을 파견하여 합동 조사해서 일본인 불법 밀항(潛越)문제 대책을 세우기로 방침을 정하여, 1899년 12월 15일자로 우용정을 울릉도시찰위원에 임명하였다.

또한 내부는 1900년 2월에 울릉도관제개정을 추진하여 그 개정안을 의정부에 제출하였다. 그 요점은 도감을 監務라고 개칭하여 奏任官으로 해서 내부지방국장의 지휘를 받도록 하고, 監務 밑에 도장 1명, 서기 2명, 通引 2명, 使令 2명을 두며, 監務의 임기는 5년으로 하고, 도장은 도민의 유지들이 회의하여 투표로 선출하되 임기를 3년으로 하며, 관리들의 봉급액은 울릉도의 호구와 전답을 조사한 후 도민의 회의에 따라 결정 조달한다는 것이었다.

1900년 3월 울릉도 도감 배계주는 일본인들이 1899년 7, 8월간에 도벌한 재목이 1천여 주에 달하며, 불법으로 느티나무를 대량 도벌하면서 이를 저지하려는 도감을 위협하고 있다고 보고하였다.

대한제국 내부는 3월 14일과 26일 외부에 사태의 시급함을 알려 일본공사관에 항의토록 했고, 외부에서는 일본공사에게 知照하여 한·일 양측이 모두 함께 파견하여 합동 조사하기로 했다. 일본측은 5월 초순에 파견원을 보내기로 동의했다가 다시 2주일의 연기를 요청해 왔다. 마침내 우용정 일행이 서울을 출발한 것은 1900년 5월 25일이었다.

울릉도 시찰위원 우용정은 5월 25일 인천항을 향해 서울을 출발하여, 5월 27일에 일본 경부(警部) 1명을 태우고 인천을 출발 부산항에 도착해서, 5월 30일 감리서 주사 김면수(金冕秀)와 부산해관세무사 라포르테(E. Laporte, 羅保得) 및 封辦 김성원(金聲遠)과 주부산일본부영사 赤塚正助(輔) 및 경부 渡邊

鷹治郎과 함께 蒼龍丸에 탑승하여 5월 31일 오후 울릉도에 도착했다. 우용정은 6월 1일부터 5일간 영국인 세무사 라포르테의 입회 아래 일본 부영사 赤塚正助 등과 연달아 회동하면서 울릉도의 사정을 조사하였다.

우용정은 이때 짧은 조사 기간 중에도 각동의 주민 대표들을 초청하여 울릉도 상황을 질문하고, 일본인들의 밀항 실태를 조사하면서 울릉도민에 대한 중앙정부 조사위원으로서의 고시와 훈령을 발표하였다.

우용정은 서울로 귀환하고 보고서를 내면서 울릉도의 『戶口成冊』 1건, 『起墾成冊』 1건, 『日本人結幕人口成冊』 1건, 『日本人犯斫槻木成冊』 1건, 『本島人犯斫成冊』 1건, 『監務報告』 1건, 『本島等狀』 2건, 『日本人事實』 1건을 內部에 제출하였다.

우용정이 이때 1900년 6월 내부대신에게 제출한 보고서의 요지는 다음과 같다.

(1) 울릉도는 길이가 70리, 폭이 40리, 둘레가 약 140~150리의 섬인데, 槻木, 紫檀, 栢子, 甘湯 등 귀한 나무들과 각종의 수목이 울창하다. 도민들이 개간한 토양은 비옥하여 거름을 주지 않아도 곡식이 잘 자라서 大麥, 小麥, 黃豆, 甘藷 등이 식량을 하고도 남아 放賣하고 있다. 그간 개간된 농경지 면적은 7,700여 斗落이며, 호수는 400여 호에 인구는 남녀 합하여 1,700여 명이다. 綿花, 麻布, 紙屬 등과 같은 것도 외부에서 들여오지 않고 자급하고 있다. 흉년에는 鶴鳥라는 날짐승과 茗荑라는 식물이 있어 救荒에 쓰이므로 기아를 면할 수 있다. 삼림이 울창함에도 虎豹豺狼의 害와 가시 돋친 수목의 害가 없다. 오직 지세의 경사가 심하여 수전 농업을 할 수 없는 것이 아쉬운 점이다.

(2) 일본인 잠입 체류자는 57間에 남녀 합하여 144명이며, 留泊하고 있는 일본 船舶은 11척인데, 내왕하는 상선은 일정하지 않아 定數를 파악할 수 없다. 작년 이래 일본인들이 불법 도벌한 槻木은 71株이고, 그 밖의 香木과 雜木을 도벌한 것은 매거하기 어려울 만큼 많다. 또한 지난 1년에 일본인들이 甘湯木의 껍질을 벗겨 生汁을 내어 실어간 것이 1,000여 桶이나 되니 그들이 수년만 더 살아도 滿山樹木이 반드시 메말라버리고 말 것이다. 또한 일본인들의 起鬧作梗과 行悖도

매우 심하다. 그러나 도감은 單身空拳이므로 비록 이를 禁止하고자 해도 할 수 없는 형편이다. 일본인이 울릉도에 1일 來泊하면 1일 害가 있고 2일 머물면 2일의 害가 있다. 이번 조사 때 그들은 마지못해 퇴거하겠다고 응답했는데, 원래 일본인들의 잠입이 조약 위반이니 일본공사에게 요구하여 철거시킨 연후에야 도민을 보호할 수 있고 삼림을 지킬 수 있을 것이다. 본 조사위원이 순시하는 중에도 일본 상선 4척이 들어와서 이튿날 탐문해보니 도끼와 톱 등을 장비하고 벌목장인 40명과 그 밖의 工匠 등 모두 70여 명이 하륙했다고 하였다. 일본 영사와 의논하여 일본인이 도벌을 못 하도록 엄명을 내렸으나, 우리 배가 회선한 후 어떠한 침폭을 자행할지 걱정이니 이제 모두 撤歸시켜야 할 것이다.

(3) 울릉도민의 교통과 통신을 담당할 우리 선박이 없어서 도민이 開運丸이라는 이름의 범선 1척을 구입코자 하는데 그 대금을 변통할 방법이 없다. 이에 본 조사위원이 각 동의 조사 때에 발견한 도벌한 槻木 106株의 代金과 도벌 罰金 400金을 합하여 도민이 公議해서 開運丸을 구입토록 하고 개운회사를 설립하여 경영하도록 일이 급하여 먼저 조처를 해놓고 돌아왔으니 사후 허락을 청한다.

(4) 개국 504년 9월 내부에서 울릉도에 도감을 두어 全島의 사무를 관장케 했으나 도감의 手下에 書記 使傭이 1명도 없고 또한 月俸穀도 없으니, 혹 도민의 불법 행위가 있다 할지라도 어찌 지휘 行令할 수 있겠는가. 이 때문에 일본인과 我民이 跳跟 犯法을 행하고도 官長을 두려워하지 않고 있다. 현재 鬱陵島官制請議書가 의정부에 제출되어 裁決을 기다리고 있는바, 도감의 月俸과 書記, 使傭의 月料를 반드시 울릉도 내에서 조달하도록 대책을 세워야 할 것이다. 경비 조달의 방책은 울릉도의 호수가 이미 400여 호이니 매호당 여름에 麥 2斗, 겨울에 黃豆 2斗씩을 收捧하면 합계 80石이 되니 이를 分定하여 月俸과 경비에 사용토록 定式을 만드는 것이 어떠한지 처분을 바란다.

(5) 울릉도의 세금은 藿稅를 주로 하여 100분의 5율로 징수하는데, 대체로 전남 출신 어민들로부터 500~600圓을 징수하고 있다. 본래 藿稅는 100분의 10을 징수했던 것인데 근년에 도감이 全羅民의 청원에 따라 100분의 5로 감해준 것이다. 그러나 울릉도민의 의론은 모두 100분의 5율은 너무 경(輕)하고 100분의 10도 오히려 경한 것이라고 한다. 그러므로 지금부터 100분의 10율을 다시 정하면 1년의 세액이 1,000여 圓이 되므로 이로써 울릉도의 경비를 마련하는 데

적지 않은 도움이 될 것이다. 조선세는 매 1把에 5兩씩을 징수하는데 매년 全羅民의 조선은 10척 내외가 된다고 한다. 封山禁養의 地를 他에 맡기는 것이 불가하므로 이제부터는 다시 여기서 조선할 뜻을 갖지 않도록 定式을 만들었으면 한다.

(6) 일본인의 납세에 대해서는 도감이 새로 부임했던 丙申(1896년), 丁酉(1897년) 두 해에는 혹 벌금을 責捧하고 또한 화물의 100분의 2税를 징수했었으나, 수년 이래로 도감이 스스로 不開港場에서의 징세가 불가함을 알게 된 데다가 일본인들의 오만이 심하여 실제로 납세에 肯從하지 않고 있으므로 실제로는 세금을 징수하지 않고 있다.

(7) 작년 10월 1일 러시아군함 1척이 來泊해서 장교 1명, 통역 1명, 병사 7명 등이 하륙하여 8일간 체류하면서 산천을 둘러보고 지도를 작성했으며, 槻木 1株를 일본인으로부터 75兩에 구입하고, 명년 3월에 다시 오겠다는 뜻을 전하고 퇴거하였다.

그러나 울릉도의 사정은 우용정이 울릉도의 실태를 조사하고 회항한 바로 그 이튿날부터 상선 5척을 대놓고 울릉도에 하륙한 일본인들과 이미 와 있던 일본인들이 다시 대규모로 불법 도벌을 자행하는 형편이었다.

서울의 일본공사관은 시찰위원 우용정의 보고서에 의거하여 일본인 철환 (撤還) 문제를 논의하자는 대한제국정부의 요청에 일본 조사위원의 복명서가 제출되지 않았다고 시일을 지연하며 매우 무성의한 반응을 보였다. 울릉도민은 내부조사위원의 성원을 받고 합자하여 개운회사를 설치하고 開運丸을 구입하여 운항을 시작했다. 그러나 일본공사관은 조사 결과의 토의에조차 무성의하였다.

대한제국정부의 울릉도 일본인 철환 요구에 대한 일본측 조사위원 赤塚正助의 보고서는 이미 6월 15일자로 제출되어 있었다. 그럼에도 불구하고 일본측은 2개월 이상이나 회답을 끌다가, 1900년 9월 초순의 회답문에서 ① 일본인의 울릉도 재류의 시작은 십수 년 이전의 일로서 울릉도 밀항의 책임은 귀국의 도감이 비단 묵허했을 뿐 아니라 종용했기 때문이었고, ② 도벌 운운은 도감의 의뢰나 합의매매이며, ③ 울릉도 도민과 일본인과의 상업무역은 도민의 희망에 따른 것이고 도감이 장차 수출입세를 징수할 예정인 것으로 알며, ④ 울릉도민의 본토와의 교통은 일본인 거류자 때문에 그 편리함을 얻고 있는 즉, 일본인 거류는 울릉도민의 불가결의 요건이라고, 전혀 사리에 닿지 않는 엉뚱한 주장을 하면서 일본인 철환을 사실상 거부해 왔다.

이에 대하여 대한제국정부는, ① 울릉도 도감이 일본인의 거류를 묵인 또는 종용했다는 주장은 전혀 사리에 닿지 않는 것이고 사실이 아니며, ② 도벌이 합의매매라는 것도 사실이 아니고, ③ 도감이 징수하는 세는 수출입세가 아니며, ④ 울릉도민이 일본인 때문에 곤란이 심한데 도리어 편의를 얻고 있다는 것은 전혀 근거없는 주장이라고 반박하였다.

또한 일본공사는 울릉도에 내거하는 일본인들에게 세금을 징수하고 철환시키지 말아달라는 요청을 해왔으나, 대한제국 외부는 징세는 불통상 항구에서 시행함이 조일수호조규 위반임을 지적하고 일본인들의 철환을 거듭 강력하게 요구하였다.[71]

내부대신 이건하(李乾夏)의 이름으로 '울릉군'을 설치하려는 청의서는 1900년 10월 24일 의정부 회의에서 8대 0의 만장일치로 통과되었다. 이에 대한제국정부는 1900년 10월 25일자 칙령 제41호로 전문 6조로 된 '울릉도를 울도로 개칭하고 도감을 군수로 개정한 건'을 다음과 같이 『관보』에 게재하고 공포한 것이었다.

대한제국의 이 칙령에 의해 울릉도는 울진군수(때로는 평해군)의 행정을 받다가 이제 강원도의 독립된 군으로 승격되었다. 그리고 울릉도의 초대 군수로는 도감으로 있던 배계주가 奏任官 6등으로 임명되었으며, 뒤이어 사무관으로 최성린(崔聖麟)이 임명 파송되었다.

---

71 禹用鼎, 『鬱島記』, 1900.

여기서 주목할 것은 제 2 조의 울도군은 '區域은 鬱陵全島와 竹島 石島를 管轄할 事'라고 한 부분이다. 여기서 竹島는 울릉도 바로 옆의 竹嶼島를 가리키는 것으로 이규원의 『울릉도검찰일기』에서 확인된다. 그리고 石島는 獨島를 가리키는 것이 틀림없다. 당시 울릉도 주민의 절대다수는 전라도 출신 어민들이었는데, 전라도 方言으로는 '돌'을 '독'이라고 하고 '돌섬'을 '독섬'이라 부른다는 것은 잘 알려진 사실이며, 대한제국정부는 '독섬'을 의역하여 '石島'라고 한 것이다. 울릉도 초기 이주민들의 민간호칭인 '독섬', '독도'를 뜻을 취해 한자로 표기하면 '石島'가 되고, 발음을 취하여 표기하면 '獨島'가 되는 것이다.

대한제국 정부가 1900년에 勅令으로서 행정구역을 개편하여 울도군을 설치하면서 울도군수의 통치 행정 지역에 울릉도, 죽서도와 함께 石島(돌섬=독섬)라는 명칭으로 獨島에 대한 행정지배권을 거듭 명백히 공포한 것은 매우 중요한 사실이다.[72]

1904년 9월 25일 전함 니이다카 행동일지[73]에서는 독도(리앙크루트암)는 한국인은 독도(獨島)라고 쓰고 일본 어부들은 랸코이라고 부르고 있다고 기술하고 있다. 1904년 당시 한국인이 독도를 독도(獨島)로 부르고 있다는 사실은 한국은 독도에 대해 정확히 인식하고 있으며 영토 지배로서 관할권을 강화했다는 사실이 되기도 한다.

울도군수 심흥택(沈興澤)이 자기의 관할행정구역인 독도를 일본정부가 침탈했다는 정보를 처음 알게되자마자 1906년 3월 29일(음력 3월 초5일) 이에 항의하여 그의 직속 상관인 강원도 관찰사에게 올린 보고서이다.

여기서 주목할 것은 울도군수 심흥택이 1906년 3월 29일에 "本郡所屬 獨島

---

72 大韓帝國 1900年 勅令第41號 『鬱陵島를 鬱島로 改稱하고 島監을 郡守로 改正한 件』 광무 4년 (1900년) 10월 25일(『舊韓國官報』 (第1716號) 光武 4年 10月 27日字).
73 「戰艦新高行動日誌」 1904.09.25.

가 在於本部外洋百餘里許이옵드니"라고 하여 독도가 울도군 소속임을 명확히 밝혀 항의하고 있다는 사실이다. 그는 다음에 일본인 관리 일행이 자기의 관사를 찾아와서 "自云獨島가 이제 日本領地가 되었기 때문에 시찰차 來島하였다"는 말을 '自云'이라고 하여 승복하지 않은 채 그들의 언행을 관찰사에게 긴급 보고했다.[74]

일본 제국주의자들이 해군성의 주도로 1905년 2월 한국영토인 독도를 침탈하고 독도에 일본 해군의 망루와 통신시설을 설치한 사실을 대한제국 정부와 한국인들은 전혀 모르고 있었다. 일본정부가 이러한 사실을 대한제국정부에 조회 혹은 통고하지도 않았고, 《관보》나 중앙신문에 보도하지도 않았으며, 오직 시마네현청에서 형식만 취하여 고시하는 식의 실효적 비밀 조치를 취했으니, 대한제국정부와 한국인들이 도저히 이를 알 수 없었던 것이다.

한국정부가 1905년 시마네현이 독도를 편입했다는 것을 알게 된 것은 1906년 3월 27일 독도를 시찰한 시마네현 제3부장 진자이 요시타로(神西由太郞) 등 45명이 풍파를 피해 울릉도에 피난하여 심흥택 군수를 표경 방문하였을 때였다.[75] 진자이 부장은 독도 시찰 도중 기상악화로 울릉도에 기항한 것으로 애초부터 독도의 영토편입을 한국에 통고하려는 의도는 가지고 파견된 것은 아니다. 일본이 한국 정부에 정식으로 통고하지 않고 우연한 계기로 울릉도 군수 심흥택에 의해 한국 중앙정부에 보고된 것이지 일본은 독도편입 사실을 은폐하면서 시마네현 지방에서만 열람할 수 있을 정도로 고시했을 뿐이다. 영토편입에 대한 비공시는 일본이 독도를 강탈한 절취 행위이다. 절취 행위는 무인도의 영유의 4가지 방법 중 한가지로, 교섭, 점거, 절취, 전쟁 등으로 무인도의 영유의사 표명한다. 교섭은 통고, 공시를 하며 점거도 공시를 해야 하며

---

74 「鬱島郡守 沈興澤의 報告書」, 1906.3.29.
75 池內敏, 『竹島─もうひとつの日韓關係史』, 中公親書, 2016, p.179.

전쟁은 무력점령, 포고로 하며 절취는 비공시의 방법을 취한다.[76]

대한제국 내무대신 지령문에서 일본 관리들이 '獨島를 日本屬地라고 칭하여 말한 것은 전혀 理致가 없는 것(必無其理)'이라고 단호히 항의 부정하고, '이제 이 보고한 바가 매우 아연실색할 일이라'고 경악해 하고 있다. 즉 대한제국정부는 '독도가 이제 일본 영토로 되었다'는 일본 관리들의 주장을 단호하게 거부한 것이다.[77]

의정부 참정대신(당시 박제순)은 지령 제3호로써 위와 같이 명령했다. 의정부 참정대신의 이 지령문은 독도가 일본 영토라는 일본인의 주장은 '전혀 근거가 없는 것'(全屬無根)이라고 명백히 부정하며, 독도가 한국영토임을 거듭 강조하고, 독도의 형편과 일본인들이 어떠한 행동을 하고 있는지 다시 조사해서 보고할 것을 명하고 있다.

위의 울도군수, 내부대신, 의정부 참정대신 등은 모두 하나같이 독도를 일본영토로 편입했다는 주장을 단호하게 거부하고 항의했으며, 독도가 한국영토임을 명확히 밝히고 있다.[78]

이때 한국정부는 외교권이 박탈되어 항의문서를 제출할 권리마저 갖고 있지 못했으며, 만일 항의를 하려면 통감부(일본정부의 일부)가 일본정부에 항의하도록 되어 있었다. 실제로 당시 통감부가 내정 일반을 모두 감독했으므로 한국정부의 항의는 불가능한 상태였다. 일본정부는 이와 같이 한국정부의 외교권을 박탈하고 통감부를 설치해 내정 일반을 지휘하는 체제를 만들어서 한국정부가 항의문서를 제출할 수 없도록 완전한 준비를 한 후에 한국 독도를 침탈하였다.

---

76 名嘉憲夫, 『領土問題から國境畵定問題へ』, 明石書店, 2013, p.184.
77 『內部大臣의 指令文』, 1906.
78 『議政府 參政大臣의 指令文』, 1906.

4. 결론

　일본은 17세기 중반에는 다케시마 영유권을 확립하였다고 하는데, 울릉도 쟁계(竹島一件)를 보면 일본 정부는 다케시마 영유권을 한국에 있다고 인정했다.

　다케시마(울릉도)가 결정적으로 돗토리번의 소속이 아님을 밝히고 도해한 자들이 울릉도에서 조선 사람과 충돌한 내용이 실려 있고 울릉도에서 돌아오다가 마츠시마(독도)에 들러서 전복을 잡아온 사실을 보고하고 있다. 그리고 다케시마(울릉도)와 마츠시마(독도)가 이나바국과 호키국 양쪽에 해당되지 않는 섬으로 분명하게 보고하고 있다. 또한 안용복의 활동으로 울릉도와 독도를 조선 영토로 규정하여 재확인받았다는 진술은 모두 사실임이 일본 측 고문서에서도 명백히 증명되었다.

　1696년 일본정부의 결정은 오늘날에 있어서도 참고해야 할 태도라고 생각한다. 도쿠가와막부와 조선정부가 300년에 이르는 다툼없는 친교를 유지할 수 있었던 것은 이런 입장에서 양국관계를 유지했기 때문이다. 일본이 다케시마라고 부르던 것이 울릉도임이 밝혀지고 그에 대한 도해금지령이 1696년에 내리자 이 금지령은 엄하게 지켜져 별다른 분쟁은 없었다. 한일간의 분쟁을 극복할 수 있는 하나의 본보기라고 할 수 있다. 오늘날 일본은 이런 결정을 지켜지지 않은데서 한일간 갈등이 나타나게 되는 것이다.

　다케시마와 마츠시마는 에도시대 토지제도에서 미곡 수확량(石高)이 부여가 되지 않았고 향장과 영지주인장에 실린 적이 없다. 이런 의미는 두개의 섬이 일본 영토가 아니라는 것을 증명하고 있다. 울릉도쟁계에서 에도막부의 발언을 보면 1625년 당시 에도막부에 다케시마를 오야 · 무라카와 양가에 하사했다는 하는 것에 충족시킬만한 실태와 인식을 요구하는 것은 곤란하다.

에도막부 수준에서도 이 시기 다케시마를 일본령이라고 인식하지 않았다.

안용복 사건에 의해 조일간 영토문제가 마무리가 된 울릉도쟁계로 울릉도와 독도는 조선영토로 다시 확정되었고, 이로 인해 조선정부는 영유권 강화를 위해 수토제를 만들었고 장한상을 시작으로 1894년까지 울릉도와 독도의 영유권을 강화해 왔다.

조선의 수토제는 1694년 장한상의 울릉도 수토한 이래 1894년까지 지속되었고 조선정부는 3년마다 정기적으로 수토를 실시, 제도화하였다. 19세기에는 일본인의 울릉도 침탈이 있어 조선정부는 울릉도를 검찰하고 개척에 본격적으로 착수하면서 수토제는 유지되었다.

수토제는 울릉도와 독도에 대한 영토주권 포기의 의사가 없었고, 또한 정기적으로 조선정부 관리를 파견하여 울릉도와 독도를 순검 관리한 것은 울릉도와 독도에 대한 명백한 주권 행사였음을 알 수 있다.

또한 1900년대에도 울릉도와 독도의 영유권을 강화하고 지키기 위한 노력을 했고, 그 일환으로 울릉도 재개척이다.

울릉도 검찰사 이규원 일행이 울릉도 실지 답사 내용에서 울릉도, 독도 재개척의 자료에 주목할 필요가 있다. 고종은 1881년 울릉도검찰사를 임명하여 울릉도에 파견하기로 결정했을 때부터 울릉도 공도, 수토 정책을 폐기하고 울릉도 재개척을 결심한 것은 울릉도와 독도의 영유권을 강화하고 영토를 지킬 굳은 의지를 표시한 것이다.

[참고문헌]

권오엽 · 오니시토시테루 편역주, 『은주시청합기』, 인문사, 2012.
김기혁, 「조선후기 울릉도 수토기록에 나타난 부속도서의 표상연구」, 『역사와 지리로 본 울릉도 · 독도』, 동북아역사재단, 2011.
나이토 세이추 저, 『울릉도쟁계와 안용복사건』, 제이앤씨, 2013.

민덕기, 「동아시아 해금정책의 변화와 해양경계에서의 분쟁」, 『한일관계사연구』 42, 한일
　　관계사학회, 2012.
배재홍, 「조선후기 울릉도 수토제 운용의 실상」, 『대구사학』 제103집, 대구사학회, 2011.
백인기, 「조선후기 울릉도 수토제도의 주기성과 그 의의 1」, 『이사부와 동해』 6, 2013.
손승철, 「조선후기 수토기록의 문헌사적 연구 – 울릉도 수토 연구의 회고와 전망」, 『한일
　　관계사연구』 51집, 한일관계사학회, 2014.
송병기, 『울릉도와 독도, 그 역사적 검증, 역사공간』, 2010.
서인원, 「일본 막부 편찬 국회도(國繪圖)에 표현된 국경과 독도영유권 인식」, 『영토해양연
　　구 제20권』, 동북아역사재단, 2020.
＿＿＿, 「일본 에도시대 쇄국정책에서의 다케시마 도해면허 유효성과 모순점에 대한 고찰」,
　　『독도연구 제36호』, 영남대 독도연구소, 2024.
신용하, 『독도영토주권의 실증적 연구 상』, 동북아역사재단, 2020.
심현용, 「조선시대 울릉도 수토정책에 대한 고고학적 시·공간」, 『영토해양연구』 6호, 동
　　북아역사재단 독도연구소, 2013.
영남대 독도연구소 편, 『울진 대풍헌과 조선시대 울릉도·독도의 수토사』 독도연구총서
　　14, 선인, 2015.
유미림, 「장한상의 울릉도 수토와 수토제의 추이에 관한 고찰」, 『한국정치외교사논총』 31
　　집1호, 한국정치외교사학회, 2009.
＿＿＿, 「'우산도=독도'설 입증을 위한 논고」, 『한국정치외교사논총』 29호, 2008.
유하영, 「수토정책에 대한 국제법적 해석」, 『독도연구』 16, 2014.
이원택, 「조선후기 강원감영 울릉도 수토 사료 해제 및 번역」, 『영토해양연구』 8호, 동북아
　　역사재단 독도연구소, 2014.
＿＿＿, 「19세기 울릉도 수토 연도에 관한 연구」, 『독도연구』 23호, 영남대 독도연구소,
　　2017.
＿＿＿, 「19세기 울릉도 수토 사료해제 및 번역」, 『영토해양연구』 15호, 동북아역사재단
　　독도연구소, 2018.
＿＿＿, 「19세기 울릉도 수토제 운영 실태에 관한 연구」, 『이사부와 동해』 14호, 한국이사
　　부학회, 2018.

『肅宗實錄』.
『英祖實錄』.
『正祖實錄』.
『高宗實錄』.
『承政院日記』.
禹用鼎, 『鬱島記』, 1900.

荒居英次, 『幕藩制社會の展開過程』, 新生社, 1965.

池内敏,『竹島―もうひとつの日韓關係史』, 中公新書, 2016.

石井良助,「江戸時代土地法の体系」,『日本學士院紀要 第38卷 第3号』, 1982.

大西俊輝저, 權五曄・權靜역,『독도』, 제이앤씨, 2004.

大村大次郎,『土地と財産で讀み解く日本史』, (株)PHP研究所, 2019.

京大日本史辭典編纂會,『新編日本史辭典』, 東京創元社, 1999.

名嘉憲夫,『領土問題から國境畵定問題へ』, 明石書店, 2013.

播磨定男,「江戸幕府の御料巡見使」,『和雜誌』No.5, 德山大學, 1975.

牧原成征,『日本近世の秩序形成』, 東京大學出版會, 2022.

제10장
의성 비안고을과 장한상의 행적

송 휘 영*

1. 머리말

17세기말에 조일 간에 발생했던 「울릉도쟁계」의 과정에서 당시 삼척첨사로 있었던 장한상이 숙종의 명을 받아 1694년 9월 울릉도·독도 수토관으로 파견된다. 울릉도에서 어렵을 하던 안용복과 박어둔이 1693년 4월 18일 일본 오야 가문의 선원들에 의해 일본으로 납치되는 사건이 발생하였고, 8개월 후인 12월 10일 동래 왜관을 통해 돌려보내진다. 여기서 쓰시마번의 사자 다다 요자에몽(多田与左衛門)과 동래부사 홍준하 사이에 교섭이 시작되었다. 문제는 일본의 섬인 울릉도(竹島)에 조선인의 출어를 금지해달라는 것이었다. 이는 쓰시마번(對馬藩)의 계책에 의한 것이기는 하지만 이로써 조일 간 울릉

* 영남대학교 독도연구소 연구교수

도 영유권을 둘러싼 영토분쟁 「울릉도쟁계(鬱陵島爭界=竹島一件)」의 발단이 되는 것이었다.[1] 당시 조선 정부는 일본 측이 조선인의 출입을 금지해달라는 '죽도(竹島)'가 '울릉도(鬱陵島)'라는 사실을 충분히 알면서도 '귀계 죽도(貴界竹島)', '폐경지울릉도(弊境之蔚陵島)'라는 표현으로 회답의 서계를 보낸다. 이 서계에서 '울릉도'란 문구를 두고 조일 간의 교섭은 교착상태에 빠졌고, 1694년 윤5월 13일 대차사(差倭)의 자격으로 다다(多田与左衛門)가 재차 동래로 건너가 2차 교섭에 나섰지만, 조선조정에서는 소론계의 남구만(南九萬)이 집권하면서 강경노선으로 급선회하였다. 2차 답서(8월 11일)에서는 "울릉도는 강원도 울진현의 동쪽 바다 가운데 위치한 섬으로 죽도와 울릉도는 이름은 다르지만 같은 섬이며 울릉도가 조선의 영토임을 명확히 하면서 일본인의 울릉도 도해를 금지해 달라"고 한 것이었다. 이러한 과정에서 울릉도를 둘러싼 조일간의 교섭은 더욱 미궁 속으로 빠져들고 있었다.

이러한 과정에서 숙종은 울릉도의 정황을 살피고 오도록 삼척영장 장한상으로 하여금 울릉도 수토를 명한다. 때는 1694년 9월 19일(양력 11월 6일)로 초겨울의 날씨였다. 9월 20일(양력 11월 7일)부터 10월 3일(양력 11월 19)까지 13일간 장한상은 울릉도 조사를 마치고 돌아와 복명서를 올리는데 그것이 「울릉도사적(鬱陵島事蹟)」이다. 여기서 중요한 것은 독도에 대한 명확한 기록을 담고 있다는 것이고, 역사적 인물 가운데 안용복과 더불어 독도를 가보았거나 직접 본 인물이라는 것이다. 아울러 이 「울릉도사적」이 현재 한일 간 독도 영유권 논쟁에서 중요한 증거 사료라는 것이다.

본고에서는 독도 수호에 큰 공적을 세운 인물이라는 측면에서 비안고을의 장한상이라는 인물상을 확인하고, 부친 장시규 공과 더불어 국토방비에 큰

---

1 「울릉도쟁계」의 경과에 대해서는 다음의 논문을 참조. 송휘영, 「울릉도쟁계의 결착과 스야마 쇼에몽」, 『일본문화학보』 제49집, 2011, pp.268-271; 이훈, 「조선후기의 독도(獨島) 영속 시비」, 한일관계사연구회 『독도와 대마도』, 지성의샘, 1996, pp.13-54.

공적을 세웠다는 의미에서 '양대 절도사(兩代節度使)' 행적을 검토하고자 한다. 또한 그 공로로 봉토를 하사받게 되는데 비안고을에서 순천 장씨(順天張氏)의 입향과 세거지의 변화를 살펴볼 것이다. 두 절도사를 모셔놓은 경덕사, 세거지와 제실, 묘소 등을 답사하여 살펴보고, 독도 지킴이 장한상을 의성의 역사적 인물로서 어떻게 부각시킬 것인가를 고민해 보기로 한다.

2. 「울릉도사적」과 절도사 장한상의 행적

운암 장한상은 절도사(節度使)와 양주목사를 지낸 장시규의 둘째 아들로 1656년 10월 6일 의성군 구천면 비산동[2]에서 태어났다. 어릴 때부터 영걸스럽고 광채가 사람을 비추어 남다른 위풍이 있었다고 한다. 1676년(숙종2)에 무과에 급제하여 정략장군선전관(定略將軍宣傳官), 충무위부호군(忠武衛副護軍), 영변진첨절제사(寧邊鎭僉節制使), 자산군수(慈山郡守), 회천(懷川), 옥천(沃川), 칠곡(漆谷), 영변(寧邊), 회령(會寧) 등지의 수령(守令)과 삼척영장(三陟營將), 경상좌우도병마절도사(慶尙左右道兵馬節度使), 함경북도병마절도사(咸鏡北道兵馬節度使) 등의 요직을 두루 거치고 종2품인 가선대부(嘉善大夫) 충무위부호군겸오위도총부부총관(忠武衛副護軍兼五衛都摠府副摠管)에 이르렀다. 일찍이 무과에 급제하여 서총대(瑞蔥臺)에서 시예할 때 숙종이 직접 나와 그를 보고는 크게 찬탄하여 포상하였다고 전해질 만큼 그의 무예는 뛰어나다고 한다.[3]

1682년(숙종8) 통신사의 좌막(佐幕)으로 일본에 파견됐을 때 일본인들이 그의 지략과 용맹에 감복하여 오만을 부리지 못하였다고 한다. 왜인들이 그

2 현재는 의성군 구천면 내산1리 비산마을(자연부락)이다.
3 景德祠管理委員會, 『兩代節度使 張是奎와 張漢相 將軍의 實錄』, 2010, pp. 2-4를 참조.

를 무서워하여 '장한상 같은 사람 몇 명만 있으면 대국도 감히 모욕하지 못할 것'이라고 한 것을 보면 그의 무예는 출중했던 것 같다.

임술년(壬戌年, 1682) 겨울에 훈련부정(訓練副正)으로서 통신사 좌막(佐幕)으로 일본에 가서 맹기(猛氣)와 영풍(英風)이 왜인들을 놀라게 했다. 병인년(丙寅年, 1686) 겨울 숙종대왕께서 친히 서총대에서 무예를 시험할 때 공은 훈련정(訓練正) 겸 내승(內乘)으로 신수가 효웅(梟雄)하고 말달리고 활을 쏘는 솜씨가 날아가는 듯하여 임금께서 넓적다리를 치며 칭찬하시고 내금위장(內禁衛將)을 제수하였다.[4]

그의 기예와 위풍은 묘갈명에서도 확인할 수 있다. 말을 달리고 활을 쏘는 솜씨가 출중하였으며 위풍당당함은 통신사 좌막으로 일본에 갔을 때 주변의 왜인들을 벌벌 떨게 만들 정도였다고 한다.

[사진 1] 장한상의 초상화(왼쪽: 원본, 오른쪽: 복원판)

4 장한상의 〈묘갈명(墓碣銘)〉, 1724.

숙종(肅宗) 연간 울릉도에 왜구의 침범이 잦아져서 울릉도에 출어 중이던 안용복과 박어둔이 납치당하는 「울릉도쟁계(鬱陵島爭界=竹島一件)」가 발생한다. 일본이 보낸 서계에 대한 조선 측의 답서의 문구 수정을 두고 조일교섭은 교착에 빠진다. 그러한 가운데 소론의 영수인 남구만(南九萬) 정권이 들어서자 울릉도에 대한 강경책으로 선회하게 된다. 남구만의 건의에 의해 장한상이 삼척첨사(三陟僉使)로 발탁되었고, 1694년 9월 울릉도를 수토하게 된다. 숙종의 특명을 받은 장한상이 13일간의 울릉도 수토를 마치고 돌아와 복명서를 올린 것이 바로 「울릉도사적(鬱陵島事蹟)」[5]이다.

섬 주위를 이틀 만에 다 돌아보니, 그 리수(里數)는 150~160리[6]에 불과했습니다. 남쪽 해안에는 황죽밭이 있었습니다. 동쪽으로 5리[7]쯤 되는 곳에 작은 섬이 하나 있는데, 그다지 높고 크지는 않으나 해장죽(海藏竹)이 한쪽에서 무더기로 다라고 있었습니다. 비 개이고 구름 걷힌 날 산에 들어가 중봉(中峰)에 올라보니, 남쪽과 북쪽의 두 봉우리가 우뚝 서로 마주하고 있는데 이것이 이른바 삼봉(三峰)입니다. 서쪽으로는 구불구불한 대관령의 모습이 보이고, 동쪽으로 바다를 바라보니 동남쪽에 섬 하나가 희미하게 있는데 크기는 울릉도(蔚島)의 3분의 1이 안 되고[8] 거리는 300여리[9]에 지나지 않았습니다. 북쪽으로는 20여리에 이르고 남쪽으로는 40여리에 가깝습니다. 빙 돌아 왕래하면서 사방을 바라보며 원근을 헤아려 보니 이와 같았습니다.[10]

---

5 이 「울릉도사적」에 대해서는 이미 번역본과 몇 편의 논문이 발표되고 있다. 유미림 (2008), 손승철(2013), 손승철(2015), 유미림(2009) 등을 참조할 것.

6 현재 거리(1里=0.3927km)로 환산하면 58.9~62.8km로, 실제 울릉도의 둘레 56.5km에 근접하는 수치임.

7 5리=1.98km.

8 실제 독도의 면적은 울릉도의 388.6분의 1정도이다.

9 1里=0.3927km이므로 300리=118km 정도임.

10 「其周回二日方窮則其間道里不過百五六十里乎旀篁竹田上處是遣東方五里許 有一小島 不甚高大 海長竹叢生於一面 霧雨黑捲之日 入山登中峰 則南北兩峯 岌崇相面 此所謂三峰也 西望大關嶺逶迤之狀東望海中有一島杳在辰方 而其大未滿蔚島三分之一 不過三百餘里 北至二十餘里 南近四十餘里回互往來西望遠近臆度如斯是齊」

여기서 장한상은 울릉도·독도를 심찰한 결과를 기록으로 나타내고 있는데, 중봉(中峰, 성인봉)에 올라 울릉도 동쪽 2km 지점에 있는 해장죽이 무성한 '죽도=댓섬'을 확인하였고 동남쪽으로 희미하게 보이는 섬 '우산도=독도'를 확인하고 있다. 멀리 아득히 보여서 섬의 크기는 정확하게 보고 있지는 않으나 거리는 실제 거리와 근접하며 중봉에서 동남쪽으로 멀리 보이는 섬은 독도임에 틀림없다. 우리는 독도의 역사적 권원을 주장하는 자료로 『세종실록』「지리지」의 기록을 자주 인용한다. 조선시대 이전부터 동해에 있는 두 섬을 명확히 인지하고 있었으며 우리의 지계로 인식하고 있었다. 여기서 장한상의 기록「울릉도사적」이 가지는 중요한 의미는 역사적 인물 중 안용복과 더불어 유일하게 '독도'를 건너가거나 관찰한 사람이라는 사실이다. 또한 이 기록은 『세종실록』「지리지」의 기록에서 우리의 지계인 '울릉도'와 '우산도(독도)'를 더욱 명확히 확인해주는 사료라는 점이다. 어쨌든,「울릉도사적」은 오랑캐와 왜구의 침입으로부터 국민들을 보호하고자 울릉도 거주민을 모두 본토로 옮기고 공식적으로 사람을 거주하지 못하게 하였던 울릉도를 정부에서는 포기하지 않고 지속적으로 돌보아 왔음을 확인시켜주는 기록이며, 17세기 말 울릉도의 모습을 알려주는 중요한 자료이다. 더구나 독도의 인식, 일본의 침입에 대비하는 대책마련을 고심하고 있고, 당시의 식생 및 동물의 분포까지 보고하고 있어 당시의 울릉도에 관한 정보를 확인 할 수 있다. 이를 토대로 울릉도에 관한 정황에 대한 판단을 할 수 있는 기초자료로 이용될 수 있는 귀중한 자료이다.

본고에서는「울릉도사적」의 분석보다는 장한상의 행적을 추적하는 것이 주된 목적이므로 울릉도 수토에 관한 부분은 더 이상 언급하지 않는다. 다만 그의 무관으로서의 행적을 보면 삼척영장으로서의 임무 수행으로 가선대부

유미림,「장한상의 〈울릉도 사적〉」,『우리 사료 속의 독도와 울릉도』, 지식산업사, 2013, p.361.

(嘉善大夫) 충무위부호군(忠武衛副護軍)으로 임명되었고, '영변진관병마동첨절제사(寧邊鎭管兵馬同僉節制使)', '함경북도병마절도사(咸鏡北道兵馬節度使)' 등 도(島)의 군사 총지휘관으로 부임하면서 북방방비에 큰 공로를 세우게 된다.

또 하나 장한상의 업적은 대기근으로 인하여 전라도 지방에 창궐했던 도적떼를 평정하고 재민을 구제하고 도적을 평정한 일이다. 1713년 전라병마절도사(全羅兵馬節度使)로 부임하여 도적을 평정하고 민심을 수습하니 향인들이 생사당을 지어 그의 공을 송덕했다고 한다.[11]

> 계사년(癸巳年, 1713) 호남이 대기근으로 도적떼가 봉기하니 공께서 묘당에 들어가서 아뢰기를 '전에 본도(本道)에 임관했을 때 민심을 얻은바 있다'하니 다시 병마사(兵馬使)로 임명하였다. 수포(搜捕)하기를 신과 같아서 도적을 평정하고 민심을 수습하여 재민(災民)을 구제하니 향인들이 생사당(生祠堂)을 짓고 동비(銅碑)를 세워 송덕했다.[12]

백성을 생각하는 수령으로서의 그의 치정은 경기수군절도사로 부임하던 시절, 기근으로 시달리고 있는 섬사람들을 위해 조정에 구휼미를 요청하는 장계를 올리는 것으로도 확인을 할 수 가 있다.(〈표1〉을 참조)

---

11 이러한 기록의 그의 고향 비안고을의 토목사업 추진에서도 엿보인다. 멀리 전라도에서 온 사람들이 비안현의 토목사업에도 동원되고 있다.
12 장한상의 〈묘갈명(墓碣銘)〉, 1724.

〈표 1〉 운암 장한상(張漢相)의 연보: 1656.10.6.~1724.2.19.

날짜	왕위	관위	비고
1656.10.6.	효종7	경북 의성군 구천면 비산동에서 출생	
1676.3.21.	숙종2	무과병과 제15인 급제 출신자	
3.25.		**정략장군선전관(定略將軍宣傳官)**	종4품
4.		정략장군충무위부호군(定略將軍忠武衛副護軍)	
5.15.		약위장군선전관(略威將軍宣傳官)	
1680.2.25.	숙종6	**진위장군선전관(振威將軍宣傳官)**	
5.		**보공장군선전관(保功將軍宣傳官)**	
1.27.		**어모장군행중추부경력자(禦侮將軍行中樞府經歷者)**	
3.12.		어모장군행훈련원첨정(禦侮將軍訓練院僉正)	
7.11.		어모장군행훈련원부정(禦侮將軍訓練院副正)	
1681.3.6.	숙종7	어모장군행용양위부사과(禦侮將軍行龍驤衛副司果)	
4.1.		어모장군행훈련원부정(禦侮將軍訓練院副正)	
1682.5.8.	숙종8	훈련원부정(訓練院副正) 통신사(通信使)로 일본에 감	
6.		영변진관병마동첨절제사(寧邊鎭管兵馬同僉節制使)	종3품
1684.6.	숙종10	어모장군행충무위부사직(禦侮將軍行忠武衛副司直)	
9.6.		통훈대부행자산군수(通訓大夫行慈山郡守)	
1686.11.12.	숙종12	어모장군행훈련원정(禦侮將軍訓練院正)	
12.26.		절충장군행충무위부호군겸내승자(折衝將軍忠武衛副護軍兼內乘者)	
1687.11.30.	숙종13	절충장군행용양위부호군(折衝將軍龍驤衛副護軍)	
1689.3.	숙종15	절충장군행충자위사과겸내승자(折衝將軍行忠左衛司果兼內乘者)	
4. 2		절충장군행용양위부호군겸금위장(折衝將軍行龍驤衛副護軍兼禁衛將)	
1692.2.27.	숙종18	**경상좌도병마절도사(慶尙左道兵馬節度使)**	종2품
1694.6.20.	숙종20	장희재 사건에 연루되어 경상좌도병마절도사에서 파직되다	
8.14.		왕의 특명으로 삼척첨사(三陟僉使)에 제수되다	
9.19.		150명의 울릉도 수토단을 이끌고 삼척 출발	
10.6.		13일간의 울릉도 조사를 마치고 삼척 도착	
1698.11.27.	숙종24	**가선대부행충무위부호군(嘉善大夫行忠武衛副護軍)**	
1700.11.12.	숙종26	가선대부행용양위부호군(嘉善大夫行龍驤衛副護軍)	

날짜	왕위	관위	비고
1704.12.	숙종30	가선대부행충무위부호군(嘉善大夫行忠武衛副護軍)	
1708.9.	숙종34	**함경북도병마절도사(咸鏡北道兵馬節度使)**	
1712.4.7.	숙종38	北兵使 장한상 등이 백두산 남쪽 지세에 대해 치계(治界)하고 圖本을 그려 보고하다	
1715.12.	숙종41	가선대부행충무위부호군겸오위도총부부총관(嘉善大夫行忠武衛副護軍兼五衛都摠府副摠管)	
1716.1.17.	숙종42	**경기수군절도사(京畿水軍節度使)**	
1718.1.20.	숙종44	기근에 시달리는 도민(島民)을 위해 구휼미를 요청하는 장계를 올리다	
6.		영변부사(寧邊府使)	
1721.4.5.	경종1	**함경북도병마절도사(咸鏡北道兵馬節度使)**	
1723.11.28.	경종3	**황해도병마절도사(黃海道兵馬節度使)**	
12.28.		사헌부 지평(持平) 趙鎭禧가 장한상을 개차할 것을 청하나 왕이 따르지 않았음.	
1724.2.19.	경종4	68세의 나이로 별세.	
		※ 숙종·경종 2대에 걸쳐 총29개의 관직을 지냄	

3. 비안고을과 순천장씨 세거지의 변천

의성은 일찍이 부족국가 조문국(召文國)의 영역이었다. 신라 벌휴이사금 2년 (185년)에 신라에 복속되어 그 후 문소군(聞韶郡)이 된다. 신라는 22대 지증왕 때에 왕권국가를 확립하고 지방행정도 주군제도를 처음 실시하였다. 505년 삼척에 설치한 실직주(悉直州), 555년 상주에 설치한 사벌주(沙伐州), 556년 안변에 설치한 비열홀주(比列忽州)와 같은 것이다. 주에는 장관으로 軍主(摠管)가 파견되었고 행정, 군사 양면을 지배하는 군사적 책임자였다.

이 때 의성지방은 사벌주의 통할을 받는 곳이 되었으며 아시촌소경(阿尸村小京)이 소재한 것으로 보고 있다. 의성 서부지역(안계지방)에는 아시혜현

(阿尸兮縣)이 있었는데 이것이 아시촌소경의 소재지로 보인다. 그 후 757년 (경덕왕16) 아시혜현은 안현현(安賢縣)으로 바뀌었다.[13]

고려초 지금의 의성 동부지역에 의성부가 설치되고 940년(태조23) 의성 서부지역에 설치되었던 안현현은 안정현(安貞縣 또는 安定縣)으로 명칭이 변경되어 1018년(현종9) 의성부는 안동부에, 비옥현(比屋縣)과 안정현(安定縣)은 상주목에 예속되었다. 고려 중엽 1143년(인종21)에 의성부가 의성현으로 개편됨에 따라 의성 지역은 의성현(동부), 비옥현(중서부), 안정현(서부)의 3현으로 편제되어 있었다.[14] 1390년(공양왕2) 안정현에 감무를 두고 비옥현도 함께 관할하였고, 1421년(세종3)에는 이를 통합하여 두 현의 앞 글자를 따서 안비현(安比縣)으로 개편하였다. 그런데 세종조에 비옥현 지역민의 민원이 빗발쳐서 1423년(세종5) 현관아를 안정에서 비옥(비안면 동부리 서부리)으로 옮기면서 비안현(比安縣)이 되었다. 이로써 일제강점기 의성과 비안이 통합되기까지 의성지역 동부에는 의성현, 서부에는 비안현이 설치되어 있었다.[15]

1895년 군현을 군으로 명칭을 통일하면서 의성군과 비안군으로 되었고, 이때 상주 단밀현의 단서면, 단동면, 단북면과 예천에 예속되었던 다인현이 비안군으로 편입되었다. 1914년 3월 1일 일제강점기 일제에 의해 행정기구 통합이 이루어지면서 동부지역의 의성군(1읍 9개면)과 서부지역(8개면)을 합하여 의성군이 되었다.[16]

장한상이 태어난 곳은 의성군 구천면 비산동으로 지금의 구천면 내산1리 자연부락 비산이란 곳이다. 이곳은 원래 비안군 외서면 비산동이고, 바로 지척의 거리로 경덕사(慶德祠)가 위치한 용사리(龍蛇1里)는 군 통합 이전에는

---

13 『의성군지』(1998), pp. 181-182.
14 앞의 『의성군지』, pp. 189-190.
15 앞의 『의성군지』, pp. 1632-1634.
16 『比安郡邑誌』(1899), 『嶺南邑誌』(1871), 『比安輿地勝覽』(1729, 1878)을 참조.

상주 단밀현 단동면에 속하였다. 예전에 윗뱀개, 아랫뱀개라 불렀던 곳으로
비안현과 단밀현의 경계에 위치한 곳이다. 어쨌든 고려말 중신이었던 장보지
(張補之, 장한상의 11대조)의 아들 장사검(張思儉)이 의성현에 정착한 것이
순천 장씨(順天張氏)의 시작이다. 일찍이 비안군 내서면에 있었던 백천서
원[17]에는 장보지 공이 모셔져 있었다.

　의성현에 정착한 순천장씨가 비안현지역과 현외면 비산리, 단동면 용사리
부근에 세거지를 형성한 것은 이 서원 존재와도 무관하지 않을 것이다. 그러
나 지금은 비산리와 용사리에 순천장씨는 거의 없다. 대부분이 비안과 안정
으로 세거지를 옮겨갔고 현재 단촌면 하화리, 비안면 용남리, 구천면 미천1리
(배미, 현재 20세대 정도 거주), 안계면 안정1리(현재 10여 세대 정도 거주), 안
계면 봉양2리(장시) 등에 분포되어 있다.(〈표2〉를 참조)

〈표 2〉 의성군 순천 장씨 분포지역(1986년 현재)

번호	분포지	호 수	비 고
①	경북 의성군 단촌면 하화동	30	
②	경북 의성군 비안면 용남동	41	
③	경북 의성군 구천면 미천동(배미)	17	
④	경북 의성군 안계면 안정동	70	제실: 安川齊
⑤	경북 의성군 안계면 봉양동(장시)		제실: 張善齊

※ 의성읍 지역의 분포수는 파악이 되어 있지 않음

　이들 세거지의 변화는 장시규(張是奎)・장한상(張漢相) 양대 절도사의 공
에 의해 봉양2동 장시(장선)마을이 형성되면서 장시마을로 그 세거지가 이동
하였다. 그 후 1940년대초 일제가 개천지를 증축하면서 순천 장씨의 세거지
장시마을의 대부분이 수몰되었다. 이때 수몰된 마을의 주민을 삼한시대 대표

17　1867년 대원군의 서원철폐령에 의해 훼철되고 지금은 비석만 남아있다.

적 저수지의 하나인 대제지(大堤池)를 허물고 만든 대토지로 이주를 시키는데 이것이 용기2동(새장시, 새동네)이다. 그러나 지금은 안계 용기리에도 순천 장씨가 그다지 남아있지 않다. 따라서 의성현·비안현 지역에서 순천장씨 세거지의 이동은 ① 의성읍 → ② 비안(용남리) → ③ 구천면 내산리(비산) → ④ 구천면 미천1리(배미) → ⑤ 안계면 안정리 → 안계면 봉양2리(장시) → ⑥ 안계면 용기2리(새장시)로 이루어졌다. 세거지가 흩어지고 순천 장씨 특히 양대 절도사의 후손이 흩어지는 이유는 70년대 이후 진행된 도시로의 인구이동, 농촌인구의 급감과 공동체 해체, 장한상의 후사가 없어 양자를 들인 점 등을 들 수 있을 것이다.

어쨌든 2대에 걸쳐서 나라의 강역 방비에 힘썼던 장한상·장시규 양대 절도사 관련 유적·유물인 경덕사, 묘소, 묘비, 교지 등의 보존상태가 너무나 허술하고 묘소와 제실 등은 거의 방치되어 훼손이 심각한 실정이다.

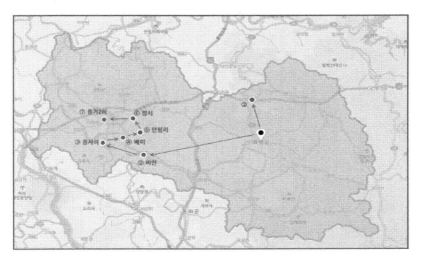

[그림 1] 순천 장씨 세거지의 이동

[그림2] 장한상 묘비(좌)와 장사규 묘비(우)

4. 의성지역 역사문화와 역사적 인물 알리기

한편, 독도 · 울릉도와 관련하여 관계되는 다른 지방자치단체에서는 지역의 자원으로 활용하고자 하는 움직임은 비교적 활발하게 나타나고 있다. 독도에 대한 일본의 독도침탈 도발과 강변이 강하게 나타날수록 국내에서의 반일감정은 드세어지는 한편, 울릉도 독도를 소재로 한 지자체의 관광자원화의 움직임은 더욱 빠르게 진행되고 있다.

21세기 동아시아의 관광허브를 추구하는 강원도의 경우 일찍이 삼척도호부 울진현의 속도로 울릉도가 편재되어 있었으므로 울릉도·독도와의 역사적 관련성은 다른 지자체보다 밀접하다고 할 수 있다. 강원도는 삼척에서 '동해왕 이사부 문화축전'을 개최하고 있으며, '울릉도 독도 뱃길 항로 체험', 독도사진전, 독도 동해관련 심포지움의 개최 등을 통해서 지역의 관광자원화를 꾀하고 있다. 경상북도의 경우는 현재의 행정관할 광역지자체로서 독도정책과가 설치되어 독도관련 전담업무를 수행하고 있으며 10년전 (재)안용복재단을 출범시켜 현재는 (재)독도재단으로 변경하였다. 여기서는 주로 독도 교육 및 홍보 활동 중심으로 사업을 전개하고 있다. 울진에서는 수토사 기념공원 조성사업 기본계획을 수립하여 현재 건설작업이 추진 중이고, 울릉도에서는 안용복장군기념관이 건립되어 운영하고 있다. 독도에 대한 역사의식을 고취시키기 위한 수련관, 전망대, 독도문학관 등을 조성하고 독도를 지킨 사람들의 행적과 유물을 전시할 예정으로 있다. 또한 안용복의 출신지 부산에서는 '안용복장군기념사업회'에서 안용복의 사당인 수강사(守疆祠)를 2001년 3월에 건립하였으며, 현재 안용복 장군의 업적을 기리는 기념관과 기념공원이 울릉도 석포에 걸립되었다.[18] 이렇듯 독도와 관계된 여타 지자체의 '독도 콘텐츠' 활용을 위한 움직임은 활발하다. 그러나 울산은 해상왕국 신라 최대의 무역항으로 당나라 등 외국과 교역의 창구역할을 하였고 조선 시대에 와서는 왜와의 삼포개항으로 인한 활발한 무역항으로 자리매김하였으며 동해안 어렵활동의 중간 기착지였다. 또한 숙종조에 안용복과 함께 울릉도로 건너간 박어둔의 고향으로 '염간 박어둔 재조명' 사업을 조금씩 추진해 가고 있다.

---

18 김호동, 「독도영유권 공고화에 있어서의 강원도의 역할」, 『동해와 독도 주권 그리고 신해양시대』, pp.105-106.

<표 3> 독도관련 지자체의 관광자원화 동향

지자체	독도·울릉도와의 연관성	관광자원화의 움직임	비고
강원도	조선시대까지 행정관할	이사부역사문화축전 이사부학회(강원대) 활동	삼척시와 협력
경상북도	일제강점기 이후 행정관할	(재)독도재단 설립, 활동	
부산광역시	안용복의 출신지	수강사(안용복사당) 건립 각종 안용복 관련 행사	
울산광역시	박어둔의 출신지 동해안 어렵활동의 거점항구	박어둔 재조명 기획과제 (영남대 독도연구소)	'박어둔 행적' 교과서 등재
삼척시	이사부의 활동, 삼척진 조선시대까지 행정관할	이사부역사문화축전	강원도와 협력
울진군	수토사 체류 대풍헌 소재 울릉도 도항의 최종 기착지	대풍헌 수토사 기념공원 조성 중 매년 '수토사뱃길 재현 행사'	
울릉군	울릉어민의 경제활동 해역 현재 행정 관할	안용복장군기념관, 독도의용수비대기념관 건립 독도박물관 운영	경상북도와 협력
여수시	거문도인의 울릉도·독도 도항	비정기적 학술심포지움 개최 술비노래박물관 조성	
의성군	삼척영장 장한상의 출신지	?	?

앞에서 언급한 바와 같이 역사적 인물 중에서 독도를 가보았거나 직접 본 사람은 안용복과 장한상 두 명밖에 없다. 안용복이 서민 신분으로 불법으로 도항한 울릉도에서 납치됨으로써 울릉도 쟁계의 발단을 제공한 사람[19]이라면, 장한상은 「울릉도쟁계」를 해결하기 위해 조정의 명을 받아 울릉도·독도 수토를 집행하고 조선의 지계를 명확히 하여 훗날 「울릉도쟁계」의 추진과정에서 영향을 끼친 사람이라 할 것이다. 또한 그의 울릉도 수토가 조선 후기의 수토제도를 정착시키는 단초가 되었다는 점은 울릉도·독도 수호 활동에 있

---

19 제1차 안용복의 도일사건(1693)에서 박어둔과 안용복은 함께 일본 어부들에게 납치 되지만, 결과적으로 '울릉도 쟁계'를 유발시킨 계기가 되었고 그 결과 일본 막부는 울 릉도 독도가 조선땅임을 인정하고, 「죽도도해금지령(竹島渡海禁止令)」을 내리게 되었다. 「울릉도쟁계」의 결착 과정에 대해서는 송휘영(2011)을 참조.

어서도 중요한 의미를 지닌다는 것이다. 더욱 중요한 것은 장한상이 현재 독도를 관할하고 있는 경상북도 의성(비안현)의 인물이라는 사실이다.

그럼에도 불구하고 지금까지 우리 의성에서는 향토 인물의 중요성과 그 가치를 그다지 인식하지 못하였고 이를 부각시키지 못하였다. 이제 장한상과 그의 사료에 대한 역사성을 찾아내고 그 가치를 더욱 발굴하여 의성의 인물로 부각시켜야 할 때이다. 경북이 낳은, 의성이 낳은 독도 지킴이 장한상을 여타 지자체와는 차별화된 콘텐츠로서 자리매김하고 의성의 다른 문화관광자원과 연계하여야 할 것이다. 이 경우 장한상에 대한 무리한 영웅화가 아니라 의성의 역사성에 입각하여 관련 자원을 발굴하고 이들의 연계를 통한 콘텐츠화를 구상해나가야 할 것이다. 이 경우 시간과 공간을 결합하는 지역문화콘텐츠 만들기와 역사 만들기를 해야 할 것이다.

5. 맺음말

2008년 3월 일본 외무성은 「죽도 – 죽도문제를 이해하기 위한 10의 포인트」를 게재하면서 "죽도(독도)는 일본 고유의 영토"라는 것을 공식화하기 시작했다. 그로부터 어언 10년 이제는 초중고 학교 교육 현장에서까지 그들의 왜곡된 영토교육이 스며들고 있다. 지난 2018년 3월 30일 일본 문부과학성이 고등학교 『학습지도요령』을 확정·고시함으로써 일본의 모든 초중고 교과서에서 "죽도(독도)는 일본 고유의 영토", "한국이 현재 불법 점거하고 있다"고 명시하여 가르치도록 의무화 하였다. 또한 7월 17일에는 『학습지도요령해설서』를 고시하면서 고등학교 『요령』 및 『해설서』의 적용을 3년이나 앞당겨 2019년도부터 적용하기로 했다. 따라서 2024년부터 일본의 모든 초중고 학생들은 100% "죽도(독도)는 일본 고유의 영토"라는 왜곡된 교육을 받게 된다. 이는 미래의 한일관계에서도 큰 장애물로 작용함은 물론 역사적 판단력이 없는 어린 학생들에게 그릇되고 왜곡된 영토교육을 주입함으로써 미래세대에게도 큰 짐을 부과하는 것이 된다.

이러한 점에서 보더라도 일본 정부가 주장하는 독도에 대한 「고유영토론」의 논리와 「무주지선점론」의 논리를 하루빨리 무력화시킬 연구결과를 축적해야 할 것이다. 그러기 위해서는 기존 사료를 재검토함과 더불어 새로운 사료를 끊임없이 발굴하는 작업이 필요하다. 독도에 관한 사료가 상당부분 일본 측에 존재하고 있기는 하나, 장한상의 「울릉도사적」은 몇 안 되는 중요한 사료이다. 뿐만 아니라 관련 문서를 더욱 찾아내어 우리의 논리를 보강할 필요가 있다.

어쨌든 의성 비안고을이 낳은 인물 장한상은 독도 수호에 기여한 중요한 인물로 평가할 수 있다. 그럼에도 불구하고 지금까지 그의 업적과 존재에 대해 인식과 관심이 부족했다고 할 수 있다. 역사문화 유산이 그다지 풍부하지 않은 의성이지만 지역이 가진 역사와 문화의 가치를 더 찾아내고 이를 의성의 역사문화콘텐츠로 조금씩 부각시키는 노력이 요구된다 하겠다. 이를 위해서는 우선 지역 역사적 인물의 가치를 재조명할 필요가 있을 것이다. 그리고 '울릉도 수토관 장한상'에 관련된 유적과 유물, 문서 등이 관리 소홀과 도난 등으로 많이 유실되고 있는데, 적어도 관련 유적 및 유물에 대해서 보존과 관리를 철저히 할 필요가 있다. 또한 「울릉도사적」뿐만 아니라 관계되는 사료 등을 통해 장한상의 업적을 다시 점검하여 '독도를 수호한' '의성'의 '역사적 인물'로 부각시킬 필요가 있을 것이다.

[참고문헌]

유미림, 「장한상의 울릉도 수토와 수토제의 추이에 관한 고찰」, 『한국정치외교사논총』 31
　　　권 1호, 2009.
손승철, 「울릉도 수토와 삼척영장 장한상」, 『이사부와 동해』 5호, 2013.
＿＿＿, 「조선후기 수토기록의 문헌사적 연구 — 울릉도 수토 연구의 회고와 전망 — 」, 『한
　　　일관계사연구』, 2015.
김종우, 「운암 장한상 공의 행장과 독도」, 『독도지킴이 수토제도에 대한 재조명』(제1회 한
　　　국문화원연합회 경상북도지회 학술대회 자료집), 2008.
김호동, 「조선시대 수토제도 확립과정」, 『독도지킴이 수토제도에 대한 재조명』(제1회 한
　　　국문화원연합회 경상북도지회 학술대회 자료집), 2008.
송휘영, 「울릉도쟁계의 결착과 스야마 쇼에몽」, 『일본문화학보』 제49집, 2011.
송병기, 『개정판 울릉도와 독도』, 단국대학교 출판부, 2007.
김호동, 『울릉도·독도의 역사』, 경인문화사, 2007.
김종우, 『의성 鄕土문화 실타래』, 의성문화원, 2008.
유미림, 「「울릉도」와 「울릉도 사적」 역주 및 관련 기록의 비교연구』, 한국해양수산개발
　　　원, 2007.
＿＿＿, 『우리 사료 속의 독도와 울릉도』, 지식산업사, 2013.

義城郡誌編纂委員會, 『義城郡誌』, 義城郡, 1998.
景德祠管理委員會, 『兩代節度使 張是奎와 張漢相 將軍의 實錄』, 2010.
景德祠, 『景德要覽』, 1988.
張洛文, 『昇平(順天張氏)文獻錄』, 順天張氏譜所, 1992.
『張氏人同文獻譜鑑』.
『昇平文獻錄』.

『世宗實錄』 「地理誌」, 『肅宗實錄』, 『備邊司謄錄』, 『新增東國輿地勝覽』, 『比安郡邑誌』
(1899), 『比安輿地勝覽』(1729, 1878), 『嶺南邑誌』(1871), 『慶尙道邑誌』(1832).

〈자료〉

경덕사(구천면 용사리 윗뱀개 소재)

장한상의 묘소(비안면 외곡리 백학산 소재)

숭의제(의성읍 도동리 소재)

안천제(안계면 안정리 소재)

장선제(안계면 봉양2리 장시마을 소재)

장한상의 초상화(왼쪽: 원본, 오른쪽: 복원판)

부록

울릉도 사적

眼夷賀鬱島初通戴色　天喪湖夷再鈇主憂饒竊

生祠報德銅頌澤聞符州藍前後十三金章玉符不曠

澣灑重年圖榜備盡崇養孝既瑪力忠又盡節亜眙

癸承亞武癸繩長誠如脅大星墜公視何歟我息猶慼星

洞之原幾尺雲根作銘詁後千戴父　碑　邊　悠　上

折衝將軍行龍驤副護軍蔡獻徵撰　衛

崇禎後再周乙巳八月日立

鬱陵島事蹟

甲戌九月日江原道三陟營將張漢相馳報内鬱陵

島祝討事去九月十九日巳時量自三陟府南面遊

五里津待風所發艇緣曲曾已馳報爲有在果僉使與
別造譯官安愼微領來諸役各人及沙格并一百五十
名騎艦各一隻汲水船四隻良中從其大小分載同日
巳時量四面風開洋是如乎戌時到大洋中波濤險
嶮之勢五里許二隻是乎所以是水宗而諸波浪昭
觸洑散無適從向是如乎同月二十日子時斷入深洋
黑雲自此藏天雷光閃爍影徹波心狂風猝起驟而
隨至怒濤翻空雲海相盪所乘連隻若浮若沒危險
罔狀艇中之人莫不失措舉皆惛倒之際騎艇檣
木又折而折破无無制緪之策難以檣木直插於尾

反左右借以為力是乎乃覆敗之患迫在須臾是如

柔風雨漸息天又晦曛島在此方承勢東走艇中之人

因此甦醒盡力撐櫓俄頃屢向島已時艱到島之南礁

纜石角暫時下陸炊飯之際波水艇四隻稍二來到而

下艇隙限不知所向是如乎酉時又自南洋而到各艇俱

得免蟻而南岸無際泊處東南開洞口內止宿自二十

日至十月初三日留住之間恒雨火日九月雪霜交下

中峰腰上雪積尺餘是齋島之四方衆艇環審則燃

巖撐空層立壁嵒或有空缺湖水成流似是大旱不

渴石其間細流乾溪不可彈記是齋其周四二日方窮

則其間道路不過百五六十里乎遜南濱海遙有篁

竹田土處是遣東方五里許有一小島不甚高大海

長竹叢生於一面而霧雲捲之日八山登中峰則南北兩

峰岌崇相面此嶼謂三峰也西望大關嶺逶迤之狀東

望海中有一島杳在辰方而其大未滿蔚島三分之一

不過三百餘里北至二十餘里南近四十餘里回互徙東

西望遠近臆度如斯是嶠西望大谷中有一人居基地

三里又有人居基地二兩東南長谷亦有人居基地七

兩石槧十九兩艍泊處則東南間口僅容四五隻之處

而東南岸則亦非可藏處是遣此處有三釜三鼎而

二釜一鼎則破傷體樣非我國之制也鼎則無足無盖可

炊二斗米釜則廣經尺許深可二尺容盛四五桶西方大

谷溪澗成川汾過此開豁此處為最而所泊舡後可避

東南颿兩西風難避無非在前泊船之所又有一鼎可炊

米斗亦是彼物北邊巖上有轎轎亦非我國所造啚中

崗巒重疊兩山腰以土則皆是石角以下則土山而山勢絕

險洞壑深邃樹木連抱蔽天而蔽日者不知其幾許積

年空棄之地人迹不到故藤蔦盤結草木朽腐排攅

鐥卒非人所可通運小二澗谷不可窮探所謂樹木盡是

冬栢紫檀側栢黃薜金木嚴木槻木楡木楮椒楓桂

樹栢之類而其中冬柴檀最多松木眞木榛木櫟等木

段終無一株而羽則烏鷗毛則猫兒而已此外別無飛走

之屬既無人居又無木實可食而水族則只有鰄魚

而沿邊石堆處或十或百成羣穴居大如駒犢小如

犬承間有生鰒付諸岸磧者體小味薄四方浦邊破

舩板木片ㄴ飄著者處ㄴ有之而或鐵釘或木釘或

腐傷者而審其梢木之制則彼我無別已爲裂破而

東南崖岸漂散最多竹田東南麓三處最多而每

處可落皮年三十餘石且兩田所竹亦多其傍所置

釜千半而或有陳枯者或有未乾者自東南間從

谷中向竹田十五里許有小巖路此必取竹者往来
之逕大抵環一島皆名山四面壁立又断缺處則西
峽成澗流水溪淺而已只一西方山樵麗開成洞門大川
流出而沙礫堆積不能成浦艇泊甚難中有峰巒嵯
峨洞整回互錐寛無谿處猶可開墾至於殘山平
峽處或有人居基地石葵兩墓木連抱大縣島在三
千里海洋之中船隻不得任意往来則錐有役國橫
占之舉除防無策欲設堡堠則人民無止接之策哛
謂開墾處樹木陰翳藤葛成巖九月積雪寒氣倍冬
夜半風鈴之時依俙如兒婦女哭之聲喧嘩呼嗚之

聲錚之耳邊漸近船頭毅其翼翅海毒之舉故或鷹
率衆犯之忠吹囉放砲擊鼓作聲則瞬息不見還島
之時至一處日暮繫艇巖下炊飯次船則沙磧磊磨
中有遞之狀與安愼微同爲行三里許則自中峰邐
迤一脈山麓都是層巖高壁而至運開嶝由此路登
見則連反山腰疊石成穴與愼微相議曰此穴不無咎
人毒物移舡於他處實到三更後天雨猝下風浪大
作震雷電光動山掀海俄而雨止烟霞滿皆遙聞巖穴
中衆人之聲立於舡頭望見則燈燭輝煌明日食後
欲知其夜聞異狀更詢其處使軍官朴忠貞及砲手

二十餘名探知次八送巖穴則又而不出縶其陷坎

使人呼出則忠貞先出曰穴内三十餘步醫然開敞四層

築砌累石皆鍊磨玉色有文彩也十餘間瓦家甚極養

麗丹青及戶牖之制非泛然我國揣屋之規則模樣大

異無他見物而近八籠下則如硫黄腐肉之嗅滿臭嚴

口不能遠行亦明分說道是去乙僉使多辤卒六

十餘名親自八見果如忠貞所告屋上藤葛蟠結之

中階砌庭域之内蕭灑無一累之塵亦人所居處則

强八非關食不喻心迷宜不忍近八籠下回艇之日自

中峰靈氣漸廣及於海中大如東山不知何物浮現

數度超出半空向八山中風雨大作迺雷震之聲而動
如崩山之狀此其他島有異者也所謂竹田處亦有之
而上項四五處殷小處二十餘石落只之地大處三十餘
石落只而皆可引水作畓處是齊樹木中紫檀可作棺
板皆在於山腰谷巖之間古昔人民居基地宛爾未泯則
其為空棄不過百餘年之前溪有洞口若慮備寇之策
則一夫當百夫之地彼雖欲父為結緝而風浪若聞則
艦必不保之勢登島山峰審望彼國之域則杳茫無眼杓之
島其遠近未知幾許而地形似在於役我間曷若取竹之
路彼人所為緣由馳報狀

『울릉도사적(蔚陵島事蹟)』 번역문[*]

유 미 림[**]

張漢相, 「蔚陵島事蹟」[1]

甲戌九月日 江原道三陟營將[2]張漢相馳報內[3]

蔚陵島被[4]討事 去九月十九日巳時量 自三陟府南面莊五里津[5]待風所發船

---

*   이 글은 유미림, 『우리 사료 속의 독도와 울릉도』(지식산업사, 2013, pp.350-368)에 수
   록한 내용을 대폭 가필 수정하여 전재한 것임.
**   한아문화연구소 소장

1   이 글은 국사편찬위원회 소장본을 저본으로 하여 번역한 것이다. 이 외에 의성조문국
   박물관에 이본이 여럿 있다. 서계 박세당의 「울릉도(鬱陵島)」에 같은 내용이 실려 있
   으므로 국사편찬위원회 소장본에 의거하되 의성조문국박물관 이본과 대조하여 번
   역했다. 의미가 통하지 않는 부분은 박세당본을 참조했다. 편의상 의성조문국박물관
   필사본을 의성본으로, 박세당의 글을 박세당본으로 칭했다.
2   三陟營將: 박세당본에는 '三陟鎭 右營將'으로 되어 있다.
3   張漢相馳報內: 박세당본에는 '爲馳報事'로 되어 있다.
4   被: 박세당본에는 '搜'로 되어 있다. '搜'가 맞다.

緣由 曾已馳報爲有在果[6]

劍使與別遣譯官安愼徽 領來諸役[7]各人及沙格幷一百五十名 騎船[8]各一隻
汲水船四隻良中 從其大小分載 同日巳時量 回[9]西風 開洋是如乎 戌時[10]到大
洋中 波濤險巇之勢 五里許二處是乎所 必是水宗而 諸波浪所觸[11]渙散[12] 無適
所向是如乎

同月二十日子時 漸入深洋 黑雲自北蔽天 而電光閃爍 影澈波心 狂風猝起
驟雨隨至 怒濤翻空 雲海相盪[13] 所乘船隻 若浮若沒 危險罔狀 船中之人 莫不
失措擧 皆惛[14]倒之際 騎船柁木又從而折破 尤無制船之策[15] 難而櫓木直揷於
尾及左右[16] 借以爲力是乎乃 覆敗之患 迫在須臾是如乎 風雨漸息 天又向曙[17]
島在北方 水勢東走[18] 船中之人 因此甦醒 盡力櫓役 轉展向島 巳時[19] 艱到島
之南[20] 繫纜石角 暫時下陸 炊飯之際 汲水船四隻 稍稍來到[21] 而卜船段 不知所

---

5 自三陟府南面莊五里津: 박세당본에는 '自三陟府南面莊五里津頭'로 되어 있다.
6 爲有在果: 「울릉도 사적」에는 이런 이두가 많이 나오는데, 여기서는 번역을 순하게
  하기 위해 적당한 현대문으로 고쳤다.
7 領來諸役: 박세당본에는 '領率員役'으로 되어 있다.
8 騎船: 박세당본에는 '騎卜船'으로 되어 있다. 번역은 이를 참조하여 기선과 복선으로
  했다.
9 回: 박세당본에는 '因'으로 되어 있다. 번역은 '因'으로 했다.
10 戌時: 박세당본에는 '戌時量'으로 되어 있다.
11 諸波浪所觸: 박세당본에는 '諸船爲波浪所觸'으로 되어 있다.
12 渙散: 박세당본에는 '一時渙散'으로 되어 있다.
13 雲海相盪: 박세당본에는 이 부분이 없다.
14 惛: 박세당본에는 '昏'으로 되어 있다.
15 策: 박세당본에는 '望'으로 되어 있다.
16 難而櫓木直揷於尾及左右難: 박세당본에는 '强以櫓木直揷於船尾及左右'로 되어
   있다.
17 曙: 박세당본에는 '曙'자 다음에 '而'자가 더 있다.
18 走: 박세당본에는 '注'로 되어 있고, '走'자 다음에 '故'자가 더 있다.
19 時: 박세당본에는 '巳時量'으로 되어 있다.

向是如乎 酉時²²又自南洋而到²³ 各船俱得免(虫+恚)²⁴ 而南岸無船泊處²⁵ 東南間洞口內止宿²⁶

自二十日²⁷至十月初三日 留住之間 恒雨少日 九月雪積交下²⁸ 中峰腰上雪積尺餘²⁹是齊 島之四方 乘船環審 則懸崖撑空 層立壁岸³⁰ 或有空缺³¹ 澗水成流 似是大旱不渴 而其間細流乾溪 不可殫記是齊

其周回二日方窮³² 則其間道里³³不過百五六十里乎旀³⁴ 南濱海邊 有篁竹田土處是遣³⁵ 東方五里許 有一小島 不甚高大 海長竹叢生於一面³⁶ 霖雨(雨+馬)捲³⁷之日 入山登中峰 則南北兩峯 岌崇相面³⁸ 此所謂三峰也 西望大關嶺

---

20 南: 박세당본에는 '南岸'으로 되어 있다.
21 稍稍來到: 박세당본에는 '自南洋稍稍來到'로 되어 있다.
22 酉時: 박세당본에는 '酉時量'으로 되어 있다.
23 到: 박세당본에는 '至'로 되어 있다.
24 虫+恚: '恚'의 오자인 듯하다. 박세당본에는 '恚'으로 되어 있다.
25 而南岸無船泊處: 박세당본에는 '南岸無可船泊處'로 되어 있고, 이 뒤에 '乙仍乎 同日 初昏回泊丁' 10자가 더 있다.
26 止宿: 박세당본에는 '後'자가 더 있다.
27 二十日: 박세당본에는 '二十一日'로 되어 있다.
28 九月雪積交下: 박세당본에는 '九月二十八九日 雨雪交下'로 되어 있다.
29 餘: 박세당본에는 '許'로 되어 있다.
30 層立壁崖: 박세당본에는 '層巖壁立'으로 되어 있다.
31 或有空缺: 박세당본에는 이 뒤로 '處'자가 더 있다.
32 其周回二日方窮: 박세당본에는 '盖其周回二日方窮'으로 되어 있다.
33 의성본에는 '其間道里'로, 박세당본에는 '其間道路里'로 되어 있다.
34 不過百五十里乎旀: 박세당본에는 '不過百五六十里之地是乎旀'로 되어 있다.
35 有篁竹田土處是遣: 박세당본에는 '有篁竹田三處 東西北三方 亦有篁竹田 十一處是遣'으로 되어 있다.
36 海長竹叢生於一面: 박세당본에는 '而海長竹叢生於一面是齊'로 되어 있다.
37 霖雨(雨+馬)捲: 霖雨(雨+馬)捲에서 '(雨+馬)'는 '雲'의 오류인 듯하다. 박세당본에는 '雲'으로 되어 있어 참조했다.
38 岌崇相面: 박세당본에는 '岌嶪相向'으로 되어 있다.

逶迤之狀　東望海中有一島杳在辰方　而其大未滿蔚島三分之一　不過三百餘
里[39] 北至二[40]十餘里[41] 南近四十餘里[42] 回互往來[43]西[44]望遠近臆度如斯是齊

　　西望大谷中[45] 有一人居基地三所[46] 又有人居基地[47]二所 東南長谷 亦有人
居基地七所[48] 石葬十九所[49] 船泊處 則東南間洞口[50] 僅容四五隻之處[51] 而東
南岸[52] 則亦非可藏處是遣 此處有三釜三[53]鼎 而二釜一鼎 則破傷體樣 非我國
之制也[54] 鼎則無足無盖 可炊二斗米[55] 釜則廣經[56]尺許 深可二尺 容盛四五
桶[57] 西方[58]大谷 溪澗成川沿邊開豁 此處爲最 而所泊處[59] 船隻可避東南風[60]

---

39 不過三百餘里: 박세당본에는 '遠不過三百餘里'로 되어 있다. 그리고 이 뒤로 '而南北
　　兩方 則杳茫無際 水天一色是齊 自中峰 西至海濱 三十餘里 東至二十餘里' 33자가 더
　　있다.
40 二: 박세당본에는 '三'으로 되어 있다.
41 北至二十餘里: 박세당본에는 순서가 '南近四十里 北至二十餘里'로 되어 있다.
42 南近四十餘里: 박세당본에는 '南近四十里'로 '餘'자가 없다.
43 回互往來: 박세당본에는 '互回往來'로 되어 있다.
44 西: 박세당본에는 '四'로 되어 있다.
45 西望大谷中: 박세당본에는 '西邊大谷間'으로 되어 있다.
46 有一人居基地三所: 박세당본에는 '有人居基址三所'로 되어 있고 그 아래 '北邊長谷' 4
　　자가 더 있다. 박세당본에는 '基地'의 '地'자가 '址'로 되어 있는데, 이하도 마찬가지다.
47 地: 박세당본에는 '址'로 되어 있다.
48 東南長谷 亦有人居基地七所: 박세당본에는 '西南間大谷 有基址七所'로 되어 있다.
49 所: 박세당본에는 이 아래 '是齊'가 더 있다.
50 의성본에는 '東南間口'로 되어 있다.
51 東南間洞口僅容四五隻之處: '東南間口僅容四五隻之處'로 되어 있는데, 박세당본에
　　의거하여 '洞'자를 보충했다. 박세당본에는 '處'가 '地'로 되어 있다.
52 岸: 박세당본에는 '風'으로 되어 있다.
53 三: 박세당본에는 '二'로 되어 있다.
54 則破傷體樣非我國之制也: 박세당본에는 '則破釜鼎傷體樣 非我國之制也'로 되어
　　있다.
55 可炊二斗米: 박세당본에는 이 앞에 '其大' 2글자가 더 있다.
56 經: 박세당본에는 '徑'으로 되어 있다.
57 容盛四五桶: 박세당본에는 '容盛水五六桶是齊'로 되어 있다.
58 方: 박세당본에는 '邊'으로 되어 있다.

而西風難避⁶¹ 無非在前泊船之所⁶² 又有一鼎 可炊米斗⁶³ 亦是彼物⁶⁴ 北邊岸上·⁶⁵ 有轆轤 亦非我國所造⁶⁶

島中崗巒重疊 而山腰以上 則皆是石角 以下則土山 而山勢絶險 洞壑深邃 樹木連抱⁶⁷參天而蔽日者 不知其幾許⁶⁸ 積年空棄之地 人跡不到 故藤葛盤結 朽草木添皁 排擠錯絶⁶⁹ 卒非人所可通逕⁷⁰ 小小澗谷不可窮探⁷¹ 所謂樹木 盡是冬栢紫檀側柏黃薜·金木⁷² 嚴木槐木楡木楮椒楓桂樹栢之類⁷³ 而其中冬紫檀最多⁷⁴ 松木眞木⁷⁵ 榛木橡等木段⁷⁶ 終無一株 而羽則烏鷗 毛則猫兒⁷⁷而已 此外 別無飛走之屬⁷⁸ 旣無人居 又無木實可食 而⁷⁹水族則只有鮫魚⁸⁰ 而沿邊

---

59 而所泊處: 박세당본에는 '而所泊船處'로 되어 있다.
60 船隻可避東南風: 박세당본에는 '可避東南北風'으로 되어 있다.
61 而西風難避: 박세당본에는 '而西風 則難避'로 되어 있다.
62 無非在前泊船之所: 박세당본에는 '元非船泊之所而'로 되어 있는데, '元'이 맞는 듯하다.
63 可炊米斗: 박세당본에는 '可容斗米之炊'로 되어 있다.
64 亦是彼物: 박세당본에는 '亦是彼物是乎旀'로 되어 있다.
65 北邊岸上: 박세당본에는 '北邊浦岸上'으로 되어 있다.
66 亦非我國之所造: 박세당본에는 '亦非我人所造是齊'로 되어 있다.
67 樹木連抱: 박세당본에는 '連抱樹木'으로 되어 있다.
68 不知其幾許: 박세당본에는 이 아래 '茫不喩' 세 글자가 더 있다.
69 藤葛盤結 朽草木添皁 排擠錯絶: 박세당본에는 '藤葛盤結 有難排擠'로 되어 있으므로 이를 참조하여 번역했다.
70 卒非人所可通逕: 박세당본에는 '卒非人力之所可通逕'으로 되어 있다.
71 小小澗谷不可窮探: 박세당본에는 '小小澗谷 不暇窮探是齊'로 되어 있다.
72 金木: 박세당본에는 '金桐木'으로 되어 있다.
73 嚴木槐木楡木楮椒楓桂樹栢之類: 박세당본에는 '嚴木槐木椴木桑楡楮椒楓檜樹栢之類'로 되어 있다.
74 而其中冬紫檀最多: 박세당본에는 이 뒤로 '是乎旀' 세 자가 더 있다.
75 眞木: 원문은 '直木'으로 되어 있는데, 박세당본에는 '眞木'으로 되어 있다.
76 榛木橡等木段: 박세당본에는 '榛橡木木段'으로 되어 있다.
77 猫兒: 박세당본에는 '猫鼠'로 되어 있다. '猫鼠'가 맞는 듯하다.
78 此外別無飛走之屬: 박세당본에는 '此外 他無飛走之屬是乎所'로 되어 있다.
79 而: 박세당본에는 '而'자 아래로 '然是乎喩 亦甚可怪是齊' 10자가 더 있다.
80 鮫魚: 박세당본에는 '可支魚'로 되어 있다.

石堆處 或十或百 成群穴居 大如駒犢 少如犬豕[81] 間有生鰒付諸岸磧者[82] 體小
味薄[83]

四方浦邊 破船板木片片飄着者 處處有之 而或鐵釘[84]或木釘[85]或腐傷者[86]
而審其稍木[87]之制 則彼我無別 已爲裂破 而東南崖岸 漂散最多[88] 竹田東南麓
三處[89]最多[90] 而每處可落皮牟三十餘石[91] 且兩田所竹尤多 其傍所置數千竿[92]
而或有陳枯者 或有未乾者[93] 自東南間 從谷中向竹田十五里許 有小路處 此必
取竹者往來逕[94]

大抵環一島皆名[95]山 四面壁立 又斷缺處[96] 則兩峽成間 流水潺湲而已 只一
西方山麓 開成洞門[97] 大川流出 而沙礫堆積 不能成浦 船泊甚難[98] 中有峰巒

81　少如犬豕: 박세당본에는 이 뒤로 '是乎旀' 세 글자가 더 있다.

82　間有生鰒付諸岸磧者 : 박세당본에는 '間有生鰒之付諸岩磧者'로 되어 있는데, '岩磧'
　　이 맞는 듯하다.

83　體小味薄: 박세당본에는 '體小而味薄'으로 되어 있다.

84　而或鐵釘: 박세당본에는 '而或着鐵釘'으로 되어 있다.

85　或木釘: 박세당본에는 '或着木釘'으로 되어 있다.

86　或腐傷者: 박세당본에는 '或有腐傷者'로 되어 있으며, 그 아래 '而審其稍木之制 則彼
　　我無別 已爲裂破' 16글자는 없다.

87　稍木: '稍木'으로는 의미가 통하지 않는다. '梢木'의 오류인 듯하다.

88　漂散最多: 박세당본에는 '漂散最多是齊'로 되어 있다.

89　竹田東南麓三處: 박세당본에는 '竹田中東南麓三處'로 되어 있다.

90　多: 박세당본에는 '大'로 되어 있다.

91　而每處可落皮牟三十餘石: 박세당본에는 '而每處可落皮牟三十餘石乎旀'로 되어
　　있다.

92　其傍所置數千竿: 박세당본에는 '其傍所置者 無慮數千竿'으로 되어 있다.

93　或有未乾者: 박세당본에는 이 아래 '是齊 自東南間溪谷中 向南至竹田 有十五里許小
　　路 此必取竹往來之逕是齊' 총 31글자가 더 있다.

94　此必取竹者往來逕: 의성본에는 '此必取竹者往來之逕'으로, 박세당본에는 '此必取竹
　　往來之逕是齊'으로 되어 있다.

95　名: 의성본에는 '名'으로, 박세당본에는 '石'으로 되어 있다. '石'이 맞는 듯하다.

96　又斷缺處: 박세당본에는 '而少有轉缺處'로 되어 있다.

嵯峨 洞壑回互 雖無寬豁處⁹⁹ 猶可開墾¹⁰⁰ 至於殘山平峽¹⁰¹處 或有人居基
地¹⁰²石葬 而墓木連抱¹⁰³

大槪島在三千里海洋之中 船隻不得任意往來 則雖有彼國橫占之擧 除防無
策 欲設堡鐵¹⁰⁴ 則人民無止接之策 所謂開墾處 樹木陰翳¹⁰⁵ 藤葛成藪 九月積
雪 寒氣倍冬

夜半風殘之時 依然如兒啼女哭之聲 喧嘩碎長之聲 錚錚耳邊 漸近船頭
擬¹⁰⁶其魍魎海毒之擧妖 或¹⁰⁷慮率備¹⁰⁸犯之患 吹囉¹⁰⁹放砲擊鼓作聲 則瞬息
不聞

環島之時 至一處 日暮 繫船巖下 炊飯次船 則沙磧履磨中有逕之狀 與安愼
徽 同步行三里許 則自中峰 逶迤一脉山麓 都是層巖高壁 而至逕開豁 由此路
望見 則連及山腰 疊石成穴 與愼徽相議曰 此穴不無害人毒物 移船於他處矣

---

97 只一西山方麓開成洞門: 박세당본에는 '只一西方山麓 開成洞門'으로 되어 있다.
98 難: 박세당본에는 '艱是乎旀'로 되어 있다.
99 의성본에는 '雖寬無豁處'로 되어 있다.
100 疊: '墾'의 오자인 듯하다. 의성본에는 '墾'로 되어 있다. 박세당본에는 '開疊'이 '開墾是
　　乎旀'로 되어 있다.
101 峽: 박세당본에는 '夾'로 되어 있다.
102 地: 박세당본에는 '址'로 되어 있다.
103 而墓木連抱: 여기까지가 박세당본과 같다. 이하는 『울릉도 사적』에만 보이는 내용
　　이다.
104 鐵: 의성본에는 '欲設堡堞'으로 되어 있다. 전후 맥락을 따져볼 때 '堞'가 맞는 듯하다.
105 翳: 원문에는 '翳'로 되어 있는데, 오자이므로 바로잡았다.
106 의성본에는 '疑'로 되어 있다.
107 의성본에는 '故'로 되어 있다.
108 備: '侵'의 오류인 듯하다.
109 吹囉: '吹囉'로는 의미가 통하지 않는데, '吹螺'의 오류인지 불명확하다.

到三更後 天雨猝下 風浪大作 震雷電光 動山掀海 俄以雨止 煙霞滿島 遙聞
巖穴中衆人之聲 立於船頭望見 則燈燭煒煌 明日食後 欲知其夜聞異狀 更泊
其處 使軍官朴忠貞及砲手二十餘名 探知次入送巖穴 則久而不出 疑其陷坎
使人呼出 則忠貞先出曰 穴內三十餘步 豁然開敞 四層築砌 累石皆鍊磨 玉色
有文彩也 十餘間瓦家 甚極奢麗 丹靑及戶牖之制 非泛然我國構屋之規 則模
樣大異 無他見物 而近入簷下 則如硫黃腐肉之嗅 滿鼻敝口 不能遠行 亦分明
說道是去乙

　僉使多率船卒六十餘名 親自入見 果如忠貞所告 屋上藤葛盤結之中 階砌庭域
之內 蕭麗無一累之塵 非[110]人所居處 則强入非關旀不喩 心迷宜不忍近入簷下

　回船之日 自中峰霞氣漸廣 及於海中 大如東山 不知何物 浮沈數度 超出半
空 向入山中 風雨大作 非電震之聲 而動如崩山之狀 此其他島有異者也

　所謂竹田處處有之 而上項四千處段 小處二十餘石落只之地 大處三十餘石
落只 而皆可引水作畓處是齊 樹木中紫檀 可作棺板 皆在於山腰落巖之間 古
昔人民居基地 宛然未泯 則其爲空棄 不過百餘年之前 溪有洞口 若慮備寇之
策 則一夫當百夫之地 彼船雖欲久爲結船 而風浪若開 則船必不保之勢

　登島山峰 審望彼國之域 則杳茫無眼杓之島 其遠近未知幾許 而地形似在於
彼我間 鼎釜取竹之路 彼人所爲 緣由馳報狀

　壬寅春 外後裔 永陽 申光璞 書[111]

110　의성본에는 '亦'으로 되어 있다.
111　의성본에는 이 내용 대신에 '節度公兩世實錄 終'이라는 글자가 있다.

「울릉도 사적(蔚陵島事蹟)」 번역문

    갑술년(1694)[112] 9월 모일, 강원도 삼척영장 장한상(張漢相)은 치보합니다.
    울릉도를 수토하는 일로 지난 9월 19일 사시(巳時)[113]쯤 삼척부 남면 장오
리진(莊五里津)[114]의 대풍소(待風所)에서 배를 출발하게 된 연유를 이미 보고
한 바 있습니다.

    첨사[115]는 별견 역관(別遣譯官) 안신휘와 원역(員役)[116] 여러 사람 및 사격
(沙格)[117]을 포함하여 모두 150명을 거느리고 와서, 기선(騎船)[118]과 복선(卜
船)[119] 각 1척, 급수선(汲水船) 4척에 (사람들을－역자) 배의 크기에 따라 나눠
태우고는, 같은 날 사시(巳時)쯤 서풍을 타고 바다로 나아갔습니다. 술시(戌
時)쯤[120] 바다 한복판에 이르렀는데 파도의 기세가 험한 곳이 5리쯤되는 곳에
두어 군데 있었습니다. (이는－역자) 필시 수종(水宗)[121]인데 (이로 인해－역
자) 배들이 물결에 휩쓸려 흩어져버려 어디로 가는지를 알 수 없었습니다.

    같은 달(9월) 20일 자시(子時)쯤[122] 점점 깊은 바다로 들어가는데 검은 구름

---

112 1694년 숙종 20년을 가리킨다.
113 사시: 오전 9시에서 11시 사이를 말한다.
114 장오리진: 장오리(藏吾里) 포구에 있는데, 장오리 포구는 삼척부 남쪽 62리에 있다.
      장오리는 내・외 장오리가 있는데 동해 방면의 선박이 정박하는 곳으로 척후(斥候)
      가 있다(『신증동국여지승람』 44권 「강원도－삼척도호부」; 『만기요람』, 「군정편」 4,
      해방, 동해 참조).
115 첨사: 장한상 자신을 가리킨다.
116 원역: 관아에 속한 구실아치(吏胥)를 통틀어 말한다.
117 사격(沙格): 사공과 그 옆에서 도와주는 격군 즉 결꾼을 말한다.
118 기선: 사람을 싣기 위한 배를 말한다.
119 복선: 짐을 싣기 위한 배를 말한다.
120 술시: 오후 7시에서 9시 사이를 말한다.
121 수종: 물마루 혹은 '수지(水旨)'라고 한다. 박세당본에는 '수지'로 되어 있다.

이 북쪽에서부터 하늘을 가리고, 번개가 번쩍이며 그 섬광이 파도 속까지 뚫고 들어가더니, 갑자기 광풍이 일고 바로 소나기가 쏟아지기 시작했습니다. 성난 파도가 공중으로 솟구치고 구름 낀 바다가 어지러이 일렁이자, 타고 있던 배가 뜰 듯 가라앉을 듯하여 위험하기 그지없었습니다. 배 안의 사람들이 어쩔 줄 몰라 당황하지 않는 이가 없었습니다. 모두 정신을 잃고 쓰러질 즈음 기선(騎船)의 키[柁木]마저 부러져 배를 제어할 방법이 더더욱 없었습니다. 억지로 노목(櫓木)[123]을 선미(船尾)와 좌우에 똑바로 꽂아 그 힘에 의지해 버텨보려 했지만 금세라도 배가 전복될 것 같았습니다. 비바람이 점차 잦아들고 동이 트려 하는데, 섬은 북쪽에 있고 물살은 동쪽으로 흐르고 있어, 배 안의 사람들이 이로 말미암아 정신을 차리고, 있는 힘껏 노를 저어 이리저리 흔들리면서 섬을 향해 나아갔습니다. 사시쯤 간신히 섬의 남쪽 해안에 도달하여 바위모서리에 밧줄을 묶었습니다. 잠시 뭍에 내려 밥을 지을 때 급수선 4척은 하나둘 도착했지만 복선(卜船)은 어디로 갔는지 알 수 없었는데, 유시(酉時)[124]쯤 또다시 (복선이) 남쪽바다에서 왔으니, 배들이 모두 화를 면했습니다. 남쪽 해안에는 배를 정박할 곳이 없어 동쪽과 남쪽 사이 동구(洞口)에 배를 대고는 유숙했습니다.

9월 20일[125]부터 10월 3일[126]까지 머무는 동안 늘 비가 오고 맑은 날은 별로 없었습니다. 9월에[127] 눈이 내리는데 중봉(中峰)의 산허리에는 눈이 한 자 남짓 쌓였습니다. 섬의 사방을 배를 타고 돌면서 살펴보니, 깎아지른 절벽이 공

---

122   자시: 오후 11시에서 1시 사이를 말한다.
123   노목: 배 젓는 나무를 말한다.
124   유시: 오후 5시에서 7시 사이를 말한다.
125   20일: 박세당본에는 21일로 되어 있다.
126   삼척에 돌아온 날은 10월 6일이다(『숙종실록』 20년 10월 15일).
127   9월에: 박세당본에는 9월 28일과 29일로 되어 있다.

중에 우뚝하고 바위들은 층층이 깎아지른 듯 솟아있는데, 간혹 틈이 있는 돌 사이로 새나오는 물이 물줄기를 이루어 큰 가뭄에도 마르지 않을 듯했습니다. 그 사이의 작은 물줄기나 마른 계곡은 이루다 기록할 수 없을 정도입니다.

섬 주위를 이틀 만에 다 돌아보니, 그 사이 도로의 리 수는 150~160리에 지나지 않았습니다.[128] 남쪽 해변에는 황죽(篁竹, 왕대)밭이 있고[129] 동쪽으로 5리쯤 되는 곳에 작은 섬[130]이 하나 있는데, 그다지 높고 크지는 않으나 해장죽(海長竹)이 한쪽에서 무더기로 자라고 있었습니다. 비개이고 구름 걷힌 날, 산 속으로 들어가 중봉(中峰)[131]에 올라보니, 남쪽과 북쪽의 두 봉우리가 우뚝 서로 마주하고 있는데 이것이 이른바 '삼봉(三峰)'입니다. 서쪽으로는 구불구불한 대관령의 모습이 보이고, 동쪽으로 바다를 바라보니 동남쪽에 섬 하나가 희미하게 있는데 크기는 울도(蔚島)의 3분의 1이 안 되고 거리는 300여 리에 지나지 않았습니다. (중봉에서) 북쪽으로는 20여 리[132]에 이르고 남쪽으로는 40여 리에 가깝습니다. 빙 돌아 왕래하면서 사방[133]을 바라보며 원근을 헤아려 보니 이와 같았습니다.

서쪽의 큰 골짜기를 바라보면 사람이 살던 터가 세 군데, 또 (북쪽으로는)[134] 사람이 살던 터가 두 군데, 동남쪽[135] 긴 골짜기에도 사람이 살던 터가

---

128 150~160리로 보는 것은 이규원의 기록과 일치한다. 현재 둘레는 56.5km로 되어 있으며, 박세당본』에는 불과 100여 리라고 되어 있다.
129 황죽밭이 있고: 박세당본에는 '황죽밭이 세 군데'라고 기록되어 있다.
130 작은 섬: 울릉도 가까이 있는 죽도를 가리킨다.
131 중봉: 오늘날의 성인봉을 가리키는 듯하다.
132 20여 리: 박세당본에는 30여 리로 되어 있고, 또한 '동쪽으로는 20여 리'라는 구절이 더 들어가 있다.
133 사방: 원문에는 '西方'으로 되어 있으나 박세당본에는 '四方'으로 되어 있어 이를 따랐다.
134 북쪽으로는: 박세당본에 근거하여 보충했다.

일곱 군데이고[136] 돌무덤이 19개가 있었습니다. 배를 댈 곳으로는 동쪽과 남쪽 사이의 동구에 겨우 4~5척 정도 댈 수는 있지만 동남쪽 해안도[137] 배를 댈 만한 곳은 아닙니다. 이곳에 부(釜) 3개와 정(鼎) 3개[138]가 있는데, 부 2개와 정 1개는 파손되었으며 모양이 우리나라 양식이 아니었습니다. 정(鼎)에는 발도 없고 뚜껑도 없으며 두 말의 쌀을 밥 지을 수 있을 정도였고, 부(釜)는 너비와 지름이 한 자 남짓에 깊이는 두 자 정도로 물 4~5통[139]을 담을 수 있을 정도였습니다. 서쪽 큰 골짜기는 계곡물이 내를 이루고 있고 연변(沿邊)이 트여 있기로는 이곳이 제일입니다. 하지만 배를 대는 곳이 동풍과 남풍은 피할 수 있지만 서풍은 피하기가 어려우니 원래 전에 배를 대던 곳은 아닙니다. 또 한 말의 쌀로 밥을 지을 수 있을 정도의 정(鼎)이 하나 있는데 이 역시 저들의 물건입니다. 북쪽 해안에 있는 도르래 역시 우리나라에서 만든 것이 아닙니다.

섬 안에는 산봉우리가 첩첩이 있는데 산 중턱 이상은 다 돌산이고 그 아래쪽은 흙산입니다. 산세가 매우 험하고 골짜기가 깊으며, 하늘에 닿아 해를 가릴 정도의 아름드리 수목들이 부지기수입니다. 몇 년째 비워둔 땅에 인적이 닿지 않아, 칡덩굴이 엉켜 있고 초목이 더해 있어 헤집고 끊으면서 올라가기에는 어려움이 있으니, 사람의 힘으로 뚫고 지나갈 수 있는 길이 아닙니다.

소소한 계곡들은 이루 다 조사할 겨를이 없었습니다. 이른바 수목[140]이라는 것은 모두 동백나무(冬栢), 자단(紫檀, 향나무), 측백나무, 황벽나무(黃

---

135 동남쪽: 박세당본에는 서남쪽으로 되어 있다.
136 일곱: 박세당본에는 두 군데로 되어 있다.
137 동남쪽 해안: 박세당본에는 '동남풍이 불면'으로 되어 있다.
138 3개: 박세당본에는 2개로 되어 있다.
139 4~5통: 박세당본에는 5~6통으로 되어 있다.
140 수목의 이름에 대해서는 경북대학교 임학과 홍성천 명예교수가 2024년에 도움 말씀을 주셨기에 이를 반영하였다.

薜)[141], 금목(金木)[142], 엄나무, 홰나무[槐木][143], 느릅나무, 닥나무, 산초나무, 단풍나무, 계수나무[144], 섬잣나무 따위인데, 그 중에서도 동백나무와 자단이 가장 많고, 소나무, 참나무[145], 개암나무, 상수리나무[146] 등은 한 그루도 없었습니다. 조류로는 까마귀와 갈매기, 동물로는 고양이와 쥐뿐이고[147] 이 밖에 다른 날짐승과 길짐승 따위는 없었습니다. 이는 사람이 살고 있지 않은데다 먹을 만한 나무열매도 없어서 그런 듯합니다. 어류로는 가지어(可支魚)[148]만 있는데, 해변의 돌무더기에 열 마리 혹은 백 마리씩 무리 지어 혈거(穴居)하고 있으며, 큰 것은 망아지나 송아지만하고 작은 것은 개나 돼지만합니다. 간간이 생전복이 물속 바위에 붙어 있는데 몸체는 작고 맛은 없었습니다.

　사방의 포구에는 표류해 온 파선된 배의 판목 조각이 도처에 있었는데 어떤 것에는 쇠못이, 어떤 것에는 나무못이 박혀 있고 더러는 썩은 것도 있었습니다. 초목(梢木)의 제도[149]를 살펴보니 저들 것인지 우리 것인지 분별할 수 없을 정도로 부서져 있었는데, 동남쪽 해안에 제일 많이 떠다녔습니다. 대나무밭은 동남쪽 산기슭의 세 곳이 가장 많은데[150] 어디든 겉보리 30섬 남짓 뿌릴 정도는 되었습니다. 그리고 그 가운데 두 곳에 베어둔 대나무가 상당히 많

141　黃檗의 오기로 보인다.
142　금목: 박세당본에는 '금오동[金桐木]'으로 되어 있다. 참오동나무로 번역하기도 한다.
143　느티나무로 번역하기도 한다.
144　후박나무 혹은 생달나무로 보기도 한다.
145　참나무: 원문에는 '直木'으로 되어 있는데 '眞木'의 오자인 듯하다. 상수리나무로도 번역된다.
146　원문은 橡木인데 참나무류 중 상수리나무를 강조하는 경우에 쓰인다고 한다.
147　고양이: 원문에는 '猫兒'로 되어 있으나 박세당본에는 '猫鼠'로 되어 있다.
148　가지어: 원문에는 '鮫魚'로 되어 있으나 박세당본에는 '가지어'로 되어 있어 바로잡았다.
149　초목의 제도: 초목의 제도가 무엇인지는 의미가 불명확하다. 배를 만드는 데 쓰인 나무 종류를 의미하는 듯하다.
150　많은데: 박세당본에는 '넓은데'로 되어 있다.

앉는데, 한 옆으로 베어둔 대나무가 무려 수천 개나 되며 그 중에는 오래 말린 것도 있고 간혹 덜 마른 것도 있었습니다. 동남쪽에서부터 골짜기를 따라 대 밭 쪽으로 15리쯤 되는 곳에 작은 길이 나 있는데, 이는 필시 대나무를 가지러 다니던 사람들이 왕래하던 길일 것입니다.

대체로 온 섬이 모두 돌산[151]입니다. 사면이 절벽처럼 깎아지른 듯 서 있고, 조금 끊어진 곳이 있으면 양 골짜기 사이로 물줄기를 이뤄 물이 졸졸 흐르고 있을 뿐입니다. 한쪽 서편 산기슭만 터져 있어 동문(洞門)을 이뤄 큰 내가 흐르고 있는데, 모래와 자갈이 쌓여 있어 포구가 되지 못하는지라 배를 대기가 매우 어렵습니다. 섬 안에는 산봉우리들이 삐죽삐죽 서 있고 골짜기와 구렁이 감아 돌고 있어 넓게 탁 트인 곳이 없긴 하지만 그나마 개간할 수는 있습니다. 낮은 산의 편평한 곳에는 사람이 살던 집터와 돌무덤이 더러 있는데 무덤 가의 나무들은 아름드리나 되었습니다.[152]

대개 섬이 삼천리 우리 강토의 바다 안에 있는데도 배로 마음대로 왕래할 수 없으니, 저 나라[153]가 함부로 차지할 움직임을 보인다고 해도 방비할 대책이 없습니다. 섬에 보루(堡壘)를 설치하려 해도 백성이 가서 살 방도가 없습니다. 보루를 만들 만하다는 곳은 수목이 무성하여 칡덩굴이 우거져 있으며, 9월에도 눈이 쌓여 있어 추위가 겨울보다 갑절이나 더합니다.

밤에 바람이 잔잔할 때면 아련히 어린애가 울고 아녀자가 곡하는 소리, 가

---

151 돌산: 원문에는 '名山'으로 되어 있으나 박세당본에 '石山'으로 되어 있어 이에 근거해 해석했다.
152 박세당본은 여기까지만 보인다.
153 저 나라: 일본을 가리킨다.

늘게 이어지는 소란스런 소리가 귓가에 쟁쟁하더니, 뱃머리에 가까이 올 즈음이면 도깨비나 바다귀신이 요괴짓을 하는가 싶기도 하고 갑자기 침범당할까 염려도 되어, 나발을 불고 포를 쏘며 북을 쳐서 소리를 내면 순식간에 소리가 들리지 않았습니다.

섬을 돌다 한 군데에 이르자, 날이 저물어 배를 바위 밑에 묶어두었습니다. 밥을 지으려 배에 있는데, 밟혀서 닳은 자갈밭 사이로 길이 나 있는 듯해 안신휘와 함께 3리쯤 걸어가 보니, 중봉에서부터 구불구불 이어진 한줄기 산기슭이 모두 층암절벽인데, 길에 이르자 확 트여 있었습니다. 이 길을 따라가며 멀리 바라보니 산허리까지 이어져 있었고 그곳에 겹겹이 쌓인 돌들이 굴을 이루고 있었습니다. 안신휘와 의논하기를, "이 굴에 사람을 해치는 독이 있으니 배를 다른 곳으로 옮겨야겠다"라고 말했습니다.

자정이 지나 갑자기 비가 내리고 풍랑이 크게 일며 천둥 번개가 산해(山海)를 진동시키더니, 이윽고 비가 그치고 안개가 섬에 자욱했습니다. 멀리 석굴에서 사람들의 말소리가 들리기에 뱃머리에 서서 바라보니, 등잔불이 빛나고 있었습니다. 다음날 밥을 먹은 뒤 간밤에 들리던 이상한 현상이 궁금해서 다시 그곳에 배를 대고는, 군관 박충정(朴忠貞)과 포수 20여 명을 탐지 차 석굴로 들여보냈는데 오래도록 나오지 않았습니다. 구덩이에 빠졌는가 싶어 사람을 시켜 나오라고 부르니, 충정이 먼저 나와 말하기를,

굴 안으로 30여 보쯤 가자, 넓고 툭 트인 곳에 4층으로 섬돌을 쌓아 놓았는데, 포개진 돌은 모두 연마되어 있었고 옥색에 무늬가 있었습니다. 십여 칸의 기와집[154]은 매우 화려한데, 단청과 창호 양식이 우리나라의 집짓는 방식과는 크게 달랐습니다. 그 밖에 달리 보이는 것은 없었지만,

처마 밑으로 다가가자 유황과 살 썩는 냄새가 코에 가득 차고 숨을 못 쉬게 하는지라 더 이상 갈 수가 없었습니다.

라고 분명히 말하기에, 제가 선졸(船卒)[155] 60여 명을 이끌고 직접 들어가 보니, 과연 박충정이 보고한 그대로였습니다. 칡덩굴이 엉켜 있는 지붕 위와 섬돌, 그리고 뜰에는 티끌 한 점 없이 말끔해서 사람 사는 곳이 아니었습니다. 그러니 억지로 들어갈 필요가 없었을 뿐만 아니라, 정신도 혼미해서 차마 처마 밑으로 다가갈 수 없었습니다.

배를 돌려 돌아오던 날, 중봉(中峰)에서부터 안개가 점차 퍼지더니 바다 가운데 이르러서는 동산만한 크기의 알 수 없는 어떤 물체가 여러 번 떴다 가라앉았다 하더니, 허공으로 뛰어올랐다가 산속을 향해 들어갔는데 비바람이 크게 몰아쳤습니다. 천둥벼락 치는 소리는 아니었지만 산이 무너지는 듯한 진동이었으니, 이것이 아마 다른 섬과의 차이인 듯합니다.

이른바 대나무밭은 도처에 있었는데 윗목에 있는 사십[156]군데는 작은 곳은 20여 섬지기의 땅, 큰 곳은 30여 섬지기정도인데 모두 물을 대어 논으로 만들 수 있는 곳입니다. 수목 중에 자단향으로는 널의 판목이 될 만한 것이 있는데, 모두 산허리의 깎아지른 바위틈에 있습니다. 옛날에 사람들이 살던 터가 전부 없어지지 않고 완연한 것을 보니, 울릉도가 버려진 섬이 된 지는 백여 년이 안 되는 듯합니다. 산골짜기에 동구(洞口)가 있습니다. 만일 왜구를 막을 방책이 염려된다면, 이곳은 한 사람이 백 사람을 당해낼 수 있는 곳입니다. 저들

154 기와집: 이규원의 「계초본」에는 일본인 '판자집'이 있었던 것으로 기록되어 있다.
155 선졸: 수군을 가리킨다.
156 사십군데: 원문에는 4천으로 되어 있지만 사십군데의 오류인 듯하다.

이 배를 오래도록 묶어두고 싶어 하더라도, 풍랑이 일면 배는 분명 보존되지 못할 형세입니다.

섬의 산봉우리에 올라 저 나라 강역을 자세히 살펴보니, 아득할 뿐 눈에 들어오는 섬이 없어 그 거리가 얼마나 되는지 모르겠지만, 지형은 아마 저 나라와 우리나라 사이에 있는 것과 같을 것입니다. 부(釜)와 정(鼎), 대나무를 가져가는 길은 저 나라 사람들이 만든 것입니다. 이상과 같이 연유를 보고하는 장계를 올립니다.[157]

임인년[158] 봄 외가 후손 영양 신광박 씀[159]

---

157 장한상은 10월 9일 삼척으로 돌아왔고, 10월 9일 군관을 비변사로 보내 장계를 제출했으므로 장계는 그 전에 작성되었을 것이다.

158 1782년으로 추정된다.

159 의성본은 『節度公兩世碑銘』에 실려 있다. 필자는 국사편찬위원회 소장본을 번역했는데 출처는 『節度公兩世碑銘』이다. 『節度公兩世碑銘』은 1725년에 세운 비명 및 1694년의 장한상의 수토기록을 후손이 다시 필사하여 엮은 것으로 보인다. 「울릉도 사적」 끝 부분에 '壬寅春 外後裔 永陽 申光璞 書' 12글자가 더 있는데, 앞에 보인 비명들과 서체가 다르고 행간의 간격도 다르다. 그러므로 12글자는 『節度公兩世碑銘』의 편찬자가 써넣은 것이 아닌 듯하다. 그 이전에 필사한 문서들을 1782년에 『절도공 양세 비명』으로 엮으면서 신광박이 12글자를 기입한 것이거나 아니면 제3자가 기입했을 가능성이 있다. 그러나 「울릉도 사적」이 1694년의 보고서의 초고에서 유래했음이 분명한 이상, 『절도공 양세 비명』에 실린 「울릉도 사적」의 필사 연대를 따지는 일은 크게 의미가 없다. 신광박본 외에도 여러 이본이 있기 때문이다. 오히려 신광박 필사본은 박세당본에 비해 오류가 많다. 이는 박세당본이 장한상의 최종보고서에 가까운 것임을 말해준다. 이 사료가 세상에 알려지게 된 것은 1977년에 울릉도에서 교사로 근무하던 이종렬이 같은 학교에 근무하던 장한상의 후손 장재수 교감으로부터 가장(家藏) 문서가 있다는 이야기를 듣고 이를 입수하여 필사한 것을 1977년에 울릉도독도학술조사단이 울릉도에 왔을 때 제공했기 때문이다. 국사편찬위원회는 이듬해인 1978년에 의성에서 원본을 가져와 마이크로필름으로 제작한 뒤 장한상 집안에 반환했다고 한다.

찾아보기

저자 약력(가나다 순)

고민정 강원대학교 국학연구소 연구교수

강원대학교 대학원 사학과 박사과정 졸업

저서: 『분재기에 나타난 조선 중기 상속 문화와 가족제도』(공저), 『화서학파의 삶과 학문－위정척사 사상의 내재적 추동과 실천』(역서), 『장한상의 생애와 업적 재조명』(공저) 등

논문: 「조선후기 武官 張漢相의 생애와 활동」, 「17세기 澤堂 李植家의 『家訓』저술과 편찬」, 「조선후기 관찰사의 수령 겸직과 판관의 역할」 외 다수

곽진오 배재대학교 사회과학연구소 연구교수

영국 헐대학교 대학원 정치학과 박사과정 졸업

저서: 『일본은 왜 독도에 집착할까?』(공저), 『독도와 한일관계, 법.역사적접근』(공저), 『죽도=독도문제입문: 일본외무성 竹島비판』(공역) 등

논문: 「일본의 독도고유영토, 무주지선점, 그리고 국제법적주장의 허구와 한계」, 「일본외무성의 독도인식에 대한 고찰－1905년 이전을 중심으로－」, 「독도와 한일관계: 샌프란시스코 강화조약에 대한 고찰」 외 다수

배재홍 전 강원대학교 교수

경북대학교 대학원 사학과 박사과정 졸업

저서: 『조선시대 삼척지방사 연구』(저서), 『국역 삼척교지』(역서), 『국역 준경묘 영경묘 영건청의궤』(저서)

논문: 「조선후기 三陟營將과 울릉도 搜討」, 「조선후기 울릉도 수토제 운용의 실상」, 「수토사 장한상의 관력(官歷)과 주요 행적」 외 다수

서인원 일제강제동원피해자지원재단 연구학술팀 팀장

한국외국어대학교 국제지역대학원 박사과정 졸업

저서: 『한국의 독도주권과 샌프란시스코강화조약』(공저), 『독도 영토주권과 국제법적 권원3』(공저), 『글로벌 공공외교 기관과 활동』(공저) 등

논문: 「남쿠릴열도 영토분쟁 해결의 비현실성과 정치적 분쟁화에 대한 고찰」, 「일본 군사력 증강 관련 법체제 정비에 대한 고찰」, 「국제법으로 본 일제 강제동원 및 피해 보상 문제에 대한 고찰」 외 다수

송휘영 영남대학교 독도연구소 연구교수

일본 교토대학교 대학원 농업경제학과 박사과정 졸업

저서: 『일본 향토사료 속의 독도』(저서), 『일본 태정관과 독도』(공저), 『獨島=竹島

문제 '고유영토론'의 역사적 검토 I · II』(공역) 등
논문: 「근대 일본의 지학잡지에 나타난 울릉도 · 독도 인식」, 「근대 일본의 수로지에
나타난 울릉도 · 독도 인식」, 「독도에 대한 일본의 「고유영토론」과 독도 인식」
외 다수

신태훈 이사부독도기념관 학예연구사

강원대학교 대학원 사학과 박사과정 졸업
저서: 『조선시대 울릉도 수토연구』(공저), 『삼척, 이사부와 수토 연구』(공저), 『울진,
수토와 월송포진성 연구』(공저) 등
논문: 「삼척영장과 울릉도 수토제」, 「조선후기 월송만호와 울릉도 수토제」, 「19세기
내 · 외국인의 울릉도에 잠입 사례와 事由에 대한 연구」 외 다수

심현용 울진봉평신라비전시관 관장

강원대학교 대학원 사학과 박사과정 졸업
저서: 『조선시대 울릉도 수토연구』(공저), 『우리 땅 독도지킴이 장한상』(공저), 『울
진 대풍헌과 조선시대 울릉도, 독도의 수토사』(공저), 『한국 태실 연구』(저서)
논문: 「대풍헌은 말한다-현판과 완문, 수토절목을 중심으로-」, 「월송포진성과 울
릉도,독도 수토 관련 유적,유물」, 「조선시대 울릉도 수토정책에 대한 고고학
적 시, 공간 검토」 외 다수

이원택 전 동북아역사재단 연구위원

서울대학교 대학원 정치학과 박사과정 졸업
저서: 『울도산해록』(역서), 『의성 경덕사 장시규 · 장한상 자료』(저서), 『한국 중세의
정치사상과 周禮』(공저) 등
논문: 「「울릉도사적(蔚陵島事蹟)」의 문헌학적 검토」, 「항길고택일기의 울릉도 수토
관련 기사 역주와 그 사료적 가치」, 「순천장씨 학서주손가(鶴棲冑孫 家)의『충
효문무록』과『절도공양 세실록』소개, 그리고 장한상의 「울릉도사적」 재론(再
論)」 외 다수

부록 번역

유미림 한아문화연구소 소장

이화여자대학교 대학원 정치외교학과 박사과정 졸업
저서: 『일본 사료 속의 독도와 울릉도』(저서), 『우리 사료 속의 독도와 울릉도』(저서),
『독도는 환상의 섬인가? : 이영훈의 독도 인식, 그 허구를 밝힌다』(공저) 등
논문: 「1900년 칙령 제41호의 발굴 계보와 '石島=獨島'설」, 「『울릉도사적』의 필사연
도와 『울릉도』의 '우산도' 해석을 둘러싼 논란에 대한 변석(辯析)」, 「안용복
밀사'설에 관한 비판적 고찰」 외 다수

영남대학교 독도연구소 독도연구총서 **33**

울릉도 수토관 장한상의 생애와 업적

초판1쇄 인쇄 2025년 03월 11일
초판1쇄 발행 2025년 03월 25일

저　자　고민정 · 곽진오 · 배재홍 · 서인원 · 송휘영
　　　　신태훈 · 심현용 · 이원택 · (부록 번역) 유미림

발행인 윤석현
발행처 박문사
등　록　제2009-11호
전　화　(02)992－3253(대)
전　송　(02)991－1285
주　소　서울시 도봉구 우이천로 353

책임편집 최인노
전자우편 bakmunsa@daum.net

ⓒ 영남대학교 독도연구소 2025 Printed in KOREA

ISBN　979-11-92365-89-3　93910　　　　　　　　**정가** 36,000원